HANS KLOFT
DIE WIRTSCHAFT
DER GRIECHISCH-RÖMISCHEN WELT

DIE ALTERTUMSWISSENSCHAFT

Einführungen in Gegenstand, Methoden und Ergebnisse
ihrer Teildisziplinen und Hilfswissenschaften

WISSENSCHAFTLICHE BUCHGESELLSCHAFT
DARMSTADT

HANS KLOFT

DIE WIRTSCHAFT DER GRIECHISCH-RÖMISCHEN WELT

Eine Einführung

WISSENSCHAFTLICHE BUCHGESELLSCHAFT
DARMSTADT

Einbandgestaltung: Neil McBeath, Stuttgart.

Die Deutsche Bibliothek – CIP-Einheitsaufnahme

Kloft, Hans:
Die Wirtschaft der griechisch-römischen Welt: eine
Einführung / Hans Kloft. – Darmstadt:
Wiss. Buchges., 1992
(Die Altertumswissenschaft)
ISBN 3-534-05668-X

Bestellnummer 05668-X

© 1992 by Wissenschaftliche Buchgesellschaft, Darmstadt
Gesamtherstellung: Wissenschaftliche Buchgesellschaft, Darmstadt
Printed in Germany
Schrift: Linotype Garamond, 9.5/11

ISSN 0174-0849
ISBN 3-534-05668-X

INHALT

VERZEICHNIS DER ABBILDUNGEN

VERZEICHNIS DER KARTEN

VERZEICHNIS DER TABELLEN

VORWORT

Eine Einführung in ein bestimmtes Sachgebiet verfolgt andere Ziele als eine monographische Darstellung. Sie richtet sich an Studierende, Lernende und Wißbegierige im weitesten Sinne und versucht, den Leser dort abzuholen, wo er sich nach allgemeiner Erfahrung befindet. Der Weg, den die Einführung weist, soll ihm und der Sache gerecht werden; von daher bemessen sich Auswahl, Haltepunkte und Schwierigkeitsgrade.

Es sind zum einen naturgemäß wirtschaftliche Fakten und Daten, die den Studierenden an die Hand gegeben werden müssen und die für das Verständnis der Ökonomie als einer historischen Größe unerläßlich sind. Aber mindestens ebenso wichtig für eine selbständige Auseinandersetzung ist eine gewisse Kenntnis der einschlägigen Quellen, der Quellenproblematik und ihrer Ausdeutung. Dieses Postulat muß gelten unbeschadet der betrüblichen Feststellung, daß bei uns derartige Fähigkeiten angesicht der ganz unterschiedlichen schulischen Vorbildung und angesichts des universitären Massenbetriebes immer schwieriger zu finden und zu vermitteln sind. Und nicht zuletzt gilt es, ein Sensorium für die wissenschaftsgeschichtliche und methodische Dimension der antiken Wirtschaftsgeschichte zu wecken. Klangvolle Namen wie *M. I. Finley, M. Rostovtzeff, Ed. Meyer, M. Weber, A. Boeckh* markieren nicht allein ein eindrucksvolles Kontinuum der wissenschaftlichen Erforschung antiker Wirtschaftsverhältnisse; sie haben – und dies ist mindestens ebenso wichtig – wissenschaftliche Methoden, spezifische Zeitumstände und individuelle Interessen in die Forschung eingebracht, die man kennen und in ihrer Geschichtsmächtigkeit bestimmen muß, um halbwegs verläßlich den Ort zu bestimmen, wo eine Analyse der antiken Wirtschaft heute anzusetzen hat. Daß diese sich mehr noch, als hier geschehen, der modernen vergleichenden Wirtschaftswissenschaft öffnen muß, wird dabei gerne zugestanden.

Es war nicht immer einfach, angesichts dieser drei Sachgebiete: Pragmatik, Quellenbasis und Methodik die rechte Mitte zu wahren. Die mehrfach angesprochene *Theorie der mittleren Reichweite* diente mir als Leitlinie. Ob die Auswahl der einzelnen Fakten und Daten, ob die Verallgemeinerungen und theoretischen Ausblicke in ihrer Verknüpfung überzeugen, mag der Leser entscheiden. Verknüpfung und Zusammenhang: dies hieß notwendigerweise auch die Einbindung der Wirtschaft in die politischen, sozialen und kulturellen Strukturen der Zeit. Vielfach ließen sich aus Platzgründen nur Anregungen, Ausblicke und Denkanstöße geben, die immerhin andeuten, wie wenig sicher unsere Kenntnisse selbst in den Kernbereichen sind. So möchte die Einführung über das Gesagte hinausführen, den Leser ermuntern, seine Kenntnisse anhand der Literatur zu erweitern, zu vertiefen und selbst Stellung zu beziehen.

Meine hier vorgebrachten Überlegungen beruhen auf Vorlesungen zur antiken Wirtschaftsgeschichte, die ich in den vergangenen Jahren an der Universität Bremen gehalten habe. Da es an Neugründungen und kleineren Universitäten heutzutage schwer, ja oft unmöglich ist, einen Überblick über die einschlägigen Neuerscheinungen zu gewinnen, habe ich die örtlichen Defizite, soweit es möglich war, durch längere Aufenthalte bei der Kommission für Alte Geschichte und Epigraphik in München zu beheben versucht. Dieser in jeder Weise angenehmen Institution und den Mitarbeitern, besonders Herrn Dr. Johannes Nollé, bin ich für mannigfaltige Unterstützung dankbar. Dankbar erwähne ich an dieser Stelle auch meine Kölner Lehrer, die mich in meinem Studium am nachhaltigsten geprägt haben und deren Einfluß, wie ich meine, auch in dieser Publikation spürbar wird. Lothar Wickert, der Althistoriker, war ein vehementer Vertreter eine kohärenten Altertumswissenschaft, deren Teile sich nach seiner Auffassung zu ergänzen haben. Theodor Schieffer, der Mediävist, hat in seinen Veranstaltungen immer wieder auf die Unverzichtbarkeit der historischen Grundwissenschaften hingewiesen. Theodor Schieder, der Neuhistoriker, wußte in unnachahmlicher Weise Theorieprobleme der Geschichte an konkreten Fallstudien zu verdeutlichen. Zu diesen Kölner *lumina* kam Anfang der 80er Jahre Siegfried Lauffer, Wirtschaftshistoriker an der Universität München, hinzu, aus dessen klugen Interpretationen zur antiken Wirtschafts- und Sozialstruktur ich viel gelernt habe und dem ich mich bis zu seinem Tode 1987 freundschaftlich verbunden fühlte. Wenn also das Buch *prima vista* als die mehr oder weniger geschickte Zusammenfügung angebbarer Traditionsstränge und vorhandener Bausteine erscheint, so ist dieser erste Eindruck ganz und gar nicht abwegig. Aber natürlich enthält auch die Komposition eigenständige Arbeit und Wertungen, naturgemäß auch Unzulänglichkeiten, die ich gern zugestehe. Es ist einem einzelnen kaum möglich, auf allen hier angeschnittenen Gebieten die Nähe zur Forschung zu wahren. Die Anordnung des Stoffes, Auswahl und Plazierung der Literaturangaben hätte man auch anders treffen können. Möglicherweise wäre es didaktisch geschickter gewesen, die Darstellung der hohen und der späten Kaiserzeit schärfer auseinanderzuhalten und das umfängliche Kapitel zu teilen. Ich kann nur hoffen, daß sich trotz dieses ganz und gar persönlichen Zuschnittes beim Leser die Überzeugung festigt, daß die antike Wirtschaft ein eminent faszinierendes, lohnendes und längst nicht zu Ende gepflügtes Feld darstellt.

Das Manuskript war in seinen Hauptzügen Ende 1990 abgeschlossen. Ein Teil der Verwerfungen, die dem aufmerksamen Leser nicht entgehen werden, hat seine Ursache darin, daß sich in der Zwischenzeit in der Politik, mittelbar auch in der wissenschaftlichen Landschaft, Umwerfendes ereignet hat. Meine Auseinandersetzung mit marxistischen Positionen habe ich aber aus guten Gründen nicht herausgenommen. Die ursprüngliche Absicht, möglichst viele Illustrationen zu bringen, habe ich aus verlagstechnischen Gründen mit einigem Bedauern zurückgestellt. Besonders die Wirtschaftsgeschichte bedarf der Anschauung, der Vergegenwärtigung im sachlichen Bereich, um Interesse bei den Anfängern zu finden. Ich hoffe, diesem Defizit an anderer Stelle abhelfen zu können.

Den langwierigen Weg von den ersten handschriftlichen Entwürfen zum druckfertigen Manuskript hätte ich nicht ohne die tatkräftige Hilfe von Frau Renate Brock, Universität Bremen, gehen können. Die Wissenschaftliche Buchgesellschaft, besonders Peter Heitmann, haben das Ihrige dazu beigetragen, daß die Einführung in der vorliegenden Form erscheinen konnte. Ihnen gilt mein besonderer Dank.

Bremen   Hans Kloft

ABKÜRZUNGEN

AJA	American Journal of Archeology
AKG	Archiv für Kulturgeschichte
Anc. Soc.	Ancient Society
ANRW	Aufstieg und Niedergang der römischen Welt. Geschichte und Kultur Roms im Spiegel der neueren Forschung
APF	Archiv für Papyrusforschung
CAH	The Cambridge Ancient History
CIL	Corpus Inscriptionum Latinarum
CP	Classical Philology
DHA	Dialogues d'histoire anciennes, Paris
Enc. Art. Ant.	Enciclopedia dell'arte antica, classica e orientale
ESAR	An Economic Survey of Ancient Rome, hrsg. von T. Frank
GHI	A Selection of Greek Historical Inscriptions
Gymn.	Gymnasium
HdAW	Handbuch der Altertumswissenschaften
HdSW	Handwörterbuch der Sozial- und Wirtschaftswissenschaften
HdWW	Handwörterbuch der Wirtschaftswissenschaften
HRG	Handwörterbuch der Rechtsgeschichte
IG	Inscriptiones Graecae
ILS	Inscriptiones Latinae Selectae
JbAC	Jahrbuch für Antike und Christentums
JHS	The Journal of Hellenic Studies
JRS	The Journal of Roman Studies
LAW	Lexikon der Alten Welt
ND	Neudruck
OCD	Oxford Classical Dictionary
OGIS	Orientis Graeci Inscriptiones Selectae
Opus	Opus, Rivista internazionale per la storia economica e sociale dell'antichità
Pap. Ox.	Papyri Oxyrhynchus
RAC	Reallexikon für Antike und Christentum
RE	Realencyclopädie der classischen Altertumswissenschaft

SEG	Supplementum Epigraphicum Graecum
Syll	Sylloge Inscriptionum Graecarum
TAPA	Transactions and Proceedings of the American Philological Associaion
VJSW	Vierteljahrschrift für Sozial- und Wirtschaftsgeschichte
ZPE	Zeitschrift für Papyrologie und Epigraphik
ZRG	Zeitschrift der Savigny-Stiftung für Rechtsgeschichte (Romanistische Abteilung)

Die verwendeten Abkürzungen der griechischen und lateinischen Quellen lassen sich auflösen nach den Abkürzungsverzeichnissen im LAW 3439ff., OCD IX–XXII und im ›Der Kleine Pauly‹, Lexikon der Antike, hrsg. v. K. Ziegler und W. Sontheimer, I, Stuttgart 1964, XXI–XXVI.

I. DIE WIRTSCHAFT UND IHR STANDORT

1. Definitionen und Interdependenzen

An den Beginn einer Wirtschaftsgeschichte eine Definition zu setzen, was Wirtschaft sei, hat etwas durchaus Problematisches an sich. Mit der Definition werden nicht allein Gegenstand und Methoden ein-, sondern in gleicher Weise Bereiche und Arbeitsweisen ausgegrenzt, von denen man am Beginn noch gar nicht sicher sagen kann, ob sie nicht doch in den Kreis der zu behandelnden Themen gehören. Gleichwohl ist eine derartige Sondierung nötig, als Arbeitshypothese, welche die allgemeine Richtung angibt. Wissenschaftliche Erkenntnis ist auf Sondieren, auf Aussondern dessen angewiesen, was im Verbund vorliegt. Die Politik, die Sozialordnung, die Kultur und Religion, die sich als Lebensbereiche in vielfältiger Form durchdringen, sind je spezifische Hinsichten und spezifische Strukturen, die ihre Besonderheit wie ihre Verrechnung mit anderen Größen erst in der Umgrenzung, in der „Definition" sichtbar werden lassen.

„Wirtschaft ist die Erzeugung, der Austausch und der Konsum von Gütern" (L. Beutin). Damit sind zunächst einmal drei vielschichtige Bereiche unterschieden, denen sich eine Wirtschaftsanalyse zuwendet: der Herstellung bzw. der Produktion, dem Umschlagen und schließlich dem Verbrauch, der Konsumtion der Wirtschaftsgüter. Jeder Teilbereich besitzt naturgemäß eine zeitliche, d. h. historische Dimension. Er wandelt sich je für sich und in seiner Zuordnung. Andere Definitionen legen Wert darauf, daß die Wirtschaft den *Gesamtbereich* der Dispositionen und Handlungen, und zwar den Gesamtbereich der *Menschen* zu ihrer „Versorgung mit knappen Gütern" darstellt.[1] „Der Mensch als Gestalter der Wirtschaft ist das Wirtschaftssubjekt", heißt es programmatisch in einem neueren Lexikon;[2] aber genau hier: in der Stellung des Menschen innerhalb des Wirtschaftsprozesses, steckt eine tiefe Problematik, die sich nicht definitorisch auf eine gültige Formel bringen läßt. Daß der Mensch das Ziel aller wirtschaftlichen Vorgänge ist, kann kaum bezweifelt werden. Aber wie er die Wirtschaft gestaltet,

---

[1] J. H. Müller, Herders Staatslexikon 5, 1989, 1002 s. v. Wirtschaft.
[2] Meyers Enzyklopädisches Lexikon 25, ⁹1979, 422.

als Individuum, als Kollektiv, als aktiv Handelnder oder als passiv und anonym Leidender, der in die vorgegebenen Produktionsverhältnisse eingebunden ist, welchen konkreten Inhalt wir schließlich dem Wort „Gestaltung" beimessen dürfen: all dies ist weniger eine Sache der Definition als vielmehr der konkreten Forschung, die diesen Einfluß im Einzelfall aufzudecken hat.

Und wenn ein verdienter Nationalökonom die Wirtschaft bestimmt als „eine Mittel und Zwecke abwägende Tätigkeit, um vorsorglich knapp zur Verfügung stehende Mittel für die Bedürfnisbefriedigung bereitzustellen" (Adolf Weber), dann fordert nicht nur der Begriff *Bedürfnisbefriedigung* eine nähere Erläuterung. Die luxuriösen Badeanlagen in der römischen Kaiserzeit, der Reliquienhandel im Mittelalter, die Akquisition kostbarer Musikinstrumente im bürgerlichen Haushalt des 19. Jahrhunderts, die alle ihre ökonomische Dimension besitzen, zeigen, daß Bedürfnisbefriedigung nicht ausschließlich auf die Bedarfsdeckung der täglichen Lebensmittel zielt und das kulturelle Ambiente stets mit einbezogen werden muß. Auch die Vorstellung von der „abwägenden Tätigkeit" darf nicht allein auf planende Vorsorge, auf rationale ökonomische Zweckmäßigkeit reduziert werden, wie es die Beschäftigung mit der modernen Volkswirtschaft nahelegt. Polanyi, einer der anregendsten neueren Ökonomen, hat dieses rationalistische Moment in der Wirtschaftstheorie Max Webers,[3] der einseitig das wirtschaftliche Handeln den sogenannten Nutzleistungen und nicht dem zu produzierenden Sachgut zugeordnet hatte, einleuchtend kritisiert. Wirtschaftsgüter als Ziele menschlichen Handels sind weit mehr als ein Bündel von Nutzwerten. „Im weitaus größeren Teil der Menschheitsgeschichte wurde der Besitz eines Pferdes angestrebt, nicht so sehr wegen seiner separaten und spezifischen Leistung wie Ziehen, Schieben, Anspannung und Beanspruchung (also vom Pferd produzierte Leistungen), sondern um des Pferdes willen, womit sozialer Rang usw. verbunden war."[4]

---

[3] Max Weber, Wirtschaftsgeschichte, Berlin [4]1981 (zuerst 1923), 2: „Unter Wirtschaft verstehen wir also zuletzt ein einheitlich geleitetes Handeln kraft eigener Verfügungsgewalt, soweit es durch Fürsorge für Nutzleistungen und Nutzleistungschancen bestimmt wird." Ausführlicher und konkreter in Webers ›Wirtschaft und Gesellschaft‹, Kap. II, darin der folgende Passus: „,Gut' im Sinn von Nutzleistung im strengen Sprachgebrauch ist nicht das ,Pferd', oder etwa ein ,Eisenstab', sondern dessen einzelne, als begehrenswert *geschätzte* und *geglaubte* Verwendungsmöglichkeiten" (Wirtschaft und Gesellschaft, hrsg. von J. Winckelmann, Köln–Berlin 1964, 47).

[4] K. Polanyi, Die Rolle der Volkswirtschaft in Gesellschaften, in: Ökonomie und Gesellschaft, Frankfurt 1979, 206.

So lösen sich bei näherer Betrachtung Definitionen in einzelne Problemfelder auf, die der historischen Präzisierung bedürfen. Welcher Art sind die Güter und Dienstleistungen, auf die wirtschaftliches Handeln gerichtet ist? Wie planvoll, rational und einheitlich stellt sich dieses Handeln im Einzelfall dar? In welchem Umfang und in welcher Intensität wird die Wirtschaft von den Menschen „gemacht"? Welche Spannweite müssen wir dem Begriff der Bedürfnisbefriedigung zumessen? In diesem Sinne ist der Streit um Definitionen durchaus nicht nutzlos und überflüssig. Vielmehr schärfen sie den Blick für das Spannungsfeld zwischen Theorie und Praxis, zwischen Begriffen und Sachzusammenhängen (W. Eucken), die ihre spezifische Zuordnung in der jeweiligen Zeit erfahren. Bedürfnisbefriedigung hat heute andere Konturen als vor 500 oder vor 2000 Jahren; das wirtschaftliche Handeln des Menschen besitzt zu unserer Zeit völlig andere Chancen, Begrenzungen und Gefährdungen als im Hochmittelalter oder in der archaischen Zeit Griechenlands. Die Vorstellung eines *Gesamtbereiches* Wirtschaft mit ihrer gewaltigen Prägekraft ist uns heute viel eher bewußt als den Menschen im Mittelalter oder in der Antike. Ihnen fehlten, wie Finley meint, die begrifflichen Voraussetzungen, die Ökonomie als umfassenden Wirkungskreis zu erkennen und darzustellen,[5] unbeschadet der Tatsache, daß der Begriff bekanntlich aus dem Griechischen stammt und ursprünglich die Haushaltungskunst meint.[6] Dies ist zu pauschal und einseitig formuliert. In der Antike hat man sehr wohl einzelne Teilbereiche der Wirtschaft gesehen und begriffen: Das spezifische Herstellen *(téchne)*, die Deckung des Bedarfs *(chreía)* und der Austausch über das Geld *(nómisma)*, der Markt *(agorá – forum)*, der private und der städtische Haushalt, die Besitzakkumulation, die Lebensmittelversorgung und die Luxuswaren: alle diese wirtschaftlichen Faktoren erforderten nicht allein das zielgerichtete Handeln der damaligen Menschen, sondern wurden auch durchdacht und reflektiert, freilich nicht im Sinne einer konkreten Wirtschaftstheorie, sondern in der Regel als politische, philosophische und ethische Phänomene. Wenn dies in der Vergangenheit verschiedentlich als theoretisches Manko gedeutet wurde, dann geschah dies zumeist von einem neuzeitlichen Wirtschafts- und Theorieverständnis aus, dessen Anwendung auf antike Tatbestände im besten Winne des Wortes fragwürdig bleibt.

---

[5] M. I. Finley, Die antike Wirtschaft, München 1977, 12 f.
[6] P. Spahn, Die Anfänge der antiken Ökonomik, Chiron 14, 1984, 301 ff.

Interdependenzen

Das zeitgenössische Defizit darf also nicht dazu führen, auf Definitionsversuche gänzlich zu verzichten, wie dies Finley getan hat. Beutins Festlegung als Produktion, Austausch und Konsumtion vermag mit den notwendigen Ergänzungen durchaus den Leitfaden für eine Analyse der antiken Wirtschaft abzugeben. Wohl aber zwingt der Befund dazu, die Wirtschaft in ihren *Interdependenzen* mit den übrigen historischen Potenzen zu verstehen und sie im einzelnen aufzuweisen, so wie es der amerikanische Althistoriker meisterhaft an der Verschränkung mit der antiken Sozialordnung gezeigt hat. Der wirtschaftende Mensch agiert in einem bestimmten geographischen Umfeld; er ist Angehöriger einer bestimmten Population und Schicht; er steht unter einer konkreten politischen Ordnung und richtet sich (oder auch nicht) nach Rechtsvorschriften, wenn er etwa Eigentum erwirbt, veräußert oder Handel treibt. Er ist bei der Herstellung und dem Vertrieb der Ware auf die technischen Mittel der Zeit angewiesen. Anders gesprochen: Zu dem Vorverständnis, was denn die Wirtschaft im Unterschied zu anderen historischen Größen sei, muß eine Sensibilität für jene Bereiche treten, die auf die Wirtschaft Einfluß nehmen und ihrerseits von ihr geprägt werden: der geographische Raum, die Bevölkerungsstruktur, die staatliche Verfassung und Rechtsordnung und nicht zuletzt die Technik, um die wichtigsten zu nennen. Sie sind allesamt Potenzen, deren Wirkung präzise zu beschreiben schwerfällt und die sich zudem in ihrem Verhältnis zur Wirtschaft im Verlauf der Zeit durchaus wandelten.

Der Ausdruck Interdependenzen für die wechselseitige, prinzipiell nicht geregelte Beeinflussung hat seinen guten Sinn. Er impliziert eine Absage an die These von der *ökonomischen Gesellschaftsformation*[7], die nach marxistischer Auffassung zumindest in „letzter Instanz" (Fr. Engels) die Grundlage für Staat, Recht, Kultur und Religion abgibt. Die Lehre von Basis und Überbau, zuweilen sogar zu einer histo-

---

[7] Die ökonomische Gesellschaftsformation bezeichnet einen Grundbegriff des historischen Materialismus. Er verbindet die jeweilige ökonomische Basis mit der Gesellschaftsstruktur, die in ihrer dialektischen Einheit als ökonomische Gesellschaftsformation begriffen werden. Auf ihr erhebt sich der entsprechende Überbau der politischen, rechtlichen, moralen Vorstellungen, Beziehungen und Institutionen. Zum Begriff vgl. Artikel ›Ökonomische Gesellschaftsformation‹ in: G. Klaus–M. Buhr, Philosophisches Wörterbuch, Berlin [7]1970, s. v.; Handbuch der Wirtschaftsgeschichte, Berlin 1981, 54 f. Zur Problematik des Begriffs G. SPITZLBERGER–C. D. KERNIG, Sowjetsystem und Demokratische Gesellschaft 4, 1971, 1844 ff. s. v. Periodisierung.

Karte 1. Der Ägäisraum mit seinen Offenlandschaften (nach E. Kirsten u. a., Raum und Bevölkerung in der Weltgeschichte. Bevölkerungs-Ploetz, Band 1: Kartenteil zu Teil I/III, I. Teil: Von der Vorzeit bis zum Mittelalter, Würzburg 1956, Abb. 27).

rischen Gesetzmäßigkeit hochstilisiert, versperrt eine empirische Aufarbeitung der gegenseitigen Abhängigkeiten, unter denen sich die großen Potenzen Wirtschaft – Staat – Bevölkerung – Kultur auf den jeweiligen Stufen der historischen Entwicklung herausgebildet haben. Eine eingehende Erörterung dieser Zusammenhänge gehört in die Wissenschaftsgeschichte und in die Wirtschaftswissenschaft. An dieser Stelle können nur einige Hinweise den Blick für die gegenseitige Bedingung und Abhängigkeit in der griechisch-römischen Welt schärfen und einem eigenen Urteil durch Vermittlung wichtiger Zusammenhänge vorarbeiten.

2. *Raum und Wirtschaft*

Unbestritten ist die Bedeutung, die der geographische Raum für die Entwicklung der jeweiligen Wirtschaft besitzt. Der Boden gilt noch vor dem Kapital und der Arbeit in der klassischen Theorie als primärer, natürlicher Produktionsfaktor, der eine bestimmte Wirtschaftsweise erst ermöglicht. Die Morphologie einer Landschaft, die geologische Zusammensetzung, die Verteilung von Wald, Ackerboden, Wasser- und Trockenböden, das Klima, die Pflanzen- und Tierwelt dienen der Wirtschaftsgeographie als Ausgangspunkte für die Analyse der darauf fußenden Wirtschaftsformen: Land- und Holzwirtschaft, Fischerei, das Gewerbe und der Handel.

Von diesen vorhandenen und genutzten Ressourcen sind nicht zuletzt Bevölkerungswachstum, Städtebildung und kulturelle Entwicklung in einer bestimmten Region abhängig. Der moderne Begriff *Wirtschaftslandschaft,* der die natürlichen Vorkommen, die menschliche Arbeit, den Güter- und Dienstleistungsaustausch in einer für die Region typischen Weise zusammenfaßt, läßt sich durchaus auch auf antike Verhältnisse anwenden. Die potamischen Hochkulturen in Mesopotamien und Ägypten sind durch die Existenz der Flüsse mit ihren gewaltigen Auswirkungen auf allen Gebieten eben auch in ihrer Wirtschaftsweise geprägt. Für das antike Griechenland ist das Spannungsverhältnis von Meer und Land charakteristisch, das nur wenige fruchtbare Ebenen aufweist, die lediglich kleinere Ackergebiete, welche durch Gebirge und See voneinander abgeschlossen sind, zulassen. Auf den wenig fruchtbaren Kalkgebirgen kann aufgrund des heißen mediterranen Klimas nur eine spärliche Vegetation gedeihen, die in der Viehzucht, anders als etwa in den Alpen oder im Alpenvorland, keine Stallfütterung und keine Almwirtschaft erlaubt, sondern die Fernweidewirtschaft (Transhumanz) mit zum Teil großen Saisonwanderungen hervorbringt. Daß derartige natürliche Voraussetzungen auch das politische und soziale Gesicht des frühen Griechenland (z. B. Entstehung der Polis und Ausbildung der Hirtenkultur) mitbestimmt haben, wird allgemein zugestanden.

Ähnliche Prägungen der regionalen Wirtschaft lassen sich für Italien, Nordafrika, Gallien und den Balkan nachweisen. Dabei muß man sich scharf darüber Rechenschaft geben, daß Kultur- und Wirtschaftslandschaft zwar zu einem bedeutenden Teil von natürlichen Faktoren abhängen, die auch heute noch wirksam sind, die aber im Verlaufe der Zeit zum Teil doch fundamentale Wandlungen durchgemacht haben: Änderung von Flußläufen, Verlandung von Häfen, Rodung und Erweiterung der landwirtschaftlichen Nutzflächen, dann wiederum Aufgabe von Bodenbewirtschaftung (vgl. S. 212), Abholzen von Waldbeständen und Ausrottung von Nutzpflanzen, wie es dem begehrten Zytrusholz und der Heilpflanze Silphium, die beide aus Nordafrika stammten, widerfuhr: Eingriffe in das ökologische System einer Landschaft hat es bereits in der Antike gegeben. Daß Nordafrika einmal eine blühende Wirtschaftslandschaft und neben Ägypten die zweite Kornkammer für das römische Imperium war, daß die kleinasiatische von Griechen kolonisierte und besiedelte Küstenlandschaft von den Dardanellen bis hinunter nach Lykien und Pamphylien aufgrund ihrer Standortvorteile eine führende wirtschaftliche Rolle spielte, führt unabweislich auf die Frage, wie denn eine derartige wirtschaftliche Blüte entstehen konnte und aufgrund welcher Faktoren sie untergegangen ist.

Besonderes Augenmerk verdient in diesem Zusammenhang die Verteilung der *Bodenschätze*, Metalle (Gold, Silber, Blei, Kupfer und Eisen), daneben Mineralien, Gesteine, Marmor, Bimsstein, Ton, Ocker, Rötel, Schiefer und Basalt, die etwa in den römischen Rheinlanden zu Bauzwecken verwandt wurden. Es ist für die Entwicklung der Wirtschaft ungemein wichtig, inwieweit derartige Standortvorteile einheimisches Handwerk und Gewerbe auf den Weg brachten, in welchem Maße die Rohprodukte gehandelt und an anderen Zentren gefertigt wurden. Zur *Produktionsgeographie* tritt damit die *Zirkulationsgeographie* hinzu, die auf Raumerschließung, auf Verkehrswege zu Wasser und zu Lande ihr Augenmerk richtet. Sie ermöglichten den Warenaustausch. Aus den Steinbrüchen am Drachenfels ließen sich die z. T. gewaltigen Trachytblöcke mit Hilfe von Lastschiffen über den Rhein nach Köln, Xanten und Nimwegen transportieren. Der begehrte Marmor von den Kykladeninseln Paros und Naxos konnte relativ einfach verschifft werden, er trug zur wirtschaftlichen Blüte der beiden Inseln schon in archaischer Zeit bei. Bernstein wurde über die sogenannte Bernsteinstraße im Landtransport von der Ostsee zur Adria (vgl. S. 217) gebracht. Die Eisenerzvorkommen in Kärnten, die vor Ort in sogenannten Rennöfen verhüttet wurden, erfuhren in einem frühen Stadium während des späten 2. und 1. Jahrhundert v. Chr. ihre erste Verarbeitung in der Stadt am Magdalensberg, die damit auch zu einem wichtigen Anlaufzentrum für römische Kaufleute wurde. In der römischen Kaiserzeit verarbeitete man das begehrte *ferrum Noricum*, eine Art antiker Stahl, wohl auch im entfernten Aquileia, welches von dort über See und Land weitergehandelt wurde. So drückte das norische Eisen nicht allein dem unmittelbaren Wirtschaftsraum in Kärnten seinen Stempel auf, sondern beeinflußte Verkehrswege, Produktion und Handel im nördlichen

Adriagebiet. Von hier gelangten Wein, Öl, feine Keramik und andere typische Gebrauchsgegenstände der mediterranen Welt nach Noricum. Damit ist jener Aspekt berührt, der innerhalb der Wirtschaftsgeographie eine eigenständige Sparte darstellt. Die *Konsumtionsgeographie* widmet sich dem Verhältnis von Wirtschaftsgütern und Bevölkerung. Es ist leicht einzusehen, daß in ländlichen Gebieten die Bevölkerung in anderer Weise auf Nahrungsmittel und Gebrauchsgüter angewiesen ist als in den Städten. Klima, Lage und Kulturverhalten einer Population in einer bestimmten Region und Zeit haben wesentlichen Einfluß auf das, was wir Konsumtion nennen. Ein hellenisierter Jude aus Alexandria in Ägypten zur Zeit von Christi Geburt ernährt und kleidet sich anders als ein griechischer Fischer von der Insel Amorgos, als ein Angehöriger der römischen Plebs in Rom oder ein Adliger im freien Germanien. Dabei bilden Ernährung und Kleidung nur einen Teil der Konsumtion. Das Beispiel macht noch einmal deutlich, was Erforschung des Raumes im Rahmen der Wirtschaft bedeutet: nicht allein Analyse der Standortpotentiale und der natürlichen Ressourcen stehen zur Debatte, sondern eben auch die Bewegung der Güter und Dienstleistungen, schließlich ihre Nachfrage in einer bestimmten Region und Zeit. Daß derartige Interdependenzen in weiten Bereichen der Alten Geschichte nur mühsam zu rekonstruieren und zuweilen gar nicht exakt nachzuweisen sind, mindert nicht die Bedeutung der Zusammenhänge als solche, denen notwendigerweise eine gewisse Unschärfe beiwohnt.

3. Bevölkerung und Wirtschaft

Diese Einsicht gilt auch für den Konnex von Wirtschaft, Raum und Bevölkerung, der seit dem frühen 19. Jahrhundert aufgrund der geführten Statistiken als geschichtsmächtiger Faktor ganz anders begriffen und analysiert werden kann als in der vorindustriellen Zeit. Aber dieses Defizit bedeutet keinen Einwand gegen den Sinn und die Notwendigkeit demographischer Analysen, für die im griechisch-römischen Bereich wichtiges, allerdings oft desparates Quellenmaterial vorliegt. „Die naive Geschichtsbetrachtung sieht nur die Helden, die Massen, die hinter ihnen stehen, kümmert sie nicht", hatte K. J. Beloch (1854–1929) einmal formuliert, dem wir die grundlegenden Untersuchungen zur Bevölkerung der griechisch-römischen Welt verdanken. An Beloch und seinen Forschungen wird aber auch deutlich, daß die Demographie in der Vergangenheit nicht allein eine wertfreie Analyse der Bevölkerung, ihrer Gesamtzahl, ihrer Aufteilung nach Alter und

Geschlecht, ihrer Fruchtbarkeit, Sterblichkeit, ihrer Verluste durch Abwanderung, Krankheiten und Seuchen zu liefern beabsichtigte, sondern vielfach auch ein ideologisches Moment enthielt: Die Bevölkerung galt ihm, wie vielen anderen Forschern seiner Zeit, als starker, ja ausschlaggebender Wirtschafts- und politischer Faktor im Verhältnis zu anderen historischen Größen.

Bevölkerungswachstum und Nahrungsmittelspielraum stehen in bestimmten Relationen zueinander und bedürfen der Anpassung, wie es der englische Nationalökonom Th. R. Malthus (1766–1834), der Begründer der modernen Demographie, in seinem ›Essay on the Principles of Population‹ (London 1798) ausführte. Unabhängig von derartigen zeitgebundenen Prämissen und Zielvorstellungen, die sich aus der „reinen Analyse" ergeben, bleibt die Bevölkerung „gleichermaßen Ausgangspunkt und Zielpunkt des Wirtschaftsprozesses" (Beutin). Diesem Verhältnis theoretisch und praktisch auf die Spur zu kommen dienen die Bevölkerungsuntersuchungen innerhalb der griechisch-römischen Welt. „Bevölkerung ist die nach biologischen und sozialen Gesichtspunkten gegliederte Bevölkerungszahl innerhalb eines bestimmten abgegrenzten Raumes zu einem bestimmten Zeitpunkt" (Marschalk). Ihre Erforschung erfolgt heutzutage auf der Basis von Massenstatistiken unter Berücksichtigung der sozioökonomischen, genetischen, politischen und kulturellen Beeinflussungen. Einem solchen Forschungsideal läßt sich in der Antike nur in Ansätzen gerecht werden. An die Stelle der modernen Massenstatistik treten zum Teil wenig verläßliche und oft schwer zu deutende Angaben in der literarischen Überlieferung (z. B. die Zensuslisten, Stammrollen für die Dienst- und Steuerpflicht), die mit epigraphischen und archäologischen Quellen gekoppelt werden müssen, ehe sie als ganze gedeutet werden können. Die so erzielten Ergebnisse bilden nicht mehr als demographische Anhaltspunkte; aber auch als solche sind sie von nicht zu unterschätzender Bedeutung, wie die folgenden Beispiele zeigen.

Für die Insel Amorgos in der Ägäis mit einer Fläche von 124 km² hat man in vorchristlicher Zeit eine Gesamtbevölkerung von 2400–3200 errechnet: mehr Lebensraum bot die wenig fruchtbare Insel offensichtlich nicht, wie die modernen Volkszählungen belegen (Ruschenbusch). Dagegen besaß das durch Handel reich und mächtig gewordene Aegina (85 km²) im 5. Jahrhundert v. Chr. etwa 2000–2500 Bürger, eine freie Gesamtbevölkerung von ca. 8000–10000, wozu die überlieferten 470000 Sklaven (vgl. S. 39) in gar keinem Verhältnis stehen. Zuweilen lassen sie auch Binnenstrukturen und Veränderungen erkennen, wie etwa im Falle Attikas, das bei einer Flächenausdehnung von ca.

2500 km² mit ca. 250000–300000 Bewohnern (432 v. Chr., vor dem Peloponnesischen Krieg) auch abseits der Stadt eine relativ hohe Bevölkerungsdichte aufwies. Hauptstädte wie Babylon (400000–600000 Einwohner), Alexandria in Ägypten, dessen freie Bewohner im 1. Jahrhundert v. Chr. mit 300000 angegeben werden (Diod. XVII 52,6), Rom 750000–1 Million), und Konstantinopel (im 5. Jahrhundert

Tab. 1. Das antike Griechenland: Größe der einzelnen Landschaften
und der Bevölkerung

Landschaft	Fläche [km²]	Aufgebot	Bürger	Sklaven
Akarnanien	3 900	3 000	15 000	keine
Aitolien	3 200	12 000	60 000	keine
Thessalien	zus.	10 000	50 000	100 000
Perioiken	15 000	6 000	30 000	20 000
Doris	200		8 000–10 000	
Phokis	1 600	3 000	60 000	
Lokris	1 675		100 000	keine
Boiotien	2 400	5 000 bis 12 000	100 000	30 000
Attika	2 350	6 000	150 000	100 000
Megaris	470	7 000	20 000	20 000
Korinthia	900	3 000	25 000	60 000
Sikyonia	360	1 500	15 000	10 000
Phlius	200		20 000	kaum
Epidauria	1 260	3 000	14 000	wenig
Aigina	96		3 000	3 000?
Argolis	1 400	7 000	85 000	kaum
Arkadien	4 700	6 000	160 000	keine
Achaia	2 335	3 000	80 000	kaum
Elis	2 660	3 000	130 000	kaum
Lakonien	5 800		110 000	70 000
Messenien	2 600		100 000	20 000
Zakynthos	408	1 000	5 000	?
Kephallenia	763		8 000	?
Kerkyra	681		10 000	60 000
Chalkidike	4 000		30 000	?
Kykladen	2 705		zus.	
Nördl. Sporaden	510		800 000–900 000	
Östl. Sporaden	6 834			
Kreta	8 505	50 000	250 000	250 000
Epirus	7 400		200 000?	
Pindos	3 000		50 000?	

Gesamt	Fläche [km^2]	Einwohner
Peloponnes	22 300	1 150 000
Mittelgriechenland	22 500	1 000 000
Thessalien	15 300	600 000
Epirus u. Randgebiete	10 400	250 000
Makedonien	32 000	500 000
Inseln	18 500	1 300 000
		4 800 000

Quelle: E. Kirsten, Bevölkerungs-Ploetz I, Würzburg 1956, 198 f.

Schätzungen bei Kirsten für das 4. Jh. v. Chr. „Diese Bevölkerungszahlen entsprechen etwa denen des modernen Griechenlands unter ähnlichen agrarischen Verhältnissen um 1889" (a. a. O.).

n. Chr. ca. 4–500 000 Einwohner) weisen selbst im Rahmen der antiken Städtestruktur eine abnorme Population auf (vgl. S. 192). Wenn moderne Schätzungen dem antiken Griechenland in seiner Blütezeit ca. 3– 3,5 Millionen freie Einwohner und etwa 1 Million Sklaven, dem republikanischen Italien im 1. Jahrhundert v. Chr. knapp 3 Millionen freie und ca. 1,5 Millionen unfreie Bevölkerung, dem gesamten Imperium Romanum in der Kaiserzeit ca. 55 Millionen Einwohner zusprechen,[8] dann wird rasch einsichtig, daß derartig beeindruckende Zahlen erst Aussagekraft im Kontext anderer Faktoren erhalten: im Rahmen der Ernährung, der Beschäftigung, der Unterbringung, der nötigen Infrastruktur usw. Diesen Kontext kann man im einzelnen aufdecken, wie es in vielen sozialgeschichtlichen Untersuchungen geschehen ist. Bemerkenswerterweise haben sich in ländlichen Räumen der mediterranen Welt die Bevölkerungszahlen von der Antike an bis ins 18. und 19. Jahrhundert relativ konstant gehalten, wenn man von Fremdeinwirkungen wie Krieg, Epidemien und Naturkatastrophen einmal absieht. Dies legt eben auch ein relativ konstantes Verhältnis von Population und Nahrungsmittelspielraum nahe.

Auch andere demographische Daten bedürfen zu ihrer Erklärung der Deutungsmuster von außen. Verteilung der Geschlechter, Fruchtbarkeit und Lebenserwartung lassen sich zum Teil den Inschriften entnehmen, wobei erst eine vergleichbare Menge eine Hochrechnung ermöglicht. Einigermaßen deutlich greifbar ist der enorme Schwund der

[8] Nach Eduard Meyer, Bevölkerung des Altertums, 198 ff. (vgl. S. 30).

Spartiaten, der exklusiven spartanischen Vollbürger, die von etwa 8000 Köpfen im 5. Jahrhundert v. Chr. auf etwa 700 im dritten Jahrhundert schrumpften, nicht zuletzt aufgrund des Geburtenrückgangs mit all jenen fatalen Folgen, welche die Spätgeschichte Spartas kennzeichnen. Wenn Thukydides anläßlich der großen Pest 430–427 v. Chr. bemerkt, daß der Seuche 4400 Schwerbewaffnete und 3000 Kavalleristen, daneben eine nicht zu schätzende Zahl der übrigen Menge (Thuk. III 87,3) zum Opfer fielen, dann läßt sich der Verlust auf etwa ein Drittel des militärischen Gesamtbestandes berechnen. Die Todesrate der Metöken, Fremden, Frauen, Kinder und Sklaven bleibt anonym, Schätzungen von 70000–80000 (Gomme) müssen Spekulation bleiben. Aber sie stellen den Versuch dar, dem menschlichen und auch wirtschaftlichen Verlust eine Quantität und eine konkrete Anschaulichkeit zu geben. Thukydides ist damit ein Paradebeispiel für die notwendig einzukalkulierende Unschärfe von demographischen Untersuchungen. Nicht viel anders verhält es sich mit den Koloniegründungen der Griechen und Römer und den großen Wanderungsbewegungen der Kelten und Germanen. Sie lassen sich zahlenmäßig nur vereinzelt festmachen, bringen aber auch schon für sich, als globale Vorgänge genommen, gewaltige wirtschaftliche Veränderungen mit sich, die sich im einzelnen nachweisen lassen.

In allen genannten Beispielen ist der Übergang von der Bevölkerungskunde zur Sozialgeschichte im engeren Sinne, also zur Geschichte der geschichteten Gesellschaft und ihren Problemen, fließend. Das zahlenmäßige Verhältnis von Mann und Frau, von Jung und Alt, von Freien und Unfreien, von Einheimischen und Fremden gehört beiden Sparten an und ist Ausdruck der politischen, wirtschaftlichen und kulturellen Einflüsse, unter denen sich das jeweilige Bevölkerungssubstrat entwickelt.

Jeder Wissenschaftsgeneration scheint es erneut aufgegeben zu sein, in dem schwierigen Dreieck Raum – Bevölkerung – Wirtschaft einen vertretbaren methodischen Stand zu beziehen. Deutsche Althistoriker, die der historischen Schule der Nationalökonomie nahestanden (R. Pöhlmann, K. J. Beloch, Ed. Meyer), haben die *Quantitäten* des Raums, der Bevölkerung und der wirtschaftlichen Produktion möglicherweise überschätzt und den reinen Zahlen eine zu große machtpolitische Bedeutung beigemessen, eine Hochschätzung, die von den Vertretern der sog. Kliometrie auch heute zuweilen noch geteilt wird. Andererseits bedeutet der Verzicht auf quantitative Vorstellungen im Bereich der Geographie und Demographie – möglichst unter Hinweis auf die Unsicherheit der Quellenlage, was Beloch einmal eine „wohlfeile Weisheit" nannte – ohne Zweifel einen Verlust an historischer Substanz und ein Ignorieren jener anonymen historischen Kräfte, die menschliches Handeln im Verlaufe der Geschichte stets mitbestimmt haben.

Es ist auch heute noch lehrreich zu sehen, wie Helmut Berve im Jahre 1928 in einer bedeutenden und aufschlußreichen Rezension[9] mit der „naturwissenschaftlichen Methode" Belochs in seiner ›Griechischen Geschichte‹ abrechnete, jenem Forscher, der für die Bevölkerungsanalyse der Alten Welt auch mit diesem Standardwerk Bahnbrechendes geleistet hatte. Der Paradigmenwechsel, den Berve dann selbst mit seiner einflußreichen ›Griechischen Geschichte‹ vollzog (I: Freiburg 1931, II: Freiburg 1933), brachte wiederum die griechischen Stammescharakteristika als Ordnungsprinzipien und die hohe historische Individualität der Stämme, der Stadtstaaten und Personen zu Ehren, eine faszinierende, letztlich romantische Zusammenschau, die ihre Strahlkraft bis in die jüngste Zeit erhalten konnte. Konkrete Angaben zum Raum und zur Bevölkerung sind im Gegensatz zu Beloch so gut wie gar nicht zu finden. Das notwendige Umdenken verdanken wir auf diesem wie auf vielen anderen Gebieten vor allem angelsächsischen Forschern.

„Alles Lebendige", so hatte G. Mackenroth, der Pionier der wissenschaftlichen Demographie in Deutschland nach dem Zweiten Weltkrieg, einmal formuliert, „hat ein materielles Substrat, dessen man sich mit naturwissenschaftlichen Methoden mit Zählen, Messen, Rechnen bemächtigen kann, und es ist ein Beseeltes, das nur mit kulturwissenschaftlicher Methodik angegangen werden kann. In jeder Wissenschaft vom Lebendigen müssen also beide, naturwissenschaftliche und kulturwissenschaftliche Methodik, zur Einheit verschmelzen, womit sich der Streit der Methoden aufhebt."[10] Es ist das Defizit aller vorindustriellen Kulturen, daß ihre Quellenlage die Anwendung naturwissenschaftlicher Methoden im strengen Sinne kaum zuläßt. Aber die Einbettung des Zählens, Messens und Rechnens in einen ökonomischen Gesamtzusammenhang bleibt das Ziel, dem der Wirtschaftshistoriker in verschiedenen Bereichen recht nahekommen kann, auch wenn eine wirkliche Aufhebung der divergierenden Methoden kaum zu erreichen ist.

---

[9] H. Berve, Gnomon 1, 1928, 469ff., bes. 474 mit z. T. durchaus berechtigten Vorbehalten gegen modernistische Wertungen.
[10] G. Mackenroth, Bevölkerungslehre (vgl. S. 30), 4.

4. Technik und Wirtschaft

„Die Handmühle ergibt eine Gesellschaft mit Feudalherren, die Dampfmühle eine Gesellschaft mit industriellen Kapitalisten", hatte der junge Marx einmal lapidar behauptet. Auch wenn man die Abhängigkeiten von Technik, Wirtschaft und Gesellschaft nicht ganz so simpel sieht – später hat sich Marx sehr viel komplexer geäußert –, läßt sich der große Einfluß der Technik auf die jeweiligen sozioökonomischen Verhältnisse nicht verkennen wie umgekehrt „die Verhältnisse" für die technischen Mittel, ihre konkreten Erfindungen und Anwendungen stets den nötigen Nährboden bereitgestellt haben. Ihre Wechselwirkungen waren zu allen Zeiten mit den Händen zu greifen, und dies gilt auch für die Antike.

Im neuzeitlichen Verständnis figuriert die Technik ganz allgemein als „das konstruktive menschliche Schaffen von Erzeugnissen, Vorrichtungen und Verfahren unter Benutzung der Stoffe und Kräfte der Natur und unter Benutzung der Naturgesetze" (Kloepfer), wobei besonders auf die Maschinen und Apparate Wert gelegt wird, mit deren Hilfe die menschlichen Fähigkeiten rational und gezielt erweitert werden (Großer Brockhaus [16]11, 433 s. v. Technik). Das antike, speziell das griechische Verständnis ist umfassender. Jede Art von Kunstfertigkeit und geschicktem Hervorbringen in Theorie und Praxis, wodurch der Mensch sein Wissen erweitert und der reinen Natur gegenüber eine zweite „künstliche" Natur schafft, wird als *téchne* begriffen. Der Philosoph, der Arzt, der Hausvater, der Handwerker und Künstler besitzt sie und schafft mit ihrer Hilfe die ihm gemäßen Objekte. Im Titanensproß Prometheus, welcher den Menschen das Feuer vom Himmel holt und sie die Schrift, die Heil-, Bau- und Metallkunst lehrt (Aischyl. Prom. 442 ff.), haben die technischen Errungenschaften des Menschen, daneben aber auch seine als frevelhaft empfundene Vermessenheit ihre mythische Überhöhung gefunden. Anders gesagt, Technik ist als umfassende anthropologische Kategorie nicht auf den wirtschaftlichen und gesellschaftlichen Bereich allein bezogen. Ihr wird ein eigener Gegenstandsbereich zugesprochen. Der Technikgeschichte kommt die Aufgabe zu, die Eigenlogik der Entwicklung (Daumas) herauszuarbeiten und sie in ihren vielfältigen zeitlichen Bezügen zu verstehen. Freilich läßt sich dieser Anspruch ohne Berücksichtigung der übrigen historischen Potenzen nicht durchhalten, deren Verschränkung auch die antiken Verhältnisse offenbaren.

In der Landwirtschaft haben die Griechen und Römer die in den alten Hochkulturen bereits bekannten Errungenschaften übernommen

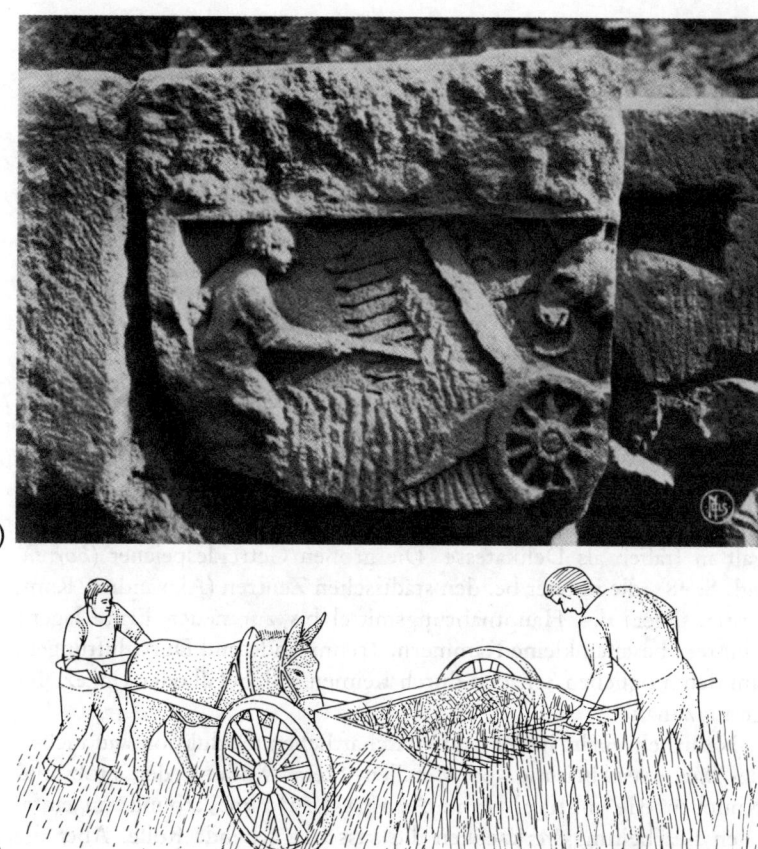

a)

b)

Abb. 1. Gallorömische Erntemaschine (nach H. Heinen, Trier und das Trevererland in römischer Zeit, Trier ²1988, Abb. 49 u. 50). a) Erntemaschine, Fragment eines Grabreliefs aus Montauban-Buzenol (Belgisch-Luxemburg), Musée Gaumais, Virton. b) Erntemaschine, Versuch mit einem rekonstruierten Modell, Dampicourt 1960.

und verfeinert. Der Hakenpflug, der lediglich Furchen in den Boden zog, erfuhr in der römischen Kaiserzeit eine verbesserte Anwendung durch Schrägstellung des Pflugeisens, wodurch ein Teil der Schollen umgewendet und eine intensivere Bodennutzung erreicht wurde. Feldhacken, Schaufeln, Sensen, Gabeln, Messer zum Schneiden des Laubes und der Weinreben wurden aus Eisen verfertigt; sie haben sich in vielen *villae rusticae* (vgl. S. 206 f.) des Imperiums gefunden und geben in ihren unterschiedlichen Formen einen Einblick in die hohe Spezialisierung der einzelnen Arbeitsvorgänge. Die archäologisch und literarisch bezeugte Erntemaschine aus Gallien, die einen für die Zeit erstaunlichen Grad der Mechanisierung aufwies, ist in ihrer Funktion wie auch in ihrer technischen Anwendung umstritten. Wie effektiv arbeitete sie, wie weit war sie verbreitet, läßt sie sich in Zusammenhang bringen mit den „sich umwälzenden Produktivkräften" in der Spätantike, wie es in der marxistischen Forschung verschiedentlich behauptet wurde?

Mühlen zum Mahlen des Getreides, der Hülsenfrüchte und des Olivenöls, Weinpressen, die einen höheren Mostertrag erbrachten als das übliche Keltertreten, stehen für eine einfache, aber doch effektive Form der mechanischen Weiterverarbeitung. Schwierige Probleme ergaben sich bei der langfristigen Aufbewahrung der Nahrungsmittel, die im mediterranen Klima rasch verdarben. Fleisch und Fisch wurden zum Teil getrocknet und gepökelt und konnten so gelagert und über längere Strecken auch transportiert werden. Der gallische Schinken galt in Italien als Delikatesse. Die großen Getreidespeicher (*horrea*, vgl. S. 48), die in oder bei den städtischen Zentren (Alexandria, Rom, Ostia, Trier) das Hauptnahrungsmittel bis zur neuen Ernte lagern mußten, besaßen kleine Kammern, Trennwände und Durchlüftungen, um den möglichen Schaden durch Keimen, Pilzbefall oder Ungeziefer geringzuhalten.

Natürlich spielte in der landwirtschaftlichen Produktion wie auch in der Weiterverarbeitung von Metallen, Stein, Wolle, Leder, Holz und Knochen die menschliche Arbeitskraft im Verbund mit einfachen Bearbeitungswerkzeugen die ausschlaggebende Rolle. Aber die mangelnde Mechanisierung ist nicht schon automatisch als Argument gegen die Qualität der damaligen Technik und ihrer Produkte zu werten. Maschinelle Herstellung hat es bei der Verfertigung der Säulentrommeln (die „Säulendrehbank") gegeben. In der Spätantike werden an der Mosel Steinsägen eingesetzt, die mit Wasserkraft betrieben wurden (Auson. Mos. 362–364). Welche Erfindungen die Griechen und Römer dabei in der Landwirtschaft, im Transport oder in der Industrie von ihren Nachbarn übernommen haben, ist im einzelnen oft schwer festzustellen. Die erste Bezeugung der „Erfindungen" in literarischen oder archäologischen Quellen ist nicht unbedingt ein Beweis dafür, daß die technischen Errungenschaften genau und zu der Zeit entstanden sind (K. D. White). Jedenfalls lassen sich im technischen Schrifttum eines Ktesibios oder eines Heron (vgl. S. 81 f.) wie auch in der Praxis durchaus Ansätze ausmachen, etwa die Windenergie zu nutzen, das

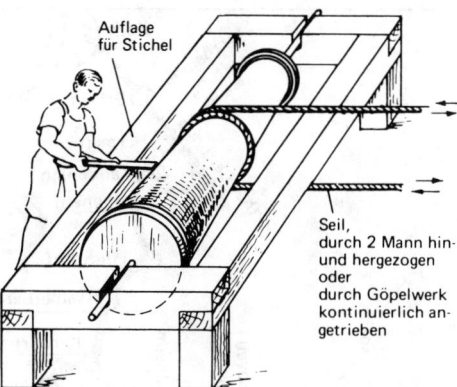

Abb. 2. Säulendrehbank (nach F. Kretzschmer, Bilddokumente römischer Technik, Düsseldorf ⁴1978, Abb. 33).

Transportwesen zu erleichtern (Suet. Vesp. 18) oder die Materialfestigkeit von Glas zu erhöhen (Petron. sat. 51 f.). Aber trotz dieser erstaunlichen Leistungen ist offensichtlich in der damaligen Zivilisation das Bedürfnis nur schwach ausgebildet gewesen, technische Innovationen konkret zu nutzen; man gibt sich vielmehr eher mit den vorhandenen Produktionsweisen zufrieden. Diese Einstellung wird bekanntlich zum einen auf die Sklaverei zurückgeführt, ein Verhältnis, in welchem der Arbeiter nichts weiter sei, wie Marx sagt, „als eine lebendige Arbeitsmaschine", deren billige Arbeitskraft folglich jeden technischen und wirtschaftlichen Fortschritt absorbiert habe. Demgegenüber verweisen andere Forscher auf eine spezifisch antike Mentalität, in welcher die einseitig rhetorisch-geistige Bildung zu einer Stagnation der naturwissenschaftlichen Erkenntnis (Kiechle) bzw. zu einer verhängnisvollen Trennung von Philosophie und Wissenschaft (de Martino) und damit eben auch zu einem Ausbleiben der technischen Schöpferkraft geführt habe. Beide Erklärungsmodelle, die sich nicht auszuschließen brauchen, besitzen einen wahren Kern; aber man muß sie erweitern um die Frage, ob denn die technischen Errungenschaften der Zeit hinter den entsprechenden Anforderungen von Wirtschaft und Gesellschaft wirklich zurückblieben, ob es so etwas wie ein technisches Defizit uberhaupt gegeben hat und wo der Maßstab liegt, dies festzustellen. Dazu müßte man umfassender, als es hier geschehen kann, die Herstellung, die Verteilung und den Verbrauch der Güter untersuchen. Wenige zusätzliche Hinweise und Beispiele müssen deshalb genügen.

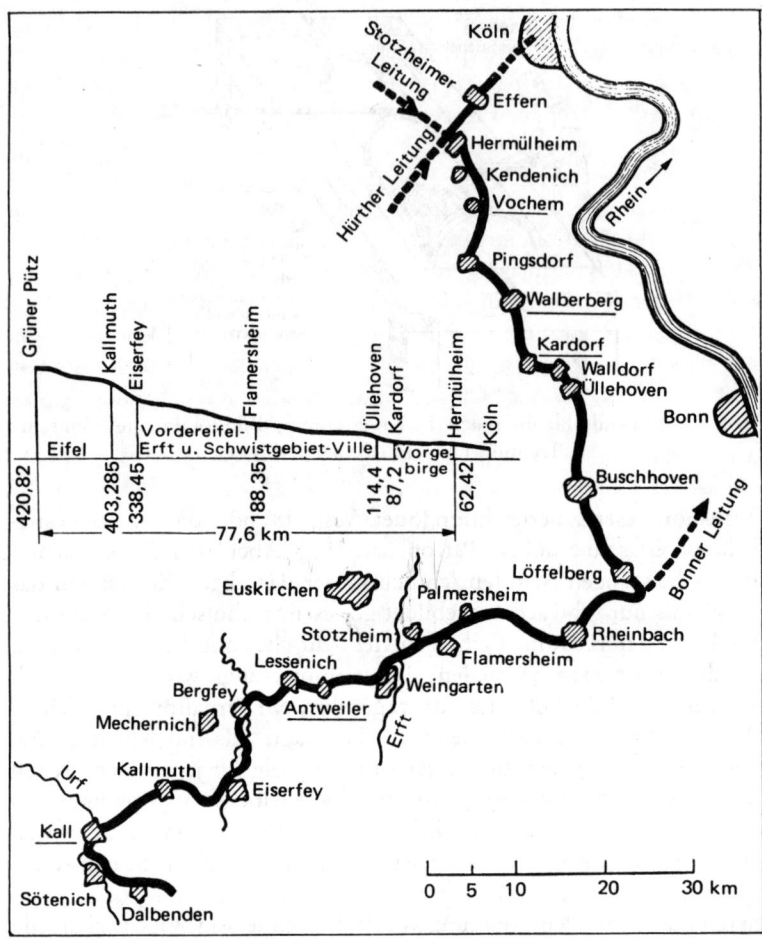

Karte 2. Wasser aus der Eifel für das römische Köln (nach F. Kretzschmer, Bilddokumente römischer Technik, Düsseldorf ⁴1978, S. 58, Bild 75). Vgl. auch für weitergehende Einzelheiten W. Haberey, Die römische Wasserleitung nach Köln, Bonn ²1972.

Relativ deutlich sind für uns heute die technischen Verfahren auf dem B a u s e k t o r zu greifen, worin es besonders die Römer zur Meisterschaft gebracht haben. So setzte etwa der Bau der Wasserleitung, die aus der Eifel nach Köln führte, gewissenhafte Planung und Vermessung voraus, um auf einer Strecke von knapp 80 km ein kontinuierliches Gefälle für das rinnende Wasser (durchschnittlich 200 l/Sekunde) zu erzielen; der gemauerte Kanal mit einer Außenbreite von 1,2–1,6 m wurde größtenteils unterirdisch geführt, was einen Aushub von 250000–300000 m³ erforderte (Haberey). Ähnlich beeindruckend sind die auf uns gekommenen Entsorgungssysteme. Die *cloaca maxima* in Rom, ursprünglich ein Entwässerungskanal, wurde in spätrepublikanischer Zeit zu einem Kanalisationssystem ausgebaut, dessen Abwässer (freilich ungereinigt) in den Tiber geleitet wurden. In der Kaiserzeit wiesen viele Städte derartige Abwasserkanäle auf. Sie sind, wie die Toiletten und Badeanlagen, Indizien für ein kulturbedingtes Sauberkeitsbedürfnis, das eben auch auf technischen Voraussetzungen beruhte. Tempel-, Palast-, Straßen- und Häuserbau sind auf die Koordination von Planung, von Bereitstellung der Baumaterialien und der konkreten Ausführung angewiesen. Dazu waren neben der menschlichen Arbeit auch Beförderungsmöglichkeiten und Hebevorrichtungen unerläßlich. Nachbauten von Kränen haben gezeigt, daß mit vergleichbar geringer menschlicher Arbeitskraft gewaltige Lasten bewegt werden konnten. Auch die in römischer Zeit zur Perfektion gelangte Hypokaustenheizung, mit welcher Fußböden und Wände zentral von unten bzw. hinten erwärmt wurden, entwickelte mit Hilfe von Holzkohle eine so hohe Ausnutzung der Wärmeenergie, wie sie erst in neuester Zeit wieder erreicht wurde. Man weiß heute, daß die von den Wänden und Fußböden abstrahlende Wärme nicht nur effektiver, sondern auch gesünder ist als der Großteil der von modernen Heizungsträgern erzeugten Wärme.

Das Beispiel macht die Vorzüge und Nachteile antiker Technik deutlich. Holz mußte in großen Mengen beschafft, in Meilern zu Holzkohle weiterverarbeitet, transportiert, gelagert, verfeuert, die Rückstände entfernt werden. Anders gesagt: die antike Heizung war material- und personalaufwendig, eine extensive Nutzung der natürlichen und menschlichen Ressourcen ist für sie wie für viele andere technische Bereiche kennzeichnend. Die Technik der Zeit war nicht in der Lage – und vielleicht auch nicht willens –, mehr aus den Vorräten der Natur „herauszuholen". Man hat errechnet, daß die gewaltige Wassermühlenanlage von Bargebal in der Nähe von Arles mit ihren 16 Wasserrädern gerade eine Leistung von 2–2,5 PS entwickelte, was heute der Leistung eines kleinen Motorrades entspricht (Landels). Die extensive Ausnutzung der Silberminen in Laureion, die zu einem Rückgang der Produktion bereits in der Zeit des Hellenismus führte, läßt sich daraus ablesen, daß die in der Antike ausgebeuteten Steinschlacken noch ca. 10 % Silber enthalten und bereits in augusteischer Zeit die Rückstände erneut ausgeschmolzen wurden (Strab. IX 1,23). Das Fehlen des Halskummets und der durch Nägel befestigten Hufeisen erlaubte nur eine begrenzte Nutzung des Pferdes im Transportwesen und in der Landwirtschaft.[11] Wenn also große Mengen an Waren produziert und bewegt werden sollten, wie etwa bei der Kalk-, der Ton- bzw. Keramikherstellung oder der Getreideversorgung, dann mußten eben mehrere Betriebe bzw. Manufakturen (vgl. S. 119) die Arbeit, mußte eine größere Anzahl von Schiffen den Getreidetransport übernehmen. Für die rund 250 000 t Getreide, welche pro Jahr in Rom verbraucht wurden, waren, wie man errechnet hat, 4500 Schiffsladungen nötig, um das Getreide über den Tiber von Ostia nach Rom zu transportieren (Rickman). Verbreitung, nicht Verbesserung oder Intensivierung der Arbeitsleistung war die Antwort auf erhöhte Anforderungen.

Trotz derartiger Einschränkungen sind die wirtschaftlichen Leistungen, die mit Hilfe der vergleichsweise einfachen Technik erzielt wurden, bewundernswert, wie uns die archäologischen Überreste immer wieder vor Augen führen. Der Produktionsprozeß als ganzer war unmittelbar an der Natur und der manuellen Arbeitskraft orientiert, was sicherlich auch Folgen für das Arbeitsverhältnis besaß, für das, was man später als Identität bzw. Entfremdung empfand und begriff.[12] Andererseits ist nicht zu übersehen, daß der extensive und sorglose Umgang mit den natürlichen Quellen bereits auf dieser frühen Produktionsstufe ökologische Probleme mit sich brachte. Ehemals waldreiche Gebiete wie der Apennin in Italien, die Insel Korsika und die dalmatisch-istrische Küste fielen mit der Zeit dem gewaltigen Holzbedarf der damaligen Zivilisation zum Opfer, bereits in der Antike führte die Verkarstung zu jenen Veränderungen im Klima und in der Vegetation, die heute noch fühlbar sind. Der jüngere Plinius berichtet anläßlich seiner Gesandtschaft in Bithynien/Pontus ca. 110 n. Chr. von einem Flüßchen in der Stadt Amastris, das durch Abwässer zu einer stinkenden, gesundheitsgefährdenden Kloake geworden war. Bezeichnenderweise richteten sich die staatlichen Maßnahmen nicht auf eine Behebung bzw. Linderung der Schäden; der Fluß wird lediglich abgedeckt (Plin. ep. 10, 98f.).

Der Ausbeutung und dem Raubbau gegenüber der Natur als einem

---

[11] Eisen-Hufeisen und Steigbügel kamen nach allgemeiner Datierung etwa im 9. Jh. n. Chr. in Europa auf, vgl. F. Klemm, Geschichte der Technik, Hamburg 1983, 48 ff. Berechtigte Skepsis am „fortschrittlicheren" Transportwesen im Mittelalter bei Pleket, Europäische Wirtschafts- und Sozialgeschichte (vgl. S. 248f.), 153f.

[12] Zur wirtschaftlichen Identität bzw. Entfremdung vgl. J. M. Shepard, Automation and Alienation, Cambridge 1971.

normalen menschlichen Verhalten setzten die technischen Möglichkeiten der Zeit das Maß, d. h., sie schlugen als ganze nicht wesentlich zu Buche. Wohl haben antike Philosophen ein Leben *secundum naturam* propagiert und den Menschen nicht als Herrn, sondern als Teil der Natur begriffen, die es als Ganzes zu bewahren galt. Ein ökologisches Bewußtsein hat sich nach Lage der Dinge daraus nicht entwickeln können.

Das Beispiel macht deutlich, daß es neben den herkömmlichen Interdependenzbereichen Technik und Wirtschaft wichtige Problemkreise gibt, die zum Teil mangelhaft dokumentiert, zum Teil aus anderen Gründen noch nicht ins wissenschaftliche Bewußtsein getreten sind. Den Möglichkeiten der landwirtschaftlichen Produktion, der Gewinnung von Bodenschätzen, der Verarbeitung von Metallen, Holz, Leder, Wolle, Steinen und Knochen, dem See- und Landtransport, dem Energiebedarf, schließlich der Arbeitsorganisation hat man sich mit mehr oder weniger großem Erfolg zugewandt, weil man sie im Hinblick auf die eigene Zeit als wichtig empfunden hat. Heute sehen wir klarer, daß die Probleme der Entsorgung, die spezifisch *rationalen* Verfahrensweisen, wie sie beispielsweise die Verwendung von Maß und Gewicht, die Betriebsführung, die Arbeitsteilung bzw. die geschlechtsspezifische Zuordnung von Arbeitsbereichen darstellen, ebenfalls in den Kontext von Wirtschaft und Technik gehören. Nicht zuletzt geht es dabei um eine präzise Begrifflichkeit. Rationalität, Betriebsführung, Arbeitsteilung, Innovation oder Stagnation sind moderne Hinsichten, die abseits der europäischen Industriewelt ihren zeitgenössischen Stellenwert erhalten müssen.

5. Wirtschaft, Staat und Recht

Begreift man den Staat im neuzeitlichen Sinn als einen einheitlichen Wirkungszusammenhang, der die politischen, ökonomischen, kulturellen und sonstigen Leistungen der Gesellschaft organisiert (H. Heller), so wird ohne weiteres deutlich, daß diese moderne Form der Machtorganisation sich zu „der Wirtschaft" in einem sehr viel intensiveren und auch komplizierteren Verhältnis befindet, als dies im europäischen Mittelalter und in der Antike je der Fall war, um von anderen Kulturkreisen gänzlich zu schweigen. Den „Staat" als umfassende und effiziente Organisation kennt die Antike nicht und folglich auch nicht die Strukturierung der Wirtschaft als staatliche Aufgabe. Aber natürlich hat es zu allen Zeiten gegenseitige Beeinflussungen ge-

geben. Die staatlichen Manufakturen und Handelskompanien im abso-
lutistischen Staat, die mittelalterliche Gewerbepolitik, die königliche
Münzprägung im frühen Mittelalter sind Beispiele für staatliche Steue-
rungsversuche bestimmter Wirtschaftskreise. Die griechische Polis, die
hellenistische Monarchie, die römische Republik, das Kaiserreich,
auch sie spezifische Organisationsformen von Macht, haben in unterschiedlicher Weise auf die Produktion, den Vertrieb und die Konsumtion gewirkt, politische Maßnahmen, die ihrerseits wiederum soziale,
ökonomische oder andere Ursachen besitzen. In Athen mußten die ortsansässigen Fremden (Metöken, vgl. S. 120)
im Gegensatz zu den Bürgern eine Kopfsteuer bezahlen und durften
kein Grundeigentum erwerben; die römische Republik verpachtete die
Eintreibung der Provinzialsteuern an private Gesellschaften (*societates*,
vgl. S. 181); in der Spätantike suchten die römischen Kaiser lebens-
wichtige Berufsstände per Gesetz in ihrer Funktionsfähigkeit zu erhalten (vgl. S. 227): Dies sind natürlich keine Beispiele für eine kohärente
Wirtschaftspolitik im eigentlichen Sinne, aber doch öffentliche Maßnahmen, um ökonomische Ressourcen auf wichtigen Gebieten zu sichern.[13] Die antiken Gemeinwesen haben über verschiedene Instrumentarien Wirtschaftsabläufe beeinflussen können und in für sie charakteristischer Weise davon Gebrauch gemacht, der Stammesstaat (vgl.
S. 99) sicher weniger als die hellenistischen Monarchien, die in der Bodenbewirtschaftung, in Gewerbe, Handel und staatlichen Einnahmen
ein Maximum an Gewinn zu erzielen suchten (vgl. S. 144 f.). Hier wie in
anderen Fällen bot besonders d a s R e c h t als Medium der gesellschaftlichen und wirtschaftlichen Ordnung die Handhabe, ökonomische
Ressourcen zu sichern oder neu zu erschließen. Davon profitierte die
staatliche Gewalt ebenso wie der Einzelne. Aus der Rechtsordnung
können, wie M. Weber sagt, den „Einzelpersonen *berechenbare Chancen* erwachsen, ökonomische Güter in ihrer Verfügung zu halten oder
künftig, unter bestimmten Voraussetzungen, die Verfügung über solche erwerben".[14] Der obenerwähnte Metöke weiß, was ihn erwartet,
wenn er sich in Athen oder Korinth niederläßt und ein Geschäft eröffnet. Dem römischen Steuerpächter ist die vom Zensor festgesetzte
Pachtsumme, die er in die Staatskasse zu zahlen hat, bekannt, und er

---

[13] Finley, Antike Wirtschaft 179 ff., besonders 191 f. konstatiert einen Gegensatz zwischen „Befriedigung materieller Bedürfnisse" auf der einen, und „Wirtschaftspolitik" auf der anderen Seite. Die von ihm aufgebotenen Beispiele, die
sich um viele vermehren ließen, beweisen sehr wohl die gegenseitigen Interdependenzen von Staat und Wirtschaft, vgl. unten S. 25.

[14] Wirtschaft und Gesellschaft II 1,1 S. 236.

weiß um die Schliche, mit denen er an das Geld der Provinzialen kommt (vgl. S. 183).

Die meisten wirtschaftlichen Handlungen vollziehen sich unter bestimmten staatlichen und auch rechtlichen Vorgaben, die sie in ihrer Eigenart, ihrer Reichweite und Effizienz mit bestimmen. Wer Grundeigentum erwarb, um es zu bebauen, Häuser zu errichten und zu vermieten, wer ein Gewerbe betrieb, Waren einführte, Darlehen aufnahm, Sklaven kaufte oder veräußerte, Dienstleistungen von Abhängigen (etwa von Freigelassenen oder Kolonen, vgl. S. 208) in Anspruch nahm, bewegte sich damit ganz allgemein im Rahmen bestimmter rechtlicher Normen. So gingen vom Bodenrecht, dem Obligationsrecht (Regelung der gegenseitig zu erbringenden Leistungen im Zusammenhang mit Verträgen, Schuldverpflichtungen, Delikten u. a. m.), dem Personen- und Familienrecht, nicht zuletzt vom Strafrecht wichtige Impulse auf die Wirtschaft und Gesellschaft der Zeit aus. Konfisziertes Eigentum und Bußgelder bildeten von Beginn an wichtige Posten im staatlichen Haushalt. Der Entstehung, der Veränderung und dem Verschwinden derartiger Rechtsverbindlichkeiten geht die historische Rechtswissenschaft nach (vgl. S. 82 f.). Auf einer entwickelteren Stufe der gesellschaftlichen Entwicklung war die Verpfändung der eigenen Person im Falle der Zahlungsunfähigkeit, wie sie sowohl das archaische römische wie auch das frühe griechische Recht kannte, nicht mehr praktikabel und wurde durch zeitgemäße Formen der Haftung ersetzt.[15] Die berühmte Schuldenaufhebung *(seisáchtheia)*, die Solon 594/93 v. Chr. vornahm, hatte bedeutenden Einfluß auf die Konsolidierung eines mittleren Bauernstandes in Attika. Sie verband sich mit anderen Reformen, welche die Verleihung des Bürgerrechtes an fremde Handwerker, die in Attika ansässig wurden, vorsahen, die Unterhaltspflicht der Kinder gegenüber ihren Eltern regelten, ein Ausfuhrverbot für landwirtschaftliche Produkte (außer Olivenöl) zur Folge hatten, den Erwerb von Grundbesitz beschränkten und bestimmte Luxusformen des Adels unter Strafe stellten, zu einem recht umfänglichen Steuerungsinstrumentarium der attischen Wirtschaft. Umfang und Zielrichtung der einzelnen Maßnahmen sind schwierig zu deuten; aber unbestritten ist die solonische Intention, das Recht nicht einseitig in den Dienst einzelner Schichten zu stellen, sondern mit politischen Mitteln auf einen ökonomischen und gesellschaftlichen Kompromiß hinzuarbeiten.

Bei der Analyse derartiger staatlicher Regelungen gilt es zu unter-

---

[15] Das römische *nexum*, ein „Verknechtungsvertrag", kam gegen Ende des 4. Jh. v. Chr. aus der Übung, De Martino, Wirtschaftsgeschichte, 166 ff.

scheiden zwischen der normativen Rechtsordnung, welche wirtschaftliches Handeln tangiert, und den realen Effekten, welche sich durchaus nicht immer in der beabsichtigten Form halten. Dafür gibt es viele Beispiele. Die römische Republik kennt eine ganze Fülle von Gesetzesmaßnahmen, welche mittelbar wirtschaftliches Handeln zu regulieren versuchen und ihr erklärtes Ziel offenbar nicht erreichen. Die berühmten Ackergesetze *(leges agrariae)* stellen politische Absichtserklärungen dar, den ungehemmten Zugriff auf öffentliches Gemeindeeigentum einzudämmen und durch Verteilung mittelgroßer Landlose zu einer Stärkung des Bauernstandes zu kommen. Luxusgesetze *(leges sumptuariae)* bemühen sich, das öffentliche Zurschaustellen von Reichtum zu begrenzen, prohibitive Maßnahmen, die wahrscheinlich sozialpolitisch gemeint waren und die Oberschicht auf bestimmte Wirtschafts- und Repräsentationsformen festzulegen suchten. Eine *lex Claudia,* die den römischen Senatoren den Besitz größerer Handelsschiffe verbot (Liv. XXI 63,2), schafft damit indirekt Raum für die Handelstätigkeit römischer Ritter und italischer Kaufleute, die im 2. Jahrhundert v. Chr. das personelle Rückgrat der damaligen Außenhandelswirtschaft bildeten (vgl. S. 160f.). Ein Edikt des Kaisers Domitian untersagt die Anlage weiterer Weinberge in Italien und ordnet eine teilweise Vernichtung der Bestände in den Provinzen an, ein protektionistischer Eingriff zugunsten des daniederliegenden Getreideanbaus, wie der kaiserzeitliche Biograph Sueton (Dom. 7,2) berichtet.

Politik und Wirtschaft – bei näherer Analyse offenbaren alle hier vorgestellten Beispiele ein Geflecht schwieriger Probleme und komplexer Beziehungen, in welchen sich die übergreifenden Potenzen Staat und Gesellschaft in einzelne Bestandteile auflösen. Wer und in welchem Interesse erläßt solche Maßnahmen? Wie wirksam sind sie, welche Effekte und besonders: welche Nebeneffekte zeitigen sie? Der Stadtstaat, der hohe Zölle und Marktgebühren verordnet, um die städtischen Kassen zu füllen, behindert damit möglicherweise Handel und Gewerbe und zwingt diese, nach Auswegen zu suchen. Prohibitive Eingriffe in den Wirtschaftsablauf eröffnen in aller Regel ökonomische Nebenschauplätze, was nicht allein die genannten Beispiele belegen. Der umfassendste Versuch eines Wirtschaftsdirigismus in der Antike, den bekanntlich der Kaiser Diokletian 301 n. Chr. mit seinem *edictum de maximis pretiis rerum venalium,* einer Zwangsfestsetzung für Güter und Dienstleistungen unternahm (vgl. S. 56), mußte scheitern, weil er sich lediglich an der Preisgestaltung und nicht an den Faktoren Produktion, Verteilung und Nachfrage orientierte, welche letztlich den Preis bestimmten. Die Verordnung machte, wie Lactanz (mort. pers. 7) berichtete, „das Teure nicht wohlfeil, aber das bisher Wohlfeile teuer", bewirkte also genau das Gegenteil dessen, was der Kaiser beabsichtigte. Man gelangt damit ganz allgemein auf den Problemkreis Staat – Wirtschaft zurück, welcher den Wirtschaftshistoriker M. I. Finley stets beschäftigt und für den er eine überlegenswerte Antwort parat hatte: Die Wirtschaft ist als „machbarer" und zu gestaltender Bereich von dem antiken Staat nicht wahrgenommen worden, nicht zuletzt deshalb, weil der „Staat" und die „Wirtschaft" nicht existierten. Wirtschaftspolitik, auch ein bewußtes *Laissez-faire*[16], hat es nicht gegeben; statt dessen dominierten weitgehend Desinteresse und provisorische Maßnahmen auf jenen Gebieten, die unmittelbar der Befriedigung materieller Bedürfnisse oder der Aufrechterhaltung der politischen Ordnung dienten. Der Stadtstaat trug deshalb Sorge für die nötigen Nahrungsmittel der Bürger. Er organisierte die Geldwirtschaft. Durch Steuern, Zölle, Strafgelder und Verpachtung von Gemeindeeigentum verschaffte er sich eigene Mittel; für Markt und Handel stellte er Rahmenbedingungen bereit. All dies fügt sich, wie Finley betont, nicht zu einer langfristigen und abgestimmten Wirtschaftspolitik mit einer erkennbaren Steigerung des ökonomischen Nutzens. Und wenn der einzelne, wie etwa Trimalchio (vgl. S. 225), oder soziale Gruppen (wie etwa die Metöken oder die Steuerpächter, vgl. S. 120; 181) erfolgreich wirtschafteten, dann nicht deshalb, weil ihnen das Gemeinwesen ausdrücklich einen ökonomischen Freiraum zugestand, sondern weil sich „der Staat" gleichgültig verhielt bis zu dem Punkte, wo fundamentale Interessenskonflikte ein staatliches Eingreifen erforderten.[17]

Man erkennt bei näherem Zusehen, daß Finley bei derartigen Wertungen sehr stark einem neuzeitlichen Ökonomieverständis (M. Weber, W. Sombart, J. Schumpeter) verpflichtet ist, welches sich den antiken Verhältnissen so nicht überstülpen läßt. Die gegenseitigen Beziehungen sind notwendigerweise von anderer Art als in der Neuzeit und im Mittelalter. Aber sie sind doch existent und außerordentlich wirksam gewesen. Die traditionellen Normen, welches das Eigentum, den Sozialstatus und die Tätigkeit bestimmt haben, besaßen Auswirkungen auf das wirtschaftliche Handeln, wie umgekehrt das wirtschaftliche In-

---

[16] Finley, Antike Wirtschaft 183 f. Zum Laissez-faire als dem Credo eines ökonomischen Liberalismus, welcher den Staat lediglich die Aufgabe zuwies, einen wirtschaftlichen Freiraum bereitzustellen, vgl. Eucken, Nationalökonomie (vgl. S. 28), 92 f.; das Laissez-faire in der Wirtschaftspolitik der römischen Kaiserzeit: vgl. S. 189.

[17] Finley macht dies an der Beendigung der Piraterie im Mittelmeer durch Pompeius 67 v. Chr. deutlich, Antike Wirtschaft 186.

teresse eines griechischen Grundbesitzers, eines römischen Senators oder Ritters sich in politisches Handeln umsetzen *konnte*. Dies gilt besonders für gewalttätige Aktionen wie Raub, Plünderungen, Beutemachen im Krieg, Tributforderungen, Sklavenentführungen und Zwangsarbeit besiegter Völker, die als „einseitiger Entzug von Werten" (L. Beutin) in aller Regel einen enormen wirtschaftlichen Schub für die Nutznießer bedeutet haben. Der spartanische Staat oder das römische Provinzialreich mit der als normal empfundenen Ausbeutung einer unterworfenen Bevölkerung wären als konkrete und zu präzisierende Beispiele in diesem Zusammenhang zu nennen. Allerdings ist das, was wir gemeinhin als *wirtschaftliches Interesse* bezeichnen, gar nicht so einfach zu bestimmen. Ausdrückliche und eindeutige Handlungsmotive sind aus den antiken Quellen nur schwer zu gewinnen. Der Peloponnesische Krieg (431–404 v. Chr.) als Konflikt divergierender Handelsinteressen zwischen Athen und Korinth ist eine Deutung moderner Interpreten, die aus den sich vielfältig überlappenden Motiven und Ursachen, welche uns aus der Überlieferung kenntlich sind, nur eine verabsolutieren. Daß unbeschadet dieser Erkenntnisschwierigkeit Kriege wichtige Knotenpunkte für politisches und wirtschaftliches Handeln darstellen, wird damit nicht bestritten.

Anders gesagt: Wer sich über das Verhältnis von Wirtschaft und Politik als einem historischen Phänomen Rechenschaft geben will, wird nicht umhinkönnen, ein anthropologisches Substrat, eine „menschliche Natur" in Rechnung zu stellen, die nicht mit der unsrigen identisch und ein für alle Mal festgelegt ist. Eine Theorie menschlichen (und damit auch wirtschaftlichen) Handelns hätte an den historischen Voraussetzungen anzusetzen: Statusfragen, das kulturelle Ambiente, religiöse Überzeugungen verbinden sich zu einer Gemengelage, die nur schwer auseinanderzunehmen ist. Der attische Töpfer, der Vasen verfertigt, der Gutsverwalter im hellenistischen Ägypten, der römische Feldherr, der im feindlichen Land Beute macht, sie alle handeln wirtschaftlich, aber eben doch unter Mechanismen, die aus ihrer Zeit zu verstehen und in ihrem spezifischen Einfluß zu bestimmen sind.

Was also die Wirtschaft als ein historisches Phänomen ist, ergibt sich nicht allein aus Definitionen und aus Definitionsbeziehungen (vgl. oben). Sie muß in ihrem zeitlich verordneten Koordinatensystem aufgesucht werden, in welchem Wirtschaft, Bevölkerung, Technik, Staat und Recht aufeinander bezogen sind und sich wechselseitig beeinflussen. Andere Größen wie die Religion, die Kultur, die Mentalität müßten hinzukommen, um das Bild halbwegs abzurunden. Die Interdependenz von Religion und Ökonomie hat in der sogenannten

Tempelwirtschaft ihren spezifischen Ausdruck gefunden, die in Mesopotamien, in Ägypten, in Griechenland und im Imperium Romanum aufgrund ihrer vielfach überregionalen Ausstrahlung wichtige Wirtschaftseinheiten bis in die hohe Kaiserzeit hinein bildete. Noch Lucian von Samosata (ca. 120–185 n. Chr.) bewunderte den Tempel der Atagartis in Hierapolis, in welchem aus dem gesamten Osten gewaltige Gelder hineinströmten (Dea. Syr. 10f.). Mentalität als eine wichtige und eigenständige Kategorie, welche wirtschaftliches Handeln leiten kann, ist vor allem durch Max Webers Ausführungen über den Zusammenhang von Kalvinismus und Kapitalismus populär und als ein (zum Teil überstrapazierter) Schlüssel für die Wirtschaftsanalyse verwandt worden. Und ohne Zweifel liegen in der Einstellung zur Arbeit, in der bäuerlichen Lebensweise, im wagemutigen Fernhandel, im Gewinnstreben und in der öffentlichen Anerkennung Motivationen vor, die sich auf dem Hintergrund eines soziokulturellen Umfeldes bilden und die Wirtschaft enorm beeinflussen können. Bedenklich wird es allerdings, wenn man etwa die oft und zu Recht angesprochene „Rentenmentalität" (vgl. S. 211) zu pauschal bzw. zu undifferenziert auf die Antike generell anwendet oder gar das Rentnertum, eine spezifische Form der ökonomischen Nutznießung, als Wirtschaftsenthobenheit interpretiert (M. Weber). Auf diese Weise verflüchtigen sich Standort und Konturen einer antiken Wirtschaftsweise, wie sie uns aus der Überlieferung in ganz handgreiflicher Form entgegentritt. Das Gleichnis Jesu von den anvertrauten Talenten (Matth. 25, 14–30) offenbart zudem eine zeitgenössische Dynamik des wirtschaftlichen Strebens in der damaligen Welt mit wünschenswerter Klarheit: Der Herr (*Kýrios*) vertraut vor der Abreise seinen drei Sklaven das gesamte Hab und Gut im Werte von 10 Talenten an, mit der Maßgabe, daß jeder seinen Teil optimal nutzen soll. Zwei von ihnen können durch Handelstätigkeit ihr Kapital verdoppeln, der dritte vergräbt das ihm übergebene eine Talent und gibt es dem Herrn bei dessen Rückkehr ungeschmälert und unvermehrt zurück. „Du schlechter und fauler Sklave" *(ponerós doúlos kai oknerós)*, antwortete der Herr, „du hättest mein Geld bei den Bankiers anlegen sollen, dann hätte ich es mit Zinsen zurückbekommen" (Matth. 25,27, vgl. Luk. 19,23).

Gewinn erscheint also als ein erstrebenswertes Gut, das man durch Handel und Geldanlage erzielt. Der Herr ist nicht selbst in der Wirtschaft tätig, sondern seine Sklaven agieren in faktischer Selbständigkeit. Freilich läßt sich darüber streiten, ob man die Bestandteile dieser populären Erzählung so ohne weiteres in die Wirklichkeit transponieren darf und wofür sie stehen. Aber ein eindrucksvolles Beispiel für eine antike Wirtschaftsmentalität bietet sie allemal. Diese hat sich im Kontext der regionalen, politischen, sozialen und technischen Rahmenbedingungen ausgebildet, die zu erhellen eine der wichtigsten Aufgaben der Wirtschaftsgeschichte darstellt.

6. Literaturangaben

a) Definitionen und Interdependenzen

Allgemeine und antike Wirtschaftsgeschichte:
M. WEBER, Wirtschaft und Gesellschaft, hrsg. v. J. WINCKELMANN, Tübingen ⁵1976; DERS., Wirtschaftsgeschichte, Berlin ⁴1981; K. POLANYI, Ökonomie und Gesellschaft, dt. Frankfurt 1979; W. EUCKEN, Die Grundlagen der Nationalökonomie, Berlin ⁹1989; A. WEBER, Allgemeine Volkswirtschaftslehre, Berlin ⁷1958; H. LAMPERT, Art. Wirtschaftsordnung, in: Evang. Staatslexikon, Stuttgart 1987, 4023 ff.; H. J. MÜLLER, Art. Wirtschaft, Herder Staatslexikon, Freiburg 1989, 1002 ff.; L. BEUTIN–H. KELLENBENZ, Grundlagen des Studiums der Wirtschaftsgeschichte, Köln–Wien 1973; W. ZORN, Einführung in die Wirtschafts- und Sozialgeschichte, Probleme und Methoden, München ²1974; DERS., Art. Wirtschaftsgeschichte, HdWW IX, 1982, 55 ff.; H. OTT, H. SCHÄFER (Hrsg.), Wirtschafts-Ploetz, Die Wirtschaftsgeschichte zum Nachschlagen, Freiburg 1984; W. A. BOELCKE, Wirtschafts- und Sozialgeschichte, Darmstadt 1987; A. KADISH, Historians, Economists and Economic History, London 1991.

Darstellungen der antiken Wirtschaft:
O. NEURATH, Antike Wirtschaftsgeschichte, Leipzig–Berlin ²1918; L. BRENTANO, Das Wirtschaftsleben der antiken Welt, Jena 1929; J. TOUTAIN, The Economic Life of the Ancient World, London 1930; B. LAUM, Allgemeine Geschichte der Wirtschaft, Berlin–Wien 1932; F. M. HEICHELHEIM, Wirtschaftsgeschichte des Altertums, Leiden 1938 (= An Ancient Economic History, I–III, Leiden 1958–1970, die italienische Übersetzung Bari 1972 mit einer Würdigung des Werkes und des Autors durch M. MAZZA); M. ROSTOVTZEFF, The Social and Economic History of the Roman Empire, I–II, Oxford ²1957 (dt. Leipzig 1929); DERS., The Social and Economic History of the Hellenistic World, I–III; Oxford 1941, dt. Die hellenistische Welt, Gesellschaft und Wirtschaft, I–III, Darmstadt 1955/56 (ND 1984); J. Ph. LÉVY, The Economic Life of the Ancient World, Chicago–London 1967; Th. PEKÁRY, Die Wirtschaft der griechisch-römischen Antike, Wiesbaden ²1979; F. OERTEL, Kleine Schriften zur antiken Wirtschaftsgeschichte, Bonn 1975; H. RADANT, P. MUSIOLEK u. a. (Hrsg.), Handbuch der Wirtschaftsgeschichte, Berlin 1981 (marxistische Darstellung); M. I. FINLEY, The Ancient Economy, London 1973 (²1985, dt. Die antike Wirtschaft, München ²1980). Zur Würdigung Finleys W. JONGMAN, The Economic and Society of Pompeji, Amsterdam ²1990, 15 ff.; K. CHRIST, Neue Profile

der Alten Geschichte, Darmstadt 1990, 295 ff.; übergreifend: E. EGNER, Der
Verlust der alten Ökonomie, Berlin 1985.

b) Raum und Wirtschaft

Allgemein:

Th. KRAUS, Der Wirtschaftsraum, Gedanken zu seiner Erforschung, Köln
1933; DERS., Zur Raumordnung in den alten Hochkulturen, Bonn 1958;
E. WEIGT, Art. Wirtschaftsgeographie, HdSW 12, 1965, 115 ff.; L. SCHÄTZL,
Wirtschaftsgeographie I, Paderborn 1978; D. BARTELS, Art. Wirtschafts- und
Sozialgeographie, HdWW 9, 1982, 44 ff.; E. KIRSTEN, Raum und Bevölkerung
in der Weltgeschichte, Bevölkerungs-Ploetz I, Würzburg 1956; H. KEES, Das
alte Ägypten. Eine kleine Landeskunde, Berlin 1977; L. ROBERT, Le Carie,
Histoire et géographie historique, Paris 1954; DERS., A travers l'Asie Mineure,
Paris 1980; vgl. auch S. 96. Weitere Einzelaspekte (Auswahl):
M. CARY, The Geographic Background of Greek und Roman History, Ox-
ford 1948; A. PHILIPPSON, Das Mittelmeergebiet, Leipzig ⁴1922; DERS., Das
Klima Griechenlands, Bonn 1948; DERS., Die griechischen Landschaften, I–IV,
Frankfurt 1950–1959; F. M. ABEL, Géographie de la Palestine, I–II, Paris 1933–
1938; H. NISSEN, Italische Landeskunde, I–II, Berlin 1883–1902; A. SCHUL-
TEN, Iberische Landeskunde, I–II, Straßburg 1955–1957; P. ROMANELLI, Topo-
graphia Archeologia dell'Africa Romana, Turin 1970; Cl. NICOLET, L'inven-
taire du Monde, Géographie et politique aux origines de l'Empire Romain, Paris 1988; R. JUNGE, Weltgeschichte der Standortentwicklung der Wirtschaft in
der Klassengesellschaft I, Berlin 1961 (materialreich, aber ungenau und einseitig); J. F. HEALY, Mining and Metallurgy in the Greek and Roman World, London 1978; A. MORETTI–J. B. WARD PERKINS, Enc. Art. Ant. IV, 1961, 860 ff.,
s. v. *marmo*; R. MEIGGS, Trees and Timber in the Ancient Mediterranean
World, Oxford 1982; zum *silphium* H. STEIGER, RE III A, 1927, 103 ff.; zu den
Verkehrswegen vgl. S. 88, daneben J. LE GALL, Le Tibre, fleure de Rome, dans
l'Antiquité, Paris 1953; M. P. CHARLESWORTH, Trade Routes and Commerce of
the Roman Empire (Cambridge 1924) ND Hildesheim 1961; U. HEIMBERG,
Gewürze, Weihrauch, Seide, Welthandel in der Antike, Stuttgart 1981 (u. a. zur
Seidenstraße und zu Verbindungen nach China); zur *Bernsteinstraße* S. 87; zur
Stadtentwicklung R. OSBORNE, Classical Landscape with Figures, The Ancient
Greek City and its Countryside, London 1987.

Atlanten:

Großer Historischer Weltatlas des Bayrischen Schulbuchverlages I, Vorge-
schichte und Altertum, München ⁶1978; H. E. STIER, E. KIRSTEN u. a., Wester-
manns Großer Atlas zur Weltgeschichte, Braunschweig ⁹1976; N. G. L. HAM-
MOND, Atlas of the Greek and Roman World in Antiquity, New Jersey 1981;
R. J. A. TALBERT, Atlas of Classical History, London–Sydney 1985.

c) Bevölkerung und Wirtschaft

Allgemeine Demographie und Bevölkerungsanalyse in der Antike:
D. Hume, Essay on the Populousness of the Ancient Nations, London 1752;
Th. R. Malthus, An Essay on the Principles of Population, London 1798;
G. Mackenroth, Bevölkerungslehre, Berlin, Göttingen, Heidelberg 1953;
Ph. M. Hauser–O. D. Duncan, The study of Population, inventory and appraisal, Chicago 1959; A. E. Imhof, Einführung in die historische Demographie, München 1977; J. Baeder, Bevölkerungsgeographie, Stuttgart 1983;
P. Marschalk, Bevölkerungsgeschichte Deutschlands im 19. und 20. Jahrhundert, Frankfurt 1984 (zur Methode); zur *Kliometrie* R. H. Dumke, Clios Climacteric? Betrachtungen über Stand und Entwicklungstendenzen der cliometrischen Wirtschaftsgeschichte, VJSG 73, 1986, 457 ff.; M. I. Finley, Quellen und Modelle in der Alten Geschichte, Frankfurt 1987, 39 ff.; K. G. Zumpt, Über den Stand der Bevölkerung und der Volksvermehrung im Altertum (Abhandlungen der Preußischen Akademie der Wissenschaften), Berlin 1841; R. Pöhlmann, Die Überbevölkerung der antiken Großstädte im Zusammenhang mit der Gesamtentwicklung städtischer Zivilisation, 1884 (ND Leipzig 1967); K. J. Beloch, Die Bevölkerung der griechisch-römischen Welt, Leipzig 1886; ders., Die Bevölkerung im Altertum, Handwörterbuch der Staatswissenschaften II, Jena 1924, 898 ff.; ders., Griechische Geschichte, I–IV, Leipzig ²1912–1925; E. Meyer, Die Bevölkerung des Altertums, Handwörterbuch der Staatswissenschaften II³, Jena 1909, 898 ff.; D. Engels, The use of historical demography in ancient history, Classical Quarterly 34, 1984, 386 ff.; A. W. Gomme, The Populations of Athens in the fifth and fourth centuries, Oxford 1933; L. Ziehen, Das spartanische Bevölkerungsproblem, Hermes 68, 1933, 218 ff.; E. Ruschenbusch, Zahl und Größe der griechischen Staaten, in: Untersuchungen zu Staat und Politik in Griechenland vom 7.–4. Jh. v. Chr., Bamberg 1978, 3 ff.; ders., Sozialstruktur und Fürsorge – das Modell Amorgos, in: H. Kloft (Hrsg.), Sozialmaßnahme und Fürsorge, Graz. Beitr. Suppl. III, 1988, 45 ff.; W. Suder, Census Populi, Bibliographie de la démographie de l'antiquité romaine, Bonn 1988 (biographisch geordnet, mit geographischem und Sachindex zu Fruchtbarkeit, Sterblichkeit, Wanderung, Bevölkerungsstruktur usw.); P. A. Brunt, Italian Manpower, Oxford ²1987 (zum Werk H. Braunert, ZRG 91, 1974; 487 ff.); F. G. Maier, Römische Bevölkerungsgeschichte und Inschriftenstatistik, Historia 2, 1953/54, 318 ff.; P. Huttunen, The Social Strata in the Imperial City of Rome, Oulu 1974 (dazu R. P. Duncan Jones, JRS 68, 1978, 195 ff.); J. M. Lassère, Ubique populus. Peuplement et Mouvements de population dans l'Afrique romaine de la chute de Carthage à la fine de la dynastie des Sévères (146 a. C.–235 p. C.), Paris 1977; A. E. R. Boak, Manpower Shortage and the Fall of the Roman Empire in the West, Ann Arbor 1955 (dazu M. I. Finley, JRS 48, 1958, 156 ff.); P. Salmon, Population and dépopulation dans l'Empire Romain, Brüssel 1974; J. C. Russell, Late Ancient and Medieval Population, Philadelphia 1958; zur *Sozialgeschichte* F. Gschnitzer, Griechische Sozialgeschichte, Wiesbaden 1981; G. Alföldy, Römische Sozial-

geschichte, Wiesbaden ³1984; zum *Methodischen* R. Duncan-Jones, Structure and Scale in the Roman Economy, Cambridge 1990.

d) Technik und Wirtschaft
Allgemein:
M. Kloepfer, Art. Technik, Evang. Staatslexikon ³1987, 3587ff.; A. Schieb u. a., Art. Technik, Technologie, Herder Staatslexikon 5, ⁷1989, 428ff.; A. Timm, Einführung in die Technikgeschichte, Berlin 1972; M. Daumas, Technikgeschichte, ihr Gegenstand, ihre Grenzen, ihre Methoden, in: K. Hausen–R. Rürup (Hrsg.), Moderne Technikgeschichte, Köln 1975, 31ff.

Zum antiken Technikverständnis:
H. Schneider, Das griechische Technikverständnis, Darmstadt 1989; R. Müller, Poesis, Praxis, Theoria, Zur Bewertung der Technik in der Kulturtheorie der griechischen Antike, Berlin 1989.

Allgemeine Darstellungen:
H. Blümner, Technologie und Terminologie der Gewerbe und Künste bei Griechen und Römern, I–IV, Leipzig 1979–1912; H. Diels, Antike Technik, Berlin ³1924; C. Singer–E. Holmyard–A. R. Hall, A History of Technology, I–II, Oxford 1956f.; A. G. Drachmann, The Mechanical Technology of Greek and Roman Antiquity, Copenhagen 1963; R. J. Forbes, Studies in Ancient Technology, I–IX, Leiden ²1964ff.; H. Hodges, Technology in the Ancient World, London 1971; F. Kretzschmer, Bilddokumente römischer Technik, Düsseldorf ⁵1983; K. D. White, Greek and Roman Technology, London ²1986 (zur Zeit die beste Darstellung); J. G. Landels, Die Technik in der antiken Welt, München ⁴1989; H. Schneider, Einführung in die antike Technikgeschichte, Darmstadt 1992.

Einzelne Bereiche (Auswahl):
C. Merckel, Die Ingenieurstechnik im Alterum, Berlin 1899 (ND 1969); D. Hill, A History of Engineering in Classical and Medieval Times, London 1984; O. Davies, Roman Mines in Europe, Oxford 1935; J. F. Healy, Mining and Metallurgy in the Greek and Roman World, London 1978; R. Rosumek, Technischer Fortschritt und Rationalisierung im antiken Bergbau, Bonn 1982 (dazu Kalcyk, ZRG 102, 1985, 620–627); W. Hoepfner–E. L. Schwander, Haus und Stadt im klassischen Griechenland, München 1986; G. E. Rickman, Roman Granaries and Store Buildings, Cambridge 1971 (zur Lagerhaltung und Aufbewahrung u. a. der Lebensmittel); P. C. Bol, Antike Bronzetechnik, München 1985; O. A. W. Dilke, The Roman Land Surveyors, Newton Abbot 1971 zur Landvermessung); E. Buchner, Die Sonnenuhr des Augustus, Mainz 1982, J. P. Oleson, Greek and Roman Mechanical Water-lifting Devices: the History of a Technology, Toronto–Buffalo–London 1984; A. Schürmann, Griechische Mechanik und antike Gesellschaft, Stuttgart 1991.

Weitere Teilbereiche bei K. Greene (vgl. S. 85) und H. Wilsdorf im Lexikon der Antike (z. B. Bergbau, Handwerk, Landwirtschaft).

Zur Bewertung:
M. I. Finley, Technical Innovations and Economic Progress in the Ancient World (1965), in: Economy and Society in Ancient Greece, London 1981, 176 ff.; F. Kiechle, Sklavenarbeit und technischer Fortschritt im römischen Reich, Wiesbaden 1968; H. W. Pleket, Technology in the Greco-Roman World, Talanta 5, 1973, 6 ff.; Ö. Wikander, Exploitation of Water-power or Technological Stagnation? A Reappraisal of the Productive Forces in the Roman Empire, Lund 1984; zum *Problem des Umweltbewußtseins* die Überlegungen von I. Fetscher, Lebenssinn und Ehrfurcht vor der Natur in der Antike, Gymn. Beiheft 9, 1988, 32 ff.; zur *Umweltzerstörung* s. R. Meiggs (vgl. S. 29); K. W. Weeber, Smog über Attika, Umweltverhalten im Altertum, Zürich–München 1990.

e) Wirtschaft, Staat und Recht

Allgemein:
E. Salin, Wirtschaft und Staat, Berlin 1932; H. Heller, Staatslehre, Leiden 1934 (besonders 211 ff.); W. A. Jöhr, Art. Wirtschaft und Politik I, HdWW IX, 1982, 1 ff. (Lit.); E. Kornemann, Staat und Wirtschaft im Altertum, in: Gestalten und Reiche, Leipzig 1943, 112 ff.; S. Lauffer, Macht und Wirtschaft, Die Gestaltung ihrer Wechselbeziehung in der Antiken Welt (1977), in: Kleine Schriften, München (erscheint demnächst); A. Andreades, Geschichte der griechischen Staatswirtschaft, München 1931 (zu den hellenistischen Monarchien vgl. S. 150); zum *Verhältnis römischer Staat – Wirtschaft* reiches Material in der Wirtschaftsgeschichte von De Martino (vgl. S. 246), daneben speziell zum *Recht* (Auswahl):
F. Pringsheim, The Greek Law of Sale, Weimar 1950; A. Kränzlein, Eigentum und Besitz im griechischen Recht des 5. u. 4. Jh., Berlin 1963; A. R. W. Harrison, The Law of Athens, The Family and Property, I–II, Oxford 1968–1971; P. Gauthier, Symbola, Les étrangers et la justice dans les cités grecques, Nancy 1972; E. E. Cohen, Ancient Athenian Maritime Courts, Princeton 1973; Ph. V. Stanley, Ancient Greek market regulations and controls, Diss. California (Berkeley) 1976; D. M. Schaps, Economic Rights of Women in Ancient Greece, Edinburgh 1979; J. Rougé, L'organisation (vgl. S. 220; zum Seehandelsrecht, besonders zur sog. *Lex Rhodia de iactu*); M. Kaser, Römisches Privatrecht, München ¹⁵1989; ders., Eigentum und Besitz im älteren römischen Recht, Köln–Graz ²1956; F. M. Heichelheim, Art. Leges agrariae, Kleiner Pauly 3, 1979; 536 ff. (Lit.); R. J. Buck, Agriculture and Agricultural Practice in Roman Law, Hist. Einzelschriften 44, Wiesbaden 1983; O. Behrends, Die Rechtsformen des römischen Handwerks, in: Das Handwerk in vor- und frühgeschichtlicher Zeit, I, Göttingen 1981, 140 ff.; P. Garnsey, Social Status and Legal Privilege in the Roman Empire, Oxford 1970; B. W. Frier, Landlords and Tenants in Imperial Rome, Princeton 1980; W. Waldstein, Operae

Libertorum, Untersuchungen zur Dienstpflicht freigelassener Sklaven, Stuttgart 1986; A. WATSON, Roman Slave Law, Baltimore–New York 1987; A. KIRSCHENBAUM, Sons, Slaves and Freedman in Roman Commerce, Jerusalem 1987; H. HERZ, Studien zur römischen Wirtschaftsgesetzgebung, die Lebensmittelversorgung, Stuttgart 1988; zum *Verhältnis Wirtschaft – Religion*, besonders zur *Tempelwirtschaft* vgl. S. 150.

Mentalität und Wirtschaft:
S. C. HUMPHREYS, Anthropology and the Greeks, London 1983, besonders 109 ff.; L. B. CARTER, The Quiet Athenian, Oxford 1986; W. V. HARRIS, War and Imperialism in Republican Rome, 327–70 B. C., Oxford ²1985 (dazu J. NORTH, JRS 71, 1981, 1 ff.); P. BROWN, The World of Late Antiquity, London 1971 (zu wichtigen Ausprägungen der Wirtschaftsmentalität im republikanischen und späterkaiserzeitlichen Rom); G. PRACHNER, Zur Bedeutung der antiken Sklaven- und Kolonenwirtschaft für den Niedergang des römischen Reiches, Historia 22, 1973, 732 ff. (zur Wirtschaftsgesinnung röm. Gutsbesitzer).

II. QUELLENKUNDE UND GRUNDWISSENSCHAFTEN

1. Das Material und seine Deutung: allgemeine Bemerkungen

Quellen nennt man in der Geschichtswissenschaft alle „historischen Materialien" oder, wie J. G. Droysen (1808–1884) präziser formuliert, „Alles und jedes, was die Spur von Menschengeist und Menschenhand trägt"; aus ihnen können geschichtliche Erkenntnisse „geschöpft" werden. Sie bilden für sich und im Verbund Bausteine für die Rekonstruktion der Vergangenheit. Dieser weite und umfassende Quellenbegriff ist auch für die antike Wirtschaftsgeschichte unabdingbar. Ihre Bausteine sind ungeheuer vielseitig und sehr unterschiedlich: Ein Brunnenloch, eine Tempelanlage, ein in Stein gehauenes Abgabenverzeichnis, ein auf Papyrus erhaltener Arbeitsvertrag, eine Silbermünze, die das Bild des römischen Kaisers trägt, ein schriftlich niedergelegter Traktat über das erfolgreiche Management in der Landwirtschaft: all diese Quellen geben *irgendwie* Kunde von der Zeit, in der sie entstanden sind und über die sie Aussagen treffen. Quellenkunde im eigentlichen Sinne des Wortes bedeutet, dieses unbefriedigende Wörtchen „irgendwie" in ein methodisch abgesichertes Wissen zu überführen; bescheidener formuliert: den Versuch, durch Systematisierung, Sichtung und Analyse sich diesem abgesicherten Wissen soweit wie möglich zu nähern. Daß eine Tempelanlage wie das große Heraheiligtum auf Samos etwas über die Vergangenheit aussagt, ist eine banale Feststellung, die jeder treffen kann. Was sie aber nun konkret aussagt und was sie ihrem Charakter nach nicht aussagen kann, dies festzustellen ist Sache der Quellenkunde, der recht verstandenen Quellenkritik und der darauf aufbauenden Interpretation. Alle drei Vorgänge liegen der Darstellung einer antiken Wirtschaftsgeschichte zugrunde.

Eine weitverbreitete Einteilung scheidet die Gesamtheit der Quellen nach der Überlieferungssubstanz. Danach ergeben sich Texte oder schriftliche Quellen (z. B. schriftlich erhaltene Warenverzeichnisse, Staatsverträge, Urkunden, Biographien, Epen, historische Abrisse), Sachgüter oder gegenständliche Quellen (z. B. Werkzeuge, Hausrat, Handwerkerviertel, Bergwerksanlagen, Siedlungsformationen) und schließlich „Tatsachen" (P. Kirn), in der Hauptsache iden-

tisch mit jener Kategorie, die im englischen "survival"[1] genannt wird:
Also Institutionen, Gebräuche, sprachliche Formen, sofern sie eine hi-
storische „Botschaft" in sich tragen und Quellen für eine vergangene
Zeit sind.

Diese Einteilung mit ihrer scharfen Unterscheidung von gegenständlichen und schriftlichen Quellen ist innerhalb der Wirtschaftsgeschichte immer wieder mit Gewinn herangezogen worden (L. Beutin,
W. Zorn, W. A. Boelcke). Daneben werden aber auch noch andere Ein-
teilungskriterien verwandt. Durch E. Bernheim (1850–1942) ist die
Sondierung der Überlieferung in die beiden großen Kategorien Überrest und Tradition populär geworden. Überrest ist nach ihm „alles,
was unmittelbar von den Begebenheiten übriggeblieben und vorhanden ist", Tradition „alles, was uns mittelbar von den Begebenheiten
kenntlich ist, hindurchgegangen und wiedergegeben durch menschliche Auffassung" (Historische Methode 184). Wenn andere Historiker
der *willkürlichen* bzw. *absichtlichen* die *unwillkürliche* bzw. *unbeabsichtigte* Überlieferung gegenüberstellen, so dient diese Differenzierung dem gleichen Zweck: Überreste besitzen im Hinblick auf Glaub-
würdigkeit und Zuverlässigkeit eine größere Dignität, man kann sich
ihren Aussagen ohne größere Schwierigkeiten anvertrauen. Traditionsquellen sind dagegen vom Horizont und von der Absicht des Autors
geprägt. Sie bergen die Gefahr in sich, daß die Mitteilungen manipuliert und verfälscht vorliegen, besonders dann, wenn sich aus der Zeit,
über die sie zu berichten vorgeben, so gut wie keine verläßliche Kunde
erhalten hat. Was der römische Geschichtsschreiber Livius (59 v. Chr.–
17 n. Chr.) über die römische Königszeit, die rund 600 Jahre zurück-
lag, im einzelnen vorzutragen weiß, erweist sich bei näherem Zusehen
als ein Gemisch aus schmaler mündlicher Überlieferung, die irgend-
wann einmal aufgeschrieben wurde, aus Legenden und aus Übertra-
gungen, die anderen Zeiten und Kulturen entstammen, insgesamt ein
Konglomerat, das als politische Botschaft für die eigene, d. h. die
augusteische Zeit aufbereitet wird.

Das Beispiel macht verständlich, warum gerade in der Alten Geschichte die Trennung von Primär- und Sekundärquellen
(H. Bengtson), die sich mit der Differenzierung in absichtliche/unab-
sichtliche Überlieferung nicht deckt, so weite Verbreitung erfahren

---

[1] Die Wertung als eigenständige Quellengattung ist problematisch,
A. Heuss, Überrest und Tradition, zur Phänomenologie der historischen Quellen, AKG 25, 1934, 134ff.; G. J. Henz, Elemente einer allgemeinen historischen Quellenkunde, AKG 56, 1974, 1ff.

Abb. 3. Attische Tributlisten von 440/439 v. Chr. mit dem Verzeichnis der Beitragszahler aus dem hellespontischen und thrakischen Bezirk (nach B. D. Meritt, H. T. Wade-Gery, u. M. F. McGregor, The Athenian Tribute Lists I, Cambridge, Mass. 1939, 32, Abb. 35).

hat. Primäre, d. h. zeitgenössische Quellen, die unmittelbar aus dem historischen Vorgang selbst stammen, besitzen einen anderen Verläßlichkeitsgrad als die sekundären Quellen, die abgeleitetes, durch die Zeit verändertes, durch die Person und das Milieu bedingtes Material bietet. Aus den attischen Tributlisten des 5. Jahrhunderts v. Chr. lassen sich die Abgaben *(phóroi)* rekonstruieren (vgl. S. 56), welche die abhängigen griechischen Stadtstaaten nach Athen in jedem Jahr abzuliefern hatten. Hier liegt wichtiges, kaum zu überschätzendes Primärmaterial für die politische und wirtschaftliche Geschichte Griechenlands des 5. Jahrhunderts v. Chr. vor. Wenn andererseits der griechische Autor Plutarch (etwa 46–120 n. Chr.) über die Bau- und Wirtschaftsmaßnahmen des Perikles berichtet, dann muß er auf ältere Überlieferung zurückgreifen und das möglicherweise bereits entstellte Material für seine Zwecke zurechtmachen. Auch diese Sekundärquelle bietet wichtiges Material für die griechische Wirtschaftsgeschichte, aber es muß mit größerer Skepsis betrachtet und anders analysiert werden als die Tributlisten.

Erst eine intensivere Auseinandersetzung mit dem Quellenmaterial zeigt, daß man mit einer derartigen Klassifizierung wenig gewonnen, daß sie fehlerhaft und unbefriedigend ist, ja sogar in die Irre führen kann. Bereits Droysen war sich darüber im klaren, daß ein und dieselbe Quelle primär und sekundär, Überrest und Tradition sein kann, je nach der Art der Frage, die man stellt. Die homerischen Epen sind im Hinblick auf die sagenhaften Kämpfe vor Troja, wenn wir einmal einen wahren historischen Kern voraussetzen, eine sekundäre Quelle. Für die Sozialstruktur und die Adelsmentalität, die Landwirtschaft und den Zusammenhang von Seeraub und Handel im archaischen Griechenland des achten Jahrhunderts dagegen sind sie Primärmaterial ersten Ranges. Die Reden Ciceros gegen den korrupten Statthalter C. Verres, ihrer Intention nach beabsichtigte Überlieferung, informieren „bei Wege" über die sizilische Landwirtschaft, die Getreideproduktion, die normale Ausbeutung einer Provinz durch die römischen Eroberer. Eine auf Marmor festgehaltene Ehreninschrift für einen verdienten Senator der römischen Kaiserzeit fällt zum einen in die Kategorie der Sachgüter bzw. der gegenständlichen Quellen. Zum anderen enthält die schriftlich fixierte Laufbahn *(cursus honorum)* zusammen mit den Leistungen und Aufwendungen die beabsichtigte Botschaft an die Mit- und Nachwelt: Hier ruht ein bedeutender und uneigennütziger Mann. Unbeabsichtigt sind die Informationen über die Aufstiegsmodalitäten innerhalb der römischen Oberschicht, über die Geldwährung, das Geldaufkommen, die religiösen Verhältnisse, unbeabsichtigt schließlich die Aussage, die sich aus dem Stoff, dem Marmor, seiner Bearbeitung und der Lokalisierung des Denkmals an einer bestimmten Stelle ergibt. So wandelt sich eine Quelle je nach dem Interesse, das wir ihr entgegenbringen. Von der subjektiven Form unserer Frage hängt die Einschätzung, ihre Wichtigkeit, ihre Güte, ihre Zuverlässigkeit mit ab.

Will man die politische Struktur der frühen Kaiserzeit analysieren, bilden die ›Annalen‹ und ›Historien‹ des Geschichtsschreibers Tacitus (55–ca. 120 n. Chr.) – also Sekundär- bzw. Traditionsquellen – bedeutende, ja unverzichtbare Grundlagen. Über die wirtschaftlichen und sozialen Zustände in den Provinzen erfährt man dagegen sehr viel weniger, über die Lebensbedingungen auf dem Lande so gut wie gar nichts. Ein auf Papyrus erhaltener Heiratsvertrag aus frühhellenistischer Zeit (Pap. Elefantine 1), Primärquelle und Überrest, nennt uns die beteiligten Personen, die Eltern, die Zeugen, ihre Herkunft, gibt die Höhe der Mitgift an und sieht Verfahrensregelungen bei Streit und Scheidung vor: für die Wirtschafts-, Sozial- und Rechtsgeschichte der Zeit ein wichtiges Dokument, aber in seiner Aussage und in seiner lokalen wie zeitlichen Reichweite begrenzt. So läßt sich zusammenfassend über alle Schematisierungen von Quellen sagen, daß sie nicht mehr darstellen als eine brauchbare Arbeitshypothese. Sie helfen, die historische Zuverlässigkeit des Materials grob abzuschätzen. Vor allem machen sie deutlich, welche Form der Kritik und der Interpretation anzuwenden sind, wie man zu gesicherten Ergebnissen gelangen kann.

Die Qualität der Quelle hat mit unserer Erwartung und unseren Fragen zu tun. Auch die Frage nach dem wirtschaftenden Menschen in der Zeit mündet dabei in eine spezifische Heuristik ein, die „Findekunst" (griechisch: *heurískein* = finden, auffinden), welche die einschlägigen Materialien im Hinblick auf das zu bearbeitende Feld herbeischafft. Es unterliegt keinem Zweifel, daß man mit neuen Fragen bei normalen Denkmälern oder bei so häufig traktierten Autoren wie Herodot und Thukydides, wie Sallust und Livius fündig werden und neue Einsichten in wirtschaftliche Zusammenhänge gewinnen kann. Damit aus Frageansätzen und Vermutungen halbwegs verläßliche und überprüfbare Resultate werden, muß zur Heuristik die Quellenkritik hinzutreten. Sie ist, wie man treffend gesagt hat, „das Nadelöhr zur historischen Objektivität" (Rüsen). Sie untersucht die Art und den Weg, welche die Überlieferung genommen hat, und verzeichnet sorgfältig die möglichen Deformationen. Sie stellt die Zeit-, Milieu- und Gattungsgebundenheit des Autors in Rechnung. Der römische Senator als Geschichtsschreiber: Wie verläßlich sind die Aussagen des Tacitus über die Existenzbedingungen der kleinen Leute in der Hauptstadt Rom? Sie stellt innere Widersprüchlichkeiten oder durch Konfrontation mit anderen Quellen Ungereimtheiten oder Unmöglichkeiten der Überlieferung scharf heraus. Wenn in einer Quelle 460 000 Sklaven für Korinth oder gar 470 000 für die Insel Aegina überliefert sind (Athenaios Deipn. 6, 272b, d): Wie paßt diese immense Zahl zur Flächenausdehnung, die im Falle von Korinth vielleicht 900 km², von Aegina gar nur 85 km² betragen hat? Eine derartige kritische Sichtung ist nicht allein bei den literarischen, sondern natürlich ebenso bei den primären und gegenständlichen Quellen notwendig. Die Grund- bzw. Hilfswissenschaften haben Methoden und Instrumentarien entwickelt, den historischen Kern und die plausiblen Aussagen herauszufiltern.

Freilich täuscht das Bild des Filters eine mechanische Genauigkeit vor, die der Prüfungsvorgang so nicht besitzt. In ihn gehen bewußt oder unbewußt Elemente der eigenen Auffassung von der Welt und der Menschennatur ein. Hatte der trojanische König Priamus wirklich eine so große Nachkommenschaft (angeblich 50 Söhne und 50 Töchter, eine sogenannte Rundzahl), wie in den Epen behauptet wird? Was hat man von den Berichten des Herodot über das Wirken des delphischen Orakels in Griechenland zu halten, von seiner Rolle bei den Koloniegründungen, den kriegerischen Verwicklungen und der Etablierung städtischer Ordnungen? Inwieweit wird durch die Priesterschaft offenkundige Interessenpolitik in religiösem Gewand betrieben? Unsere Vermutungen und unsere Handlungsmuster, die wir anwenden, sind nicht identisch mit denjenigen der handelnden und erkennenden Personen im archaischen Griechenland. Anders gesagt: Quellenkritik enthält auch stets ein subjektives, zeitbezogenes Moment und damit die Gefahr, einen falschen Filter anzuwenden. Zum anderen fördert die Quellenkritik, wie schon Droysen betont hat, nicht die „eigentliche historische Tatsache" zutage, das reine und gefilterte, sozusagen objektive Wissen, sondern liefert lediglich die Bausteine, die vom Historiker für die Rekonstruktion vergangener Zustände zusammengefügt werden müssen.

Dieser dritte Schritt, der die Materialien untereinander verknüpft und in ein angemessenes Verhältnis bringt, nennen wir mit Droysen die Interpretation. Sie enthält ihrerseits mehrere begriffslogische Schritte. Ohne Frage stellt sie die höchsten Anforderungen an den Historiker. Die Interpretation macht aus den Bausteinen ein Gebäude, schafft, um ein Beispiel zu geben, aus den Nachrichten des Cato, des Polybius, des Livius, aus den archäologischen Überresten und den siedlungsgeologischen Voraussetzungen Italiens eine verläßliche Anschauung der italischen Landwirtschaft in republikanischer Zeit. Eine solche Synthese ist in aller Regel nicht möglich ohne eine historisch geleitete Phantasie. Man muß Lücken, welche die Überlieferung bietet, aus eigenem Denken und im Rückgriff auf analoge Fälle ausfüllen. Man will, um ein Beispiel zu nennen, die Finanzkraft der griechischen Städte in der römischen Kaiserzeit darstellen. In dem einen Fall besitzt man Nachrichten über das städtische Grundeigentum, in dem anderen über die Steuereinnahmen, in einem dritten über öffentliche Baukosten, in einem vierten über die Höhe der Strafgelder, die in die städtischen Kassen fließen. Es ist unmittelbar einsichtig, welche Problematik hier Verallgemeinerungen besitzen. Die Angaben sind spärlich, die Daten stammen aus verschiedenen Zeiten und Regionen und sind zudem heterogen. Reicht das Material aus, um ein allgemeines Bild zu schaffen? Welche Theorien und Modelle darf man hinzuziehen, um die Daten in einen Wirkungszusammenhang zu bringen und verstehbar zu machen, und zwar im Hinblick auf sich selbst wie im Hinblick auf ihre Bedeutung im wirtschaftlich-sozialen Gesamtrahmen (etwa im Kontext Geld – Naturalwirtschaft, Handelsstadt – Agrarstadt, Unterschiedlichkeit von Stadt und Land)?

„Jede Analyse der antiken Wirtschaft, die vorgibt mehr zu sein als antiquarische Auflistung von ganz unterschiedlichen Daten, ist gezwungen, Modelle zu verwenden", sagt der amerikanische Wirtschaftshistoriker M. I. Finley (1913–1985), und darin ist ihm sicher zuzustimmen. Viele Epochen und Regionen der Alten Geschichte sind darüber hinaus besonders im Hinblick auf die Wirtschaft – nennen wir konkret die Bodenverhältnisse, die Arbeitsbedingungen, die Kapitalformen – so schlecht dokumentiert, daß die konstruktive Leistung des Historikers hinzutreten und auf dem Boden der trümmerhaften Überlieferung Vorgefundenes und Eigenes in einem Verbundsystem miteinander verschränken muß. Hierbei können „holistische" Entwürfe, die also die sozioökonomische Totalität einer Epoche zu deuten versuchen, hilfreich sein. Die Hauswirtschaft Karl Büchers, die marxistische Auffassung von der Sklaverei als dem antiken Produktionsverhältnis schlechthin, Max Webers Theorie der antiken Konsumentenstadt (im Gegensatz zur mittelalterlichen Produzentenstadt), Walter Euckens (1891–1950) Entwurf der offenen und geschlossenen Marktformen sind hervorragende Beispiele für hilfreiche Verallgemeinerungen, für Idealtypen, wie sie Max Weber theoretisch entworfen und praktisch vorgeführt hat. Sie eignen sich als theoretische Leitfäden, Ordnung in ein diffuses Material zu bringen, es in seinem Stellenwert und seiner Aussage zu bestimmen, die Teile und das Ganze verstehbar zu machen. Auf dieser höchsten Ebene stiftet die ökonomische Interpretation „Sinn" zwischen dem theoretischen Entwurf und dem empirischen Material; sie wagt sich dabei notwendigerweise auch auf ein Terrain, wo das Material, die Quellenbasis dünner werden. So liegen die Einwände gegen dieses Verfahren auf der Hand. „Worüber man nicht reden kann, darüber soll man schweigen" (Wittgenstein): Es ist zuweilen besser, sich zu bescheiden und eher die Grenzen zu bezeichnen, hinter denen wir mangels Überlieferung kaum mehr etwas aussagen können, als durch Hypothesen, Modelle und Theorien Probabilitäten vorzutäuschen, die im weiteren Umgang wie reale Kenntnisse gehandelt werden. Und vor allem: Tut man den einzelnen Quellenaussagen möglicherweise nicht Gewalt an, wenn man sie in ein vorgegebenes Modell einspannt? Einige Beispiele sollen das Problem verdeutlichen.

Von dem reichgewordenen Freigelassenen Trimalchio heißt es, daß er nicht nötig habe, etwas zu kaufen, „weil alles auf seinem eigenen Boden wächst" (Petron Sat. 38,1). Ist dies ein Beweis für die autarke Hauswirtschaft in der Antike, wie K. Bücher gemeint hat? Wie steht es mit den übrigen wirtschaftlichen Aktivitäten, die dieser Millionär an den Tag legt, seinen Handels- und Bankgeschäften? Ist der Einsatz von Sklaven in den landwirtschaftlichen Betrieben des jüngeren Plinius um 100 n. Chr. ein Beweis nicht allein für die Existenz der Sklavenarbeit, sondern für die These von der Sklaverei als dem Hauptproduktionsverhältnis in der frühen römischen Kaiserzeit? Wie steht es mit Gewerbe und Handel der Zeit, wie sind die freien Arbeitsverhältnisse einzustufen? Welche Kriterien liegen dem marxistischen Modell „Produktionsweise" zugrunde, bietet es überhaupt ein taugliches Instrumentarium für die Untersuchung wirtschaftlicher Organisationsformen?

Derartige Vorbehalte, die sich ihrerseits auf Quellenaussagen berufen, sind im Rahmen der Interpretation unvermeidlich. Sie signalisieren ein Spannungsfeld zwischen Modellbildung auf der einen und durch Quellen verbürgte Fakten und Tatsachen auf der anderen Seite, das prinzipiell nicht aufhebbar ist. Es läßt sich aber wohl verkleinern. Die in der Soziologie durch R. K. Merten populär gewordene „Theorie mittlerer Reichweite", die Prognosen und Verallgemeinerungen nur in einem bestimmten sozialen Gesamtsystem zuläßt, kann mit Gewinn auch für das Verständnis antiker Wirtschaftsformen angewandt werden. Nicht das beständige Aufhäufen einzelner Tatsachen und Daten, auch nicht die immer höhergeschraubten Verallgemeinerungen führen zu einer besseren Einsicht, sondern die Bündelung kleinerer Einheiten auf einem mittleren Niveau. Die methodische Forderung, die rechte Mitte zwischen Theorie und Praxis zu treffen, ist nun so sehr neu

nicht, auch wenn sie von der modernen Wissenschaftstheorie in neuem
Gewande vorgestellt wird. Bereits 1896 analysierte Weber in einem berühmt gewordenen Vortrag ›Die sozialen Gründe des Untergangs der
antiken Kultur‹, den Übergang von der Antike zum Mittelalter als einen kohärenten Vorgang, indem er die einzelnen Phänomene: das Absterben der Sklaverei, die Ausbildung des Kolonensystems, das Aufkommen naturalwirtschaftlicher Formen, die allmähliche Veränderung
der Küstenkultur zu einer Binnenkultur in einen in sich stimmigen
Erklärungshorizont zusammenbrachte. Mehr am historischen Verlauf
orientiert hat M. Rostovtzeff (1870–1952) seine großen Zusammenfassungen, die ›Sozial- und Wirtschaftsgeschichte der hellenistischen Welt‹
und die ›Sozial- und Wirtschaftsgeschichte des römischen Kaiserrei-
ches‹, angelegt. Sehr viel systematischer, idealtypischer im Weberschen
Sinne, präsentiert sich die einflußreichste neuere Darstellung ›The Ancient Economy‹ von M. I. Finley (1973, ²1985), der unter signifikanten
Gegensätzen (Herren und Sklaven, Grundherren und Bauern, Stadt
und Land, Staat und Wirtschaft) eine Fülle wirtschaftlicher und politischer Daten zusammenbindet und das Bild einer archaischen und spezifisch antiken Wirtschaftsweise entstehen läßt, welche von der modernen himmelweit verschieden ist.

Es ist für unsere Überlegungen nebensächlich, daß diese großen Gesamtdeutungen, denen andere an die Seite zu stellen wären, die Theorie mittlerer Reichweite sehr unterschiedlich gehandhabt haben. Und
es konnte nicht ausbleiben, daß diesen ökonomischen Interpretationen
zum Teil sehr heftig widersprochen wurde. Aber dieser Widerspruch
tangiert den heuristischen Wert des Erklärungsmodells nicht. Der Boden für mögliche Annäherungen und Verständigungen bleibt dabei immer wieder die Quellenbasis, das vorhandene, in seinem gesamten
Umfang heranzuziehende und kritisch zu sichtende Material. Die Fä-
higkeit, mit ihm umzugehen, es in Heuristik, Kritik und Interpretation zu formen, bleibt die Voraussetzung für das Verständnis und die
Darstellung der antiken Wirtschaft.

2. Gegenständliche Quellen (Archäologie)

Unter den Begriff gegenständliche Quellen fällt die gesamte materielle, von Menschen geformte Hinterlassenschaft, die sich
zum geringeren Teil unbeschädigt, in den meisten Fällen rudimentär
erhalten hat und nur partiell auf uns gekommen ist. Wer heute in die
Länder reist, die ehemals von der griechisch-römischen Zivilisation

geprägt wurden, stellt voller Staunen fest, welche Fülle von materiellen Überresten, angefangen von einer großartigen Tempelanlage bis hinunter zum Gebrauchsgeschirr aus Ton, sich erhalten hat. Köln und Trier, Ostia und Pompeji, Ephesus, Pergamon und Priene sind sichtbare Beispiele für die Vielfalt und die Qualität der monumentalen Überlieferung. Sie zu bergen und für den heutigen Betrachter verstehbar zu machen ist Aufgabe der Archäologie, die als eigenständige Wissenschaft mit speziellen Methoden ihr Forschungsfeld bestellt.

Nun ist aber ohne weiteres einsichtig, daß der Blickwinkel des Wirtschaftshistorikers ein anderer ist als der des Archäologen. Ein Säulenkapitel, eine Marmorstatue, eine bemalte Tonvase sind hervorragende Zeugnisse der griechischen Kunst, die in dieser Hinsicht die primäre Aufmerksamkeit der Archäologie finden. Aber sie sind als bearbeitete, gehandelte und in einem bestimmten Funktionszusammenhang verwandte Gegenstände auch Zeugnisse des wirtschaftlichen Handelns. Es ist keine Frage, daß Herkunft, Bearbeitung und Funktion der materiellen Hinterlassenschaft zunehmend größeres Interesse auch in der Archäologie beanspruchen. Vor allem die Provinzialarchäologie wendet sich mit großem Erfolg den Zeugnissen des Alltagslebens zu und versucht, mit Hilfe der materiellen Überreste die Lebensbedingungen des antiken Menschen in einer bestimmten Region umfassend zu rekonstruieren. Besonderes Augenmerk richtet sich dabei auf die lokalen Traditionen, den Anteil, den etwa die Skythen, Juden, Ägypter, Kelten, Iberer und Germanen in die griechisch-römische Zivilisation eingebracht haben. Die Ergebnisse dieser Symbiose, welche die Provinzialarchäologie bereitstellt, sind für die antike Wirtschaftsgeschichte unentbehrlich.

Wirtschaft als Erzeugung, Vertrieb und Konsumtion von Gütern: Von dieser Aufteilung her lassen sich die Sachquellen in einer ersten Weise bündeln und einordnen. Aus dem Bereich der Landwirtschaft haben sich Gerätschaften, beispielsweise Spaten, Hacken, Sicheln, Sensen und Äxte erhalten. Grabreliefs und Sarkophage bilden zuweilen ländliche Szenen ab, Pflügen, Melken und Ernten, welche die Arbeitsgeräte in ihrer Handhabung zeigen. Aus Pompeji sind Öl- und Getreidemühlen, Relikte von Weinpressen ans Tageslicht gekommen. Diese und viele andere Geräte illustrieren die verschiedenen Arbeitsvorgänge in der Landwirtschaft. Sie wird plastisch greifbar anhand der vielen Villenanlagen in Italien und den Provinzen des Imperium Romanum, Wohn- und Wirtschaftskomplexe von zum Teil großen Ausmaßen, die hier ans Licht kamen. Die berühmte Villa von Boscoreale, deren Gebäudefläche immerhin 1014 m² betrug, verfügte über

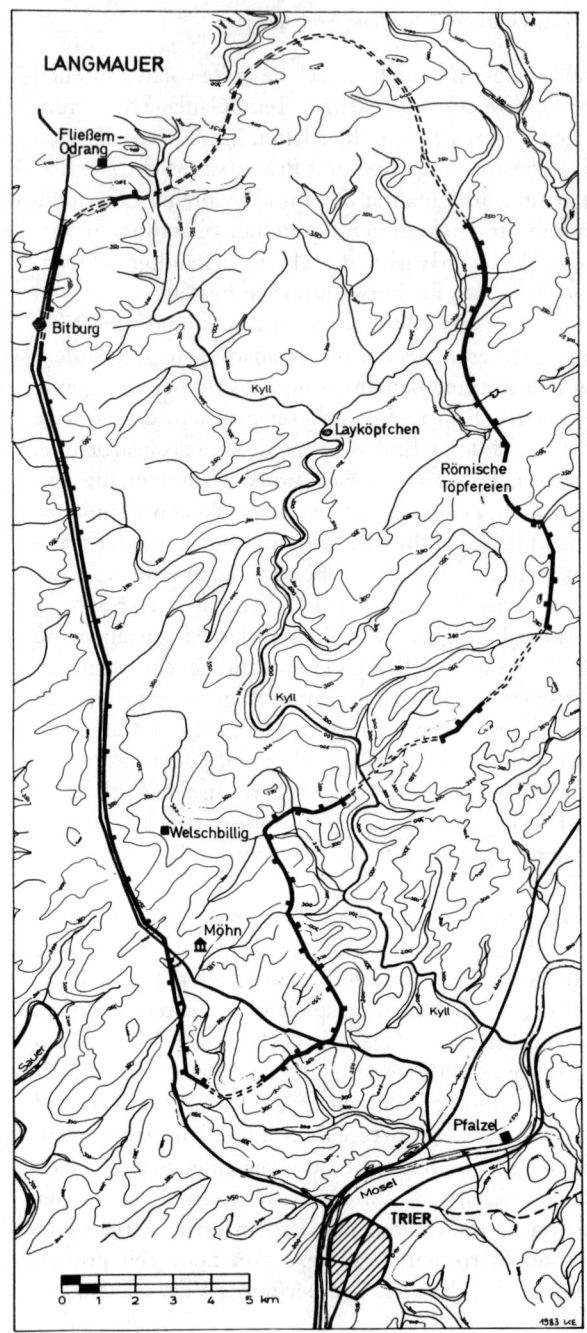

Karte 3. Langmauer und Domänenbesitz nördlich von Trier (nach H. Heinen, Trier und das Trevererland in römischer Zeit, Trier [2]1988, Abb. 106).

ein Weinlager *(cella vinaria)*, welches in gewaltigen Tonkrügen über 90 000 l faßte (vgl. S. 206). Die übrigen Räume und Kammern lassen sich mit einiger Sicherheit den Funktionen und Bedürfnissen zuweisen, wie sie in einem mittelgroßen Betrieb der römischen Kaiserzeit üblich waren. Ein derartig grandioses und umfassendes Zeugnis der Villenwirtschaft bildet, ähnlich wie die benachbarten Pompeji und Herkulaneum („die geschlossenste Sachüberlieferung der Römerzeit", W. Zorn), natürlich die Ausnahme. Der Typus war aber weit verbreitet, wie nicht zuletzt die moderne Luftbildarchäologie gezeigt hat, wobei Ausdehnung der Komplexe und Ausdeutung der Grundrisse oftmals unsicher bleiben müssen. Anhaltspunkte für den Umfang der Anbauflächen ergeben sich zum Teil aus den Geländeformationen und natürlichen Grenzmarkierungen. Im Norden von Trier haben sich Reste einer 72 km langen Mauer erhalten, die wahrscheinlich den kaiserlichen Domänenbesitz (220 km²) umschlossen, welcher mit einiger Sicherheit der Versorgung des kaiserlichen Hofes zu Trier im 4. Jahrhundert n. Chr. diente.

Auch für Handwerk und Gewerbe liegen archäologische Quellen in reichem Maße vor. Das gilt sowohl für die verwendeten Werkzeuge und Geräte wie für die Darstellungen von Arbeitsvorgängen, die auf Grabreliefs und in Wandmalereien ihren künstlerischen Ausdruck gefunden haben. Ein Werkzeugmacher aus Ostia verewigt auf einem Grabstein sein gesamtes Warenangebot (Meiggs, Rom. Ostia, Pl. XXVII). Der Schiffszimmermann P. Longidienus aus Ravenna läßt sich auf dem Familiengrabstein beim Glätten einer Schiffsplanke darstellen (ILS 7725). Die Beischrift P(*ublius*) L(*ongidienus*) P(*ublii*) F(*i-lius*) AD ONUS PROPERAT (Longidienus ist eifrig bei der Arbeit) verrät, wie die bildlichen Darstellungen aus der Arbeitswelt überhaupt, etwas über die innere Einstellung, das Selbstbewußtsein des im Handwerk tätigen Menschen. Die Aussagen bilden damit zugleich ein wichtiges Zeugnis für die Mentalitätsgeschichte, die in den Überresten einen noch vielfach ungehobenen Schatz besitzt.

Eine ähnlich interessante und vielschichtige Quelle stellen die Berufsdarstellungen aus dem Hause der Vettier in Pompeji dar. Hier sind es kleine geflügelte Eroten, die als Goldschmiede, als Walker, als Salbenhersteller, Floristen und Weinverkäufer bei der Arbeit gezeigt werden. Nicht allein die Arbeitsvorgänge, sondern die Art und Weise, wie Handwerk und Arbeit ins Bild gesetzt werden, verdienen besondere Beachtung. Ist es Zufall, daß sich diese Arbeitsdarstellungen im Hause reichgewordener Freigelassener, also ehemaliger Sklaven, finden? Wie sind die Eroten zu deuten, welche die Arbeit übernehmen?

Wie ist die Realität der Arbeitsvorgänge in die Komposition der Bilder hineingenommen? Ohne die Hilfe des Archäologen wird der Historiker derartige quellenkritische Fragen kaum angemessen beantworten können. Natürlich ist bei diesen wie bei allen anderen Quellen die zeitliche und regionale Verortung Voraussetzung für eine angemessene Interpretation, und die Tatsache, daß die meisten Nachrichten über die manuelle Produktion und das Gewerbe aus der römischen Kaiserzeit stammen, ist in sich schon ein unverächtliches Zeugnis für die Bedeutung der Wirtschaft in dieser Zeit. Ebenso aufschlußreich wie die Produktionsmittel sind die auf uns gekommen Produktionsstätten. Zu ihnen zählen u. a. Relikte aus Handwerksbetrieben, Walkereien, Schmieden, Werkstätten und Kalkbrennereien, wie sie sich beispielsweise in der Eifel erhalten haben. Man hat errechnet, daß die sechs großen Brennöfen bei Iversheim in der Nähe von Bad Münstereifel, die von einer Werkhalle umschlossen waren, etwa 2000 t Kalk im Monat produzieren konnten, eine gewaltige Menge, die bei den Großanlagen im Rheinland (Militärbauten, städtische und private Bauten) Verwendung fanden. Handwerkerviertel haben sich bei vielen Ausgrabungen nachweisen lassen. Der Kerameikos, das ehemalige Quartier der Töpfer und spätere Staatsfriedhof in Athen, zählt sicher zu den bekanntesten Beispielen. Steinbrüche und Bergwerksanlagen wie die berühmten Silbergruben von Laureion im Südosten Attikas gehören nach antiken Maßstäben zu den Großanlagen, in denen hauptsächlich Sklaven, daneben in geringerem Maße freie Arbeiter beschäftigt waren. Gerade dieser attische Bergwerksbetrieb zeigt, daß zum archäologischen Befund die übrige Überlieferung hinzugezogen werden muß, will man ein anschauliches Bild von diesem Wirtschaftszweig erhalten.

Eine derartige Verknüpfung ist naturgemäß auch bei den erzeugten und erhaltenen Gütern selbst vonnöten, rechnen wir die Utensilien des täglichen Lebens, daneben Schmuck und Luxusgegenstände, Bauten und Denkmäler wie Steinsarkophage, Altäre und Grabreliefs dazu. Sie alle sind Sachquellen in mehrfacher Hinsicht. Ihr Aussehen, ihre Funktion, ihre Herstellung und ihr Standort können wichtige wirtschaftliche Zusammenhänge aufschließen, die in der Kombination mit anderen Quellen interpretier- und verstehbar werden. Der Grabstein eines Baumeisters aus der römischen Kaiserzeit mit Namen P(ublius) Ferrarius Hermes (CIL XI 1471, Zimmer, Berufsdarstellungen 90) nennt seine beiden Frauen und die Kinder, teilt säuberlich Berufs- und häusliche Sphäre: Lot, Winkelmaß und Dechsel auf der einen, Spiegel, Kamm, Haarnadel, Fläschchen und Sandalen auf der an-

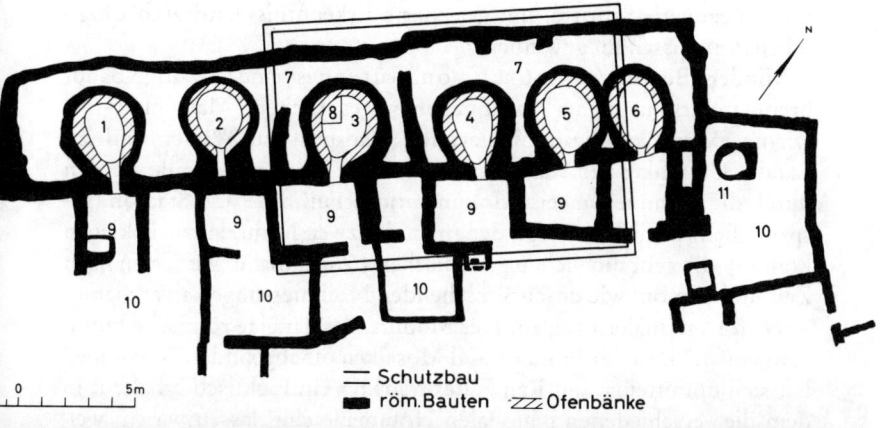

Abb. 4. Kalkfabrik in Bad Münstereifel-Iversheim, ca. 225–270 n. Chr., Plan und Modell aus dem Rheinischen Landesmuseum Bonn (nach H. G. Horn, Hrsg., Die Römer in Nordrhein-Westfalen, Stuttgart 1987, Abb. 287 u. 94). Gesamtplan mit Kennzeichnung des konservierten Befundes (Schutzbau). 1–6 Kalköfen, 7 Werkhalle, 8 Kalkfüllung, 9 Küchen, 10 älteres Arbeitslager, 11 Backofen.

deren Seite (vgl. S. 53); Gegenstände des täglichen Lebens und Handwerksgerät werden in einen argumentativen Zusammenhang gebracht, möglicherweise im Rückgriff auf ein überkommenes Klischee, welches nicht unbedingt der Wirklichkeit entsprach. Heuristik, Kritik und Interpretation bildern hier wie in den anderen Fällen notwendig aufeinander bezogene Schritte, um gesicherte Erkenntnisse aus archäologischen Zeugnissen zu gewinnen.

Mit dem Begriff Austausch von Gütern ist eine gewaltige Bandbreite unterschiedlicher Sachquellen angesprochen. Maße und Gewichte, Verpackung und Lagerung, Transport zu Wasser und zu Lande, Umschlag der Waren an bestimmten Plätzen – sie alle werden durch die Sachquellen reich dokumentiert. Fuß, Elle und Stadion (ursprünglich wohl der Weg, den man in zwei Minuten zurücklegen konnte), die gebräuchlichen griechischen Längenmaße, variierten nach Zeit und Region, wie die entsprechenden Nachmessungen an archäologischen Denkmälern zeigen. Der Modius, das gängige römische Hohlmaß von 8,7 l, ist auf Münzen und Mosaiken oft abgebildet. In Pompeji hat sich unmittelbar am Rande des Marktes ein Eichtisch erhalten, in dem die verschiedenen regionalen Hohlmaße eingelassen waren, welche ein objektives Nachwiegen und Aufrechnen der gekauften Waren ermöglichten. Amphoren und Weinfässer, die der Aufbewahrung und dem Transport von Öl und Wein dienten, kennen wir aus vielerlei Darstellungen. Das berühmte Neumagener Weinschiff, ursprünglich der Aufsatz eines Grabmals für einen vermögenden Weinhändler, belegt den Faßtransport von Wein bei der Flußschiffahrt, andere Zeugnisse, die den Landtransport von Wein in der römischen Kaiserzeit dokumentieren, treten hinzu.

Häfen und darauf abgestimmte Marktanlagen hat es in jeder bedeutenderen Stadt gegeben, wo See- und Flußschiffahrt möglich waren. Reste von Getreidespeichern *(thesauroi)* sind im hellenistischen Pergamon ans Tageslicht gekommen. Gewaltige Magazine *(horrea, granaria)*, wie sie in Rom, Ostia und verschiedenen Militärlagern gefunden wurden, dienten der Lagerung ganz unterschiedlicher Waren, von Gewürzen angefangen bis hin zu Getreide, Öl und Wein. Die hervorragend erhaltenen Trajansmärkte zu Rom fassen in einer grandiosen Bauschöpfung eine Fülle kleiner Läden zusammen, wie sie zum Teil heute noch das Straßenbild der Ewigen Stadt prägen. Marktanlagen in Athen und Ephesus, in Timgad, Pompeji und Ostia lassen die wirtschaftliche Funktion dieser städtischen Zentren in einer Fülle unterschiedlicher Zeugnisse hervortreten. Auch sie wollen als Gesamtanlage in ihren aufeinander abgestimmten Funktionen gesehen und begriffen werden. Es gibt kein beredteres Symbol für den Austausch im weitesten Sinne als eine griechische Agora oder ein römisches Forum. Sie bilden das Medium jeglicher Form von Vergesellschaftung, nicht nur der rationalen, wie Max Weber gemeint hat. Daß der städtische Haupttempel neben dem Fischmarkt, das Rathaus und die Kurie in enger Nachbarschaft

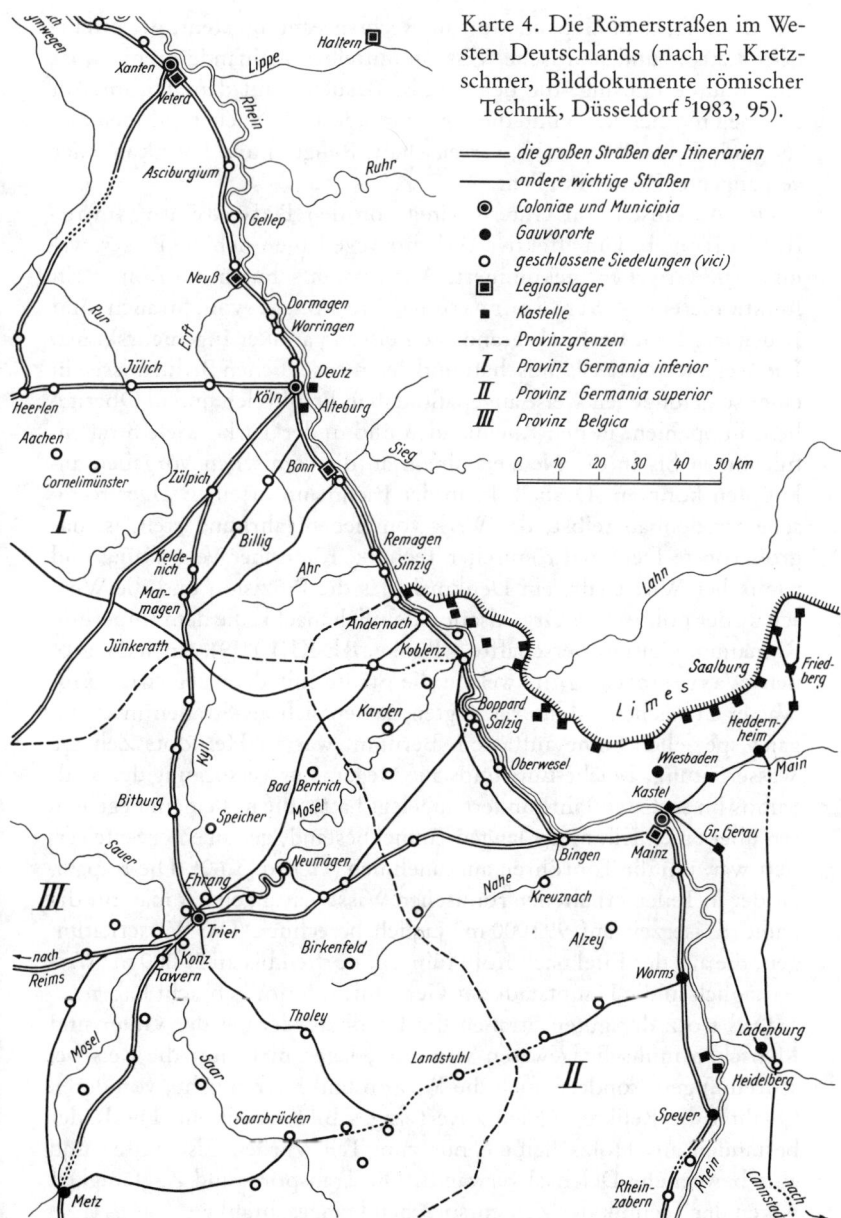

Karte 4. Die Römerstraßen im Westen Deutschlands (nach F. Kretzschmer, Bilddokumente römischer Technik, Düsseldorf ⁵1983, 95).

═══ die großen Straßen der Itinerarien
─── andere wichtige Straßen
◉ Coloniae und Municipia
● Gauvororte
○ geschlossene Siedelungen (vici)
▣ Legionslager
■ Kastelle
----- Provinzgrenzen
I Provinz Germania inferior
II Provinz Germania superior
III Provinz Belgica

0 10 20 30 40 50 km

zur Basilika, dem Gebäude für die Rechtsprechung, steht, die öffentliche Latrine und städtische Kasse unmittelbar aneinandergrenzen, ist eine Raumerfahrung, die der heutige Besucher auf dem Forum von Pompeji machen kann und die ihm zumindest ein Nachempfinden dieser Einheit von Wirtschaft, Gesellschaft, Religion und Politik in einer vergangenen Zeit ermöglicht.

Der Austausch von Gütern hängt von den Beförderungsmöglichkeiten ab. Um effektive Verkehrswege haben sich die Perser, weniger die Griechen, gekümmert. Allen voran schufen die Römer ein funktionierendes Straßensystem, ihre Anlage von Straßen und Brücken gilt zu Recht als grandiose Leistung antiker Ingenieurskunst. Die Wege waren der Landschaft und den menschlichen Bedürfnissen in einer so gelungenen Weise angepaßt, daß in Frankreich und in Oberitalien, in Spanien, in den Rheinlanden und in der Türkei viele Straßenführungen bis in die Neuzeit hinein an die römischen Vorgaben anknüpfen konnten. Deshalb kann der Fachmann urteilen: „Der römische Straßenbau selbst, das Werk von sieben Jahrhunderten, ist das großartigste Denkmal römischer Technik, römischer Verwaltung und römischer Wirtschaft, ein Denkmal, das die Präzision und die Wirtschaft der politischen Organisation deutlich macht, die dem Imperium Romanum Geltung verschaffte" (Radke, RE XIII 1419). Auch die großen Wasserleitungen, welche die Städte mit dem begehrten Gut Wasser in reichem Maße versorgten, lassen sich als Straßen in einem ganz speziellen Sinne auffassen. Berühmt war zu Herodots Zeit die Wasserleitung, welche Eupalinos aus Megara zur Versorgung der Stadt Samos im sechsten Jahrhundert angelegt hatte, die aus einem begehbaren über einen Kilometer langen Tunnel bestand, der an einer Seite vertieft war, um die Tonröhren aufzunehmen (Herod. 3,60). Die Kapazität der in Teilen erhaltenen römischen Wasserleitungen hat man für die frühe Kaiserzeit auf 992000 m³ täglich berechnet. Die Wasserleitungen, die aus der Eifel nach Köln führten, dürften bis zu 20000 m³ Wasser täglich in die Hauptstadt der Germania inferior gebracht haben.

Daß trotz der guten Straßen die Landbeförderung der Güter und Menschen mühselig gewesen sein muß, legen nicht nur die Reisebeschreibungen, sondern auch die Wagen und Karren nahe, von deren Qualität die Relikte uns ein zuverlässiges Bild vermitteln. Die Räder bestanden aus Holzscheiben, nur zum Teil wurden Eisenreifen und eine bewegliche Deichsel verwandt. Die Transport- und Zugfähigkeit waren der Technik der Zeit entsprechend eingeschränkt.

Manche Wagentypen haben die Römer von den Griechen, den Ägyptern und Galliern übernommen. Daß sich trotz vieler Schwierig-

keiten besonders im Imperium Romanum ein umfangreiches Beförde-
rungssystem zu Lande herausgebildet hat, bezeugen neben den archäologischen die epigraphischen Quellen und schließlich die Existenz und
Ausdehnung des Binnentransportes selbst. Dabei sind wertende Kategorien wie Rückschrittlichkeit, Fortschritt und Beschwerlichkeit natürlich
relativ. Sie ergeben erst im Kontrast zur vorhergehenden und späteren
Zeit und zu anderen Kulturen ein angemessenes Bild. Der Vergleich
mit der Moderne führt auch hier in die Irre (vgl. S. 242 f. u. 258 f.).

Will man sich eine Anschauung von der Schiffahrt, der Möglichkeit und der Häufigkeit des Transportes zur See machen, greift man
notwendigerweise nicht allein auf die Relikte der Griechen und Römer
zurück. Schiffahrt haben die phönikischen Städte, allen voran Karthago, die Etrusker und die Ägypter mit Erfolg betrieben. Die technischen Errungenschaften sind von den Griechen und Römern übernommen und erweitert worden, sowohl in der Handels- wie in der Kriegs-
schiffahrt. Spektakuläre Funde von Schiffswracks geben Einblick in
die Schiffskonstruktion, die Ladekapazität und die Waren, welche die
erhaltenen literarischen Beschreibungen und archäologischen Darstellungen von Schiffen in wünschenswerter Weise ergänzen. Häfen wie
diejenigen von Samos und Delos, von Aquileia, Puteoli, Ostia und Ravenna sind in ihrer Anlage und Ausdehnung halbwegs verläßlich vom
Befund her zu rekonstruieren und geben auch Aufschlüsse für die Qualität des Warenaustausches. Wein, Öl, Getreide, Gewürze und Baumaterialien und Luxusgüter, die per Schiff umgeschlagen wurden, haben
am Umschlagsplatz zum Teil archäologische Spuren hinterlassen, für
die eine wirtschaftliche Interpretation vielfach noch aussteht.

Auffinden, Sichten und Erklären greifen auch hier ineinander.
Schiffe wie jener römische Großsegler, der über 1300 t Tragfähigkeit
besaß und einen ägyptischen Obelisken von Alexandria nach Rom
transportierte, oder Welthäfen wie Alexandria und Ostia waren aufs
Ganze gesehen doch eher die Ausnahme. Der kleine Lokalhafen, die
Küstenschiffahrt auf kleinen Segel- und Ruderschiffen, der Esel, das
Maultier, das Kamel als Saumtiere für den Warentransport in unwegsa-
mem Gelände existierten in weiten Teilen der antiken Welt neben den
entwickelteren Möglichkeiten und den „hochzivilisierten" Zentren des
Austausches, die eben wesentlich mehr Überreste hinterlassen haben.
Die Schwierigkeit einer Interpretation, die auf den wirtschaftlichen
Stellenwert der archäologischen Quellen zielt, liegt nicht zuletzt darin,
das, was man sieht und was greifbar ist, zu verbinden mit dem, was
sich nicht erhalten hat und untergegangen ist, aus welchen Gründen
auch immer. Wie exemplarisch sind die archäologischen Quellen, die

aus dem Bereich des Transportes und des Verkehrs auf uns gekommen sind? Hier tut sich ein weites Feld auf, das vorhandene Material und die eigene Imagination miteinander zu verknüpfen.

Diese Einsicht gilt im verstärkten Maße, wenn man die Bedeutung der materiellen Überreste für den Konsum von Gütern ein- und abschätzen will. Die erhaltenen archäologischen Quellen sind nicht flächendeckend, sie reproduzieren dieses Wirtschaftsfeld mit ganz unterschiedlichem Schwergewicht.

Nahrungsmittel sind in vielfältigen Formen auf uns gekommen: Eß- und Trinkgeschirre, Küchengeräte, Obst, Meeresgetier, Wildbret auf bildlichen Darstellungen, Reliefbilder mit Speiseszenen haben sich vor allem im römischen Bereich erhalten. Küchenabfälle mit Tierknochen, die Abfälle der Legionslager, verbrannte Brote, Nüsse, Weintrauben und Kornreste aus Pompeji sind als unmittelbare Überreste erhalten geblieben. Ebenso geben Kleidungs- und Schuhreste in Verbindung mit bildlichen Darstellungen einen Einblick, wie der römische Senator, die hochgestellte römische Frau, der Legionär und der Sklave bekleidet waren. Über Wohnverhältnisse ganz allgemein informieren sehr viele archäologische Ausgrabungsstätten, selten allerdings in der Ausführlichkeit wie Priene, Timgad, Ostia und Pompeji, wo ganze Straßen- und Wohnviertel erhalten geblieben sind.

Auf Nahrung, Kleidung und Obdach, den Grundbedürfnissen menschlichen Daseins, ist der Begriff der Konsumtion natürlich nicht eingeschränkt, in einem weiteren Sinne zählen die öffentlichen Bauten, die Luxuswaren und nicht zuletzt die vielfältigen Dienstleistungen dazu, die von den Menschen als Wirtschaftsgüter in Anspruch genommen werden. In diesem Sinne sind die Bauten auf der Akropolis von Athen, der berühmte frühkaiserzeitliche Silberfund aus Hildesheim, die Darstellung von Bediensteten auf Grabreliefs auch Quellen für die antike Wirtschaftsgeschichte, mag die ursprüngliche Absicht für die Herstellung und Verfertigung auch eine ganz andere gewesen sein. Einen bedeutenden Platz im Bereich der Konsumtion nehmen die Festivitäten und Spiele ein, die griechischen Agone wie die römischen Zirkus- und Gladiatorenspiele, die auf vielen Mosaiken ihren prächtigen Niederschlag gefunden haben. Sie organisierten Güter und Dienstleistungen in gewaltigem Ausmaß.

Die Systematik archäologischer Quellen richtet sich nach der Frage, die der nachgeborene Betrachter an die Vergangenheit richtet. Eine Sondierung wie die nach Produktion, Austausch und Konsumtion, die in sich unvollständig und zuweilen anfechtbar bleiben muß, kann die in den Sachgütern verborgenen Aussagen nie ganz erschöpfen.

Abb. 5. Grabstein des Ferrarius Hermes (nach A. Rieche –
H. J. Schalles, Arbeit. Handwerk und Berufe in der römischen Stadt, Führer und
Schriften des Archäologi-
schen Parks Xanten 10, Köln
1987, 18).

Parallel zu den Funktionen im Rahmen der Ökonomie lassen sich Auf-
teilungen nach menschlichen Lebens- und Tätigkeitsbereichen
sinnvoll anwenden: das Haus, die Villa, die dörfliche Siedlung, die
Tempelanlage, das Heerlager, die Stadt, die Kulturlandschaft. Sie alle
sind – vielleicht mit Ausnahme der dörflichen Siedlungen – relativ gut
durch archäologische Quellen dokumentiert und vermögen auf den jeweiligen Ebenen die Interdependenzen des Wirtschaftsprozesses
verdeutlichen. Die Saalburg am Taunus als Typus eines römischen Mili-
tärlagers, die kaiserzeitliche Villa von Boscoreale, die erhaltenen Stadt-
überreste von Pompeji und Ostia stehen stellvertretend für die Existenz und das Nebeneinander der verschiedenen Wirtschaftsquellen.
Daß es dabei nötig ist, den Blick auf größere siedlungsarchäologische

Zusammenhänge zu richten, beweisen Landschaften wie Kampanien am Golf von Neapel, die oberitalienische Ebene um den Po oder auch das römische Rheinland mit aller Deutlichkeit. Kolonisierung, Romanisierung, ganz allgemein der Nachweis einer zusammenhängenden Kulturlandschaft mit ihren wirtschaftlichen Implikationen sind fundamental auf archäologische Quellen angewiesen. Sie zeigen die Bodenständigkeit und Überfremdung von Zivilisation oft zuverlässiger an als alle übrigen Quellen.

3. Inschriftliche Quellen (Epigraphik)

Inschriftliche bzw. epigraphische Quellen umfassen in unserem Zusammenhang das gesamte unmittelbar auf uns gekommene Schriftgut der griechisch-römischen Welt, all das, was auf Stein, Ton, Holz, Metall geschrieben und erhalten ist. Aus diesem gewaltigen Bestand hat man die Inschriften auf Münzen ausgesondert und die unmittelbaren Schriftzeugnisse auf Papyri, die zusammen mit den Inschriften auf Tonscherben (Ostraka), auf Holz und Wachstafeln, sofern sie in Ägypten gefunden wurden, von der Papyrologie bearbeitet werden.

Die Epigraphik als historische Grundwissenschaft überlappt sich in einzelnen Bereichen also mit der Numismatik, der Papyrologie und, wie man sofort hinzufügen muß, mit der Archäologie. Die meisten Inschriften erschließen sich erst voll durch den „Schriftträger": das Grabmal, die Vase, die Bleiröhre, der Stempel, den man in einigen Fällen sogar noch im Original, in der überwiegenden Anzahl im Abdruck besitzt. Der ursprüngliche Funktionszusammenhang von Beschriftung und Sache, der gerade im Rahmen der Wirtschaftsgeschichte außerordentlich aufschlußreich ist, verweist die Epigraphik auf die Hilfestellung der Archäologie in besonderem Maße. Die Inschriften besitzen für die Rekonstruktion der Geschichte des griechisch-römischen Altertums, und das heißt auch für seine Wirtschaftsgeschichte, einen Stellenwert, den sie im Mittelalter und in der Neuzeit auch nicht annähernd erreichen. Das hängt, neben vielen anderen Gründen, an praktischen Erwägungen und an einer spezifischen Mentalität des antiken Menschen, die als wichtig empfundenen Ereignisse nach außen hin zu dokumentieren. Auf inschriftlich erhaltene Grenzregulierungen zwischen Gemeinden kann man sich berufen, ebenso auf staatliche Verträge und Vereinbarungen, auf Privilegien und Stiftungen, die öffentlich in der Stadt aufgestellt werden; und vor allem: Inschriften halten das Gedächtnis an Sachen und Personen fest und sichern den

Nachruhm, wenn die Akteure längst in das Schattenreich hinabgesunken sind. Der Begriff der Öffentlichkeit, der gezielten Wirksamkeit, ist für einen großen Teil der Inschriften konstitutiv. Sie bilden also T r a d i t i o n s q u e l l e n und wollen als solche interpretiert werden. Daneben haben sich auch reiche Überreste (Abrechnungen, Quittungen, Maße und Gewichte) erhalten, die für die Erkenntnis wirtschaftlicher Zusammenhänge wichtig sind. Die griechischen Inschriften setzen im 8. Jahrhundert v. Chr. ein, die Überlieferung steigt allmählich an und erreicht ihren Höhepunkt in der hellenistischen und römischen Zeit mit starken regionalen Verschiebungen. Aus der gewaltigen Menge ragen die Rechtsvorschriften der Poleis und die Erlasse der hellenistischen Herrscher hervor, welche wirtschaftliche Abläufe zu regeln versuchen: Handelsgesetze über den Handel mit Wein, Öl und anderen Waren, wie etwa den Export von Rötel *(míltos)*, den sich Athen in der Mitte des vierten Jahrhunderts durch Vertrag mit der Insel Keos sicherte (Tod, GHI II 162). Ein Dekret, in welchem die Athener um die Mitte des 5. Jahrhunderts v. Chr. ihr Geld-, Maß- und Gewichtssystem für die Bundesgenossen verbindlich zu machen suchten, ist in Bruchstücken in verschiedenen Städten des attischen Herrschaftsgebietes zum Vorschein gekommen (Meiggs-Lewis, GHI I 45) und verrät anschaulich die attischen Bemühungen, den politischen Einflußbereich in ein einheitliches Wirtschaftsgebiet umzuformen. Besonders der Getreidehandel und die Getreideversorgung der antiken Städte werden durch die inschriftliche Überlieferung bis in die römische Kaiserzeit hinein reich dokumentiert.

Die große „Korninschrift" aus Kyrene (nach 330 v. Chr.) verzeichnet genau die Getreidemengen, welche anläßlich einer großen Hungersnot aus der getreidereichen nordafrikanischen Region in die griechischen Städte floß (Tod, GHI II 196). Ein Gesetz aus Samos (um 200 v. Chr.), welches sich zum Teil auf Marmor erhalten hat, regelt die Beschaffung und die Verteilung des Getreides an die Bürger; für die Kosten stehen reiche Bürger mit unterschiedlichen Summen ein (Dittenberger, Syll³ 976). Zollvorschriften auf Stein, welche die Ein- und Ausfuhr von Waren regeln, haben sich aus verschiedenen Zeiten und Regionen erhalten. Ein Aufsehen erregender Neufund aus dem Jahr 1976 (das sog. M o n u m e n t u m E p h e s e n u m) enthält das römische Zollgesetz der Provinz Asia und informiert ausführlich über den Warentransfer Kleinasiens in der späten Republik bzw. der frühen römischen Kaiserzeit.

Sichtung, Kritik und Einordnung dieser wertvollen Primärzeugnisse in einen größeren Zusammenhang führen unmittelbar zu Problemen einer öffentlichen W i r t s c h a f t s p o l i t i k, ihren Möglichkeiten und

Grenzen, wie sie sich auch in Erlassen und Verlautbarungen hellenistischer Herrscher kundtut. Friedensproklamationen, Amnestiedekrete,
Erlaß und Herabsetzung von Steuern, Bestätigungen von Geschenken
und Gnadenerweise sind von den Adressaten in aller Regel auf Stein
festgehalten worden und haben sich zum Teil erhalten. Der berühmte
Stein von Rosette, ein Priesterdekret zu Ehren des ägyptischen Herrschers Ptolemaios V. Epiphanes aus dem Jahr 196 v. Chr., verzeichnet
eine ganze Fülle von derartigen „Gnadenerweisen" *(philántropa)* des
Königs, dem Wesen nach allerdings wirtschaftliche Notmaßnahmen,
die, wie Rostovtzeff sagt, „ein bedrückendes Bild von den Verhältnissen in Ägypten" offenbaren.[2] Wenn rund 300 Jahre später der römische
Kaiser Hadrian wegen eines Steuererlasses eine Ehreninschrift vom Senat und römischen Volke erhält (Dessau, ILS 309), so hat man es offensichtlich mit vergleichbaren Vorgängen zu tun, die in ihren je eigenen
wirtschaftlichen Hintergründen und politischen Intentionen sorgfältig
analysiert werden müssen. Offizielle Verlautbarungen staatlicher Ho-
heitsträger (die Gemeinde, der Beamte, der König; der Senat, der Ma-
gistrat, der Princeps), die ihren Weg auf Inschriften gefunden haben,
können die Versorgung und die Sicherung von Gütern betreffen, den
Marktablauf regeln, Abgaben und finanzielle Vergünstigungen, Abtre-
tungen und Eigentumsverhältnisse festhalten. Nur wenige Beispiele
der griechischen und römischen Welt können hier zur Sprache kommen. Besondere Bedeutung besitzen in diesem Sinne die bereits angesprochenen Attischen Tributlisten aus dem 5. Jahrhundert v. Chr.,
aus welchen sich genau die Summen errechnen lassen, die attische
Bündner nominell zum Unterhalt der griechischen Flotte gegen die
Perser, in Wirklichkeit zum Aufbau der attischen Herrschaft entrichten
mußten. Die Listen dokumentieren in gewissem Sinne die Unterwerfung der Bündner nach außen und geben Hinweis auf ihre wirtschaftliche Potenz ebenso wie auf das Finanzvolumen der Stadt Athen.

Eine Wirtschaftsquelle ersten Ranges auf römischem Gebiet stellt
der sog. Maximaltarif *(edictum de pretiis rerum venalium)* des Kaisers Diokletian und seiner Mitregenten aus dem Jahre 301 n. Chr. dar.
Hier ist der Versuch festgehalten, auf dem Wege staatlicher Verordnung
Preisgrenzen für Waren, Arbeits- und Dienstleistungen jeglicher Art
auf der Grundlage einer neugeschaffenen Rechnungseinheit, des „ge-

---

[2] Der Stein von Rosette, 1799 beim Feldzug Napoleons entdeckt, verzeichnet das Dekret in ägyptischen Hieroglyphen, in demotischer Schrift und in einer griechischen Übersetzung. Der Stein war Ausgangspunkt der Entzifferung
der Hieroglyphen durch J. F. Champollion 1822.

meinen Denars" *(denarius communis)*, festzusetzen. Lebensmittel, Rohstoffe, Produkte werden in dieser Verordnung angesprochen, deren Aufzeichnungen sich an verschiedenen Stellen des Imperiums gefunden haben. Wirtschaftliche Folgen von zum Teil erheblichen Ausmaßen besitzen die Grenzregulierungen und Festlegungen von Eigentum, die auf Tafeln und Grenzsteinen festgehalten wurden. Wir besitzen Schiedssprüche wie etwa den Volksbeschluß der Argiver aus dem 4. Jahrundert v. Chr. anläßlich von Gebietsstreitigkeiten zwischen den Inseln Melos und Kimolos (Tod, GHI II 179). Vergleichbar aus römischer Zeit ist die auf einer großen Bronzetafel festgehaltene Grenzziehung zwischen den Gemeinden Genua und den benachbarten Volksstämmen in Ligurien, welche nach einem Kommissionsvorschlag der römische Senat vornimmt (117 v. Chr., Dessau, ILS 5946). Vielfach ist es der römische Senat, der derartige Gebietsansprüche entscheidet. Der Regelung von Eigentum dienen in der griechischen Welt auch die Schuld- bzw. Hypothekensteine *(horoi)*, mit denen Gläubiger ihren Anspruch auf Grund und Boden samt dem beweglichen Eigentum sicherten. Die Nutzung von Eigentum regeln Pachturkunden, welche die Modalitäten der Verpachtung von Land oder andere Nutzungsrechte festhalten. All diese Quellen erschließen wirtschaftliche Vorgänge unmittelbar. Daneben lassen sich aus fast allen öffentlich aufgestellten Inschriften mittelbar wirtschaftliche Informationen gewinnen, die sich im Zusammenhang mit anderen Quellen ergeben.

Die große Zahl der Weihe-, Ehren- und Grabinschriften bedeutet eine wichtige Quelle für den Reichtum und die Verwendung privater Gelder zu gemeinnützigen Zwecken. Sie stellen gleichsam die Verbindung zwischen dem privaten und öffentlichen Bereich her. Auf einer archaischen Inschrift aus dem 6. Jahrhundert v. Chr. halten die Einwohner von Perinthos an der Propontis die Weihung des Zehnten an die Hera von Samos in Höhe von 212 samischen Stateren fest. Eine Ehreninschrift für Eudemos von Milet (um 200 v. Chr.) gibt Auskunft über eine bemerkenswerte Stiftung im Unterrichtswesen. Die Zinsen des zehn Silbertalente umfassenden Grundkapitals sollen für die Erziehung der freigeborenen Kinder der Stadt aufgewandt werden (Dittenberger, Syll[3] 577). Eine kaiserzeitliche Inschrift auf einem Sarkophag bezeugt das Vermächtnis eines gewissen Aurelius Philippos in Höhe von 2000 Denaren an die Stadt Thasos und von 2000 Denaren an den kaiserlichen Fiskus (IG XII 8, 561). Ein ehemaliger Sklave und nachmaliger Freigelassener mit Namen P. Decimius Eros Merula, der es zu einem bedeutenden Arzt im italischen Assisi brachte, nennt in seiner Grabinschrift die Summe, die er in seiner Laufbahn aufbrachte:

.. νίσκος Ξ(εν)-	Meniskos (?), Sohn des
(ο)δόκο, Δῆμι(ς)	Xenodokos, Demis,
(Π)υθοκλέος ο-	des Pythokles Sohn,
(ἱ)κήι(ηι)οι(;) Περ(ί)-	die Perinthier,
νθιοι τῆι ῞Ηρ-	weihten
ηι ἀνέθεσαν	der Hera
δεκάτην ἔρ-	als Zehnten
δοντες γορ-	eine goldene
γύρην χρυσῆ-	Gorgo,
ν, σερῆνα ἀργ-	einen silbernen Siren,
ύρεον, φιάλη-	eine silberne
ν ἀργυρῆν, λυ-	Schale,
χνίην χαλκῆ-	eine eherne Lampe,
ν ὀνονημένα	alles
σύνπαντα δ-	zusammen für
(ι)ηκοσίων δυ-	zweihundert-
ωδέκων στατ-	zwölf samische
ήρων Σαμίω-	Statere —
ν σύν τῶι λίθω(ι).	mit dem Stein.

Abb. 6. Weihinschrift aus dem Heraion auf Samos, SEG XII 391, frühes 6. Jh. v. Chr., jetzt Pythagorion, Kastro-Magazin (nach R. Tölle, Die antike Stadt Samos, DAI Athen, Mainz 1969, Abb. 49).

50000 Sesterzen für seine Freilassung, 2000 Sesterzen für ein Gemeindeamt, 30000 Sesterzen für die Aufstellung von Statuen, 37000 Sesterzen für die Straßenpflasterung, sein Nachlaßvermögen beziffert er auf 500000 Sesterzen (Dessau, ILS 7812, 1. Jh. n. Chr.). Welche Fülle an Einsichten in die Wirtschaft derartige Primärzeugnisse vermitteln können, läßt sich nur stichwortartig andeuten: das finanzielle Leistungsvermögen einzelner Personen und Schichten; die Zweckbestimmung, die Modalitäten der Verwendung (reine Thesaurierung, direkte Verteilung, langfristige Anlage), schließlich eine bemerkenswerte Neigung zum öffentlichen Aufwand, welche der französische Historiker P. Veyne in Anlehnung an den griechischen Begriff *euergesía* (= Wohltätigkeit) als «euergetisme» bezeichnet hat. Diese für die Wirtschaft ungemein folgenreiche Mentalität offenbaren nicht allein die Inschriften. Sie ist nicht auf den griechischen Kulturkreis beschränkt, sondern greift mit einer gewissen zeitlichen Verzögerung auch auf die römische Welt über. Der große Tatenbericht des Kaisers Augustus, nach seinem Fundort in Ankara/Türkei Monumentum Ancyranum genannt, verzeichnet neben den Taten *(res gestae)* sorgfältig die Aufwendungen *(impensae)* gegenüber dem römischen Gemeinwesen und dem römischen Volk, eine kaum zu überschätzende Quelle für die politische und wirtschaftliche Geschichte der augusteischen Epoche, für die Interdependenz von privatem und öffentlichem Bereich, nicht zuletzt für die Mentalität bzw. Ideologie der beginnenden Kaiserzeit. Gewissermaßen das verkleinerte Abbild bietet rund hundert Jahre später die Tafel mit der Laufbahn des jüngeren Plinius und seinen finanziellen Leistungen gegenüber der Heimatstadt Como in Norditalien (Dessau, ILS 2927), die als sein testamentarisches Vermächtnis aller Wahrscheinlichkeit nach postum an den städtischen Thermen angebracht wurde, welche von seinem Gelde errichtet worden waren.

Es ist ganz wesentlich zu wissen, wann, wo und zu welchem Zweck derartige öffentliche Bekundungen aufgestellt wurden. Neben dieser beabsichtigten Information liefern Inschriften aber auch viele unbeabsichtigte Einsichten. Aus den Grabinschriften der römischen Kaiserzeit läßt sich die Differenzierung im Handwerk zuverlässig ablesen, daneben geht die soziale Verortung der Handwerker aus ihnen mit einiger Wahrscheinlichkeit hervor, zuweilen auch die Herkunft. Daraus ergeben sich Hinweise auf die Mobilität und die Romanisierung der Bevölkerung in bestimmten Reichsteilen. Die entsprechende Überlieferung aus dem klassischen und hellenistischen Griechenland erscheint auf den ersten Blick viel dürftiger; der Bergmann Atotas, den es von den Küsten des Schwarzen Meeres nach Attika verschlagen hat und der sich seiner Geschicklichkeit *(téchne)* rühmt, der einheimische Töpfer Bakchios, der bei Wettbewerben der Stadt „alle Kränze gewann" (IG ^{2}II/ III, 10051 und 11954, Burford 212 ff.) sind in ihrem Beruf Ausnahmeerscheinungen und dokumentieren sich als solche. Stolz auf die eigene Leistung verraten auch die Inschriften auf Vasen, Statuen und Mosaiken. Es spricht einiges dafür, daß weniger der Handwerker, der *bánausos,* als vielmehr der Künstler sich hier ein Denkmal setzt.

Reichere Aufschlüsse über handwerkliche Tätigkeiten bieten dagegen Bauinschriften wie diejenigen vom Erechtheion in Athen, vom Mysterientempel in Eleusis oder vom Apollotempel in Didyma. Am Erechtheion arbeiten in den Jahren 409–407 v. Chr., wie der inschriftliche Bericht des Baubeauftragten zeigt, Steinmetze, Zimmerleute, Maler, Bildhauer und Handlanger, die sich auf Athener Bürger, Fremde

(Metöken) und Sklaven verteilen. Der Durchschnittslohn betrug etwa eine Drachme pro Tag und wurde an jede Kategorie von einfachen Arbeitern ausbezahlt, unabhängig vom Status und der Tätigkeit. Auf der Insel Delos wurden am Apolloheiligtum die jährlichen Ein- und Ausgaben von besonderen Tempelbeamten *(Hieropoioi)* in Stein festgehalten. Sie liefern für die hellenistische Zeit (4.–2. Jahrhundert v. Chr.) wertvolle Informationen über Tempelvermögen, Bankgeschäfte, handwerkliche Tätigkeiten und Arbeitslöhne, besonders innerhalb des Baugewerbes (IG XI 2, 161). Bauinschriften aus dem römischen Bereich sind ebenfalls in reicher Fülle auf uns gekommen. Aber eine Bauverordnung wie diejenige aus der römischen Kolonie Puteoli gegen Ende des 2. Jahrhunderts v. Chr. (Dessau, ILS 5317), die aus den aufgeführten Arbeitsvorgängen Rückschlüsse auf einzelne Handwerkssparten zuläßt, bildet eher die Ausnahme. Sehr viel häufiger finden sich Aufschriften auf öffentlichen Bauten, auf Mauern, Tempeln, Thermen, Basiliken, Aquädukten, Theatern und Arenen, welche die Errichtung, den Ausbau und die Renovierung auf Kosten der entsprechenden Personen festhalten. Hier interessieren den Wirtschaftshistoriker nicht allein die Finanzverhältnisse, das finanzielle Engagement der reichen Bürgerschicht für die Öffentlichkeit, sondern mittelbar auch die in dem Denkmal und durch die Inschrift festgehaltenen Arbeitsleistungen des Arbeiters in den Steinbrüchen, des Transporteurs und des Steinmetzen, die noch heute sichtbar sind.

Beabsichtigte und nicht beabsichtigte Überlieferung sind als zwei verschiedene Aspekte ein und derselben Inschrift für die Rekonstruktion der Wirtschaft gleichermaßen wichtig. Reinen Überrestcharakter besitzen hingegen einige wichtige Wirtschaftszeugnisse der römischen Welt, die sich durch besondere Umstände erhalten haben. Die verschüttete Vesuvstadt Pompeji hat uns neben vielen anderen Zeugnissen die Geschäftsquittungen des Bankiers L. Caecilius Jucundus beschert, die auf Wachstäfelchen *(tabulae ceratae)* eingeritzt waren und einen Einblick in das Geld- und Auktionsgeschäft der neronischen Zeit (vgl. S. 241 f.) ermöglichen. Aus dem Goldbergwerk in Dakien, dem heutigen Siebenbürgen, stammen einige wertvolle Arbeitsverträge auf Wachstäfelchen, welche Arbeitsbedingungen und Lohn im Bergbau der römischen Kaiserzeit festhalten (CIL III 948). Die Lebenswelt des kleinen Mannes lassen viele Wandkritzeleien *(graffiti)* in Ostia, Herkulaneum und vor allem Pompeji wiedererstehen. Daß der sextarius Wein (ca. 0,55 l) je nach Qualität ein bis vier Asse (CIL IV 1679) kostet, der modius Getreide (ca. 6,5 kg) dreißig Asse, die Tunica sechzig Asse, wird ebenso in einer flüchtigen Wandnotiz festgehalten wie der

Abb. 7. Notiz eines Arbeiters in einer Legionsziegelei, um 175 n. Chr., CIL III
14371, 3a: ..ECOLI FEC(it) CX. „Ziegel machte er 110" oder auch: „Der
Sklave des . . .ccolus machte 110" (pro Tag) (nach K. Dietz u. a., Regensburg
zur Römerzeit, Regensburg ²1979, 438 f.).

Preis für einen Strichjungen (zwei Asse, CIL IV 4024) oder für eine
Haussklavin, die der Prostitution nachgeht (acht Asse, CIL IV 5203).
Allein die epigraphische Überlieferung aus Pompeji reicht nahezu hin,
eine Art Warenkorb für die frühe römische Kaiserzeit aufzustellen,
ganz zu schweigen von den vielen übrigen für die Wirtschaft der Zeit
einschlägigen Nachrichten, welche die *graffiti* festhalten: Markttage in
der Umgebung (vgl. S. 221), Beschwerden über ausstehenden Lohn,
Notizen über ausgeliehenes Geld und über das Tagespensum von
Weberinnen und Holzarbeitern.

Blickt man auf die inschriftliche Überlieferung als Ganzes, gehören
die pompejanischen *graffiti* eher zu den Ausnahmen. Es gibt Lebens-
und Wirtschaftsbereiche, die durch die Inschriften einigermaßen ausführlich dokumentiert werden: der städtische Markt, der Hafen, die
öffentlichen Bauten, die Tempel, die Spiele, die beruflichen Differen-

zierungen und der private Reichtum, auch Abstammung, politische Laufbahn und sozialer Aufstieg, wie er sich in den Inschriften von Freigelassenen spiegelt. Daneben ist der private Haushalt durch eine besondere Spezies, die sog. *instrumenta domestica*, Inschriften auf Ziegeln, Amphoren, Bleigewichten, Barren usw., die naturgemäß gesamtwirtschaftliches Interesse besitzen, einigermaßen repräsentiert. Das weitverzweigte Material (greifbar etwa in CIL IV, XIII 3 und CIL XV) ist z. T. noch nicht ordentlich gesammelt und nur in Ansätzen publiziert und interpretiert. Andere Bereiche wie etwa die Landwirtschaft, die Schiffahrt oder der städtische Konsum sind dagegen relativ spärlich vertreten. So schließen Überreste wie die aus Pompeji in willkommener Weise wichtige Wirtschaftsbereiche auf, die für uns sonst stumm bleiben. Auf einem feuchten Lehmziegel hält um 175 n. Chr. ein Ziegelstreicher die Tagesleistung der handgebackenen *tegulae* fest: „Ziegel machte er 110" (CIL III, 14371, 3a). Was bekam er dafür, warum hat er diese Notiz niedergeschrieben, wo war der Namenlose beschäftigt, welchen Status besaß er, wie ist das Pensum einzuordnen? Den Inschriften muß man die historische Aussage auf dem Wege der Quellenkritik und der Interpretation „entreißen", den hochoffiziösen attischen Tributlisten ebenso wie der beiläufigen Notiz auf einem Ziegel oder einer Hauswand.

4. Numismatische Quellen (Numismatik)

Unter den Begriff „Numismatische Quellen" fallen in erster Linie die Münzen. Als Münze gilt gemeinhin „ein handliches Metallstück, das als Zahlungs- oder Umlaufmittel dient und für dessen Gewicht und Feingehalt der Staat durch Bild oder Aufschrift bürgt" (K. Regling, RE XVI 457), wobei sich staatliche bzw. städtische Garantie in der hohen und späten Kaiserzeit durchaus nicht überall nachweisen lassen. Die Münze in ihrer gesamten Aussagekraft zu erschließen ist Aufgabe der antiken Numismatik. Dieses „staatliche Metallgeld mit der Nebenfunktion eines Nachrichten- und Massenkommunikationsmittels" (Göbl) ist allerdings nur eine, wenn auch die wichtigste Form von Geld. Seine Funktion als Wertmesser und Tauschvermittlung erfüllen auch andere, in einer bestimmten Kultur hochgeschätzten Wertgegenstände: Getreide, Rinder (sog. Naturalgeld), Ringe, Spangen, Äxte, Dreifüße (Schmuck- und Gerätegeld), mehr oder weniger geformte Stücke aus Kupfer, Silber oder Gold (Barrengeld). Derartige prämonetäre Geldformen fallen ebenso in den Zuständigkeitsbereich der Nu-

mismatik wie die münzähnlichen Objekte, die Medaillons, die Münz-
bzw. Marktgewichte, insbesondere die griechischen *symbola* bzw. die
lateinischen *tesserae*, den Münzen nachgebildete Marken, die zum
Empfang von Waren, Getreide, Öl, zum Eintritt in Theater, Spiele, Bä-
der und Bordelle dienten. Als Geldsurrogate wurden sie gehandelt wie
unsere Lebensmittel- und Kleidermarken während des Zweiten Weltkrieges.

Münzen sind Primärmaterial mit Traditions- und Überrestcharakter. Sie lassen sich aufgrund der sogenannten *Legende,* der Umschrift des Münzbildes, bestimmten Städten bzw. Staaten und einer
bestimmten Epoche zuordnen. Beide sind mit Absicht ausgewählt und
verbinden auf ihre Weise ein politisch-religiöses Programm. Das gängige attische Vierdrachmenstück zeigt vom ausgehenden sechsten Jahrhundert an auf der Vorderseite (Avers bzw. Obvers) den Kopf der Göttin Athena mit Helm und Olivenzweigen, auf der Rückseite (Revers)
das der Göttin heilige Tier, die Eule zusammen mit Olivenzweig und
einem kleinen Halbmond. Die Legende AE (= Athenaiōn, der Athener) weist die Prägehoheit als ein Attribut „der Athener" aus, ein wichtiges Zeugnis für die klassische Auffassung, daß der griechische Staat
einen Personenverband darstellt. Ein Denar aus der frühen römischen
Kaiserzeit zeigt auf der Vorderseite das bekränzte Haupt des Kaisers
Tiberius mit der Umschrift „Tiberius Caesar Augustus, Sohn des ver-
göttlichten Augustus" und auf der Rückseite eine sitzende Frauenge-
stalt (wahrscheinlich die Kaisermutter Livia als Pax, als Friedensgöttin)
mit der Umschrift PONTIF(ex) MAXIM(us), die des Kaisers wichtigste religiöse Funktion, das Amt des Oberpriesters, nennt. Einen solchen Denar mögen die Pharisäer dem Bericht des Matthäus nach Jesus
vorgewiesen haben, als er die Frage: „Darf man dem Kaiser Steuern
zahlen?" damit beantwortete, daß er auf die Prägung, auf Bild und
Name verwies und die Frager beschied: „Gebt dem Kaiser, was des
Kaisers ist, gebt Gott, was Gottes ist" (Matt. 22, 17–19).

Die beiden Beispiele sind ausgewählt worden, weil sie augenfällig die
Botschaften illustrieren, die den Münzen mitgegeben wurden. Sie lassen die Vielfalt der wirtschaftlichen Aspekte erahnen, welche die Münzen besitzen. Ihnen gilt die Arbeit des Numismatikers durch Sammeln,
Ordnen, Katalogisieren, Kritik und Interpretation des Materials. Dabei ist die Ausdeutung des Bildes und der Legende in aller Regel nicht
ohne Hilfe der Archäologie, der Epigraphik und der Philologie möglich. Der Quellenwert der Münze ergibt sich aber auch aus dem verwendeten Edelmetall, aus Gewicht und Feingehalt (Korn), aus den
Fundumständen, der Verbreitung und der Häufigkeit der Münzen. Auf

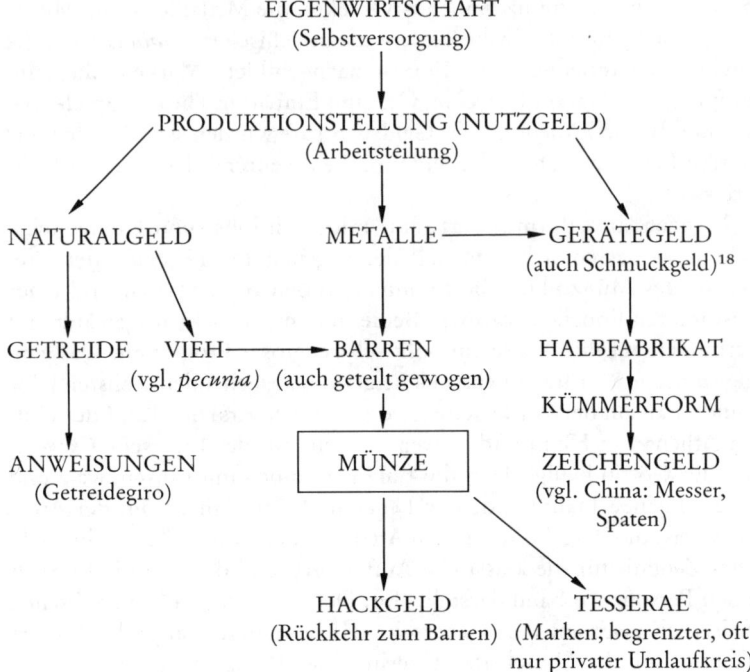

Abb. 8. Stammtafel der älteren Geldformen und die Entwicklung zur Münze (nach R. Göbl, Numismatik. Grundriß und wissenschaftliches System, München 1987, 22).

Das Schema versucht, die „Erfindung" der Münze im 8.–7. J. v. Chr. in eine logische Abfolge zu bringen. Das Getreidegiro, das sich zuerst in Ägypten ausbildet, ist aus praktischen Erwägungen der Lagerung entstanden, so daß An- und Überweisungen von bestimmten Mengen möglich waren. Für die partielle Rückkehr zum Barrengeld in der Spätantike vgl. B. u. M. Overbeck, Chiron 15, 1985, 199f.

diesem Felde, das den Überrestcharakter der Quelle in den Mittelpunkt stellt, hat die Numismatik eigene Methoden entwickelt, etwa die der physikalisch-chemischen Analyse oder der Münzstatistik, die sie (ähnlich wie die Archäologie) in die Nähe der exakten Naturwissenschaften rückt. Dabei hat auch der Begriff der Antike eine zunehmende Verbreitung erfahren. Iranische, indische, keltische Gepräge werden in einem weiteren Sinne ebenso behandelt wie die Münzen der germanischen Stämme in der Völkerwanderungszeit, welche römische Vorgaben aufnehmen und sie „barbarisieren". So erhellen die Münzen die Wirtschaftsformen der antiken Hochkulturen ebenso wie die ihrer Nachbarn und Nachfolger. Der Beginn der Münzprägung während des späten 8. Jh. v. Chr. in West-Kleinasien (Lydien) in der Form der Elektronmünzen hat von jeher besondere Aufmerksamkeit gefunden. Wie, wann, wo und aus welchen Gründen ist der Übergang von den prämonetären Geldformen, über die etwa die homerischen Epen berichten, zur handlichen Münze vor sich gegangen? Der Handelsaustausch, ein bestimmtes Entwicklungsstadium der Stadt und ihrer Autonomie, religiöse Opferleistungen und Schuldentilgungen sind angeführt worden und mögen als wirtschaftliche, politische und religiöse Gründe *im Verbund* die monetäre Geldwirtschaft auf den Weg gebracht haben. Die allmähliche Ausbreitung der Münzen über die griechischen Inseln hinweg im griechischen Mutterland und in Unteritalien im 6. und 5. Jahrhundert v. Chr. steht dabei für die Numismatik ebenso zur Debatte wie die zunehmende Differenzierung und Verfeinerung des Geldsystems. Die einzelnen Städte bedienen sich eines bestimmten Münzfußes, der das Metall, das Gewicht und den Feingehalt festlegt[3] ebenso wie die Stückelung bzw. die Unterteilungen. Das in Athen gebräuchliche Talent (26,2 kg) zerfiel in 60 Minen (à 436,6 g). Beide waren lediglich Recheneinheiten. Die Mine enthielt 100 Drachmen (à 4,366 g), die Drachme 6 Obolen (à 0,728 g); dem Lokalhandel diente die weitere Spezifizierung in ein, eineinhalb, zwei, vier Obolen. Die Komödien geben für diese Verwendung wertvolle Aufschlüsse. Ein Diobol (also zwei Obolen) bezeichnet den Preis für einen vergammelten Salzfisch (Alex. fr. 186). Ein Dreiobolenstück muß man für eine kleine Portion Fleisch geben (Athen. 655 f.), vier Obolen kostet der teure attische Honig (Aristoph. Frieden 254). Dagegen stellt das Vierdrachmenstück, die Tetradrachme, das gängigste Zahlungsmittel im interlokalen Handel dar. Mit ihm bezahlte man im Athen des vierten Jahrhunderts normalerweise einen Medimnos (ca. 52,5 l) Weizen.

Die Festlegung derartiger Nominale ergibt sich aus der Autonomie staatlicher Gemeinwesen, und es ist nicht verwunderlich, daß wir in griechischen Städten ebenso wie in den hellenistischen Großreichen eine Vielzahl unterschiedlicher Währungen bzw. Geldsysteme neben-

---

[3] Feingehalt oder Korn ist das Verhältnis des edlen zum unedlen Metall einer Münze. So enthielt die attische Tetradrachme nahezu 100 % Silber. Das bekannteste Beispiel für das Absinken des Feingehaltes bietet das Silbergeld in der römischen Kaiserzeit, der von 96 % unter Augustus auf 2–6 % unter Valerian (253–259 n. Chr.) sank (vgl. S. 231).

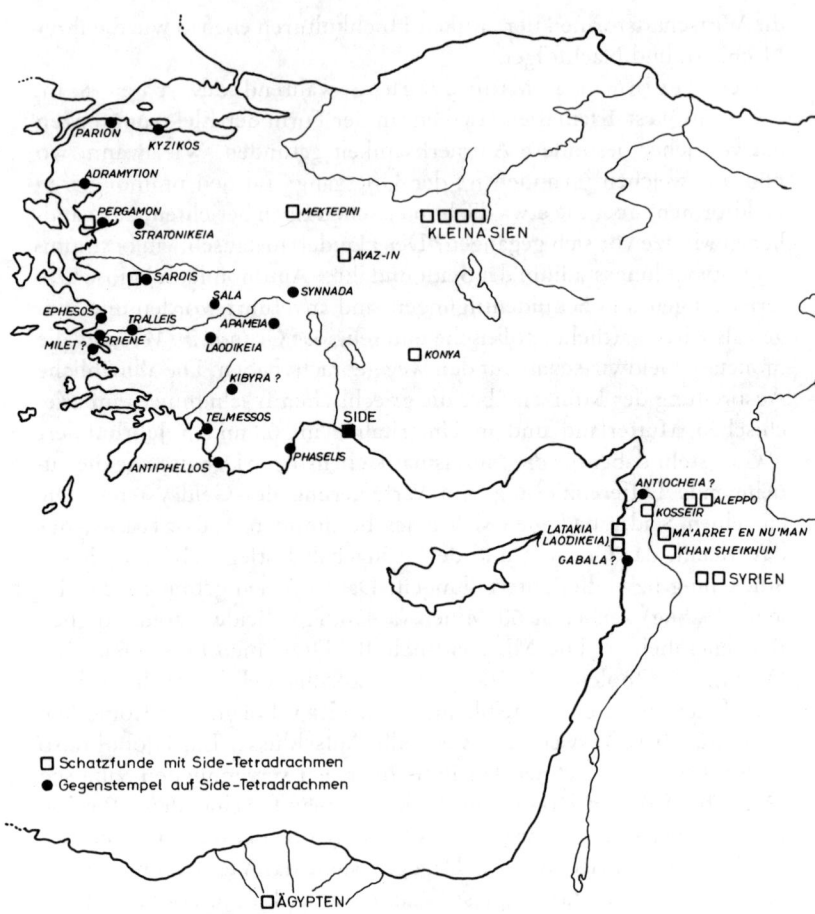

Karte 5. Verbreitung sidetischer Tetradrachmen in Kleinasien (nach P. R. Franke u. a., Side. Münzprägung, Inschriften und Geschichte einer antiken Stadt in der Türkei, Saarbrücken 1988, 36f.).

einander und in Konkurrenz vorfinden. Sie gegeneinander aufzurechnen und daraus einen Gewinn zu erzielen[4] war Sache des Geldwechslers. Sein Wechseltisch *(trápeza, mensa)* wurde zum Ausgangspunkt des Bankgeschäftes. Die gewaltsame Reinigung des Jahwe-Tempels in Jerusalem durch Jesus, als er die Wechseltische umstieß und die Wechsler zum Tempel hinausjagte (Matth. 21,13, Markus 11,17; Lukas 19,49),

---

[4] Das Aufgeld, das der Wechsler für sich beim Eintausch abzweigt, heißt

belegt anschaulich den Usus und die Notwendigkeit des Geldumtau-
sches, wenn Leute aus ganz unterschiedlichen Regionen (wie es die
Diasporajuden waren) bezahlen oder Waren erwerben wollten.
Die Münzen als Quellen für die Wirtschaftsgeschichte fruchtbar zu
machen setzt zunächst einmal ihre genaue Bestimmung und ihre zeitliche wie regionale Einordnung voraus. Sie passen sich in die großen
Entwicklungslinien der griechisch-römischen Wirtschaft ein. Der Bo-
gen, den die Münzgeschichte nimmt, spannt sich von der archaischen Zeit Griechenlands über die klassische Epoche des fünften und
vierten Jahrhunderts bis zu den hellenistischen Königreichen, die in
der umfangreichen Münzprägung Alexanders des Großen ihren glanz-
vollen und für die Wirtschaft entscheidenden Auftakt hatte. Die Präge-
stätten konzentrieren sich in der vorhellenistischen Zeit auf die urbanen Zentren der griechischen Zivilisation, während die Könige vornehmlich in ihren Hauptstädten prägten, in Alexandria, Seleukia am
Tigris, in Pergamon und Pella bzw. Thessaloniki. Mit einer gewissen
Phasenverschiebung entwickelte sich während des 4. und 3. Jahrhunderts v. Chr. in Italien und Rom ein auf Kupfer basierendes Münzwe-
sen, das mit der Einführung des Silberdenars gegen Ende des 3. Jahrhunderts v. Chr. Anschluß an das griechische Geldsystem gewann.
Der Konsolidierung der politischen Verhältnisse durch den ersten Princeps Augustus entspricht eine Neuordnung des Münzsystems und eine
enorme Ausweitung der Emissionen[5], die durch konzidierte Lokalprä-
gung einzelner Städte flankiert werden. Verfall, Dezentralisierung und
Reform des Münzwesens im 3. Jahrhundert n. Chr. leiten zur Spätantike über, die im Hinblick auf die Geldgeschichte einerseits in das byzantinische Münzensystem mündet (gewöhnlicher Beginn unter Kaiser Anastasius 491–528 n. Chr.), andererseits in die Prägungen der germanischen Stämme (Vandalen, Goten, Langobarden, Sueben) auf ehe-
maligem Reichsgebiet.
Die Münzen in ihrer Quellenaussage angemessen einzuschätzen er-
fordert deshalb besondere Anstrengung, weil sie Ware und Geld zu
gleich sind, aufgrund ihres Edelmetalls die Funktion von Gütern besitzen und als solche die Aufgabe der Tausch- und Verkehrsvermittlung

kóllybos (daher auch *kollybístes* = der Wechsler); vielfach synonym verwandt
mit dem ursprünglich italienischen Begriff *agio*, die Differenz zwischen dem
Nennwert und dem Verkehrswert einer Münze.
[5] Unter Emission versteht man die Ausgabe einer typologisch einheitlichen
Münzreihe zur Deckung des Geldbedarfs in einem bestimmten Gebiet und für
eine bestimmte Zeit (ausführlich Göbl, Numismatik, 170).

wahrnehmen. Für den Wirtschaftshistoriker ist deshalb die Existenz und der Vorgang der Münzprägung ein erster wichtiger Bereich, dem er sein Interesse zuwendet, weil in ihm Produktion, Handel und Geldverkehr zusammengeschlossen sind. Gold, Silber und Kupfer müssen beschafft und verarbeitet werden. Athen greift erkennbar erst zu Beginn des sechsten Jahrhunderts in großem Stile auf die Silberbergwerke von Laurion in Attika zurück und legt damit den Grund für seinen Reichtum und die dominierende Rolle der attischen Silberwährung. Der Makedonenkönig Philipp II. (359–336 v. Chr.) setzt sich in den Besitz der ergiebigen Goldminen von Krenides am Pangeiongebirge und prägt massenhaft Goldmünzen (Statere bzw. Zweidrachmenstücke von 8,6 g, sog. Philíppeioi), die auf den attischen Markt hingemünzt sind und mit denen er seine imperialistische Politik hauptsächlich finanziert. Die Ptolemäer konnten auf Grund reicher Goldvorkommen in der Nubischen Wüste Goldmünzen in großer Zahl und in bewundernswerter Verarbeitung auf den überregionalen Markt bringen, während die Kupferminen östlich des Niltales und im Südwesten der Sinaihalbinsel, später auf Zypern das Rohmaterial für die schweren Kupfermünzen (bis zu 90 g) abgaben, die hauptsächlich im ägyptischen Binnenland kursierten. Daß die Münzprägung auf bestimmte Märkte zugeschnitten ist, zeigt sich nicht nur in der Wahl des Metalls, sondern vor allem im Münzfuß. Die Ptolemäer haben ihre wunderschönen Silbertetradrachmen nicht nach dem vorherrschenden attischen, sondern nach dem leichteren Münzfuß der phönikischen Städte (ca. 14,55 g) ausgeprägt, so daß sich fast von einer eigenen, westlichen Währungszone sprechen läßt (vgl. S. 142), in welcher die Ptolemäer ihr Geldsystem durchzusetzen versuchten.

Die zur Verfügung stehende Menge und der Nachschub von Edelmetall, daneben die Wahl des Münzfußes sind für die Einschätzung der Münzen als Wirtschaftsquellen fundamental wichtig. Geldknappheit mit all ihren fatalen Begleiterscheinungen war oft eine Folge des Mangels an Edelmetallen. Übernahme und Verbreitung gemeinsamer Münzfüße und Münztypen lassen auf wirtschaftliche Aktivitäten in bestimmten Regionen schließen. Daß sich nach 146 v. Chr. der römische Silberdenar im Osten und im Westen als Hauptwährung durchsetzte, mit Ausstrahlungen bis nach Gallien und Germanien hinein, läßt sich an den Münzfunden einigermaßen zuverlässig ablesen. Ihre Auswertung hat sich in den letzten Jahren immer mehr verfeinert. Die Schatz-, Siedlungs-, Streu-, Grab- und Weihefunde werden als jeweils eigene Gattungen gewertet, die spezifische Analysen erfordern und für die Wirtschaftsgeschichte von unterschiedlichem Wert sind. Herkunft und

genaue Lokalisierung des Münzfundes ermöglichen es, die Handelswege und die Wirtschaftsräume nachzuzeichnen. Aus der Zusammensetzung des Münzfundes ergeben sich Hinweise auf die wirtschaftlichen Aktivitäten bestimmter Städte. Der Einfluß Aeginas, Korinths
und Athens in Naukratis (Ägypten) geht aus den Münzfunden zuverlässig hervor und illustriert vom numismatischen Material her die bei
Herodot bezeugte Beteiligung griechischer Stadtstaaten an diesem gemeinsamen Handelsplatz in Ägypten. Die Verbreitung der attischen
Tetradrachme und des römischen Denars sind auch Indizien für die
wirtschaftliche Reichweite des jeweiligen Gemeinwesens.

Daß man auf diesem Gebiete mit Konkurrenz, Verdrängung, Mono-
polisierung der eigenen Währung und ggf. Autorisierung fremder
Münzen als Mittel der Geldpolitik rechnen muß, läßt sich ebenfalls aus
den Funden ablesen. Vor nicht langer Zeit ist ein bedeutender Schatzfund mit hellenistischen Tetradrachmen aus der kleinasiatischen Stadt
Side ans Tageslicht gekommen, die in vielen Fällen kleine Gegenstem-
pel aufwiesen. Diese Kontermarken stellen die staatliche Anerkennung eines ausländischen Zahlungsmittels im eigenen Herrschaftsgebiet dar, sei es, daß der betreffende Staat über ein zu geringes Edelmetallvorkommen verfügte, sei es, daß er den Unterschied zwischen dem
Sach- und dem Nennwert der Münze durch Autorisierung zu seinen
Gunsten auszunutzen versuchte. Ob es sich dabei um gezielte Auf-
oder um Abwertung des fremden Geldes handelt, läßt sich in aller Regel nur durch die genaue metrologische Analyse der betreffenden
Münzen und des numismatischen Umfeldes ermitteln. Jedenfalls bilden
derartige Gepräge wichtige Quellen für die Ausdehnung des Geldver-
kehrs, besonders dann, wenn sie in großer Zahl auftauchen (vgl. S. 66).

Münzen besitzen ihren Wert nicht allein für die Einschätzung des
Fernhandels und der Wirtschaftssphären, so wenn etwa attische Tetra-
drachmen im Schwarzmeergebiet oder Silberprägungen Alexanders im
Ostiran und Indien gefunden werden. Vor allem das Kleingeld, die
Bronze-, Kupfer- und kleinen Silbermünzen, geben Auskunft über die
Rolle des Geldes auf dem Lokalmarkt. Schon vor rund 60 Jahren hat
F. M. Heichelheim darauf hingewiesen, daß die Durchsetzung der
Geldwirtschaft im archaischen Griechenland vor allem an der Versorgung des Lokalmarktes mit kleinen Münzen gebunden war. In einer
eindrucksvollen Untersuchung hat Laura Breglia anhand der einzigar-
tigen Fundüberlieferung in Pompeji den Geldumlauf, die Geldzusam-
mensetzung, die Höhe der Barschaften, welche die Bewohner in einer
kaiserzeitlichen Mittelstadt besaßen, analysiert und gezeigt, was man
aus Münzen alles „herausholen" kann. Die Pompejaner horteten die

republikanischen Denare, die schwerer waren als die Silbermünzen der eigenen Zeit. Aber auch diese waren im Umlauf. Ebenso wurde Gold, und zwar die schwergewichtigen *aurei* vor der neronischen Abwertung (von 7,8 g auf 7,3 g), auf die hohe Kante gelegt. Die Geldbeutel enthalten Kupferasse und Messingsesterzen, die für den täglichen Bedarf herhalten mußten (vgl. S. 240f.).

Hat man die Chance, mehrere Funde aus einer Region und einer Epoche zusammenzufassen, können sich wichtige Einblicke in die Geldzirkulation innerhalb größerer Gebiete ergeben. Daß die kaiserliche Währung relativ ungehindert bis ins 3. Jahrhundert n. Chr. hinein im gesamten Imperium Romanum im Umlauf war und daß mit der Krise des 3. Jahrhunderts n. Chr. dezentrale Zonen des Geldumlaufes entstehen, ist ein Ergebnis von Münzfundanalysen, das für die Wirtschaftsgeschichte erhebliche Bedeutung besitzt. Die Beispiele erschöpfen selbstverständlich nicht den Wert der numismatischen Quellen für die antike Wirtschaft; aber ohne Zweifel liegt in der rechten Interpretation dieses gewaltigen und für den Nichtfachmann kaum zu überschauenden Materials ein Schlüssel für das Verständnis der antiken Ökonomie überhaupt. „Die Münzprägung ist ein besonders untrüglicher Pegel wirtschaftlichen Wohlstandes und Verfalls" (Göbl). Wann und wo das Münzgeld auftaucht, welche Formen des Austausches und der Aufbewahrung (Banken, Geldanweisungen) sich herausbilden, auf welche sozioökonomische Bereiche das Geldwesen hauptsächlich zugeschnitten ist (Bezahlung von Söldnern, von Steuern, von Tributen, der Handelsaustausch), welche Geldformen in einer bestimmten Region und Zeit konkurrierten – all dies sind wirtschaftliche Probleme von höchster Relevanz, welche durch numismatische Quellen erhellt werden.

Freilich gilt auch für die Münzen: Viele noch so wichtige und notwendige Fragen lassen sich mit dem zur Verfügung stehenden Material nur unzureichend beantworten. Das liegt zum einen daran, daß – ähnlich wie bei den Papyri – die Münzen auf viele Museen, Münzkabinette und Privatsammlungen verstreut sind. Den Stand der wissenschaftlichen Aufbereitung muß man sich aus den wenigen *corpora*, den Katalogen, einschlägigen Standardwerken und Fachzeitschriften zusammensuchen. Zum anderen ist es zuweilen schwer, die Ergebnisse der Numismatik, die als Grundwissenschaft ihre eigene Hermeneutik besitzt, für die Geld- und Wirtschaftsgeschichte einzusetzen. Alle Quellengattungen sind hierbei gefordert, so wie es die großen Vertreter des Faches stets verstanden haben, die Münzen in den Rahmen der antiken Wirtschafts- und Kulturgeschichte einzupassen. Unabhängig von dieser

wissenschaftlichen Beschäftigung übt gerade die Münze auf den heutigen Betrachter eine besondere Faszination aus. Das Gefühl, ein Origi-
naldokument aus der Zeit des Perikles, Alexanders des Großen, Cae-
sars oder Konstantins vor sich zu haben und sich vorzustellen, durch
wie viele Hände die Münze gegangen ist und wozu sie ge- bzw. miß-
braucht wurde, vermag einen unmittelbaren und emotionalen Zugang
zur antiken Welt zu eröffnen. Er ist ebenso wichtig wie die notwendigerweise distanzierte wissenschaftliche Analyse.

5. Papyrologische Quellen (Papyrologie)

Papyri bilden den gängigen Beschreibstoff in der antiken Welt; unser
Begriff Papier hat Wort und Funktion bis auf die heutige Zeit bewahrt.
Das Material wurde gewonnen aus dem Mark der in Ägypten heimischen Papyrusstaude, welches in Streifen geschnitten, dank der natürlichen Klebefähigkeit zu einem großen Blatt verbunden, gepreßt und
geglättet wurde. Die einzelnen Seiten wurden später zu größeren Rollen
vermittels Klebung zusammengefaßt, welche in den Handel kamen.
Die Hauptmasse der Papyri spiegelt im Gegensatz zu den Inschriften
das politische, soziale, wirtschaftliche und religiöse Leben von unten
wieder. Sie sind ihrem Charakter nach Überreste, die, auf unseren
Bereich bezogen, die Wirtschaftsstruktur bis in die kleinsten Veräste-
lungen hinein erstehen lassen. Steuerquittungen, Pacht- und Arbeitsverträge, Ehevereinbarungen, Lohnabrechnungen, Schuldverschrei-
bungen sind nur einige Beispiele für die Fülle der Wirtschaftsdaten, die
man den Papyri entnehmen kann. Diese Angaben zu erschließen, zu
ordnen und in den größeren Zusammenhang der ägyptischen Zivilisation zu stellen hat sich die Papyrologie zur Aufgabe gemacht. Für
die antike Wirtschaftsgeschichte sind ihre Ergebnisse unverzichtbar.
Hauptobjekte der Papyrologie bilden die griechischen und (spärlichen) lateinischen Texte, die mit der Besetzung Ägyptens durch Alexander den Großen (332 v. Chr.) einsetzen und bis zur arabischen Eroberung (641 n. Chr.) reichen. Daneben werden die in Ägypten reich-
lich gefundenen Tonscherben (Ostraka), Holz- und Wachstafeln von
der Papyrologie mit erschlossen, ferner die in hieratischer, demotischer
und koptischer Schrift verfaßten einheimischen Texte, die sich vielfach
auf die gleichen Objekte beziehen wie die in der Koiné, der Verkehrs-
sprache des Hellenismus, verfaßten griechischen Papyri. Die aus ar-
beitstechnischen Gesichtspunkten getroffene Entscheidung, die Erschließung der Texte vor der hellenistischen Zeit der Ägyptologie

zu überlassen, ist gerade im Hinblick auf die Wirtschaft problematisch. Die griechische Dynastie der Ptolemäer hat vielfach bewährte
wirtschaftliche Strukturen der Pharaonen fortgeführt, ob es sich um
die Fronarbeit in der Landwirtschaft, um Kanal-, Damm- und Stein-
brucharbeiten handelt, um Katastereinteilungen des Landes oder um
Vermögen bzw. Wirtschaft der großen Tempel: In diesen wie in vielen
anderen Wirtschaftsbereichen existieren wichtige, durch Papyri doku-
mentierte altägyptische Vorgaben, welche die wirtschaftlichen Strukturen der hellenistisch-römischen Zeit erst plastisch hervortreten lassen.
So ist die Ägyptologie, die sich der Gesamtheit der ägyptischen Zivilisation bis in die Spätantike hinein zuwendet, ein unentbehrlicher Ge-
sprächspartner für die Papyrologie und ihrer Ausdeutung der schriftlichen Dokumente.

Bis auf wenige Ausnahmen stammen die auf uns gekommenen Papyri aus Ägypten, wo sie sich infolge des trockenen Klimas zu Tausenden erhalten haben und auch in der Gegenwart immer wieder ans Tageslicht kommen. Das Faijúm, eine Oase am Westrand des Niltales,
etwa 70 km südlich von Kairo, und die ägyptische Stadt Oxyrhynchos
sind durch viele aufsehenerregende Funde bekannt geworden. Die
räumliche Beschränkung bezeichnet Stärke und Schwäche dieser
Primärzeugnisse, deren Ausbeutung für die *allgemeine* Wirtschaftsgeschichte der Zeit stets mit einer gewissen Problematik verbunden ist.
Ägypten war etwa 300 Jahre bis 30 v. Chr. ein hellenistisches Königreich, anschließend römische Provinz mit einem Sonderstatus und gehörte vom vierten Jahrhundert an bis zur Eroberung durch die Araber
zum byzantinischen Reichsgebiet. Inwieweit lassen sich die wirtschaftlichen, sozialen, politischen und religiösen Aussagen, welche die Papyri im Hinblick auf Ägypten treffen, in einen größeren Kontext ein-
spannen? Stellt die ptolemäische Königswirtschaft einen allgemeinen
Typus der Zeit dar, gelten die Grund-, Gewerbe- und Kopfsteuer, wie
sie nach Angaben der Papyri in der römischen Kaiserzeit üblich waren,
auch für die übrigen Reichsteile? Derartige Fragen lassen sich oft nur
im Verbund mit anderen Quellen halbwegs verläßlich lösen. Dabei ist
allerdings die Neigung, den Sonderstatus Ägyptens, und das heißt in
unserem Zusammenhang auch: die Sonderstellung der Papyri als Quellen zu betonen, in jüngerer Vergangenheit stärker geworden.

Nahezu alle Bereiche und alle Organisationsformen der Ökonomie
werden durch Papyri erhellt. Ihnen entnehmen wir die Eigentumsverhältnisse, die Aufteilung des Bodens in Königs-, Tempel-,
Lehns- und Privatland, wobei die Unterscheidungen alles andere als
eindeutig sind. Sie vermitteln ein Bild der landwirtschaftlichen Pro-

duktion, angefangen vom wichtigsten Anbau- und Exportartikel Getreide über das Olivenöl bis hin zum Flachs-, Hanf- und Obstanbau, ferner über Viehzucht und der Weiterverarbeitung der tierischen Produkte. Webereien, Töpfereien, Metall-, Glas- und Papyrusbetriebe werden in ihren Erzeugnissen und in ihren Arbeitsbedingungen illustriert.

Aus den erhaltenen Lehrlingsverträgen, die u. a. für Weber, Flötenspieler, Friseure, Baumeister, Schneider und Schmiede überliefert sind, soll zumindest ein Lehrlingsvertrag aus neronischer Zeit Erwähnung finden. Ihn schließen der Weber Ptolemaios und der Vater Thryphon für seinen unmündigen Sohn Thoonis auf ein Jahr ab. Der Vater übernimmt Verpflegung, Kleidung und Steuern, der Lehrherr gibt ein Verpflegungs- und Kleidergeld und verpflichtet sich, dem Lehrling die „gesamte Weberkunst, wie er sie versteht", zu vermitteln (Pap. Ox. 175 = Chrestomathie 324). Andere Verträge, die länger laufen, sehen neben Lohn und Kleidergeld auch arbeitsfreie Tage vor (Pap. Ox. 725, 2. Jahrhundert n. Chr.). So erhellen diese Zeugnisse nicht allein die verschiedenen Berufssparten, sondern auch die Arbeits- und Lebensbedingungen der damaligen Menschen einschließlich der Sklaven.

Pachtverträge gewähren Einblick in die landwirtschaftliche Produktion und Organisation auf der unteren Ebene, das Überlassen von Land und im Gegenzug die Verpflichtung zu Naturalabgaben oder von Geld. Das gesamte Lohn- und Preissystem für Waren und Dienstleistungen sowohl für die ptolemäische wie für die römische Epoche läßt sich aus den Nachrichten auf den Papyri halbwegs verläßlich wiedergewinnen.

Das in Ägypten reich verzweigte Bankwesen wird durch Papyri erhellt. Den Warentransport zu Lande mit Eseln und Kamelen, den preisgünstigeren Schiffstransport auf dem Nil bezeugen ebenfalls Abrechnungen und Quittungen, daneben Notizen über Zwangsrequisitionen von Frachtentransport durch den Staat, die auf Papyri erhalten sind.

Den großen Sektor des Warenkonsums illustriert an dieser Stelle ein wichtiges Beispiel. Vor nicht allzu langer Zeit sind Dokumente aus dem Archiv einer Behörde von Oxyrhynchos veröffentlicht worden, welche die Getreideversorgung einer ägyptischen Stadt um 270 n. Chr. greifbar machen: Insgesamt bekommen pro Monat ca. 4000 Einwohner unentgeltlich eine Artabe (ca. 31 kg) Getreide, was einer Gesamtmenge von 120 Tonnen entspricht. Die erhaltenen Aufnahmeanträge, die Teilnehmerlisten, die monatlichen Abrechnungen lassen ein hochbürokratisches System erkennen, mit dessen Hilfe die Lebensmittelversorgung dieser ägyptischen Stadt in der römischen Kaiserzeit orga-

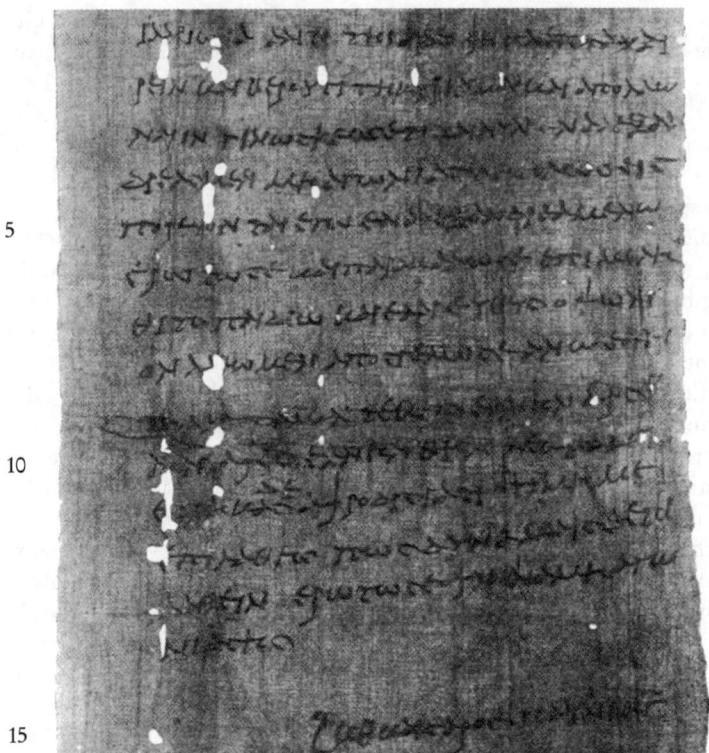

nisiert wurde. Der Begriff der Konsumtion schließt in diesem Fall die
Frage nach den Adressaten, nach der Verwaltung, der Beschaffung und
dem Effekt ein: Läßt sich etwas über die Auswirkungen der Zuwendungen auf die Bürger sagen?

Die für die Getreideversorgung von Oxyrhynchos einschlägigen Papyri beweisen eindrucksvoll die Schwierigkeit, mit diesen Quellen angemessen umzugehen. Papyri liefern eine kaum zu übersehende Fülle
einzelner Fakten, Daten und Personalien, zur Landwirtschaft, zum
Handwerk, zum Handel, zu den finanziellen und personalen Leistungen, die wie Mosaiksteine erst in einem übergeordneten Ganzen ihren
Aussagewert erhalten. Derartige Synthesen sind für die politischen, ad-
ministrativen, sozialen, rechtlichen und religiösen Verhältnisse zuweilen mit großem Erfolg vorgelegt worden. Im Rahmen der Wirtschaft
hat sich dabei ein typologisches Verfahren als fruchtbar erwiesen, welches die Königswirtschaft, die Wirtschaft des Großgrundbesitzers, die
Stadt-, die Tempel- und Dorfwirtschaft, also bestimmte Wirt-

Ἱλαρίων ἃ Ἄλιτι τῆι ἀδελφῆι πλεῖστα χαί-
ρειν καὶ Βερούτι τῆ κυρία μου καὶ Ἀπολλω-
νάριν. γίνωσκε ὡς ἔτι καὶ νῦν ἐν Ἀλεξανδρέα 'σμεν. μὴ ἀγωνιᾶς, ἐὰν ὅλως εἰς-
πορεύονται ἐγὼ ἐν Ἀλεξανδρέα μένω.
ἐρωτῶ σε καὶ παρακαλῶ σε ἐπιμελή-
θ⟨ητ⟩ι τῷ παιδίῳ καὶ ἐὰν εὐθὺς ὀψώνι-
ον λάβωμεν ἀποστελῶ σε ἄνω. ἐὰν
πολλὰ πολλῶν τέκης, ἐὰν ἦν ἄρσε-
νον ἄφες, ἐὰν ἦν θήλεα ἔκβαλε.
εἴρηκας δὲ Ἀφροδισιᾶτι ὅτι μή με
ἐπιλάθῃς. πῶς δύναμαί σε ἐπι-
λαθεῖν; ἐρωτῶ σε οὖν ἵνα μὴ ἀγω-
νιάσῃς.
κθ Καίσαρος Παῦνι κγ.

Hilarion a an Alis seine Schwester viele Grü-
ße! Auch an Berus meine Herrin und Apollo-
narin! Wisse, daß wir auch jetzt noch in Alexandrea sind. Ängstige Dich nicht, wenn beim
allgemeinen Ein-
rücken ich in Alexandrea bleibe.
Ich bitte Dich und flehe Dich an, sorge für das Kindchen. Und sobald wir erst Lohn
erhalten, werde ich (ihn) Dich hinauf sen-
den. Wenn
Du — — gebierst, wenn es männ-
lich war, laß es (leben); wenn es weiblich
war, setze es aus.
Du hast der Aphrodisias aufgetragen: »Ver-
giß mich nicht!« Wie könnte ich Dich ver-
gessen? Ich bitte Dich also, Dich nicht zu
ängstigen.
Im Jahr 29 des Kaisar, Pauni 23.

Auf der Rückseite die Adresse:

Ἱλαρίων Ἄλιτι ἀπόδος.

Hilarion an Alis gib ab.

Abb. 9. Brief des ägyptischen Lohnarbeiters Hilarion an seine Frau Alis,
17. Juni 1 v. Chr. Pap. Ox. 4,744 (nach A. Deissmann, Licht vom Osten, Tübingen ⁴1923, 134f., Abb. 25).

Zum Vorkommen der Kindesaussetzung vgl. C. A. Patterson, "Not Worth the
Rearing". The Causes of Infant Exposure in Ancient Greece, TAPA 115, 1985,
103 ff.

schaftskreise ins Auge faßt und daraufhin die Zeugnisse sondiert.
Die unter Ptolemaios II. Philadelphos (285–246 v. Chr.) ergangenen
Erlasse zum Steuer-, Monopol- und Bankwesen, wodurch die königlichen Einkünfte geregelt wurden, die sog. "Revenue laws", bilden einen
wichtigen Grundstock für das Erfassen der «Économie royale» in der
Ptolemäerzeit, wie sie vor rund einem halben Jahrhundert durch Claire
Préaux in bewundernswerter Weise zusammengestellt und beleuchtet
wurde. Im sogenannten Zenonarchiv ist die reichhaltige Korrespondenz eines gewissen Zenon aus Karien, um 250 v. Chr. die rechte Hand
des Dioiketen Apollonios (eine Art Wirtschafts- und Finanzminister)
unter Ptolemaios Philadelphos, auf uns gekommen. Die Dokumente,
Briefe, Rechnungen, Listen, Quittungen und Eingaben lassen einen
hellenistischen Großgrundbetrieb in all seinen Differenzierungen vor
unseren Augen erstehen, der mit Handel, Gewerbe und Bankgeschäften verknüpft war. In die Struktur eines ägyptischen Dorfes, die Bodenverhältnisse, Erträge und Abgaben führt die Monographie von

D. J. Crawford über Kerkeosiris ein. Für die Tempelwirtschaft haben W. Otto und U. Wilcken bereits zu Beginn des Jahrhunderts wichtiges Papyrusmaterial zusammengestellt und Grundlagen für das Verständnis dieses bedeutenden Wirtschaftsorganismus gelegt, einer Organisation, die durch viele Neufunde in all ihrer Differenzierung greifbar wird.

Typologische Zusammenfassungen vernachlässigen notwendigerweise den Zeitfaktor, d. h. die Veränderungen, denen naturgemäß auch die Aufmerksamkeit des Wirtschaftshistorikers zu gelten hat. Für die Kontinuität und Entwicklung von der ptolemäischen bis in die römische und byzantinische Epoche hinein liefern die Papyri wichtige Informationen. Der Gnomon des Idios Logos, ein fiskalisches Verzeichnis für königliche Sondereinnahmen aus Landverkauf, Strafgeldern und Konfiskationen, der ursprünglich wohl aus dem 2. Jahrhundert v. Chr. stammt, wird vom römischen Princeps in der Sache wie in der Buchführung übernommen und ausgeweitet. Die Liste dokumentiert bis ins 2. Jahrhundert n. Chr. hinein die Verwaltung des kaiserlichen Sondervermögens in Ägypten, wobei ihm besondere Aufgaben mit der Zeit zuwachsen. Ebenfalls geben die Papyri Auskunft über den kaiserlichen Grundbesitz, die Vergabe einzelner Landgüter (ousíai) an Mitglieder der kaiserlichen Familie. Erlasse (constitutiones) und Edikte von Kaisern und Statthaltern, die auf Papyri festgehalten wurden, greifen zuweilen nachhaltig in wirtschaftliche Verhältnisse ein. Ein im Faijúm gefundenes Holztäfelchen hält in lateinischer Sprache die Befreiung von Steuern und persönlichen Verpflichtungen fest, die der Kaiser Domitian den ausgedienten Soldaten zugestanden hatte (Wilcken, Chrestomathie, 463). Der berühmte Papyrus Gissensis 40 I ist unsere wichtigste Quelle für die Verleihung des römischen Bürgerrechts an die Reichsbevölkerung durch den Kaiser Caracalla im Jahre 212 n. Chr., die fiskalische Hintergründe besaß. In diesen wie in vielen anderen Fällen reflektiert die papyrologische Überlieferung allgemeine wirtschaftliche und politische Maßnahmen, die nicht allein für Ägypter Geltung besitzen, und gibt Zeugnis von Veränderungen innerhalb der allgemeinen Wirtschaftsstruktur bzw. ihrer Teile.

Sehr viel umfangreicher sind die Quellen, welche das konkrete Leben der Bevölkerung, d. h. aber auch ihre sozialen und wirtschaftlichen Nöte spiegeln. Der Brief eines ägyptischen Arbeiters an seine Frau (bzw. Schwester nach ägypt. Brauch, oben S. 75) aus der Zeit um Christi Geburt zeigt, daß die Trennung von der Familie, die Lohnverzögerung und die Kindesaussetzung offensichtlich an der Tagesordnung waren. Aber die auf den ersten Blick scheinbar klaren und verständlichen Angaben gewinnen ihr Gewicht erst in der Zusammenschau mit dem übrigen einschlägigen Quellenmaterial. War Kindesaussetzung das normale Regulativ der armen Bevölkerung, wenn die Familie zu groß wurde? Woraus besteht der Lohn *(opsónion)*, wie hoch war er und wie wurde er bezahlt? Wie wurde die Kindesaussetzung praktiziert? Erst dann gewinnt „das trübe Kulturbild aus dem Zeitalter der Geburt des großen Kinderfreundes" (Deissmann, 136) historisch verläßliche Konturen.

6. Literarische Quellen (klassische Philologie)

Die griechische und römische Literatur umfaßt eine Vielzahl von Autoren und unterschiedlichen Gattungen. Sie spannt sich vom 8. Jahrhundert v. Chr., in welchem die homerischen Epen entstanden sind, bis in die Spätantike; Schriftsteller wie der griechische Epiker Nonnos (5. Jahrhundert n. Chr.), der lateinische Philosoph Boethius (ca. 480–524 n. Chr.), der gelehrte Bischof Isidor von Sevilla (560–630 n. Chr.) markieren gleichsam die Schwelle zum Mittelalter, dessen Kultur- und Lebensformen in vielfältiger Weise antikes Erbe aufgenommen und weitergegeben haben.

Diese Schöpfungen der griechischen und lateinischen Autoren in ihrer ganz unterschiedlichen Qualität und Relevanz hat die klassische Philologie, die Graezistik und die Latinistik, unter ihre Obhut genommen. Sie haben die Werke ediert, kommentiert, übersetzt und sie als literarische Erzeugnisse der griechischen und römischen Kultur gedeutet und verstehbar gemacht. Auch die frühchristliche Literatur wird in diesen Rahmen mehr und mehr einbezogen. Auf die philologische Aufbereitung der Quellen muß auch der Wirtschaftshistoriker immer wieder zurückgreifen, will er nicht in die Irre gehen. Sein Interesse gilt naturgemäß nur einem kleinen Ausschnitt der gewaltigen literarischen Produktion. Aber anders als im Mittelalter und in der Neuzeit, wo eine Unmenge an Akten, Statistiken und wirtschaftlichen Primärquellen ersten Ranges vorliegen, kann die Rekonstruktion der antiken Ökonomie auf die literarischen Quellen nicht verzichten. Die gesamte Überlieferung zur antiken Wirtschaft ist vergleichsweise lückenhaft, deshalb müssen auch die kleinsten und nebensächlich erscheinenden Informationen genutzt werden, auch da, wo man sie auf den ersten Blick nicht vermutet. Ohne die Komödien des Aristophanes (* um 445, † um 385 v. Chr.) wären unsere Kenntnisse über attische Wirtschaftsverhältnisse des fünften und vierten Jahrhunderts sehr viel ärmer. Durch die farbige Schilderung Petrons in seinem Roman ›Satyricon‹

wird ein Großhaushalt der römischen Kaiserzeit für uns erst recht
greifbar. Der Wert derartiger Quellen liegt nicht allein in den Daten
und Fakten, die sie für die antike Wirtschaft bereitstellen, sondern im
Deutungsmuster, in der anthropologischen Dimension, welche die
Wirtschaftsaussagen umgeben. Wenn in der Odyssee, dem homerischen Heldenepos aus der archaischen Epoche Griechenlands, die
Anzahl der Viehherden als Kriterium für Reichtum gilt, wenn der Wert
einer Sklavin mit zehn Paar Ochsen angegeben wird (Odyss. 1,430 f.),
dann stehen hier wie in den meisten anderen Fällen derartige Aussagen
nicht für sich, sondern werden in einen literarischen Zusammenhang
umgeformt. Die Fragen: Was bezweckt der Dichter mit seiner Aussage,
an welches Publikum richtet er sich, woher hat er seine Angaben? gehören zu den fundamentalen Aufgaben einer Quellenkritik, die in
der klassischen Philologie eine besonders lange und erfolgreiche Tradition besitzt. Wie der Autor, das Publikum, die damalige Gesellschaft
die Wirtschaft ihrer Zeit gesehen haben, was sie interessiert und was sie
nicht interessiert hat, diese subjektive und doch wichtige Einschätzung
kann ohne die Analyse der literarischen Quellen nicht beantwortet
werden.

Dabei bedeutet die Einordnung nach bestimmten Gattungen eine
erste wichtige Hilfe. Das Epos, das Drama, der rhetorische, der philosophische Traktat, die Rede, der Brief, die Geschichtsschreibung und
die Biographie sind mehr oder weniger fest umrissene literarische
Grundformen. Sie liefern wichtige ökonomische Aufschlüsse, auch
wenn dies gar nicht ihre unmittelbare Absicht ist. Die Epen der Ilias
und der Odyssee bilden unverzichtbare Quellen, will man ein Bild der
archaischen Wirtschaft Griechenlands gewinnen. Das Werk des attischen Geschichtsschreibers Thukydides (ca. 460–ca. 400 v. Chr.), der
am Peloponnesischen Krieg den Austrag politischer Gegensätze beschreibt, vermittelt an vielen Stellen wichtige Einblicke in die Finanzen
der Städte, die Landwirtschaft und den Seehandel der griechischen
Welt. Der hellenistische Staatsmann und Historiker Polybios (200–120
v. Chr.) erhellt in seiner ›Weltgeschichte‹ an vielen Stellen die Wirtschaftsaktivitäten der hellenistischen Könige und ermöglicht aufgrund
der geschilderten militärischen Auseinandersetzungen zwischen Griechen und Römern Rückschlüsse auf die wirtschaftliche Potenz der
Kontrahenten. Auf römischem Felde läßt etwa der Historiograph Livius (59 v. Chr. – 17 n. Chr.) in seinem Geschichtswerk die ökonomischen Hintergründe der Kriege Roms mit Hannibal und den hellenistischen Königen zu Wort kommen ebenso wie die wirtschaftliche Aus-
wirkung der beginnenden Reichsbildung im 2. Jahrhundert v. Chr.

Das gewaltige Œuvre Ciceros (106–43 v. Chr.), seine Reden, Briefe und Traktate, berührt faktisch alle Bereiche der spätrepublikanischen Wirtschaft, die Ausbeutung der Provinzen, die städtischen Finanzen, den privaten Reichtum ebenso wie die Lebensbedingungen der einfachen Bevölkerung. Als eitler Politiker hat er viel über sich selbst gesprochen und geschrieben, so daß sein Werk auch wichtige Rückschlüsse auf die Vermögensverhältnisse eines erfolgreichen Ritters und politischen Emporkömmlings, der er ja war, bieten (vgl. S. 169). Man kann die Lebensbeschreibungen des griechischen Schriftstellers Plutarch (ca. 46–120 n. Chr.), die Biographien des kaiserzeitlichen Bürokraten Sueton (ca. 70–140 n. Chr.), die Briefe des jüngeren Plinius (ca. 60–113 n. Chr.) hinzunehmen: sie liefern alle wichtige Aufschlüsse zu Wirtschaftsproblemen und geben zudem den Blick frei auf den Menschen, der sich im wirtschaftlichen Handeln bewähren muß. Um ein paar Namen zu geben: der attische Staatsmann Themistokles, der nach Plutarch mit seinem Vorschlag beim Volke durchdrang, die Silbereinkünfte aus den Bergwerken von Laureion für den Flottenbau zu verwenden und die Gelder nicht mehr an die Bürger zu verteilen (Plut. Them. 4, Herod. 7, 144); der römische Kaiser Domitian, der durch ein Edikt den Getreideanbau in Italien fördern und den Weinanbau in den Provinzen unterbinden wollte, wie sein Biograph Sueton mitteilt (Suet. Dom. 7,2); der jüngere Plinius, der in seinen Briefen über die wirtschaftliche Zwangslage der Pächter berichtet (ep. 9,37) oder als Mitglied des Senatorenstandes über die Auszeichnungen und finanziellen Zuwendungen an den ehemaligen Sklaven und Freigelassenen im kaiserlichen Dienst Pallas lamentiert (ep. 8,6). Die Wirtschaft bildete in der hohen antiken Literatur normalerweise kein Thema, nicht weil sie unwichtig war, sondern weil die beabsichtigten Wirkungen des Dramas, der Epen und der Geschichtsschreibung ein anderes Ziel verfolgten als die Vermittlung von alltäglichen und lebensnotwendigen Dingen.

Gleichwohl gibt es einige wichtige literarische Sparten, die sich mit der Wirtschaft oder wichtigen Teilbereichen beschäftigen. Mit der *oikonomía*, der rechten Haushaltungskunst, der Bewirtschaftung, der Verwaltung und den Einkünften aus einem landwirtschaftlichen Betrieb, beschäftigt sich der ›Oikonomikos‹ des Xenophon (ca. 430–ca. 355 v. Chr.), dem wir auch eine Schrift über die Staatseinkünfte der Athener (›Poroi‹) verdanken, in welcher er Vorschläge zur Vermehrung der Staatsfinanzen macht. Über die Königs-, Provinz-, Stadt- und Privatwirtschaft informiert der unter dem Namen des Aristoteles überlieferte Traktat ›Über die Haushaltung‹ *(perí oikonomías)*, eine wichtige

Quelle für die frühhellenistische Wirtschaft des ausgehenden 4. Jahrhunderts v. Chr.

Aus der ursprünglich reichen Literatur über die Landwirtschaft, der wichtigsten Einnahmequelle in der griechisch-römischen Welt, sind vor allem die Schriften des älteren Cato ›De agricultura‹, ca. 150 v. Chr., die drei Bücher des Universalgelehrten Varro ›Rerum rusticarum libri tres‹ (37 v. Chr. verfaßt) und das einflußreiche Werk über die Landwirtschaft (›De re rustica‹) des kaiserzeitlichen Autors Columella erhalten. Allesamt liefern sie Anleitungen für eine bestmögliche Gestaltung der Agrarstruktur. Auch auf diesem Felde sind quellenkritische Fragen unabdingbar: Woher haben die Autoren ihre Kenntnisse, spiegeln sie die Verhältnisse der eigenen Zeit wider, ist es gerechtfertigt – etwa beim Einsatz von Sklaven –, von den Instruktionen auf reale Zustände zu schließen? Gerade dort, wo der Autor zusätzlich literarische Ambitionen verfolgt wie etwa Vergil (70–19 v. Chr.) in seinem Gedicht über den Landbau (›Georgica‹) oder der ältere Plinius (23–79 n. Chr.), der sich in seiner umfassenden Naturkunde (›Naturalis historia‹) unter anderem über Wein-, Oliven- und Obstanbau ausläßt, sind derartige Sondierungen unerläßlich. Es liegt auf der Hand, daß die Agrarschriftstellerei für den Wirtschaftshistoriker eine fundamentale Quellengattung darstellt. Ihre zunehmende Hochschätzung läßt sich aus den Übersetzungen und Kommentaren ablesen, die in jüngerer Zeit erschienen sind. Andere Fachschriftsteller treten, obwohl sie wichtig

Tab. 2. Ausbeutung provinzialer Edelmetallvorkommen am Beispiel Spaniens
(Gold in römischen Pfunden zu 327 g)

Gold

Jahr	Citerior	Ulterior	Zeugnisse
209	276	–	Liv. XXVI 47
200	2 450	–	Liv. XXXI 20
198	1 200	30	Liv. XXXII 7
197	1 515	–	Liv. XXXIII 27
194	1 400	–	Liv. XXXIV 46
191	–	127	Liv. XXXVI 39
184	83	83	Liv. XXXIX 42
179	124 u. 31	–	Liv. XL 43
175	5 000	–	Liv. XLI 28
169	10	–	Liv. XLV 4
	12 089	240	

Silber

Jahr	Citerior	Form	Ulterior	Form	Zeugnisse
209	18 300	inf.			Liv. XXVI 47
206	14 342	inf.			Liv. XXVIII 38
206	magnus numerus				Liv. XXVIII 39
200	43 000	inf.			Liv. XXXI 20
198			1 200	inf.	Liv. XXXII 7
197	20 000	inf.	50 000	inf.	Liv. XXXIII 27
197	34 550	big. u. Osc.			Liv. XXXIII 27
195	34 800	inf.	14 732	inf.	Liv. XXXIV 10
195	73 000	big.	17 023	big.	Liv. XXXIV 10
195	278 000	Osc.	119 439	Osc.	Liv. XXXIV 10
194	25 000	inf.			Liv. XXXIV 46
194	123 000	big.			Liv. XXXIV 46
194	540(000)	Osc.			Liv. XXXIV 46
191			12 000	inf.	Liv. XXXVI 39
191			130(000)	big.	Liv. XXXVI 39
184	12 000	inf.	12 000	inf.	Liv. XXXIX 42
179	173 200	Osc.			Liv. XL 43
178	40 000	inf.	20 000	inf.	Liv. XLI 7
175	10 000	inf.			Liv. XLI 28
169	ca. 3100				Liv. XLV 4

Quelle: A. Schulten, Iberische Landeskunde II, Baden-Baden ²1974, 479 und 486.

Der annalistische Geschichtsschreiber Livius hat die Beutemengen von Gold und Silber sorgfältig verzeichnet, die in die römische Staatskasse eingeliefert und vom Quästor registriert wurden. Die Silbermenge, die u. a. für die Denarprägung verwendet wurde, hat man auf über 2 Millionen Pfund in den besagten 40 Jahren berechnet (unsicher die Umrechnung der Silbermenge).

sind, dagegen ein wenig zurück. Das auf uns gekommene geographische und ethnographische Schrifttum informiert über die Besonderheiten von Landstrichen und Stämmen. Das bekannteste Werk, die ›Geographica‹ des griechischen Autors Strabon (ca. 46 v.–20 n. Chr.), bringt wichtige Nachrichten über Städte und Landschaften, über deren Produkte und Handel, die der Autor teils aus eigener Anschauung kennt, teils aus älteren Vorlagen übernommen hat. Die antike Mechanik besitzt in der Person und im Werk des Heron von Alexandria (wahrscheinlich um 100 n. Chr.) eine Art Sammelbecken. Seine theoretischen Überlegungen zu Fortbewegungsmitteln (Wagen), zu Hebe- (Flaschenzug) oder Schöpfvorrichtungen (die sogenannte ägyptische Schraube), wie sie hier vorgebracht werden, knüpfen oft an bestehende Praktiken an und versuchen, den technischen und mechanischen Befund theoretisch zu durchdringen und auf dem Wege der gedanklichen Spekulation zu erweitern. Wichtige mechanische Errungenschaften der Antike enthält das zehn Bücher umfassende Werk des römischen Baumeisters Vitruv über die Baukunst (›De architectura‹), das in augusteischer Zeit entstanden ist und den technischen Stand auf vielen Gebieten auch abseits der Architektur widerspiegelt.

Von der umfänglichen Fachschriftstellerei, die im Zeitalter des Hellenismus nahezu alle Lebens- und Naturbereiche erfaßte, ist vieles nur noch in Fragmenten und späteren Zitaten greifbar. Aber auch die vorhandenen Reste, etwa auf dem Gebiete der Botanik, der Medizin und der Technik, sind respektabel und für viele wirtschaftliche Probleme aufschlußreich. Das unter dem Namen des Apicius auf uns gekommene Buch über die Kochkunst (›De re coquinaria‹) gibt Aufschlüsse über Eßgewohnheiten, Zutaten und Gewürze und gewährt damit Einblick in die Lebensbedingungen nicht nur der oberen Schichten. Dem Medizinschriftsteller Marcellus Empiricus (um 400 n. Chr.) verdanken wir ein Arzneibuch (›De medicamentis‹); eine aus der gleichen Zeit stammende Anweisung über die medizinische Behandlung von Tieren (›Mulomedicina Chironis‹) ist ein Sammelbecken für Verfahrensweisen in der Veterinärmedizin, das damit ein wenig abseitige Bereiche des wirtschaftlichen Lebens berührt.

Eine besonders in Rom ausgeprägte Sparte der Fachschriftstellerei stellen die Rechtsquellen dar, unter ihnen besonders die Rechtsweisungen und Interpretationen der großen römischen Juristen. Ob es sich um Bestimmungen des Zwölftafelgesetzes (um 450 v. Chr.), um eine Prozeßrede des Demosthenes oder Cicero handelt oder um das juristische Lehrbuch des Gaius (Institutiones, um 160 n. Chr.): sie alle geben in vielfältiger Weise Kunde über wirtschaftliche Tatbestände und deren rechtliche Behandlung. Das Zwölftafelgesetz kennt bereits den Tatbestand des Luxus bei Begräbnissen (Verbot von Goldbeigaben). Demosthenes, Cicero und andere Redner informieren im Streit anläßlich von Erbschaftsangelegenheiten oder unlauteren Geschäftspraktiken über Vermögen, Reichtum, Handel und Erwerb einzelner städtischer Bürger. Die 24. Rede des griechischen Rhetors Lysias (um 400 v. Chr.) ist ein Plädoyer dafür, daß einem körperbehinderten Athener Bürger die bescheidene Rente von einem Obol pro Tag weitergezahlt werden soll. Die Besonderheiten der Miet-, Pacht- und Arbeitsverträge, die Modalitäten des Erbrechtes, Haftungsprobleme, Rechtsfähigkeiten von Personen (z. B. Frauen, Sklaven, Freigelassene) werden

nicht nur bei Gaius abgehandelt, sondern finden sich breit erörtert in
den bekannten spätantiken Rechtskodifikationen, die über die Antike
hinaus große Bedeutung im Mittelalter und in der frühen Neuzeit
erlangt haben.
Unter Theodosius II. (408–450 n. Chr.) erfolgte eine Sammlung und
Veröffentlichung von Kaisergesetzen, die 438/39 für das West- und
Ostreich verbindlich gemacht wurden und nach ihrem Urheber
›Codex Theodosianus‹ benannt ist. Unter Justinian (527–565 n. Chr.)
wird eine umfängliche Rechtssammlung, das sogenannte ›Corpus iuris
civilis‹, fertiggestellt. Beide geben an so vielen Stellen Hinweise auf
wirtschaftliche und soziale Probleme der Kaiserzeit, daß sie fast als
wichtigstes Quellenmaterial für die gesamte Spätantike gelten dürfen.
Bestimmungen zum Handel, zum Marktgeschehen, zur Produktion in
der Landwirtschaft und im Handwerk, zu den steuerlichen Veranla-
gungen, zum Erwerb von Grundbesitz, zur Stellung der städtischen
Führungsschicht *(curiales)* oder der ortsgebundenen Landarbeiter *(coloni*, vgl. S. 208) sind nur einige Beispiele, die zeigen, welchen Quellenwert Rechtsaussagen für die Wirtschaftsgeschichte besitzen können.
Wer einmal das bewundernswerte Werk des englischen Historikers
A. H. M. Jones über das spätrömische Reich (vgl. S. 248) zur Hand
nimmt, wird unschwer feststellen, daß er bei der Analyse der Wirt-
schafts- und Sozialstruktur stets auf die Rechtsquellen zurückgreift.
Ihr realer Hintergrund läßt sich allerdings nicht einfach ausmachen.
Quellenkritik ist deshalb bei dieser spröden Materie unerläßlich. Fragen nach der regionalen und zeitlichen Verortung, nach der Geltung
und Reichweite bestimmter Rechtsaussagen wird der Historiker nicht
ohne die Hilfe der Romanistik, der Wissenschaft vom römischen
Recht, beantworten können. Sie ist, der Archäologie vergleichbar, eine
eigenständige Grundwissenschaft im Rahmen der Altertumskunde wie
der Rechtswissenschaft und versteht sich zunehmend als antike Rechtsgeschichte unter Einschluß des Griechischen.
Es ist kein Zufall, daß die antike Wirtschaft in den literarischen
Quellen in so unterschiedlicher Weise zu Wort kommt. Die dramati-
sche, epische und lyrische Dichtung der Griechen und Römer, die ihre
immense Bedeutung und Strahlkraft bis auf unsere Tage hin bewahrt
hat, stellt, wie bereits gesagt, im allgemeinen nicht den wirtschaftenden Menschen ins Zentrum der Aussage. Wenn sich allerdings der
Dichter mit ökonomischen (und sozialen) Problemen beschäftigt –
nennen wir Aristophanes mit seiner Komödie ›Der Reichtum‹ *(Plutos)*
um 388 v. Chr. –, dann geschieht dies in sehr allgemeiner und zumeist
moralischer Form, die für die konkrete Wirtschaft zunächst nur wenig

herzugeben scheint. Man kann darüber nachsinnen, ob in dieser Schwäche und Einseitigkeit nicht auch ein gewisser Vorteil liegt. Die antike Wirtschaft kommt in den literarischen Quellen nicht als autonome Größe zum Vorschein, sondern ist eingebunden in die Kultur und die Wissenschaft, in die Politik und Religion der Zeit. In dieser Verklammerung muß man sie aufspüren und analysieren. Diese weite Perspektive, welche die Quellen nahelegen, bedeutet damit auch eine Chance in der Interpretation, im Zusammenfügen und Verstehen des Materials, welche ohne die antike Hinsicht defizitär bleiben.

7. Literaturangaben

a) Allgemeine Darstellungen

Einführungen:
  J. G. DROYSEN, Historik. Vorlesungen über Enzyklopädie und Methodologie der Geschichte, I–III, Stuttgart 1977 ff.; E. BERNHEIM, Lehrbuch der historischen Methode und der Geschichtsphilosophie, Leipzig ⁶1908; P. KIRN– E. LEUSCHNER, Einführung in die Geschichtswissenschaft, Berlin ⁶1972; K. G. FABER, Theorie der Geschichtswissenschaft, München ⁵1982; W. ECKERMANN, H. MOHR u. a., Einführung in das Studium der Geschichte, Berlin (Ost) ³1979; J. RÜSEN, Rekonstruktion der Vergangenheit. Grundzüge einer Historik, II: Die Prinzipien der historischen Forschung, Göttingen 1986.

Einführung in die Wirtschaftsgeschichte:
  Vgl. S. 28 f.

Quellenkunde der Alten Geschichte:
  H. BENGTSON, Einführung in die Alte Geschichte, München ⁷1978; M. CRAWFORD (Hrsg.), Sources for Ancient History, Cambridge ²1985; E. BOSHOF–K. DÜWELL–H. KLOFT, Grundlagen des Studiums der Geschichte. Eine Einführung, Köln–Wien ³1984.

Lexika und Nachschlagewerke:
  Ch. DAREMBERG–M. E. SAGLIO, Dictionnaire des Antiquités, Grecques et Romaines, 5 Bde. in 10 Teilen, Paris 1877–1919 (DS); PAULY's Realencyclopädie der classischen Altertumswissenschaft (RE), neue Bearbeitung begonnen von G. WISSOWA, fortgeführt von W. KROLL, K. MITTELHAUS u. K. ZIEGLER, Stuttgart 1894 ff.; Der Kleine Pauly. Lexikon der Antike. Auf der Grundlage von Pauly's Realencyclopädie der classischen Altertumswissenschaft bearbeitet und herausgegeben von K. ZIEGLER u. W. SONTHEIMER, Stuttgart 1964–1975; Das Lexikon der Alten Welt, hrsg. von C. ANDRESEN, H. ERBSE, O. GIGON, K. SCHEFOLD, K. F. STROHEKER u. E. ZINN, Zürich–Stuttgart 1965 (LAW); The Oxford Classical Dictionary, hrsg. von N. G. L. HAMMOND u.

H. H. Schullard, Oxford ²1970 (OCD); J. Irmscher (Hrsg.), Lexikon der Antike, Leipzig ⁶1985; M. Grant–R. Kitzinger (Hrsg.), Civilisation of the Ancient Mediterranean. Greece and Rome, London 1989; Reallexikon der germanischen Altertumskunde, Berlin 1968ff.; Lexikon der Ägyptologie, hrsg. von W. Helck u. a., Wiesbaden 1975ff.; Reallexikon für Antike und Christentum, hrsg. von Th. Klauser, Stuttgart 1950ff. (RAC); Reallexikon für Byzantinistik, hrsg. von P. Wirth, Amsterdam 1968ff.; Geschichtliche Grundbegriffe, hrsg. von O. Brunner, W. Conze u. R. Koselleck, Stuttgart 1972ff.; Der Wirtschafts-Ploetz, Die Wirtschaftsgeschichte zum Nachschlagen, hrsg. von H. Ott u. H. Schäfer, Freiburg 1984.

Übergreifende Entwürfe:

M. Weber, Die sozialen Gründe des Untergangs der antiken Kultur (1896), in: Gesammelte Aufsätze zur Sozial- und Wirtschaftsgeschichte, Tübingen 1924, 289ff. (dazu St. Breuer, Max Weber und die evolutionäre Bedeutung der Antike, Saec. 33, 1982, 174ff.; J. Deininger, Die antike Welt in der Sicht Max Webers, München 1987); K. Bücher, Die Entstehung der Volkswirtschaft, Tübingen 1893 u. ö.; W. Sombart, Der antike Kapitalismus, I–III, München ²1916–1928; W. Eucken, Die Grundlagen der Nationalökonomie, Berlin ⁹1989. Zu Finley vgl. S. 28f.; zu Eucken F. A. Lutz, HdSW 3, 1961, 353ff.

b) Gegenständliche Quellen (Archäologie)

Einführungen:

H. G. Niemeyer, Einführung in die Archäologie, Darmstadt ³1983; B. Hrouda (Hrsg.), Methoden der Archäologie, München 1978; T. Bechert, Einführung in die provinzialrömische Archäologie, Darmstadt 1992; K. Greene, The Archaeology of the Roman Economy, London 1986; A. M. Snodgrass, An Archaeology of Greece. The present state and future scope of a discipline, Berkeley 1987.

Enzyklopädien und Lexika:

Ch. Daremberg–M. E. Saglio, Dictionaire des Antiquités Grecques et Romaines (für die gegenständlichen Quellen unentbehrlich); Enciclopedia dell'arte antica, classica e orientale, I–VII, Rom 1958–1966; R. Stillwell u. a., The Princeton Encyclopedia of Classical Sites, Princeton 1976; S. Lauffer (Hrsg.), Griechenland. Lexikon der historischen Stätten, München 1989.

Land- und Forstwirtschaft:

H. Mielsch, Die römische Villa. Architektur und Lebensform, München 1987; K. D. White, Agricultural Implements of the Roman World, Cambridge 1967; ders., Roman Farming, London 1970; A. Seidensticker, Waldgeschichte des Altertums, I–II, Frankfurt 1886 (ND Amsterdam 1966); R. Meiggs, Trees and Timber in the Ancient Mediterranean World, Oxford

1982; J. M. Frayn, Subsistence Farming in Roman Italy, London 1979; J. Day, Agriculture in the Life of Pompeii, Yale Classical Studies 3, 1932, 170ff.; B. Crova, Edilizia e tecnica rurale di Roma antica, Mailand 1942; A. Carandini–A. Ricci, Sette finestre, una villa schiavistica nell'Etruria Romana, Modena 1984; vgl. weiter S. 146, 247, 249f.

Handwerk und Gewerbe:
Technik und Verfahrensweisen bei Blümner, Forbes und Singer (vgl. S. 31), daneben D. Strong–D. Brown (Hrsg.), Roman Crafts, London 1976; A. Burford, Künstler und Handwerker in Griechenland und Rom, (London 1972) Mainz 1985; I. Scheibler, Griechische Töpferkunst, Herstellung, Handel und Gebrauch der antiken Tongefäße, München 1983; J. Ziomecki, Les représentations d'artisans sur les vases antiques, Paris 1975; A. M. Snodgrass, Wehr und Waffen im antiken Griechenland, Mainz 1984; Proceedings of the Roman Military Equipment, Research Seminars 1–5, Oxford 1983–1989; L. Wilson, The Clothing of the Romans, London 1938; M. Bieber, Entwicklungsgeschichte der griechischen Tracht, Berlin ²1967; A. Pekridou-Gorecki, Mode im antiken Griechenland, München 1989; G. M. A. Richter, The Furniture of the Greeks, Etruscans and Romans, London 1966; O. Lau, Schuster und Schusterhandwerk in der griechisch-römischen Literatur und Kunst, Bonn 1967; W. Gaitzsch, Eiserne römische Werkzeuge, Oxford 1980; G. Zimmer, Römische Berufsdarstellungen, Berlin 1982; A. Rieche–H. J. Schalles, Arbeit, Handwerk und Berufe in der römischen Stadt, Köln 1987.

Stadtanlagen, allgemeine und spezielle Topographie (Auswahl):
A. von Gerkan, Von antiker Architektur und Topographie, Stuttgart 1959 (zur Methodik); R. Martin, L'urbanisme dans la Grèce antique, Paris ²1982; A. Pelletier, L'urbanisme romain sous l'empire, Paris 1982; F. Kolb, Die Stadt im Altertum, München 1984; D. Randall-Mac Iver, Greek Cities in Italy and Sicily, Amsterdam 1968; C. J. Cadoux, Ancient Smyrna, Oxford 1938; J. Travlos, Bildlexikon zur Topographie des antiken Athen, Tübingen 1971; Th. Lorenz, Römische Städte, Darmstadt 1987; E. Nash, A Pictorial Dictionary of Ancient Rome, London ²1968; F. Castagnoli, Roma antica, Profilo Urbanistico, Rom 1978 (Lit.); F. Coarelli, Il Foro Romano, I–II, Rom 1985f.; H. P. Drögemüller, Syrakus. Zur Topographie und Geschichte einer griechischen Stadt, Heidelberg 1969; C. Courtois, Timgad, antique Thiamugadi, Algier 1951; R. Etienne, Pompeji. Das Leben in einer antiken Stadt, Stuttgart ³1982; H. Eschebach, Die städtebauliche Entwicklung des antiken Pompeji, Heidelberg 1970; H. Heinen, Trier und das Trevererland in römischer Zeit, Trier 1985; A. Calderini, Aquileia Romana, Mailand 1930; G. Gruben–C. Krause, Art. ›Haus‹ im Lexikon der Alten Welt 1196–1208; W. Hoepfner–E. L. Schwander, Haus und Stadt im Klassischen Griechenland, München 1986; W. Müller-Wiener, Griechisches Bauwesen in der Antike, München 1988; E. Brödner, Wohnen in der Antike, Darmstadt 1989.

Hafenanlagen:

K. Lehmann-Hartleben, Die antiken Hafenanlagen des Mittelmeeres, Leipzig 1923, einzelne Beispiele: R. Bartoccini, Il Porto Romano di Leptis Magna, Rom 1958; R. Chevallier, Ostie antique, ville et porte, Paris 1986; P. Sommella, Forma e urbanistica di Pozzuoli Romana (Puteoli II), Neapel 1980; G. Rickman, Roman Granaries and Store buildings, Cambridge 1971; G. Bermond Montanari (Hrsg.), Ravenna e il porto di Classe, Bologna 1983; G. Milne, The Port of Roman London, London 1985; R. Garland, The Piraeus. From the Fifth to the First Century B. C., Ithaca, New York 1987.

Handwerks- und Gewerbeplätze:

U. Knigge, Der Kerameikos von Athen, Athen 1987; W. Radt, Pergamon, Köln 1988, 119ff.; Cl. de Ruyt, Macellum, Marché alimentaire des Romains, Löwen 1983; G. Piccottini–H. Vetters, Führer durch die Ausgrabungen auf dem Magdalensberg, Klagenfurt 1981 (zu den Handwerkervierteln auf dem Magdalensberg in Kärnten); R. Meiggs, Roman Ostia, Oxford ²1973, 270ff.

Steinbrüche und Bergwerk:

R. J. Forbes, Bergbau, Steinbruchtätigkeit und Hüttenwesen, Göttingen ²1985; J. F. Healy, Mining and Metallurgy in the Greek and Roman World, London 1978; S. Lauffer, Die Bergwerksklaven von Laureion, Wiesbaden ²1978; C. E. Conophagos, Le Laurium antique, Athen 1980; W. Sölter, Römische Kalkbrenner im Rheinland, Düsseldorf 1970; H.-O. Lamprecht, Opus Caementitium, Die Bautechnik der Römer, Düsseldorf ³1987; J. C. Fant, Cavum Antrum Phrygiae. The organization and operations of the Roman Imperial Marble Quarries in Phrygia, Oxford 1989.

Luxuswaren:

A. Schmidt, Drogen und Drogenhandel im Altertum, Leipzig 1924; P. Fauré, Parfums et aromates de l'antiquité, Paris 1987; R. Higgins, Greek and Roman Jewellery, Berkeley, Los Angeles ²1980; G. M. A. Richter, Engraved Gems of the Greeks, Etruscans and Romans, I–II, London 1968–1971; P. Zazoff, Die antiken Gemmen, München 1983; P. La Baume, Römisches Kunstgewerbe, Braunschweig 1964; M. A. Bezoborodov, Chemie und Technologie der antiken und mittelalterlichen Gläser, Mainz 1975; W. Raunig, Bernstein – Weihrauch – Seide. Waren und Wege der antiken Welt, Wien 1971; B. Deppert-Lippitz, Griechischer Goldschmuck, Mainz 1985; U. Gehrig, Hildesheimer Silberschatz, Berlin ²1980, weitere Beispiele: J. P. C. Kent–K. S. Painter, Wealth of the Roman World AD 300–700 (British Museum Publ. Lien.), London 1977; Il tesoro di Boscoreale, Ausstellungskatalog Pompeji 1988; Das Gold von Tarent, Hellenistischer Schmuck aus Gräbern Suditaliens, Museumskatalog Hamburg 1989.

Straßen, Wasserleitungen und Verkehr:
  G. RADKE, Viae Publicae Romanae (RE Suppl. XIII), Stuttgart 1971;
R. CHEVALLIER, Roman Roads, London 1976; H. CHR. SCHNEIDER, Altstraßen-
forschung, Darmstadt 1982; W. HABEREY, Die römischen Wasserleitungen nach
Köln, Bonn ²1972; G. GARBRECHT u. a., Die Wasserversorgung antiker Städte,
Mainz 1987 ff.; L. CASSON, Reisen in der Alten Welt, München 1976; DERS.,
Ships and Seamanship in the Ancient World, Princeton ²1984; H. HÖCKMANN,
Antike Schiffahrt, München 1984; J. S. MORRISON–J. F. COATES, Die atheni-
sche Triere, Mainz 1990; CH. W. RÖRING, Untersuchungen zu römischen Rei-
sewagen, Koblenz 1973; P. VIGNERON, Le cheval dans l'antiquité gréco-romaine,
Nancy 1972.

Tempelanlagen:
  G. GRUBEN, Die Tempel der Griechen, München ⁴1986; R. A. TOMLINSON,
Greek Sanctuaries, London 1976; E. STAMBAUGH, The Functions of Roman
Temples, ANRW II 16,1, 1978, 554 ff.

Festivitäten und Spiele:
  R. F. WILLETTS, Cretan Cults and Festivals, London 1962; L. DEUBNER,
Attische Feste, Berlin 1932; E. SIMON, Festivals of Attica, An Archaeological
Commentary, Madison 1983; W. J. RASCHKE (Hrsg.), The Archaeology of the
Olympics, London 1988; J. P. V. D. BALSDON, Life and Leisure in Ancient
Rome, London ²1974; H. H. SCULLARD, Römische Feste, Mainz 1985; J. H.
HUMPHREY, Roman Circuses, Arenas for Chariot Racing, Berkeley, Los
Angeles 1986.

Militäranlagen:
  L. CREMA, L'architettura romana, Turin 1959, dazu die Nachweise etwa zu
den Funden in Deutschland bei: H. G. HORN (Hrsg.), Die Römer in Nordrhein-Westfalen, Regensburg 1987; PH. FILTZINGER u. a., Die Römer in Baden-
Württemberg, Stuttgart–Aalen ³1986; D. BAATZ–F. R. HERMANN, Die Römer
in Hessen, Stuttgart 1982; J. P. ADAM, L'architecture militaire grecque, Paris
1982; P. A. HOLDER, The Roman Army in Britain, London 1982.

Einzelne Landschaften (zum Wandel durch Eroberung und Ökonomie):
  A. G. WOODHEAD, The Greeks in the West, London 1962; E. BELIN DE
BALLU, Olbia, Cité Antique du littoral nord de la Mer Noire, Leiden 1972;
A. LARONDE, Cyrène et la Libye Hellénistique, Paris 1987; R. CHEVALLIER, La
Romanisation de la Celtique du Pò, Rom 1983; M. W. FREDERIKSEN, Roman
Campania, Rom 1984; E. M. WIGHTMAN, Gallia Belgica, London 1985; A. L. F.
RIVET, Gallia Narbonensis, London 1988; H. VON PETRIKOVITS, Rheinische
Geschichte I: Altertum, Düsseldorf ²1980; G. ALFÖLDY, Noricum, London
1974; M. MILLETT, The Romanization of Britain, London 1990.

Nachweise über die fortlaufenden *Neupublikationen* in der ›Archäologischen Bibliographie (Beilage zum ›Jahrbuch des Deutschen Archäologischen Instituts‹) und im ›Archäologischen Anzeiger‹. Ferner: ›American Journal of Archaeology‹, ›Anatolian Studies (Recent Archaeological Research in Turkey)‹, ›Bulletin de Correspondance Hellénique (Chronique des fouilles et découvertes archéologiques en Grèce)‹, ›Bericht der Römisch-Germanischen Kommission‹, ›Syria (Chronique Archéologique)‹.

c) Inschriftliche Quellen (Epigraphik)

Einführungen:
F. BÉRARD–D. FEISSEL–P. PETITMENGIN–M. SÈVE, Guide de l'Epigraphiste, Paris ²1989; L. ROBERT, Die Epigraphik der Klassischen Welt, Bonn 1970; G. KLAFFENBACH, Griechische Epigraphik, Göttingen ²1966; G. PFOHL, Das Studium der griechischen Epigraphik. Eine Einführung, Darmstadt 1977; M. GUARDUCCI, Epigrafia Greca, 4 Bd., Rom 1967–1977; DIES., L'Epigrafia Greca dalle Origine al Tardo Impero, Rom 1987; I. E. SANDYS, Latin Epigraphy. An Introduction to Latin Inscriptions, Cambridge ²1927; E. MEYER, Einführung in die lateinische Epigraphik, Darmstadt 1974; I. CALABI-LIMENTANI, Epigrafia Latina, Mailand ²1974; A. E. GORDON, Illustrated Introduction to Latin Epigraphy, Berkeley, Los Angeles, London 1983.

Griechische Corpora (Auswahl):
Corpus Inscriptionum Graecarum, 1825 ff. (**CIG**); Incriptiones Graecae, 1873 ff. (**IG**); Tituli Asiae Minoris, 1901 ff. (**TAM**); Monumenta Asiae Minoris Antiqua, 1920 ff. (**MAMA**); Inschriften griechischer Städte aus Kleinasien (**IK**), Bonn 1977 ff.; Inscriptions grecques et latines de la Syrie, 1929 ff. (**IGLS**); daneben Spezialcorpora zu einzelnen Städten und Landschaften (Korinth, Priene, Didyma, Milet, Kreta, Ägypten, Bulgarien usw.).

Neufunde und Neulesungen im ›Supplementum Epigraphicum Graecum‹:
Leiden 1923 ff. (**SEG**); dazu die Besprechungen in der Revue des Etudes Grecques, Paris 1888 ff. (**REG**); Fachzeitschriften: u. a. Hesperia, 1931 ff.; **EA** = Epigraphica Anatolica; **ZPE** = Zeitschrift für Papyrologie und Epigraphik.

Auswahl- und Spezialsammlungen:
W. DITTENBERGER, Sylloge inscriptionum Graecarum, Leipzig ³1915–24 (**Syll³** bzw. **SIG³**); DERS., Orientis Graeci inscriptiones selectae, Leipzig 1903–1905 (**OGIS**); H. COLLITZ–C. BECHTEL, Sammlung der griechischen Dialekt-Inschriften, Göttingen 1884–1915 (**SGDI, GDI**); H. W. PLEKET, Epigraphica I. Texts on the Economic History of the Greek World, Leiden 1964; R. MEIGGS–D. LEWIS, A Selection of Greek Historical Inscriptions to the End of the Fifth Century, Oxford ³1987 (**GHI I**); M. N. TOD, A Selection of Greek Historical Inscriptions from 403–323 B. C., Oxford 1948 (**GHI II**); M. I. FINLEY, Studies in Land and Credit in Ancient Athens, 500–200 B. C.; The Horos

Inscriptions, New Brunswick 1951; J. FINE, Horoi, Hesperia Suppl. IX, 1951; B. D. MERITT–H. T. WADE-GERY–M. F. MC GREGOR (Hrsg.), The Athenian Tribute Lists, Cambridge, Mass. 1939–1953 (ATL); C. B. WELLES, Royal Correspondence in the Hellenistic Period, New Haven 1934; L. MORETTI, Iscrizioni Storiche Ellenistiche, I–II, Florenz 1965 und 1976; DERS., Iscrizioni Agonistiche Greche, Rom 1953; F. G. MAIER, Griechische Mauerbauinschriften, Heidelberg 1959–1961; L. ROBERT, Les Gladiateurs dans l'Orient grec, Amsterdam 1971; F. SOKOLOWSKI, Lois Sacreés des cités grecques, Paris 1955–1969; H. ENGEMANN–D. KNIBBE, Das Zollgesetz der Provinz Asia. Eine neue Inschrift aus Ephesos, Epigraph. Anatol. 14, Bonn 1989; B. LAUM, Stiftungen in der griechischen und römischen Antike, Leipzig 1914; J. R. SHERK, Roman Documents from the Greek East, Baltimore 1969; R. CAGNAT u. a., Inscriptiones Graecae ad res Romanas pertinentes, Paris 1906–1927 (IGRR).

Übersetzungen:
   G. PFOHL, Griechische Inschriften als Zeugnisse des privaten und öffentlichen Lebens, München 1966; M. M. AUSTIN, The Hellenistic World from Alexander to the Roman Conquest, Cambridge 1981 (neben den epigraphischen auch papyrologische und literarische Quellen in englischer Übersetzung).

Lateinische Corpora (Auswahl):
   Corpus Inscriptionum Latinarum, 1862 ff. (CIL); Inscriptiones Italiae, Rom 1916 ff. (Inscr. Ital.); daneben vielfältige Regionaleditionen, z. B. ST. GSELL–H. G. PFLAUM, Inscriptions latines de l'Algérie, Paris 1922–1957 (Il ALg); G. ALFÖLDY, Die römischen Inschriften von Tarraco, Berlin 1975; H. THYLANDER, Inscriptions du port d'Ostie, Lund 1952; P. WUILLEUMIER, Inscriptions Latines des Trois Gaules (France), Paris 1963; R. G. COLLINGWOOD–R. P. WRIGHT, The Roman Inscriptions of Britain, Oxford 1965; L. BARKÓCZI, A. MÓCSY u. a., Die römischen Inschriften Ungarns (RIU), Budapest 1972 ff.

Auswahlsammlungen:
   H. DESSAU, Inscriptiones Latinae Selectae, Berlin 1892 ff. (ILS); A. DEGRASSI, Inscriptiones Latinae Liberae Rei Publicae, Florenz 1963–1965 (ILLRP); A. E. GORDON – J. S. GORDON, Album of Dated Latin Inscriptions, Berkeley 1958 ff.

Neupublikationen in der L'année epigraphique (AE), Paris 1889 ff.

Beispiele für historische Auswertung im Rahmen der Wirtschaftsgeschichte:
   A. BOECKH, Die Staatshaushaltung der Athener, Berlin ³1886; A. JARDÉ, Les Céreales dans l'Antiquité grecque, Paris 1925; E. ERXLEBEN, Das Verhältnis des Handels zum Produktionsaufkommen in Attika im 5. u. 4. Jh. v. u. Z., Klio 57, 1975, 365 ff.; H. J. LOANE, Industry and Commerce of the City of Rome, Baltimore 1938; G. PRACHNER, Die Sklaven und Freigelassenen im Arretinischen Sigillatagewerbe, Wiesbaden 1980; M. H. CALLENDER, Roman Am-

phorae, Oxford 1965; S. J. DE LAET, Portorium. Étude sur l'organisation doua-
nière chez les Romains surtout a l'époque du Haut-Empire, Brügge 1949;
R. DUNCAN-JONES, The Economy of the Roman Empire, Quantitative Studies,
Cambridge ²1982; J. ANDREAU, Les affaires de Monsieur Jucundus, Rom 1974;
ST. MROZEK, Les distributiones d'argent et de nourriture dans les villes italien-
nes de Haut-Empire Romain, Brüssel 1987; S. LAUFFER (Hrsg.), Diokletians
Preisedikt, Berlin 1971; G. B. PIGHI (Hrsg.), De ludis saecularibus populi
Romani Quiritium, Amsterdam ²1962: L. BOVE, Documenti di operazioni fi-
nanziarie dall'Archivio dei Sulpici, Neapel 1984 (zu einem wichtigen privaten
Wirtschaftsarchiv der römischen Kaiserzeit).

Übersetzungen:
H. GEIST–G. PFOHL, Römische Grabinschriften, München ²1976; H. FREIS,
Historische Inschriften zur römischen Kaiserzeit von Augustus bis Konstantin,
Darmstadt 1984; H. GEIST–W. KRENKEL, Pompejanische Wandinschriften,
München ²1960; L. SCHUMACHER, Römische Inschriften, Stuttgart 1988;
G. WALSER, Römische Inschrift-Kunst, Stuttgart 1988.

d) Numismatische Quellen (Numismatik)

Einführungen:
E. BABELON, Traité des monnaies grecques et romaines, Paris 1901–1932;
K. REGLING, Münzkunde, in: A. GERCKE–E. NORDEN, Einleitung in die Altertumswissenschaft, II 2, Leipzig ²1932; K. CHRIST, Antike Numismatik, Einführung und Bibliographie, Darmstadt 1972; R. M. ALFÖLDI, Antike Numismatik I, II, Mainz 1978 und 1982; DIES. (Hrsg.), Methoden der antiken Numismatik, Darmstadt 1989; L. BREGLIA, Numismatica Antica, Rom 1971;
R. GÖBL, Antike Numismatik I–II, München 1978; DERS., Numismatik.
Grundriß und wissenschaftliches System, München 1987.

Hilfsmittel:
F. v. SCHRÖTTER (Hrsg.), Wörterbuch der Münzkunde, Berlin–Leipzig 1930;
J. MELVILLE JONES, A Dictionary of Ancient Greek Coins, London 1986;
Ph. GRIERSON, Bibliographie numismatique, Brüssel ²1979; E. E. CLAIN-STEFA-
NELLI, Numismatic Bibliography, München 1984; R. BOGAERT, RAC 9, 1975;
797ff. s. v. Geld (Geldwirtschaft).

Münzpublikationen: Griechenland (Auswahl):
H. A. CAHN u. a., Griechische Münzen aus Großgriechenland und Sizilien.
Katalog des Antikenmuseums Basel und der Sammlung Ludwig, Basel 1988;
G. LE RIDER, Le monnayage d'Argent et d'Or de Philippe II, Paris 1977;
P. R. FRANKE, Die antiken Münzen von Epirus, Wiesbaden 1961; E. T. NE-
WELL, The Coinage of the Eastern Seleucid Mints (1938), ND New York 1978;
Catalogue of the Greek Coins in the British Museum, London 1873ff.;

V. B. Head, Historia Numorum. Manuel of Greek Numismatics, Oxford ²1911; Sylloge Nummorum Graecorum, London u. a. 1932ff. (SNG); P. R. Franke–M. Hirmer, Die griechische Münze, München 1964; G. K. Jenkins–H. Küthmann, Münzen der Griechen, München 1973; H. A. Cahn, Knidos, Die Münze des 6. und 5. Jahrhunderts v. Chr., Berlin–New York 1970; L. Weidauer, Probleme der frühen Elektronprägung, Fribourg 1975; F. Bodenstedt, Die Elektronmünzen von Phokaia und Mytilene, Tübingen 1981.

Auswertung:
E. Schönert-Geiss, Einige Bemerkungen zu den prämonetären Geldformen und zu den Anfängen der Münzprägung, Klio 69, 1987, 406ff.; F. M. Heichelheim, Die Ausbreitung der Münzgeldwirtschaft und der Wirtschaftsstil im archaischen Griechenland, Schmollers Jahrbuch 55, 1931, 229ff.; C. M. Kraay, Archaic and Classical Greek Coins, London 1976; J. H. Kroll–N. M. Waggoner, Dating the Earliest Coins of Athens, Corinth and Aegina, AJA 88, 1984, 325ff.; M. J. Price–B. L. Trell, Coins and their Cities, Dorchester, London 1977; Th. R. Martin, Sovereignty and Coinage in Classical Greece, Princeton 1985; O. Mørkholm, Early Hellenistic Coinage, Cambridge 1991.

Römische Münzprägung:
Th. Mommsen, Geschichte des römischen Münzwesens, Berlin 1860; H. Mattingly, Roman Coins, London ²1960; C. H. V. Sutherland, Münzen der Römer, München 1974; M. H. Crawford, Coinage and Money under the Roman Republic, Italy and the Mediterranean Economy, London 1985.

Publikationen und Auswertung:
E. A. Sydenham, The Coinage of the Roman Republic, London 1952; R. Thomsen, Early Roman Coinage I–III, Kopenhagen 1957ff.; M. H. Crawford, Roman Republican Coinage, Cambridge 1974 (RRC); E. Peruzzi, Money in Early Rome, Florenz 1985; H. Zehnacker, Moneta, I–II, Paris–Rom 1973; H. Mattingly–E. A. Sydenham u. a., The Roman Imperial Coinage (RIC), London 1923ff.; H. Mattingly–R. A. G. Carson, Coins of the Roman Empire in the British Museum (BMC bzw. BMC Emp.), London 1923ff.; R. A. G. Carson, Coins of the Roman Empire, London 1989; C. H. V. Sutherland, The Emperor and the Coinage: Julio-Claudian Studies, London 1976; P. L. Strack, Untersuchungen zur römischen Reichsprägung des zweiten Jahrhunderts, I–III, Stuttgart 1931–1937; J.-P. Callu, La politique monétaire des empereurs romains de 238 à 311, Paris 1969; vgl. 251, Les Dévaluations à Rome, I–II, Rom 1978–1980; M. F. Hendy, Studies in the Byzantine Monetary Economy, ca. 300–1450, Cambridge 1985.

Medaillons:
F. Gnecchi, I Medaglioni Romani, Mailand 1912; M. C. J. Toynbee, Roman Medaillons, New York ²1986.

Tesserae:

M. ROSTOVTZEFF, Römische Bleitesserae. Ein Beitrag zur Sozial- und Wirtschaftsgeschichte der römischen Kaiserzeit, Leipzig 1905; M. K. THORNTON, The Roman Lead tesserae, Historia 29, 1980, 335 ff.

Münzfunde:

S. P. NOE, Hoard Evidence and Its Importance, Hesperia Suppl. 8, 1949, 225 ff.; K. KRAFT u. a., Bemerkungen zur kritischen Neuaufnahme der Fundmünzen der römischen Zeit in Deutschland, Jahrbuch Numismatik und Geldgeschichte (JNG) 1956, 9 ff.; Die Fundmünzen römischer Zeit in Deutschland (Österreich), Luxemburg und Ungarn, FMRD, FMRÖ, FMRL, FMRU 1960 ff., dazu die Lit. bei CHRIST, Numismatik 93 ff.; M. THOMPSON u. a., An Inventory of Greek Coin Hoards, New York 1973; Coin Hoards, 1–7, London 1975–1985.

Geldumlauf:

T. HACKENS, L'apport de la numismatique à l'histoire économique, in: Histoire économique de l'Antiquité, Löwen 1987, 151 ff.; A. KUNISZ, Recherches sur le monnayage et la circulation monétaire sous le règne d'Auguste, Warschau 1976; J. FITZ, Der Geldumlauf der römischen Provinzen im Donaugebiet, Mitte des 3. Jh., I–II, Bonn 1978; C. J. HOWGEGO, Greek Imperial Countermarks, London 1985; M. H. CRAWFORD, The Monetary System of the Roman Empire, in: L'impero Romano e le strutture economiche e sociali delle Province, Como 1986, 61 ff.

Nachbargebiete:

K. PINK, Einführung in die keltische Münzkunde, Wien ³1954; P. D. WHITING, Münzen von Byzanz, München 1973; W. HAHN, Moneta Imperii Byzantini, I–III, Wien 1973–1981; P. LE GENTILHOMME, Le monnayage et la circulation monétaire dans les royaumes barbares en occident (V^e–VIIIe siècle), Rev. Num. 1943, 45 ff.; 1944, 13 ff.; 1945, 13 ff.; Y. MESHORER, Ancient Jewish Coinage, I–II, New York 1982.

Metrologie:

F. HULTSCH, Griechische und römische Metrologie, Berlin ²1882; O. VIEDEBANTT, Antike Gewichtsnormen und Münzfüße, Berlin 1923; H. CHANTRAINE, im ›Kleinen Pauly‹ s. v. Gewichte, Hohl-, Flächen-, Längenmaße, daneben die Zusammenstellung der Maße und Gewichte im Lexikon der Alten Welt 3422–3426.

Neuere Literatur, Rezensionen und Forschungsberichte in den Fachzeitschriften:
Numismatic Chronicle, London 1838 ff.; Revue Numismatique, Paris 1836 ff.; The American Numismatic Society: Numismatic Literature (ANSNL); Jahrbuch für Numismatik und Geldgeschichte, Kallmünz 1949 ff.; dazu ausführlich GÖBL, Antike Numismatik II 62 ff.

e) Papyri (Papyrologie)

Einführungen:

L. MITTEIS–U. WILCKEN, Grundzüge und Chrestomathie der Papyruskunde, Leipzig–Berlin 1912 (fundamental und noch nicht ersetzt); W. SCHUBART, Einführung in die Papyruskunde, Berlin 1918; E. G. TURNER, Greek Papyri. An Introduction, Oxford 1968; O. MONTEVECCHI, La Papirologia, Turin 1973; N. LEWIS, Papyrus in Classical Antiquity, Oxford 1974; A. S. HUNT–C. G. EDGAR, Select Papyri, 1–3, London 1932–1934 (Einführung, Text und englische Übersetzung); J. HENGSTL, Griechische Papyri aus Ägypten als Zeugnisse des öffentlichen und privaten Lebens, München 1978 (Texte, Übersetzungen, Einleitung, Verzeichnis der Papyrus-Editionen); W. OTTO–L. WENGER (Hrsg.), Papyri und Altertumswissenschaft, München 1934.

Ausgaben:

In den Einführungen sind die Papyrussammlungen und weitverstreuten Editionen verzeichnet, vgl. auch H. MAEHLER im Lexikon der Alten Welt 3389ff.; beispielhaft herausgegriffen seien: The Oxyrhynchus-Papyri, hrsg. von B. P. GRENFELL, A. S. HUNT, E. LOBEL u. a., London 1898ff.; Zenon Papyri, hrsg. von C. C. EDGAR u. a., Kairo 1925ff.; Revenue Laws of Ptolemy Philadelphus, hrsg. von B. P. GRENFELL, Oxford 1896 (Neudruck Amsterdam 1952 durch J. Bingen); J. BINGEN, Le Papyrus Revenue Laws, Tradition Grecque et adaption hellénistique, Opladen 1978; Ägyptische Urkunden aus den Königlichen (später:) Staatlichen Museen zu Berlin, Griechische Urkunden, Berlin 1895ff. (**BGU**); F. PREISIGKE–F. BILABEL–E. KIESSLING–H. A. RUPPRECHT, Sammelbuch griechischer Urkunden aus Ägypten (**SB**), Straßburg u. a 1915ff.; M. Th. LENGER, Corpus des Ordonnances des Ptolémées, Brüssel 1964; V. A. TCHERIKÒVER–A. FUKS, Corpus Papyrorum Judaicarum, Harvard 1957; R. CAVENAILE, Corpus Papyrorum Latinarum, Wiesbaden 1958; W. UXKULL-GYLLENBAND, Der Gnomon des Idios Logos, Berlin 1934; P. R. SWARNEY, The Ptolemaic and Roman Idios Logos, Toronto 1970; R. SCHOLL, Corpus der ptolemäischen Sklaventexte, Stuttgart 1990.

Beispiele für historische Auswertung im Rahmen der Wirtschaftsgeschichte:

U. WILCKEN, Griechische Ostraka aus Ägypten und Nubien; Ein Beitrag zur antiken Wirtschaftsgeschichte (1899), ND Amsterdam 1970; DERS., Urkunden der Ptolemäerzeit, I–II (**UPZ**), Leipzig–Berlin 1927 und 1957; W. OTTO, Priester und Tempel im hellenistischen Ägypten, Berlin–Leipzig 1905–1908; P. JOUGUET, Vie municipale dans l'Égypte romaine, Paris 1911; F. OERTEL, Die Liturgie. Studien zur ptolemäischen und kaiserlichen Verwaltung Ägyptens, Leipzig 1917; M. ROSTOVTZEFF, A Large Estate in Egypt in the Third Century B. C., Madison 1922; CL. PRÉAUX, L'Économie royale des Lagides, Brüssel 1939; J. A. S. EVANS, A Social and Economic History of an Egyptian Temple in the Greco-Roman Period, Yale Class. Stud. 17, 1961, 143ff.; H. BRAUNERT, Die Binnenwanderung, Bonn 1964; D. J. CRAWFORD, Kerkeosiris: An Egyptian Village in the Ptolemaic Period, Cambridge 1971; N. LEWIS, Greeks in Ptolemaic Egypt, Oxford 1986; DERS., Life in Egypt under Roman Rule, Oxford 1983; R. TAUBENSCHLAG, The Imperial Constitutions in the Papyri (1952), in: Opera minora II, Warschau 1959, 3 ff.; A. C. JOHNSON, Roman Egypt, in: The Economic Survey of Ancient Rome II (vgl. S. 246), Baltimore 1936; L. C. WEST–A. C. JOHNSON, Currency in Roman and Byzantine Egypt, Amsterdam 1944; DIES., Byzantine Egypt, Economic Studies, Princeton 1949; S. L. WALLACE, Taxation in Egypt from Augustus to Diokletian, Princeton 1938; R. FINK, Roman Military Records on Papyrus, Cleveland 1971; H. KLOFT, Das Problem der Getreideversorgung in den antiken Städten: Das Beispiel Oxyrhynchos, Grazer Beiträge Suppl. III, 1988, 123 ff; DERS., Arbeit und Arbeitsverträge in der griechisch-römischen Welt, Saec. 35, 1984, 200 ff.; P. J. SIJPESTEJYN, Customs Duties in Graeco-Roman Egypt, Zuthphen 1987.

Neuerscheinungen und Besprechungen:
In den Zeitschriften ›Aegyptus‹ (Mailand 1920 ff.) und ›Chronique d'Egypte‹ (Brüssel 1925 ff.).

f) Literarische Quellen (klassische Philologie)

Ausgaben, Übersetzungen, Kommentare und Sekundärliteratur zu den einzelnen Autoren im ›Kleinen Pauly‹, im LAW und OCD², dort auch weitere Literatur zur Fachschriftstellerei, zur Medizin, Jurisprudenz, Technik, Mechanik, Architektur, Geographie usw. Darüber hinaus W. SCHMID–O. STÄHLIN, Geschichte der griechischen Literatur, München 1920 ff. (HdAW VII); A. LESKY, Geschichte der griechischen Literatur, Bern ³1971; E. VOGT (Hrsg.), Griechische Literatur (in: Neues Handbuch der Literaturwissenschaft), Wiesbaden 1981; M. FUHRMANN (Hrsg.), Römische Literatur, Wiesbaden 1974; Cambridge History of Classical Literature, Cambridge 1983 ff. Im folgenden nur eine begrenzte Auswahl:

Epos:
M. I. FINLEY, Die Welt des Odysseus, dt. München 1979; A. HEUBECK u. a., A Commentary on Homer's Odyssee, Oxford 1988 ff.; M. L. WEST (Hrsg.), Hesiod, Works and Days, Oxford 1978; H. G. BUCHHOLZ (Hrsg.), Archeologia Homerica, Göttingen 1967 ff.

Geschichtsschreibung:
K. v. FRITZ, Die Griechische Geschichtsschreibung, Berlin 1967; S. MAZZARINO, Il Pensiero Storico Classico, I–III, Bari 1966; D. FLACH, Einführung in die römische Geschichtsschreibung, Darmstadt 1985.

Komödie:
A. PICKARD-CAMBRIDGE, Dithyramb, Tragedy, and Comedy, Oxford ²1962; V. EHRENBERG, Aristophanes und das Volk von Athen, Zürich–Stuttgart 1968; D. KONSTAN, Roman Comedy, Ithaca 1983.

Rhetorik:

G. KENNEDY, History of Rhetoric, I–II, Princeton 1963–1972; U. SCHINDEL (Hrsg.), Demosthenes, Darmstadt 1987 (Lit.).; F. VANNIER, Finances publiques et Richesses privées dans le discours athénien aux Vᵉ et IVᵉ siècles, Paris 1988; C. J. CLASSEN, Recht, Rhetorik, Politik, Untersuchungen zu Ciceros rhetorischer Strategie, Darmstadt 1985.

Philosophie:

E. ZELLER, Die Philosophie der Griechen in ihrer historischen Entwicklung, I–III, Leipzig ⁵⁻⁶1919–1923; W. K. G. GUTHRIE, A History of Greek Philosophy, Cambridge 1962 ff.

Agrarschriftsteller:

R. MARTIN, Recherches sur les agronomes latines et leurs conceptions économiques et sociales, Paris 1971; Beispiele für Ausgaben, Übersetzungen und Kommentare: VARRO, De re rustica, herausgegeben, übersetzt und kommentiert von J. HEURGON u. a., Paris 1978 ff.; W. RICHTER (Hrsg.): COLUMELLA, Zwölf Bücher über die Landwirtschaft, München 1981–1983.

Recht:

J. H. LIPSIUS, Das attische Recht und Rechtsverfahren I–III, Leipzig 1905–1915; J. W. JONES, Law and Legal Theory of the Greeks, Oxford 1956; E. BERNEKER, Zur griechischen Rechtsgeschichte, Darmstadt 1968; L. WENGER, Die Quellen des römischen Rechts, Wien 1953; A. SÖLLNER, Einführung in die römische Rechtsgeschichte, München ³1985; F. WIEACKER, Römische Rechtsgeschichte I, München 1989.

Kochkunst:

J. ANDRÉ, L'Alimentation et la cousine à Rome, Paris 1981; DERS. (Hrsg.), APICIUS, L'Art culinaire, Paris 1974.

Medizin:

A. KRUG, Heilkunst und Heilkult, Medizin in der Antike, München 1985.

Geographie:

G. AUJAC, F. LASSERRE u. a.: STRABON, Géographie, Paris 1969 ff.; J. ROUGÉ (Hrsg.), Expositio totius mundi et Gentium, Paris 1966; E. OLSHAUSEN, Einführung in die Historische Geographie der Alten Welt, Darmstadt 1991.

Feldmesser:

O. A. W. DILKE, The Roman Land Surveyors, New York 1971; F. TANNEN HINRICHS, Die Geschichte der gromatischen Institutionen, Wiesbaden 1974.

Militärschriftstellerei (Poliorketik):

R. SCHNEIDER, Griechische Poliorketiker, Berlin 1908; Art. Poliorketik, in: Kleiner Pauly 4, 1979, 874 ff. (A. Neumann).

Ökonomie:
A. WARTELLE u. a. (Hrsg.): ARISTOTLE, Économique, Paris 1968; E. SALIN,
Politische Ökonomie, Geschichte der wirtschaftspolitischen Ideen von Platon
bis zur Gegenwart, Tübingen ⁵1967; F. WAGNER, Das Bild der frühen Ökono-
mie, Salzburg 1969; F. SCHINZINGER, Ansätze ökonomischen Denkens von der
Antike bis zur Reformationszeit, Darmstadt 1977; B. SCHEFOLD, Platon und
Aristoteles, in: J. STARBATTY (Hrsg.), Klassiker des ökonomischen Denkens,
München 1989, 19ff.; G. AUDRING (Hrsg.), Xenophon–Ökonomische Schrif-
ten, Berlin 1991.

III. DIE GRIECHISCHE WELT

1. Die archaische Zeit

Am Anfang einer griechischen Geschichte im engeren Sinne stehen Siedlungsbewegungen, die durch die große indoeuropäische Wanderung um 1200 v. Chr. ausgelöst wurden und die uns nur in groben Zügen und hauptsächlich in ihren Ergebnissen greifbar sind. Die Invasion indoeuropäischer Stämme, die wohl aus dem Donaugebiet und dem Karpatenbecken kamen, erfolgte in mehreren Wellen seit dem frühen zweiten Jahrtausend, erhielt aber um 1200 durch die Verknüpfung mehrerer Prozesse eine neue, welthistorische Dimension. Die damalige kulturelle und staatliche Welt des Vorderen Orients bekam einen neuen Zuschnitt. Das im Inneren bereits geschwächte Reich der Hatti in Anatolien erlag dem Ansturm der sog. Seevölker, indogermanische Stämme, die über den Balkan nach Vorderasien vordrangen. Die ägyptischen Außenbesitzungen in Syrien wurden von ihnen erobert, ein Teil von ihnen (die Philister) wurde hier seßhaft, in steter Auseinandersetzung mit den der semitischen Sprachfamilie angehörigen israelitischen Stämmen. Nach Griechenland selbst und in die Ägäis drangen von Norden indoeuropäische Stammesgruppen ein, Dorier und in ihrem Gefolge die sog. Nordwestgriechen, sodann die Aioler und Ioner, eine Infiltration, die wahrscheinlich erst in der Zeit nach 1000 v. Chr. zu einem gewissen Abschluß kam.

Wie nun diese Landnahme im einzelnen vor sich gegangen ist, von welcher Intensität die Vermischung war, was von der kretisch-mykenischen Palastkultur übernommen, welche Bevölkerungsteile abgedrängt wurden und wohin sie sich wandten – dieser gewaltige Prozeß ist aufgrund der trümmerhaften Überlieferungen nur global greifbar und wird in Einzelheiten auch immer strittig bleiben. Aber erkennbar sind schon in dieser Frühzeit einige fundamentale geographische, soziale und auch ökonomische Faktoren, welche die folgenden Epochen geprägt haben.

Das Hauptsiedlungsgebiet der Dorier bildete die südliche Peloponnes und erstreckte sich sodann über die südlichen Inseln der Ägäis bis ins südliche Kleinasien. Die sogenannten Nordwestgriechen nahmen, wie ihre Benennung andeutet, den Nordwesten der Peloponnes und der Balkanhalbinsel einschließlich einiger Landstriche Mittelgriechenlands in Besitz. Die Ioner siedelten in einer Art Mittelabschnitt, in Attika, Euboea und den ihnen vorgelagerten Inseln, sowie im Saum des kleinasiatischen Festlandes; die Aioler schließlich setzten sich in Thessalien und Böotien fest und besiedelten sodann die nördliche Küste Kleinasiens.

Diese Stämme mit ihren vielfältigen Untergruppierungen traten bei ihrer Ankunft nicht als feste ethnische Größen in Erscheinung, sondern sie entwickelten die ihnen später gerne zugesprochenen Stammeseigentümlichkeiten (vgl. Herod. 5, 67–69) in der Auseinandersetzung mit dem vorhandenen Bevölkerungssubstrat und durch die Konsolidierung in der jeweiligen Landschaft. Die Stammesgenese in dieser frühen griechischen Welt dürfte nicht viel anders verlaufen sein als diejenigen der germanischen Völker beim Übergang von der Antike zum Mittelalter.[1] Wie in dieser sehr viel besser dokumentierten Übergangsphase birgt die „Landnahme" komplizierte soziale und wirtschaftliche Probleme. Einige wenige Fragen mögen dies andeuten. Wem „gehört" der Grund und Boden, wer darf ihn wozu benutzen? Was geschieht mit der Bevölkerung, die vorher da war und die auf dem Lande gelebt hat? Wie nutzt man die technischen Errungenschaften, welche man bei den Unterworfenen findet? In den sogenannten Dark Ages (12.–9. Jh. v. Chr.) entwickeln sich für die griechische Geschichte fundamentale Grundstrukturen.

a) Der Stamm bildet den Ausgangs- und zuweilen auch den Endpunkt einer staatlichen Gemeinschaft, die sich durch ihre lockere und archaische Form von dem anderen griechischen Staatstypus, der Polis, deutlich unterscheidet.

b) Ein landbesitzender Adel konsolidiert sich als gesellschaftlich und politisch führende Schicht.

c) Es gibt ein Nebeneinander von Viehzucht und Ackerbau, welche beide gemeinsam das wirtschaftliche Fundament bis in die Zeit des Hellenismus bilden. Damit ist ein gewisses Spannungsverhältnis zwischen dem zumeist in Privateigentum übergehenden Ackerland, das nahe bei der Siedlung liegt, und den weiter entfernt liegenden Weidetriften (*eschatía*) vorgegeben, die als Gemeindeland der Besitz aller sind.

d) Die unterworfene Bevölkerung wird zur Landarbeit herangezogen, ähnlich wie die mittelalterlichen Hörigen. Wie diese nehmen sie

---

[1] R. Wenskus, Stammesbildung und Verfassung. Das Werden der frühmittelalterlichen gentes, Köln–Wien ²1977.

eine Art Mittelstatus zwischen Freiheit und Unfreiheit ein (z. B. die Heloten in Sparta und die Klaroten auf Kreta).

e) An zentralen Plätzen beginnen sich feste Handwerks- und Gewerbezweige (besonders Schmiede und Töpferhandwerk) zu lokalisieren, eine Konzentration, die möglicherweise bereits im 9. Jahrhundert v. Chr. ihren Anfang nimmt.

Damit sind zwei gewaltige Themenkomplexe angesprochen, die der Wirtschaft der archaischen Zeit das Gepräge geben: die Entstehung der unterschiedlichen Ordnungsgefüge Land und Stadt, und damit von Agrar- und Poliswirtschaft, die als Wirtschaftskreise zwar unterschieden sind, aber doch vielfältige gegenseitige Beziehungen aufweisen.

Die archaische Landwirtschaft, wie sie uns in den homerischen Epen und bei Hesiod (um 700 v. Chr.) entgegentritt, kennt bereits die private Verfügung über das Ackerland, das entweder als Großbetrieb durch einen adligen Grundherrn vom Schlage eines Odysseus mit einer großen Anzahl Gesinde oder als Klein- bzw. Mittelbetrieb hauptsächlich von den Familienangehörigen bewirtschaftet wird. Die Größenverhältnisse richten sich nach den geographischen Voraussetzungen; d. h., im griechischen Mutterland überschreiten Großbetriebe nur in den größeren Ebenen zuweilen den Umfang von 30–50 ha, während der kleine Bauer in der Regel über nicht mehr als 5–10 ha verfügt, die er selbst *(auturgós)* und hart bearbeiten muß, damit er sich und seine Familie ernähren kann. Mit anderen Worten, es sind insgesamt überschaubare und kleine Dimensionen, welche die archaische Landwirtschaft prägen. Angebaut werden in erster Linie Gerste, daneben Weizen, sodann Flachs, Wein, Oliven, Gemüse und Obst, wie es in bunter Mannigfaltigkeit der Obstgarten des Phäakenkönigs Alkinoos hervorbringt (Hom. Od. 7, 112–131). Dem Großbetrieb sind normalerweise Vieh- und Landwirtschaft inkorporiert, die von Hirten, Sklaven und Lohnarbeitern besorgt werden. Groß- und Kleinvieh liefern nicht nur Fleisch, Milch und Käse, sondern Felle, Haare, Knochen, nicht zuletzt den begehrten Dung für die Felder. Die Größe des Viehbestandes (48 Viehherden: Hom. Od. 14, 100–102) legt nahe, den eigenen Fleischkonsum des Haushaltes und die Versorgung der umliegenden Siedlungen höher anzusetzen, als man dies gemeinhin tut. Fleisch diente sehr wahrscheinlich kontinuierlich dem menschlichen Proteinbedarf, der ansonsten durch Fisch und Milchprodukte, ferner durch Bohnen abgedeckt wurde. Neben Größe und Bewirtschaftung hat die spezifische Organisationsform der frühen Landwirtschaft mit Recht ein besonderes Interesse gefunden. Als Oikos- bzw. Hauswirtschaft, ein Begriff, der vor allem durch den Nationalökonomen K. Bücher (1847–1930) populär geworden ist, läßt sich dieser Typus anschaulich am Hof und den Besitzverhältnissen des Odysseus ablesen (vgl. Finley). Als charakteristisch für diese Betriebsform gelten:

a) eine weitgehende Identität von Produzenten und Konsumenten,
b) die Erzeugung von landwirtschaftlichen Gütern mit vergleichsweise wenigen Haussklaven(innen) und freien Saisonarbeitern auf relativ niedrigem technischen Niveau,
c) die Erledigung der handwerklichen Arbeiten (Metall-, Holz-, Ton-, Textilverarbeitung) im Hause (sog. Hauswerk) oder durch wandernde Handwerker, die für einen größeren Kreis von Abnehmern tätig werden (sog. *demiurgoí*),
d) ein Herrschaftsgefüge mit einem adligen Grundherrn *(despótes)* und seiner Gattin *(déspoina)* an der Spitze des Gesindes, welche den Arbeitsprozeß leiten, zuweilen auch selbst tätig werden, aber in ihrem Habitus nicht von der körperlichen Arbeit geprägt sind,
e) eine moralische Wertordnung, die sich am Reichtum orientiert, der sich auf Besitz von Grund und Boden, von Herden, von wertvollen Metallgegenständen, Kleidern und Schmuck gründet,
f) eine Welt- und Naturauffassung, die durch göttliches Walten geprägt ist, welches auch die Herstellung und den Umgang mit Gütern bestimmt (Getreide als Geschenk der Demeter, Wein als Gabe des Dionysos, Wasser als Element des Poseidon).

In diesem weiten Sinne umspannt der Oikos nicht allein eine frühe Wirtschaftsform, sondern ein umfängliches Ordnungsgefüge, das neben den wirtschaftlichen auch politische, rechtliche, moralische und religiöse Seiten besitzt. Es ist keine Frage, daß damit die vorherrschende Wirtschaftsweise im archaischen Griechenland bezeichnet ist, die sich praktisch bis in die Spätantike hinein als Typus durchgehalten hat. Aber dieses Ordnungsgefüge verändert sich auch in wichtigen Punkten, wie gerade die archaische Zeit beweist.

Es beginnt der Absatz der landwirtschaftlichen Güter zunächst auf dem lokalen Markt, sodann in erweiterter Form jenseits des ländlichen Einzugsgebietes. Seeraub und Handel tragen schließlich dazu bei, die autarke Hauswirtschaft auszuweiten. Die Handwerker sondern sich ab und arbeiten in eigenen Produktionsstätten, wodurch sich ein kontinuierlicher Warenfluß zwischen einem Siedlungs- und Handwerkszentrum auf der einen und dem Land auf der anderen Seite anbahnt.

Damit ist die Entstehung der Polis, des sogenannten Stadtstaates angesprochen, der als zentraler Ort mehrere Funktionen bündelt, aber eben doch in der wirtschaftlichen Konzentration eine Hauptursache seiner Entstehung besitzt. Vielfach entwickelt sich eine städtische Sied-

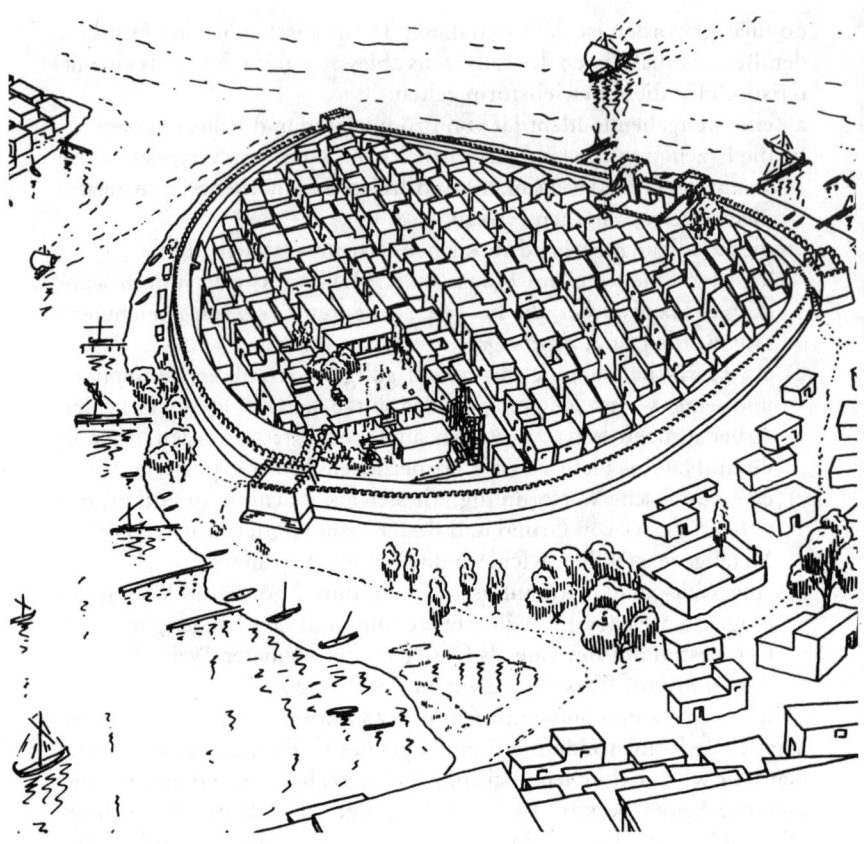

Abb. 10. Rekonstruktion der Stadt Smyrna, ca. 8. Jh. v. Chr. (nach W. G. Forrest, Wege zur hellenischen Demokratie. Staatsdenken und politische Wirklichkeit von 800–400 v. Chr., Kindlers Universitäts Bibliothek, München
1966, 76).

lung in Anlehnung an ein überregionales Heiligtum; um konkrete Beispiele zu geben: das Apollo-Heiligtum auf Delos, das Hera-Heiligtum
auf Samos, das Heiligtum der Artemis bei Ephesus. Dadurch werden
landwirtschaftliche Produktion, Handwerk und Handel begünstigt,
die mit der Ansiedlung einer größeren Bevölkerungszahl einhergehen.
Wie politische, soziale, wirtschaftliche und religiöse Momente dabei
ineinandergreifen, ist hier im einzelnen nicht näher darzulegen; aber
ohne Zweifel werden am Ausgang der Dark Ages, etwa gegen Ende des
9. Jahrhunderts v. Chr., die Grundlagen für den tendenziell autonomen

und autarken Personenverband gelegt, der sich in der klassischen Zeit als Polis (vgl. S. 111) begreift. Wirtschaftlich gesehen sind es vor allem ein klar erkennbares Bevölkerungswachstum, Arbeitsteilung und Entstehung des Handwerks und des Handels, vor allem der Warenaustausch über den Markt, die städtische Zentren entstehen lassen.

Nun liegt bei diesem weltgeschichtlich so folgenreichen Vorgang der Stadtentwicklung die Gefahr der anachronistischen Überfrachtung nahe. Das Töpfer-, Schmiede- und Holzhandwerk lebt in der archaischen Zeit sehr wahrscheinlich von den Ad-hoc-Aufträgen der Tempel und der Aristokratie; Teile des Handwerks, etwa in der Textil- und Lederverarbeitung, existierten nach wie vor als Hauswerk; anders gesagt: Ein regelrechter Markt, eine regelmäßige Verbindung zwischen Käufern und Verkäufern (die vielfach mit den Produzenten identisch sind), um Angebot und Nachfrage auszugleichen, ist nur rudimentär vorhanden und gewinnt wahrscheinlich erst im sechsten Jahrhundert allgemeine Konturen. Die Bevölkerung bleibt zahlenmäßig gering; für Smyrna an der kleinasiatischen Küste, eine der bedeutendsten archaischen Siedlungen, hat man vielleicht mit zwei- bis dreitausend Bewohnern zu rechnen. Klein und von den geographischen Voraussetzungen abhängig sind die dazugehörigen Territorien, die durchschnittlich 50–100 km² umfassen; viele kleine Land- und Inselpoleis bleiben deutlich unter diesen Zahlen, die für sich allein wenig besagen und durch zusätzliche Informationen über Bodenbeschaffenheit, lokale Produktions- und Handelstätigkeit Aussagekraft gewinnen müssen. Von den vielleicht 200 Poleis im ägäischen Raum haben sich Ephesus, Milet und Smyrna in Kleinasien, Chalkis, Eretria, Samos, Mytilene, Aigina als Inselstädte, Korinth, Argos, Sparta, Megara, Theben und Athen auf dem Festland als wichtige frühe Zentren entwickelt.

Urbanisierung und Ausbildung von Staatlichkeit laufen in der frühen griechischen Welt parallel. Dies hat nicht nur für das politische Aussehen des archaischen Griechenland bedeutsame Folgen. Die Stadtbildung ist durch drei Vorgänge vorangetrieben und gleichsam verschärft worden:

Die große Kolonisation (ca. 750–500 v. Chr.) hat die griechische Polis als „Exportartikel" an die Küsten des Schwarzen Meeres, die Nordküste Afrikas, nach Sizilien, Unteritalien, Frankreich und Spanien gebracht.

Die naturale Tauschwirtschaft wird allmählich durch eine Geldwirtschaft mit ihren gewaltigen wirtschaftlichen und sozialen Umwälzungen verdrängt.

An die Stelle des aristokratischen Einzelkampfes tritt im 7. Jahrhun-

dert v. Chr. eine bürgerliche „Infanterie", die Hoplitenphalanx.
Bewaffnung und neue Taktik schufen eine neue bürgerliche Schicht
und ein neues Zusammengehörigkeitsgefühl, die für die innere Konsolidierung der Polis entscheidend wichtig waren.

Alle drei Vorgänge sind in sich vielschichtig und nur schwer in ein
geläufiges Raster von Ursache und Wirkung einzupassen. Was die Kolonisation betrifft, so haben bei der Errichtung einer Handelssta-
tion, eines Emporion, an der Mündung des Orontes in Syrien (heute
Al Mina), welche auf Betreiben euböischer Städte (Chalkis und Eretria) in der ersten Hälfte des achten Jahrhunderts erfolgte, unverkennbar Handelsinteressen eine führende Rolle gespielt. Ebenso war dies
bei der Gründung von Naukratis in Oberägypten der Fall, einer Nie-
derlassung, welche um 570 v. Chr. durch zwölf Griechenstädte (u. a.
Milet, Samos, Rhodos, Aigina und Mytilene) als Handelsplatz für
den Austausch mit Ägypten angelegt worden war. Griechische Nie-
derlassungen wie Pithekussa (Ischia) und Kyme in Unter-, Spina in
Norditalien führten in das Einflußgebiet der Etrusker und waren möglicherweise durch Importwünsche nach Eisen und Eisenerzeugnissen
bestimmt. Darin hatten es die Etrusker schon sehr früh zur hohen
Meisterschaft gebracht. Metall, Getreide und Luxuswaren (Glas,
Schmuck) stellten begehrte Güter dar, die im griechischen Mutterland
gesucht und zum Teil weiterverarbeitet wurden.

Aber daneben haben auch die Suche nach neuem Ackerland und die
Ableitung einer überschüssigen Bevölkerung zum Aufbruch und zur
Aneignung fremden Landes beigetragen. Abenteuertum, Entdek-
kungslust und Ehrgeiz haben als nicht zu verachtende immaterielle Antriebsmomente den nicht ungefährlichen Unternehmungen die nötige
Fahrt gegeben. Wie auch immer man die Motive im einzelnen beurtei-
len mag, die griechische Kolonisation erweiterte den geographischen
Horizont. Sie schuf Außenposten griechischer Lebensart und damit
auch griechischen Wirtschaftens und Handels. Das Mittelmeer mit seinen Anrainergebieten wurde auf diese Weise zu einer griechischen Ein-
flußsphäre, wodurch die Phöniker als Seefahrer und Händler zurück-
gedrängt wurden, die noch in den homerischen Epen auf diesem Felde
die führende Rolle spielten.

Es ist nun keine Frage, daß der Handelsaustausch durch die Einführung der Münze und des Münzgeldes eine intensivere Qualität annahm, als dies vorher der Fall war. Die Münze, d. h. das in Feingehalt
und Gewicht genormte Stück Edelmetall (Elektron, ein natürliches
Gold-Silber-Gemisch, später daneben reines Gold, Silber und Kupfer),
versachlichte und vereinfachte den Austausch, schuf einen objektiven

Wertmesser der Waren und Dienstleistungen, der Bezahlungen generell (einschließlich der rechtlichen Strafen). Münzgeld brachte damit nicht nur die wirtschaftlichen Beziehungen der Menschen auf einen anderen Nenner. Wenn es zutrifft, daß die frühesten Münzfunde Mitte bis Ende des achten Jahrhunderts zu datieren sind (aus dem Heiligtum der Artemis in Ephesus) und daß die uns erhaltenen großen Nominale und Werte ihrem Charakter nach vornehmlich als Wertedepositen (als „Hortgeld") zu interpretieren sind, dann drängt sich aus der Chronologie der Kolonisation und der entstehenden Geldwirtschaft ein ungemein wichtiger Schluß auf: Das Münzgeld steht nicht am Beginn des Handels, bildete nicht die Voraussetzung für den Warenaustausch, der bereits vorher über die Handelsplätze (die Emporia) abgewickelt wurde. Vielmehr beschleunigte und intensivierte dieses Mittel eine bereits vorhandene wirtschaftliche Entwicklung. Moderne Schätzungen gehen davon aus, daß erst in der Mitte des sechsten Jahrhunderts eine auf Silberwährung basierende Geldwirtschaft sich in den wichtigsten Handelsstädten (Aigina, Korinth und Athen) allmählich durchsetzte. Voraussetzung für diese Entwicklung war die Verfügung der Städte über Edelmetalle (vgl. S. 68), d. h. besonders über Silber, welches von den Städten in eigenen Währungen ausgemünzt wurde.

Die Verschiedenartigkeit der Münzfüße – wenn also eine Silberdrachme in Athen 4,3 g, in Korinth dagegen 2,8 g wog – läßt das Geldsystem der griechischen Welt auf den ersten Blick als Anarchie[2] erscheinen. Aber die Eigenschaft des Geldes als Ware, als normiertes Edelmetall, machte die Verrechnung über Geldwechsler (vgl. S. 66f.) möglich. Die tiefe Verankerung der Geldwirtschaft, ihre mehr und mehr unentbehrliche Funktion im Rahmen der staatlichen Einnahmen (Steuern, Strafgelder) und Ausgaben (Bezahlung von Söldnern, Errichtung öffentlicher Bauten, Schiffsbau) und im interlokalen Handel zeigen an, daß die Verbreitung des Geldes an der Autonomie der einzelnen Polis keine Grenzen fand. Mit dem Aufkommen des Geldes entwickelte sich ein neuer Reichtum, aber auch eine neue Armut und Abhängigkeit abseits der agrarischen Sphäre. „Das Geld macht den Mann" (chrémata – anér), klagt der aristokratische Dichter Alkaios von Lesbos (um 600 v. Chr.), „keiner, der dürftig ist, ist vornehm und angesehen" (300 Lobel-Page). Aber auch auf diesem Gebiet muß man sich vor Verallgemeinerung hüten. Abseits der führenden Wirtschaftszentren dürfte es auf den lokalen Märkten noch vielfach Tausch- und Naturalwirtschaft bis

---

[2] Starr, Economic and Social Growth, 111.

Abb. 11. Die früheste guterhaltene Darstellung der Hoplitenphalanx, sog.
Chigi-Vase, aus der Mitte des 7. Jh. (nach W. G. Forrest, Wege zur hellenischen
Demokratie, München 1966, 92).

weit in die klassische Zeit und darüber hinaus gegeben haben, Grundbesitz war und blieb die erste Quelle des Reichtums.

Neben den politischen Auswirkungen führte die Umstellung auf die
Hoplitenphalanx gewaltige wirtschaftliche Folgen mit sich. Die
Ausrüstung mit Helm, Brustpanzer, Rundschild, Beinschienen und
Stoßlanze wurde von den Bürgern der Polis selbst aufgebracht. Es war
notwendig, das dazu benötigte Metall (Kupfer, Eisen und Zinn) zu
importieren. Die Waffen mußten gefertigt und verkauft werden. Selbst
wenn man die Einwohnerzahl einer Polis dieser Zeit nicht hoch veranschlagt, so darf man doch von einem normalen Heeresaufgebot von ca.

1000–3000 Hopliten (Schwerbewaffneten) ausgehen, die in dieser Art ausstaffiert wurden. Diese Hoplitenphalanx hat nicht nur den Import von Metallen in die städtischen Zentren zur Voraussetzung. Die Umstellung vom Einzelkampf auf die Hoplitentaktik förderte eine städtische Handwerkerschicht, Schmiede, Holz-, Filz- und Lederfabrikanten, welche die Ausrüstung in großer Stückzahl herstellten. Die literarischen und archäologischen Zeugnisse legen nahe, daß man mit dieser neuen Bürgerwehr nach 700 v. Chr. in Griechenland zu rechnen hat. Sie hat die Solidarität der städtischen Bewohner, d. h. recht eigentlich eine Stadtbildung, mächtig gefördert, weil sich städtische Autonomie, Bürgermentalität und wirtschaftliche Interessen aufs beste ergänzten. Der spartanische Dichter Tyrtaios (um 650 v. Chr.), das Sprachrohr dieser komplexen Kriegstaktik, schildert anschaulich die notwendigen Waffen:

> Fuß neben Fuß gesetzt, und den Schild gepreßt mit dem Schilde,
> Busch berührend den Busch, lehnend den Helm an den Helm,
> Brust an Brust andrängend: So soll man den Gegner bekämpfen,
> Schwertes Griff in der Faust, oder weitreichenden Speer
> (Tyrtaios frg 8,31–34, Übersetzung H. Fränkel).

Sein nur wenig älterer Zeitgenosse Archilochos aus Paros kann sich über den Verlust seines Schildes im Kampf leicht trösten:

> ... Was liegt mir an diesem Schild,
> fahr er hin: Demnächst kauf ich den gleichen mir nach
> (frg. 6, Übersetzung H. Fränkel).

Daß hier der Dichter bewußt das heroische Kampfesideal, wonach der Held sich lieber totschlagen als die Waffen in Stich läßt, überspringt, mag an dieser Stelle auf sich beruhen bleiben. Wichtiger ist die Tatsache, daß er sich ohne große Schwierigkeiten einen Ersatz kaufen konnte, daß also Angebot und finanzielle Kaufkraft vorhanden waren, und dies in relativ früher Zeit. 30 Drachmen mußten attische Siedler auf der Insel Salamis um etwa 500 v. Chr. für ihre Bewaffnung aufwenden und über ihre Wehrbereitschaft Rechenschaft geben (GHI I 14).

Alle drei Momente in der Entwicklung der frühgriechischen Polis haben Einfluß auf die agrarische Produktionsweise und die Oikoswirtschaft, die nach wie vor die Grundlage der Ökonomie bildeten. Aber sie konsolidierten mit der Polis eine neue Lebens- und Wirtschaftsform und schufen eine differenzierte und arbeitsteilige Bevölkerung in Stadt und Land. Diesen Prozeß der Stadtbildung und einer städtischen Bildung förderte nun auch eine Erscheinung, die zunächst rein politischen und sozialen Charakter besitzt, die Tyrannis. Die ungesetz-

liche, gewalttätige Alleinherrschaft, die in der Regel von einem wagemutigen Aristokraten und seiner Familie neben den Institutionen der
Polis ausgeübt wurde, hat man nicht zu Unrecht als ein Phänomen des
Übergangs von der Aristokratie zur Bürgerpolis in der Zeit von etwa
750–500 v. Chr. angesehen. Bemerkenswerterweise hat die Tyrannis gerade in den fortgeschrittenen städtischen Zentren (Korinth, Athen,
Samos, Aigina, Naxos, Ephesos und Milet) der Wirtschaft wichtige
Impulse gegeben, und zwar in mehrfacher Hinsicht. Ein Teil der Tyrannen stützte die Herrschaft auf Söldner. Sie mußten angeworben,
ausstaffiert und bezahlt werden. Das nötige Geld haben sich die Tyrannen durch kontinuierliche staatliche Einnahmen zu sichern versucht.
In Athen führte Peisistratos (* ca. 600, † 528/27 v. Chr.) eine 5 %ige Bo-
denertragssteuer ein, in Korinth legte Periander (etwa 600–560 v. Chr.)
Marktgebühren und Hafenzölle auf, Maßnahmen, die später als Habgier gedeutet und in das ideologische Bild des Tyrannen eingepaßt wurden. Für auswärtige Eroberungspolitik, wie sie vielfach bezeugt ist,
benötigte der Tyrann ein beträchtliches Schiffskontingent, so wie es
Polykrates von Samos (gest. 522 v. Chr.) zusammengebracht hatte, um
seine Seeherrschaft über die benachbarten Inseln der Kykladen und die
Küstenstädte zu sichern. Diese Intensivierung des Schiffbaues ging
parallel mit dem inneren Ausbau der Städte, der Errichtung von Mauern,
Straßen, Wasserleitungen, Hafenbauten und Heiligtümern. Großartige
städtische Feste und Kultfeiern, wie etwa die Dionysien in Athen, kamen der städtischen Bevölkerung in vielfältiger Weise zugute und ließen
den Tyrannen als einen volkstümlichen und zugleich gottesfürchtigen
Mann erscheinen. Neben die staatlichen traten die privaten Aufwendungen, der „Luxus" des Tyrannen in seinen unterschiedlichen Ausprägungen. Das, was eine spätere Zeit als üppige Hofhaltung *(tryphé)*
des Gewaltherrschers brandmarkte, hat selbstverständlich auch verschiedene Handwerkszweige und Gewerbe mobilisiert. Repräsentati-
ves Wohnen, teure Kleidung, ausgefallene Speisen und Getränke waren
Bedürfnisse mit bedeutendem wirtschaftlichen Hintergrund.

Zuweilen haben Tyrannen die städtische Wirtschaft auch unmittelbar unterstützt, so, wenn Polykrates Schafe und Ziegen auf Samos ansässig machte, um eine lokale Wollmanufaktur aufzuziehen; oder wenn
Periander von Korinth und Peisistratos von Athen die Produktion von
Keramik ihrer Stadt förderten. Kunstvolle korinthische und attische
Vasen wurden ins Schwarzmeergebiet, nach Unteritalien und Etrurien
exportiert, wobei strittig ist, welchen Umfang diese Handelsbewegungen angenommen haben. Daß die einheimischen Gewerbebetriebe davon profitierten, ist jedenfalls sicher. Zu diesem Nutzen trug auch die

Forcierung des Geld- und Münzwesens, die Steigerung der Ein- und Ausgaben bei, die Aristoteles rund 200 Jahre später in seiner ›Politik‹ bezeugt (Aristot. Pol. 1314b, 1 ff.). Zum ersten Mal in der Geschichte der Polis scheint es unter den Tyrannen so etwas wie Ansätze eines öffentlichen Haushaltes gegeben zu haben, ja selbst eine regelrechte Rechenschaft über Ein- und Ausgaben (Pol. 1314b, 4 f.), mit der sich der Tyrann, wie Aristoteles sagt, lediglich den Anschein eines zuverlässigen Hausverwalters geben wollte.[3]

Finanz-, Wirtschafts-, Außen- und Kulturpolitik der Tyrannen mit ihrem Hauptzweck der Machterhaltung und Machtsicherung griffen tief in die Sozialstruktur der Polis ein, deren Krise sich die Gewaltherrscher zunutze machten. Alle obengenannten Maßnahmen der Tyrannen haben mehrere Aspekte und Antriebsmomente, und ihre Einstufung als „Vorkämpfer der Bourgeoisie" (A. Rosenberg) ist genauso irreführend wie die weitverbreitete Auffassung, die in der Tyrannis nur eine zugespitzte und entartete Form der Aristokratie sieht. Die meisten der tyrannischen Maßnahmen arbeiteten im sechsten Jahrhundert, ob gewollt oder nicht gewollt, einer städtischen Wirtschaft zu, förderten Handel und Gewerbe und kamen abseits der Aristokratie einer städtischen Bevölkerung zugute. Die politische Theorie der späteren Zeit empfand diese Form der Alleinherrschaft als unerträglich und für den Griechen unwürdig. Die Philosophen und Redner haben die spezifisch wirtschaftliche Leistung der älteren Tyrannis verdunkelt und in aller Regel nur ein Zerrbild übriggelassen.

Die Tendenzen der archaischen Epoche Griechenlands, also grob der Zeitraum von etwa 800–500 v. Chr., in wenigen Grundlinien abzubilden hat immer etwas Problematisches an sich, weil wichtige Sonderentwicklungen damit leicht unterschlagen werden. Aber erkennbar schiebt sich neben die Landwirtschaft ein städtischer Wirtschaftskreis, der Handwerk und Handel bündelt. Eine offensichtlich gesteigerte Effektivität der landwirtschaftlichen Produktion ermöglicht den Absatz von Öl, Wein, Fleisch und Fisch. Ein klar erkennbares Anwachsen der Bevölkerung begünstigt die Stadtbildung und die Anlage von Kolonien. Gelegentliche Handels- und Abenteuerfahrten zu den Küsten des

---

[3] Unter „Haushalt" im eigentlichen Sinne versteht man „die in regelmäßigen Abständen vorgenommene systematische Zusammenstellung der für einen bestimmten Zeitraum geplanten Ausgaben und der Schätzung der Einnahmen, die zur Deckung der Ausgaben benötigt werden", so M. Kloepfer, Evang. Staatslex. ³1987, 3409 s. v. Staatshaushalt. Die rudimentären Ansätze in Athen bei Busolt-Swoboda, Staatskunde 1215 ff.

Mittelmeeres und des Schwarzen Meeres verdichten sich im Zeitalter der Kolonisation und brachten den Typus des erfolgreichen Händlers über See hervor, wie ihn Herodot am Beispiel des Koleios aus Samos und des Sostratos aus Aigina schildert (Herod. 4,152). In den Städten und auf den großen Landgütern wird die schwere Handarbeit zunehmend auf die Sklaven abgewälzt, die damit zu einem wichtigen Produktionsfaktor werden. Nach wie vor ist strittig, ob diese Entwicklung vom Bedarf an Arbeitskräften in der Landwirtschaft (Finley) oder in den städtischen Handwerksbetrieben (Ed. Meyer) ihren Ausgang nahm. Das Münzgeld wird zu einem wichtigen Ferment auf dem lokalen und überlokalen Markt und entwickelt rudimentäre Betriebsformen in Wechsel- und Zinsgeschäften.

Diesen Tendenzen genaue Konturen in Zeit und Raum zu geben bereitet oft erhebliche Schwierigkeiten. In vielen Gegenden Griechenlands behauptet sich neben den großen Gütern der kleine Familienbetrieb als Existenzbasis. Neben den am Seehandel orientierten Handelsstädten wie Korinth, Athen und Aigina lebten viele kleine Landstädte auf agrarischer Basis mehr schlecht als recht. Handarbeit betrieben Sklaven, freie Lohnarbeiter und Handwerker. Stolz auf die Handwerksarbeit verrät die Weihung eines Bronzeschmiedes, der ein Wagenrad als Erstlingsgabe für Apollo mit seinem Namen versieht (SEG 12, 364). Wie läßt sich also der Charakter der Arbeit, ihr Stellenwert in der Produktion und ihr Ansehen in dieser frühen Zeit bestimmen? In welchem Umfang hat sich das Münzgeld als reguläres Zahlungsmittel durchgesetzt? Hier wie in vielen anderen Feldern müssen regionale Befunde und idealtypische Verallgemeinerung ineinandergreifen, um zu überzeugenden Ergebnissen zu kommen.

2. Die klassische Zeit

Es sind fließende Übergänge, welche aus der archaischen in die sogenannte klassische Zeit Griechenlands führen. Die Epoche der griechischen Polis, die gemeinhin von etwa 500 v. Chr. bis in die Mitte des vierten Jahrhunderts, 360 bzw. 338 v. Chr. geführt wird, ist durch den inneren Ausbau, die Blüte und den Niedergang des autonomen Stadtstaates gekennzeichnet. Diese Polis versteht sich nicht lediglich als ein politisches Gebilde, als ein kleinräumiger Stadtstaat mit dem dazugehörigen ländlichen Areal. Polis meint auch eine bestimmte Lebens- und Wirtschaftsform, die im fünften und vierten Jahrhundert im gesamten griechischen Einflußgebiet von der Westküste Kleinasiens über das griechische Festland bis Unteritalien und Sizilien die höchste Entwicklungsstufe erreicht. Diese „klassische" Lebensform hat Victor Ehrenberg in ihren wichtigsten Zügen folgendermaßen gekennzeichnet:

1. eine kleine Gemeinschaft von Menschen, die ihren Göttern unterstand,
2. die wirtschaftliche Einheit eines kleinen Gebietes, deren Mittelpunkt die eine Stadt war,
3. eine Verfassung, die einzig und allein auf den Rechten und Pflichten der Bürger basierte,
4. die Herrschaft des Gesetzes, in dem sich ebenso die Tradition wie der Wille der Bürger zur Gerechtigkeit aussprach,
5. die Freiheit des Individuums, die aber nur für die Bürger als getreue Diener ihres Staates galt.

Dieser Stadtstaat ist also in Politik, Wirtschaft, Kultur und Religion das Gewand, welches sich der griechische Bürger *(polítes)* geschneidert hatte, seine „Verfassung" *(politeía)*, sein Herrschaftsinstrument im Umgang untereinander und gegenüber den deklassierten Teilen der Bevölkerung (Fremde, Frauen und Sklaven).

Neben der Polis gab es die sogenannten „Stammstaaten" (vgl. S. 99), die, wie der Name sagt, die Angehörigen einzelner Stämme zu einer politischen Ordnung zusammenschloß, so etwa die Thessaler, die Böotier oder die Makedonen. Stammstaaten basierten bis weit in die hellenistische Zeit weitgehend auf einer rein agrarischen und eher statischen Produktionsweise. Anders die Entwicklung in den Poleis. Der Weg zur Herrschaft des städtischen Bürgertums und zur Demokratie, wie ihn Athen im fünften Jahrhundert beschritten hat, geht einher mit der Blüte der Baukunst, der Literatur und des Theaters, eine nur in seiner Dichte und Vielseitigkeit einzigartige Entwicklung in Griechenland. Die Tendenzen zur inneren Vollendung des Stadtstaates und zum Ausbau von Wirtschaft und Kultur hat es im gesamten griechischen Kulturbereich gegeben. Es ist schon des Nachdenkens wert, warum ausgerechnet in Athen diese Tendenzen kulminierten. Daß die Stadt reich und neben Korinth das wirtschaftliche Zentrum Griechenlands bildete, ist eine notwendige, aber keine hinreichende Begründung. Wohl muß man – und dies gilt nicht für Athen allein – die gegenseitigen Bedingtheiten von äußeren Einflüssen auf der einen und sozialer und wirtschaftlicher Entwicklung auf der anderen Seite ins Auge fassen, um die nötigen materiellen Voraussetzungen der kulturellen und politischen Blüte des Stadtstaates zu verstehen.

In einem gewaltigen Abwehrkampf hatten die Griechen des Mutterlandes sich 480 und 479 v. Chr. gegen das persische Weltreich behaup-

tet und die „barbarischen" Invasoren zu Wasser und zu Lande zurück-
geschlagen. Kriege sind in der Menschheitsgeschichte zu allen Zeiten
wichtige Knotenpunkte der politischen, sozialen und wirtschaftlichen
Entwicklung gewesen. Schon die Rüstung gegen die Perser, für welche
die griechischen Städte, allen voran Athen, Korinth und Aigina, etwa
250 Schiffe zusammenbrachten und ein Heer von über 25 000 Hopliten
auf die Beine stellten, bedeutete eine gewaltige ökonomische Kraftan-
strengung. Der Aufschwung nach den glänzenden Siegen kam den griechischen Städten nicht in gleicher Weise zugute. Athen verstand es, aus
einem lockeren Abwehrbündnis von Griechenstädten (delisch-attische
Symmachie 478 v. Chr.) allmählich ein eigenes Herrschaftsinstrument
(arché) zu machen, welches so bedeutende Städte wie Samos, Naxos,
Chios und viele andere mehr zu abhängigen Teilen einer von Athen geführten Seeherrschaft (Thalassokratie) machte. Die Abgaben *(phóroi)*,
welche die attischen Bündner in die ursprünglich gemeinsame Kasse
(454 v. Chr. von Delos nach Athen verlegt) einzahlten und die sich jährlich auf normalerweise 460 Talente (= 2 760 000 Drachmen, Thuk. I
96,2) beliefen, kamen der Stadt Athen in vielfältiger Weise zugute.
Schiffbau, Handel, Handwerk und Landwirtschaft profitierten auf
Kosten der Bündner von der attischen Herrschaft. Im nachhinein erscheint es zwangsläufig, daß die Seemacht Athen in Konkurrenz und
Konflikt geriet zur Landmacht Sparta, dem Führer *(hegemón)* des peloponnesischen Bundes, ein Konflikt, der auch zwischen ganz unterschiedlichen wirtschaftlichen Potenzen ausgetragen wurde, wie es der
Historiker Thukydides dem Staatsmann Perikles in den Mund gelegt
hat (Thuk. I 140–144). Der gewaltige Peloponnesische Krieg 431–404
v. Chr. zog die gesamte griechische Staatenwelt in Mitleidenschaft und
veränderte die politische Landschaft nachhaltig.

Auch in diesem Falle sind die sozioökonomischen Auswirkungen
des Krieges mit Händen zu greifen. Die Summe von 12 000 Talenten,
die Athen allein für die ersten zehn Jahre des Krieges hat aufwenden
müssen,[4] bildete dabei wahrscheinlich noch den geringsten Posten. Es
liegt zweifellos eine bittere Tragik in der Tatsache, daß der Kampf, der
von den Griechen auch um die Selbständigkeit und Eigenständigkeit
ihrer Städte geführt wurde, in einem Desaster und einer Niederlage
eben dieses Staatssystems endete. Vertreibung, Enteignung und Verwüstung der Anbauflächen waren in Griechenland die Folge. Athen als
die große Verliererin mußte auf alle auswärtigen Besitzungen verzichten, ihre Fortifikationen schleifen, die Flotte bis auf ein kleines Kontin-

---

[4] Beloch, Griechische Geschichte III 2, 116.

gent herausgeben. Die Symptome einer inneren Krise der Stadt, wie sie M. Rostovtzeff eindrucksvoll beschrieben hat, treffen dabei nicht allein auf Athen zu. Ein großer Teil der Bevölkerung gleitet während des vierten Jahrhunderts ins Proletariat ab, die Armen *(pénetes)* bzw. die ganz und gar Armen, die nichtseßhaften Bettler *(ptochoí)* tauchen verstärkt in den Quellen der Zeit auf. Hungersnöte und Verknappung der Lebensmittel machen das Leben zusätzlich schwierig. Wenn die Schlüsse, die Rostovtzeff seinerzeit aus dem archäologischen Material zog, richtig sind, dann hat es auch im Fernhandel, der die griechischen Städte mit Getreide versorgte, Einbrüche gegeben. Das Gleichgewicht von Erzeugung und Nachfrage geriet in Unordnung, die ehemaligen Abnehmer der griechischen Importe an der Nordmeerküste, in den Städten Thrakiens und im Pontosgebiet, produzierten die Waren (Keramik, Ziegel, Öl, Wein) selbst und fungierten nicht mehr als Abnehmer dieser Güter. Die wirtschaftlichen Schwierigkeiten verschärften die Spannung zwischen Reich und Arm, wie sie die Redner des vierten Jahrhunderts anschaulich schildern. Es war in gewisser Weise notwendig, daß die Bevölkerung auf Staatskosten, durch Tagegelder und Naturalspenden, ihr Leben fristen konnte. In eins damit entstand die Neigung, durch Schuldentilgung und Neuverteilung des Bodens die Grenzen zwischen Arm und Reich neu zu ziehen. In der Komödie ›Die Weibervolksversammlung‹ des Aristophanes finden diese Ideen ihren burlesken Ausdruck.

Es mag sein, daß dieses allgemeine Bild des Niederganges im Einzelfall nicht zutrifft. Möglicherweise hat es hier und da einen wirtschaftlichen Aufschwung aufgrund des Handels gegeben. Sicher ist es auch fragwürdig, weitreichende ökonomische Schlüsse auf vereinzelte archäologische Funde aufzubauen, so wie es Rostovtzeff getan hat. Dies ändert jedenfalls nur wenig an dem einschneidenden und aufs Ganze gesehen verheerenden Charakter, den der große griechische Bruderkrieg besaß und die vielen kriegerischen Auseinandersetzungen und Fälle innenpolitischen Aufruhrs *(stasis)* nach ihm, an denen das 4. Jahrhundert v. Chr. reich ist.

Einen größeren Zusammenschluß der partikularen politischen Einheiten, wie ihn Athen im fünften Jahrhundert intendiert und zum Teil verwirklicht hatte, brachte Griechenland bis zur Schlacht von Chaironeia (338 v. Chr.) nicht mehr zustande. Es hat ihn, wenn man die Leitlinien griechischer Staatlichkeit: Autonomie und Autarkie der individuellen Polis, ins Auge faßt, vielleicht auch gar nicht geben können. Die isolierte Selbständigkeit (mit der daraus resultierenden Schwäche) war bestenfalls aufzuheben in lockeren Zusammenschlüssen, in S y m m a -

chien (376 v. Chr. Gründung der zweiten attischen Symmachie) oder in *koiná* (bundesstaatliche Zusammenschlüsse), wie es das Beispiel des achäischen Bundes bietet, der im vierten Jahrhundert Stammesgruppierungen der Achäer in der Nordpeloponnes zu einer Art Bundesstaat zusammenfaßte, neben Sparta und seinen Verbündeten das zweite bedeutende Machtzentrum der Peloponnes. So kann man das vierte Jahrhundert durchaus begreifen als eine Zeit des politischen Experimentierens, der Suche nach einer effektiven Einheit oberhalb der Polis und nach der Etablierung einer Vorherrschaft in Griechenland mit Hilfe eines föderativen Systems. Derartige Hegemonien haben nacheinander Sparta, Athen und Theben aufzubauen versucht. Stammesbünde wie die der Aitoler, der Achäer, der Arkader, der Thessaler und Epeiroten existierten bzw. laborierten bis weit in die hellenistische Zeit hinein. Man hat es aus der Rückschau her leicht festzustellen, daß alle diese staatlichen Entwürfe unzulänglich waren, den Pluralismus der Kleinstaaten zu überwinden und die politischen und sozialen Probleme der Zeit halbwegs angemessen zu lösen.

Die Antwort kam bekanntlich von außen in der Gestalt des Makedonenkönigs Philipp II. (geb. ca. 382 v. Chr., König von Makedonien 359–336 v. Chr.), der eine große griechische Koalition mit Athen und Theben an der Spitze bei Chaironeia in Böotien im September 338 v. Chr. vernichtend schlug und sich zum Herrn von Griechenland machte, dem er freilich formal lediglich als Bundesfeldherr mit Weisungskompetenz *(strategós autokrátor)* vorstand. „Der Sieg der Makedonen ist das Symbol für den Aufstieg der in sich gefestigten Monarchie über die lockere Koalition der griechischen Stadtstaaten" (H. Bengtson, Griechische Geschichte, 315). Hebt man auf die Souveränität der Polis als das Hauptkriterium ab, dann bedeuten die Niederlage von 338 v. Chr. und die nachfolgende Herrschaft Alexanders des Großen über Griechenland in der Tat einen gewaltigen Epocheneinschnitt. Die Beziehung der griechischen Stadt zum König war fortan einer der wichtigsten Angelpunkte in der Geschichte des Hellenismus. Aber als wirtschaftliches Zentrum, als soziales Konglomerat existierte die Polis in Griechenland und in der gesamten hellenistischen Welt unvermindert fort, aufgehoben in einem größeren staatlichen Gebilde, der hellenistischen Monarchie, oder auch im Einzelfall als selbständige Größe, wie etwa Rhodos oder Delos; ihre Selbständigkeit wurde, ähnlich wie in unserer Zeit im Falle der Schweiz, von den stärkeren Mächten der Zeit in erster Linie aus ökonomischen Gründen respektiert.

Die Wirtschaft, die sich unter diesen politischen Rahmenbedingungen entwickelte, läßt sich kaum auf einen gemeinsamen Nenner

Tab. 3. Bevölkerungsschwankungen in Griechenland, 5. und 4. Jh. v. Chr.
(je Tausend)

Athen

	um 480	um 432	um 400	um 360	um 313 v. Chr.
Bürger	25– 30	35– 45	20– 25	29– 30	21
Bürger mit Familien	80–100	10–150	60– 90	85–100	60– 76
Metoiken	4– 5	10– 15	6– 8	10– 15	10
Metoiken mit Familien	9– 12	25– 35	15– 20	25– 45	25– 35
Sklaven	30– 40	80–110	40– 60	60–100	30– 60
Gesamtbevölkerung	120–150	215–295	115–170	170–250	140–190

Boiotien

	5. Jh.	4. Jh.
Bürger	20– 30	35– 40
Bürger mit Familien	85– 95	110–125
Sklaven	20	30
Gesamtbevölkerung (incl. Sparta)	110–125	145–165

Sparta

	480–460	371	3 Jh.	
Spartiaten	4–5	2,5–3	2–2,3	(?)
davon minderberechtigt	0,5 (?)	1,5–2	1,5–2	(?)
Spartiaten mit Familien	12–15	7–9	6–8	
Perioken		40–60 (?)		
Helioten		140–200 (?)		
Gesamtbevölkerung		190–270 (?)		

Quelle: V. Ehrenberg, Der Staat der Griechen, Zürich-Stuttgart ²1965, 38.

bringen. Nicht nur markiert der Peloponnesische Krieg eine Zäsur, welche die Zeit des Aufschwunges von einer Epoche des Niederganges im vierten Jahrhundert trennt, wobei Begriffe wie Niedergang, Verfall und Krise zu viele heterogene Erscheinungen auf einen Nenner bringen. Große Verluste hat naturgemäß die B e v ö l k e r u n g der kriegführenden Parteien erlitten. Die Gesamtzahlen wie auch die soziale Differenzierung, die in diesem Zusammenhang erschlossen worden sind, besitzen naturgemäß viele Unsicherheiten. Immerhin legt die Tab. 3 nahe, daß sich das attische Bürgertum von den Verlusten im Gegensatz zu den spartanischen Vollbürgern relativ rasch wieder erholte. Auch in den meisten der übrigen bedeutenden griechischen Poleis hat sich die Bevölkerungszahl, will man den scharfsinnigen Berechnungen Belochs Glauben schenken, einigermaßen konstant gehalten. Korinth mit etwa 50000–60000, Megara, Argos, Theben und mit Einschränkungen auch Kerkyra mit ca. 15000–20000 Einwohnern bildeten nach wie vor bedeutende Wirtschaftszentren. Daneben entwickelten sich an der kleinasiatischen Küste Ephesos und Halikarnassos zu größeren städtischen Mittelpunkten, während auf der Peloponnes die neugegründete Stadt Megalopolis das Zentrum des arkadischen Bundes und Bollwerk gegen Sparta wurde. Auf Sizilien war Syrakus mit vielleicht 100000 Einwohnern die größte der hellenischen Städte, wie der Redner Isokrates bezeugt (Isok. Nik. 23, um 370 v. Chr.). Nimmt man die ländlichen Gebiete hinzu, dann mag das griechische Mutterland vielleicht 3,5 Millionen (vgl. S. 10 f.), der gesamte griechische Kulturbereich 7–8 Millionen Einwohner gehabt haben.

Derartige Schätzungen sind wichtig, weil sie für das wirtschaftliche Gefälle von Stadt und Land, für die Versorgung mit Gütern, für die militärische Schlagkraft – was Beloch seinerzeit besonders faszinierte – von nicht zu unterschätzender Aussagekraft sind.

Es liegt an den geographischen Voraussetzungen, daß die Verstädterung nicht in dem Maße, in dem es nötig war, auf die L a n d w i r t s c h a f t zurückwirkte. Nach wie vor dominierte in Griechenland, besonders in Attika, der Kleinbetrieb. Wenn man die Güter der sog. Pentakosiomedimnen (der Fünfhundertscheffler), der obersten Klasse der Grundbesitzer in Athen, von ihrem Ertrag her umrechnet, dann kommt man in etwa auf eine Betriebsgröße von 120 Morgen oder 30 Hektar, ein mittleres Gut, das neben Weizen, Gerste, Oliven, Öl auch Gemüse, Obst und Blumen hervorbrachte. Sehr viel umfangreicher sind dagegen die Güter in den großen Ebenen, in Thessalien, dem Eurotastal und in Großgriechenland, die neben dem Ackerbau verstärkt Viehzucht betrieben. Sie waren im großen Maße auf Sklavenarbeit angewiesen, welche die landwirtschaftliche Produktion wohl auch auf der mittleren Ebene trug. Es ist nicht auszuschließen, daß die Besitzkonzentration in Griechenland und besonders in Attika während des vierten Jahrhunderts zunahm, eine Folge der Kapitalinvestition in Eigentum, wie es sich für den griechischen Bürger ziemte. So hören wir von einem gewissen Aristophanes, der sich zu Beginn des vierten Jahrhunderts Grundbesitz im Umfang von 300 Plethren (knapp 30 ha) und ein Haus zulegte, wofür er fünf Talente aufwandte (= 30 000 Drachmen, Lys. 9, 29 und 42). Der Athener Phainippos in der 2. Hälfte des 4. Jahrhunderts besaß in Kytheros über 300 ha fruchtbaren Ackerlandes und Waldgebiet, auf denen er pro Jahr über 1000 Medimnen (52 000 Liter = ca. 40 t) Gerste und über 800 Metreten (= ca. 31 000 Liter) Wein produzierte, daneben für Holzverkauf 4000 Drachmen pro Jahr erzielte (Demosth. 42). Auch versuchte er sich eine Zeitlang in der lukrativen Pferdezucht. Ein nicht näher bekannter Dikaiogenes soll aus der jährlichen Pacht seines Grund und Bodens 80 Minen (= 8000 Drachmen, Isaios 5, 35) erzielt haben, was auf ein Vermögen von über 10 Talenten schließen läßt. [5]

Einzug des Geldgeschäftes in die Landwirtschaft, Erzeugung für den lokalen Markt, Verschiffung der landesüblichen Spezialitäten über See – dies hat es, wie die Quellen belegen, durchaus in größerem Umfang gegeben. Aber die Ausfuhr der landwirtschaftlichen Produktion war ohne Zweifel geringer als die Importe, die für die Versorgung der städtischen Bevölkerung nötig waren. Getreide als Hauptnahrungsmittel wurde aus den Landstrichen am Schwarzen Meer, aus Nordafrika und Sizilien eingeführt. Den Bedarf allein für Attika hat man im vierten Jahrhundert bei einer Eigenproduktion von 600 000 Medimnen (ca. 24 000 t) auf über 800 000 Medimnen (= ca. 32 000 t) geschätzt; der Gesamtbedarf für die Städte im griechischen Mutterland mag weit über 100 000 t (Beloch) gelegen haben, eine Menge, die auf ein großes Schiffskontingent, auf zahlreiche Schiffsbewegungen und auf eine „Infrastruktur" schließen läßt, die gewaltig gewesen sein muß. Dazu kamen als Einfuhrprodukte gepökeltes Fleisch, Salzfisch, Käse, Talg und andere tierische Produkte, die in den Häfen umgeschlagen wurden.

Alles in allem machte sich, wie es Heichelheim ausgedrückt hat, ein Trend zur ökonomischen Verfeinerung und eine Hinwendung zum erwerbswissenschaftlich ausgerichteten Gutsbetrieb bemerkbar, der durch bessere Organisation (vgl. Xenophons ›Oikonomikos‹), durch

---

[5] J. K. Davies, Athenian Property Families, Oxford 1971, 145 f. (zu Dikaiogenes), 553 f. (zu Phainippos), 201 f. (zu Aristophanes).

bessere Nutzung des Bodens (zum Teil Einführung der Dreifelderwirtschaft) und durch stärkere Ausrichtung an der Geldwirtschaft gekennzeichnet ist. So konnte man durch sorgfältige Kultivierung den Wert eines Landgutes verdoppeln (Isaios 9,28). Freilich haben sich diese Tendenzen nicht überall durchsetzen können. Die agrarische Subsistenzwirtschaft, die der Familie gerade das Nötigste zum Leben sicherte, dürfte nach wie vor viele Teile Griechenlands geprägt haben. Wenn sich, wie etwa auf vielen griechischen Inseln, die Quantität und die Qualität der Böden nicht änderten, Technik, Anbaumethoden und Bevölkerung in etwa gleich blieben, dann wird auch der Charakter der Landwirtschaft in diesem Gebiet auf einem niedrigen Niveau relativ stabil geblieben sein.

Das Problem der Generalisierung von Einzelbefunden stellt sich nicht allein auf dem Gebiet der Landwirtschaft. Wenn wir unbefangen von Polis und Poliswirtschaft reden, dann unterschlagen wir die gewaltigen Unterschiede zwischen den größeren Handelsstädten und den sogenannten Landstädten, die sehr viel stärker auf Fischfang und auf die agrarische Produktion des Umlandes angewiesen waren. Für die größeren Handelszentren lassen sich allerdings bemerkenswerte Veränderungen ausmachen.

Handwerk und Gewerbe nehmen größere Dimensionen an. Die kontinuierlichen kriegerischen Verwicklungen im fünften und besonders im vierten Jahrhundert erweiterten den Bedarf an Rüstungen für die Hopliten. Die Schildfabrik, die der berühmte attische Redner Lysias zusammen mit seinem Bruder vom Vater Kephalos geerbt hatte, beschäftigte gegen Ende des Peloponnesischen Krieges über 100 Sklaven, das Warenlager belief sich auf 700 Schilde (Lysias 12, 19). Pasion, ein reicher Bankier, erzielte aus seiner Schildfabrik einen jährlichen Reingewinn von einem Talent, was auf einen Betrieb von etwa 50 Arbeitern schließen läßt (Demosth. 36, 11). Der Vater des Demosthenes selbst nannte eine Schwertfabrik mit rund 32 Arbeitern und eine Möbelfabrik mit 20 Arbeitern sein eigen (Davies, 126 f.). Die Verarbeitung von Wollstoffen in größerem Stil mit Hilfe gekaufter Sklaven hatte in der mittelgriechischen Stadt Megara ihre Heimstätte (Xenophon mem. II 7, 6), in Korinth dürften die Verhältnisse nicht anders gewesen sein. Lampen und Bronzegeräte, Lederprodukte, Kleider und Teppiche wurden nicht nur in Athen in größerem Umfang für den Export hergestellt.

Betriebsform und Arbeitsorganisation (besonders der Einsatz von Sklaven) sind von den Produkten, der Herstellungsart, dem Vertrieb und den Abnehmern abhängig. Auf all diesen Gebieten gibt es zeitgenössische Barrieren, welche uns mahnen, die Begriffe Fabrik und

Industrie in ihrem ursprünglichen Sinne zu verwenden. *Fabrica* (abgeleitet von *faber* = der Handwerker, der mit hartem Material arbeitet, besonders der Schmied) bedeutet im Lateinischen ursprünglich die Werkstätte des Tischlers, des Schmiedes usw., ähnlich wie das griechische Äquivalent *ergastérion* die Arbeitsstätte generell meint, des Handwerkers, des Barbiers, ja, auch der Frauen, die ihren Körper als Ware anpreisen (*ergastérion* als Bordell, Demosthenes 49, 67). Erst in einem weiteren Sinne bezeichnet der Ausdruck die Großwerkstätte, die mit Sklaven betrieben wird. Industrie (*industria* = Betriebsamkeit, Fleiß) umfaßt in dem hier geforderten Sinn allgemein „diejenige Produktion, deren Gegenstand die Bearbeitung von Rohstoffen ist, um aus ihnen Güter von höherem Wert herzustellen"[6].

Diese Warenherstellung hat im Zeitalter der Polis in etwa den Charakter der Manufaktur erreicht, die in der vorindustriellen Zeit die fortschrittlichste Betriebsform zur Herstellung von Massengütern war. Zentralisierte Produktion, Zusammenfassung der Arbeiter (20–30 Arbeiter dürften die obere Grenze gewesen sein) in der Werkstatt, Handarbeit, Arbeitsteilung und Verwendung einfacher Maschinen waren für die Manufaktur kennzeichnend. Daneben gibt es in den Städten Kleinhandwerker, die für den städtischen Markt produzieren und zum Teil auch selbst verkaufen, also in den Handel gehen. Die alte Komödie kennt eine Menge Berufsbezeichnungen, die Herstellung und Verkauf in einem umfassen – Schmiede, Schuhmacher, Zimmerleute, Schreiner, Drechsler, Handwerkszweige, die sich zum Teil je nach den Objekten sehr stark aufsplittern (besonders stark im Holz- und Metallgewerbe). Dieser Detailhandel bestimmte besonders stark den Nahrungsmittelsektor, der fest in der Hand der Kápeloi (Kleinhändler) lag, zu denen auch Frauen zählten. Wursthändler, Geflügelhändler, Fischhändler, Vogel-, Schweine-, Schafshändler, Zwiebel-, Knoblauch-, Gemüse-, Erbsen-, Olivenhändler begegnen in bunter Zahl. In den ›Rittern‹ des Aristophanes (aufgeführt 425 v. Chr.) höhnt der Wursthändler, daß „Herr Demos" (also das souveräne Volk) sich auf die falschen Leute stützt:

> Die edlen, wackeren Männer weist Du ab
> und gibst mit Ampelmachern, Saitenkrämern,
> Schuhflickern nur Dich ab und Lederhändlern
> (Aristophanes, Ritter 73840 in der Übers. v. L. Seeger).

---

[6] Meyers Konversationslexikon von 1887, s. v., weiter F. Oertel bei von Pöhlmann, Geschichte der sozialen Frage und des Sozialismus der antiken Welt II³, München 1925 (ND Darmstadt 1984), 525 ff.

Der Bäckerladen ist der Ort, wo auch das Brot gebacken wird. Zusätzlich verkaufen Frauen im Stile unserer Hausierer die frischen Brotlaibe in ihrem Stadtviertel. Auch bei der Töpfer- bzw. Keramikherstellung liegen Produktion und Verkauf vielfach in einer Hand, so wie es z. T. auch heute noch der Fall ist.

Ortsansässige Handwerker und Händler bildeten das Gros der „kleinen" Leute, wobei der Anteil der Bürger auf der einen, der Ausländer *(Xenoi)* und ortsansässigen Fremden *(Metöken)* auf der anderen Seite nicht mehr genau festzustellen ist. Jedenfalls kann kein Zweifel daran bestehen, daß auch ein beträchtlicher Teil griechischer Bürger mit ihren Frauen im Handel und Gewerbe ihr Brot verdienen mußten. Es ist nicht einfach zu erklären, warum sie in so geringem Ansehen standen und inwieweit die Verachtung, wie sie etwa die alte Komödie und die klassische Philosophie den Händlern und Banausen *(bánausos* = eigentlich beim Ofen, Kamin arbeitend; derjenige, der in der Regel sitzend niedrige Handarbeiten verrichtet) entgegenbringen, allgemein verbreitet war oder nur ständische Vorurteile widerspiegelt. Das Ideal des autarken und autonomen Menschen, der durch abhängige Arbeit in seiner Selbstbestimmung gemindert wird – dies ist sozusagen der eine, der philosophische Gesichtspunkt in der Beurteilung; die reale Involvierung eines Großteils der städtischen Bevölkerung in den Arbeitsprozeß, der schwer, aber eben doch auch lebensnotwendig war, der andere Gesichtspunkt. Daß sich unter diesen Voraussetzungen keine einheitliche, sondern eine Ideologie voller Widersprüche und Spannungen herausbildete, liegt nahe.

Man berührt hier Probleme der Arbeitsmentalität und des sozialen Ansehens, die nicht allein Gewerbe und den Kleinhandel betreffen. Der *émporos*, der Fernhandelskaufmann, welcher den Großhandel über See abwickelt, mag wohl ursprünglich, wie dies Max Weber angenommen hatte, nicht am Ort ansässig gewesen sein, wofür der ursprüngliche Konnex von Handel und Seeraub mit verantwortlich gewesen sein dürfte. Ihm zur Seite stand der *náukleros*, der Schiffseigner. Zuweilen war die gleiche Person Händler und Reeder in einem (was selbstverständlich für das Geschäft Folgen hatte). Der Fernhandel lag hauptsächlich in der Hand der Fremden und Metöken, die als einer Art Halbbürger eine schwierige politische und rechtliche Zwitterstellung zwischen den bevorrechtigten Politen und der übrigen Bevölkerung einnahmen. Sie garantierten durch Handel und Gewerbe den Wohlstand der Stadt, sie zahlten Steuern, machten sich durch Leiturgien und Stiftungen verdient. Sie waren in ihren Städten zuweilen hochgeehrt wie etwa der Metöke Herakleides aus Salamis auf Zypern, der für

seine Dotation von 3000 Medimnen Weizen und anderen Wohltaten im
Werte von immerhin 3 Talenten durch den attischen Demos mit einem
Kranz ausgezeichnet wurde (Syll³ 304, ca. 325 v. Chr.). Der Groß-
händler Chairephilos, der im Piräus mit der Einfuhr gesalzenen Fi-
sches sein Geld machte, erhielt um 325 v. Chr. mit seinen Söhnen das
attische Bürgerrecht (Deinarchos 1,43; Davies 566f.). Das Schicksal
des Redners Andokides, der aus einer alten grundbesitzenden Familie
stammte und in den bewegten Zeiten des ausgehenden fünften Jahrhunderts schließlich ein großes Vermögen mit der Zollpacht und dem
Handel machte, beweist, daß es nicht die Metöken allein waren, die
sich dem lukrativen Außenhandel zuwandten. Anders gesagt: Man darf
die Kluft zwischen dem homo politicus, also dem griechischen Vollbürger, der sein höchstes Ziel in der politischen Tätigkeit sieht, und
dem homo oeconomicus, der als eher apolitischer und nicht gleichbe-
rechtigter Mitbewohner sich der Wirtschaft und dem Gewinnstreben
widmet, nicht größer machen als sie in Wirklichkeit war (vgl. S. 144).

Auf diesem wie auf vielen anderen Gebieten fehlen uns verläßliche,
breite Informationen über Athen hinaus. Das betrifft auch die Qualität, vor allem die Quantität des Handels, die uns wiederum durch
attische Quellen einigermaßen leidlich greifbar sind. In den Piräus,
den großen Hafen Athens, kamen als Nahrungsmittel vor allem Getreide, Wein und Salzfisch, als Rohprodukte Holz, Teer, Pech, Rötel
(für die Keramikherstellung), Erze (Eisen, Kupfer, Zinn, Gold), Häute
und Felle, ferner Gebrauchs- bzw. Luxusartikel wie Papyrus, Elfen-
bein, Spezereien, nicht zuletzt Sklaven, daneben feine Wollprodukte
und wertvolle Einrichtungsgegenstände. Die Rohprodukte wurden
zum Teil in Athen weiterverarbeitet, um in den Export zu gehen, besonders Metall- und Lederwaren, Keramik, feine Kleider und Möbel.
Die Angaben lassen sich natürlich nicht zu einer verläßlichen Handelsbilanz verwenden, zumal sie aus ganz unterschiedlichen Zeiten stammen. Aber erkennbar übersteigt der Import der Waren den Export.
Der überlieferte Hafenzoll von 36 Talenten nach 400 v. Chr. (An-
dok. 1, 133f.), der auf Ein- und Ausfuhrgüter im Werte von ca. 2000
Talenten (Boeckh, Beloch) schließen läßt, macht allerdings nicht deutlich, ob der Import auch geldmäßig den Export überwiegt. So bleibt
die Frage nach einer ausgeglichenen Handelsbilanz notwendigerweise
im Dunkeln, sie war, nach allem, was wir wissen, auch nicht das Ziel
einer aktiven attischen Wirtschaftspolitik. Unbestritten aber setzte der
Hafen und der mit ihm verbundene Handel eine große Menge von
Menschen in Geld und Brot. Er war unentbehrlich für die Versorgung
der großen Städte. Er stimulierte den Schiffsbau und verlangte in einem

gewissen Sinne nach einer Sicherung der Seewege, die durch Piraterie
gefährdet waren. Als Philipp von Makedonien 340 v. Chr. 180 athenische Getreideschiffe am Bosporus kapern ließ, wurde klar, daß die attische Kriegsflotte nicht in der Lage war, ihre Handelswege wirksam zu
schützen. Der Krieg mit dem gewalttätigen Makedonenkönig im Norden berührte also auch die Autonomie und Autarkie der Polis Athen in
Handelsfragen.

So beruhte der Außenhandel, seine Verbreitung und Ausdehnung,
auf Voraussetzungen, geographischen, politischen, sozialen, die Athen
und neben ihm etliche andere griechische Städte aufwiesen. Daneben
gab es eine Fülle von Landstädten, die eher ein bescheidenes Handelsvolumen besaßen. Wenn Handel und Gewerbe in einer so wenig autarken Gesellschaft, wie es die griechische war, trotz der realen Notwendigkeit nicht das Ansehen genoß wie die landwirtschaftliche Produktion, dann mögen dabei Anschauungen der konservativen, grundbesitzenden Aristokratie mit im Spiele gewesen sein. Die Metöken, das
Rückgrat von Handel und Gewerbe in Athen, kann die Komödie als
Spreu abqualifizieren, die Bürger dagegen sind das reine Korn (Aristoph. Ach. 507 f.). Diese Vorbehalte sind sozialer Art. Sie richten sich
gegen eine niedrige Klasse von Menschen wie gegen ihre Tätigkeiten,
die mit dem Status eines unabhängigen, tugendhaften Mannes nicht
oder nur schwer zu vereinbaren waren. Den ideologischen Vorurteilen
hat im vierten Jahrhundert die griechische Philosophie ein theoretisches Fundament geliefert. Platons Idealstaat liegt rund 10 km von der
See entfernt, damit sich dort keine Händler niederlassen können, die
einem niedrigen Gewerbe nachgehen und auf Gewinn aus sind (Plat.
Leg. 704b ff., Gorg. 518a). Der Handel besitzt seinen Zweck nicht im
Austausch und im Ausgleich der menschlichen Güter, sein Ziel ist vielmehr die Bereicherungskunst *(téchne chrematistiké)*, die ihr Augenmerk auf den Gewinn *(kérdos)* in Geld richtet. Geldgewinn um seiner
selbst willen ist aber unnatürlich und verwerflich, da er kein Maß und
keine Grenzen kennt (Aristot. Pol. 1257a ff.).

Die Kritik, die hier laut wird, richtet sich gegen die Praxis der
Geldwirtschaft in Griechenland, und Athen steht dabei stellvertretend für andere Poleis. Sie hat im fünften und vierten Jahrhundert eine
starke Ausweitung und Intensivierung erfahren. Der Markt in der
Stadt schlägt die benötigten Waren auf der Basis von Geld um. Die
Löhne für angemietete Arbeiter, in der Regel Tagelöhner, werden in
Geld bezahlt. Der Bauarbeiter gegen Ende des fünften Jahrhunderts erhielt in Athen eine Drachme pro Tag. Wohnungen werden gegen Geld
angemietet. Der Handel über See basierte auf Geld. Die Polis suchte

kontinuierliche Geldeinnahmen zu sichern durch Steuern, Hafenzölle,
Marktgebühren, Vermietungen und Verpachtungen öffentlichen Eigentums. Ein öffentliches Finanzwesen, eine „Staatshaushaltung", wie
August Boeckh Anfang des vergangenen Jahrhunderts formulierte, bildet sich bereits im sechsten Jahrhundert heraus mit einer spärlichen
Bürokratie, die durch die Volksversammlung gewählt wird. Die Finanzen der Polis profitierten davon, daß auch in der Rechtssprechung die
Bußen und Strafen in Geldbeträgen festgesetzt werden. Diebstahl, Ver-
balinjurien („Schmähungen"), Ehebruch, Notzucht werden vom sechsten Jahrhundert an mit Geldbeträgen geahndet. Für Beleidigungen
hatte der Athener nach der solonischen Gesetzgebung (Plut. Sol. 21)
drei Drachmen an den privaten Kläger, zwei an die Staatskasse zu bezahlen. Miltiades, der berühmte Sieger von Marathon, einer der reichsten Aristokraten seiner Zeit, wurde 488 v. Chr. nach einem mißglück-
ten Feldzug gegen die Insel Paros zu der enormen Summe von 50 Talenten (= 300000 Drachmen) verurteilt. Das Stadtrecht von Gortyn auf
Kreta aus der Mitte des fünften Jahrhunderts kennt für die verschiedenen Delikte eine ganze Fülle von Geldstrafen. Für Notzucht und Ge-
waltanwendung etwa sieht das Gesetz je nach den Umständen und dem
Stand der Betroffenen Strafen von 5–200 Stateren (= 10–400 Drachmen) vor. Gortyn war keine Handelsstadt im Stile Korinths oder
Athens. Die angesetzten Geldstrafen haben ihre Bedeutung nicht nur
im Rahmen der städtischen Einnahmen, sondern sind ein wichtiges
Indiz für die Geldwirtschaft schlechthin im griechischen Bereich.

Derartigen Einnahmen stand eine stetig wachsende Zahl von Ausgaben gegenüber, die sich ursprünglich auf Opfer, Feste, Kultgegenstände, Statuen und Tempel bezogen, sodann auf öffentliche Bauten
wie Mauern, Wasserleitungen und Straßen, später auf den Unterhalt
der Flotte und die Anwerbung von Söldnern. Die Diäten für die Mitglieder der Volksversammlung, der Volksgerichte und des Rates, später
dann die Kosten für die Schau- und Festgelder *(theoriká)* sicherten
dem minderbemittelten Bürger die Teilnahme am staatlichen Leben.
Sie waren „der Leim, der die Demokratie zusammenhält", wie der attische Redner Demades im vierten Jahrhundert im Hinblick auf die
theoriká formulierte. So langten die Einkünfte, die sich in Athen während des fünften und vierten Jahrhunderts gelegentlich auf 1000, 1200
oder 1600 Talente (unter Einschluß der Bündnerzahlungen: Busolt-
Swoboda 1231 f.) beliefen, oftmals nicht hin, die staatlichen Maßnahmen, besonders die des Krieges, zu finanzieren. Die notorischen Klagen der attischen Redner über die Finanzmisere ihrer Stadt stehen
stellvertretend für die Schwierigkeiten der griechischen Gemeinwesen

schlechthin, Ein- und Ausgaben zu „verstetigen" und berechenbar zu machen. Ansätze zu einem Etat bilden sich nur in Teilbereichen (etwa bei den Ausgaben für die Instandsetzung der Heiligtümer) heraus. Der Rückgriff der Polis auf die private Finanzkraft ihrer reichen Mitbürger, die durch Leiturgien (vgl. S. 142 f.) und Stiftungen öffentliche Aufgaben freiwillig übernahmen, erscheint so gesehen als Ausweg und als komplementäre Größe zum mangelhaft ausgebildeten städtischen Haushalt.

Den Geldgeschäften in den Städten dienten die Banken (*trápeza*, wie das italienische *banca* ursprünglich der Tisch des Wechslers). Sie besaßen ihren Ursprung im oder am Tempel (vgl. S. 66 f.); aber im fünften Jahrhundert weitete sich mit der größeren Bedeutung des Geldes das Sorten- und Depositengeschäft aus, die Vergabe von Krediten kam als lukrative Verdienstmöglichkeit hinzu. Bankiers *(trapezítai)* mit der Aufgabe des Geldprüfens, Wechselns und Verleihens sind für 33 griechische Poleis bezeugt (Bogaert), womit sicher nur ein Teil erfaßt ist. In Athen erwarb Pasion, ein ehemaliger Sklave und Metöke und ab 386 v. Chr. athenischer Bürger, durch seine Schildfabrik, vor allem aber durch sein Bankgeschäft ein enormes Vermögen von ca. 50 Talenten (300000 Drachmen). Als er sich nach 370 v. Chr. zur Ruhe setzte, pachtete sein Freigelassener Phormion die Bank für jährlich 10000 Drachmen; auch er wurde ein reicher Mann und erlangte das athenische Bürgerrecht. Die Beispiele können allerdings nicht darüber hinwegtäuschen, daß die Einlagen der Kunden im allgemeinen gering, die Transaktionen über die Stadt hinaus durch einen Wechselraufschlag von 5–6 % teuer und umständlich waren. Kapitalvolumen und Kapitaldeckung konnten sich deshalb nur unvollkommen ausbilden, was gelegentlich zu einem Zusammenbruch der Banken führte. So leuchtet die Einschätzung, „die Rolle der Bank war für den Geldumlauf von einiger Bedeutung, kaum jedoch für Handel und Industrie" (Pekáry), unmittelbar ein, ihre Funktion aber wird damit wahrscheinlich doch zu gering veranschlagt. Ein Kapitalzins von 10–12 %, wie er sich für das 4. Jahrhundert einbürgerte (Billeter), ist ein Indiz für die Normalität der Geldgeschäfte und für die Existenz von genügend Kapital. Inwieweit der Fernhandel über Seedarlehen finanziert wurde (ganz – teilweise), ist ein offenes Problem. Die Zinsen konnten wegen des hohen Risikos (Schiffbruch, Kaperung) bis zu 33⅓ % betragen, was dafür spricht, daß nicht nur das Geldgeschäft, sondern auch der Seehandel lukrativ waren. Aber große Kapitalien bildeten sich nicht heraus, weder in Privathaushalten und Handelshäusern (wie im späten Mittelalter), noch in den Banken, die in der Regel von kleinen Leuten, Freigelassenen und Metöken betrieben wurden. Die Einschätzung *(tímema)* des attischen Gesamtvermögens zu Beginn des vierten Jahrhunderts in Höhe von knapp 6000 Talenten (Polyb. II 62,2) belegt bei aller Schwierigkeit der Deutung das geringe Pro-Kopf-Vermögen der Bürger und Metöken. Die Vermögensverhältnisse eines athenischen Grundbesitzers, eines gewissen Stratokles, die uns der Redner Isaios schildert, können als typisch für die Zeit gelten. Sein Grundbesitz im Wert von 2½ Talenten bringt jährlich eine Rendite von 1200 Drachmen, die Vermietung von Häusern 350 Drachmen. Durch privaten Geldverleih (4000 Drachmen) erzielt er bei 18 % (!) Zinsen 720 Drachmen pro Jahr, das ganze Vermögen einschließlich des Mobilars und des Viehs wird auf 5½ Talente beziffert (Isaios XI 41 ff., Davies 87 f.). Die Rede macht die Dimension des Reichtums und die Wertvorstellungen der Zeit überdeutlich: Sachwerte, Grundbesitz und Vieh behaupten sich neben dem mobilen Kapital, das prozentual zwar großen Gewinn bringt, aber nur behutsam eingesetzt wird.

So lagen die Vermögensverhältnisse in Athen, das hier stellvertretend für das übrige Griechenland stehen muß. Einige wenige Tendenzen im Rahmen der Poliswirtschaft bedürfen noch einer gesonderten Erwähnung. Drei große kriegerische Auseinandersetzungen: die Perserkriege, der Peloponnesische Krieg und der Krieg der vereinigten Griechenstädte gegen Philipp von Makedonien, markieren Beginn, Umschwung und Ende der hier betrachteten Epoche. Die Rüstungsindustrie profitierte in großem Stile von den fortwährenden Streitereien. Aber es ist keine Frage, daß die kontinuierlichen kriegerischen Verwicklungen der Landwirtschaft und dem Handel schweren Schaden zufügten. Piraterie war und blieb zudem der ständige Begleiter des Handels. Auch von hierher ist es verständlich, daß sich eine ausgesprochene Handelsmentalität und eine Bereitschaft zum wirtschaftlichen Risiko als allgemeine Erscheinungen unter den Politen nicht herausbildete. Grundbesitz galt nach wie vor als die beste Form der Kapitalanlage.

Die Poliswirtschaft hat zum zweiten die Anwendungsmöglichkeiten der unfreien Arbeit ausgeweitet. Die Verwendung von Sklavinnen und Sklaven war in der homerischen Welt, in der Agrar- und besonders in der Weidewirtschaft, durchaus üblich. Diese rudimentäre Form der Haussklaverei wird offensichtlich in der ersten Hälfte des 6. Jahrhunderts v. Chr. auf eine höhere Produktionsstufe geführt. Es spricht vieles dafür, daß die industrielle Herstellung der Waren in den Städten den erhöhten Bedarf an Sklavenarbeit nach sich zog. Sklaven begegnen wir in den Schild- und Schwertmanufakturen (vgl. S. 198), bei der Massenherstellung von Lampen, Möbeln und Schuhen, vor allem im Bergwerk und auch in der Landwirtschaft. Eine Auswertung von athenischen Freilassungsinschriften in der zweiten Hälfte des vierten Jahrhunderts gibt einen Hinweis auf die Tätigkeiten, welche die ehemaligen Sklaven und Sklavinnen, die nun freigelassen waren, ausgeübt hatten[7]:

	Landwirt-schaft	Gewerbe-betriebe	Transport-wesen	Dienst-leistungs-gewerbe	Ver-schiedenes
Männer	12	26	10	21	10
Frauen	0	48	0	7	1

Die Auswertung dieser Angaben ist nicht einfach. Allgemeine Rückschlüsse auf die Anzahl der beschäftigten Unfreien in den entsprechenden Sparten lassen sich kaum ziehen, eher auf die individuellen Verdienstmöglichkeiten, die es den Sklaven erlaubten, sich gegebenenfalls freizukaufen. Sklaven waren nicht billig (je nach Brauchbarkeit zwischen 120–300 Drachmen); 6000 Drachmen für einen Minenaufseher (Xen. Mem. II 5,2) sind eine Ausnahme. Der kleine Handwerker bzw. der kleine Bauer konnten sich Kauf und dauernden Unterhalt nicht oder nur mit Mühe leisten. Aber auch in die Landwirtschaft drang immer stärker die Sklaverei ein. Ein gewisser Mnason aus Elateia soll im 4. Jahrhundert v. Chr. 1000 Sklaven auf seinem Landbesitz in Phokis (Mittelgriechenland) eingesetzt haben (Athen. 6,264 d), zweifellos deshalb, weil er die landwirtschaftliche Produktion gewinnbringend und nach Marktgesichtspunkten organisieren wollte.

Es gibt Anzeichen, daß trotz derartiger Anstrengungen und der unbestreitbar großen Leistungen der Wirtschaft im fünften und vierten Jahrhundert eine flächendeckende und kontinuierliche Versorgung der Menschen mit Gütern nur unvollkommen gelang. Damit berühren wir die dritte Tendenz, die zunehmenden sozialen Schwierigkeiten der Zeit, die von der wirtschaftlichen Lage mit bedingt waren. Sie fanden ihren Ausdruck in der steigenden Zahl von Flüchtlingen, im Söldnerwesen, in der Zunahme der Armut und Versorgungskrisen der Städte. Der Bettler (ptochós) und der Arbeitslose (aergós, argós argía, „die Arbeitslosigkeit"), welche in der Gestalt des berühmten Kynikers Diogenes ihre philosophische Überhöhung fanden, dürften in den großen

7 Westermann, Slave Systems, 13 auf der Basis von IG II² 1553–1578.

Poleis normale Erscheinungen gewesen sein. Mit dem Benennen dieser Phänomene, die in ihrem Umfang und in ihren Ursachen nur schwer zu bestimmen sind, muß es an dieser Stelle sein Bewenden haben. Rostovtzeff hatte gemeint, daß die Verselbständigung der Märkte außerhalb Griechenlands einen Rückgang des Außenhandels nach sich gezogen und eine allgemeine soziale Krise verursacht habe. Möglicherweise war aber diese Krise mehr noch in der Strukturschwäche der Stadtwirtschaft als solcher begründet, der es unter den gegebenen äußeren Bedingungen nur unvollkommen gelang, eine größere Bevölkerung kontinuierlich mit Gütern zu versorgen. Sie waren in der Regel nicht nur knapp, es fehlte oft auch der Wille und die Möglichkeit, sie herbeizuschaffen und effektiv einzusetzen. Das Streben nach A u t a r - k i e, wie es Platon und Aristoteles als Ideal beschrieben haben, auch und gerade im wirtschaftlichen Bereich, wird von dieser Situation her verständlich.

Der M a r k t ist idealtypisch gesehen das qualitativ Neue, das die Poliswirtschaft gegenüber dem Oikos aufweist. „Die Griechen sind Leute, die in ihrer Stadt einen Platz haben, wo sie zusammenkommen, um einander zu belügen und falsche Eide zu führen", läßt Herodot den Perserkönig Kyros (559–529 v. Chr.) sagen und erläutert dies mit Hinweis auf den Markt *(agorá),* als Regulator von Kauf und Verkauf (Herodot 1, 153). Das war, wie Herodot sagt, eine Eigenart der Griechen. Der Markt bündelt in der griechischen Polis eine Fülle von verschiedenen Funktionen. Sie waren in ihrer Art und Dimension von dem überschaubaren und kleinen Stadtstaat abhängig, wie ihn die griechische Landschaft und die griechische Gesellschaft der Zeit geprägt haben.

3. Die hellenistische Zeit

Die Eroberungszüge Alexanders des Großen (356–323 v. Chr.) haben das politische Gesicht des Mittelmeerraumes und Vorderasiens grundlegend verändert. In ihrem Gefolge treten griechische Kultur und Zivilisation ihren Siegeszug in bisher unbekannte Räume an und vermischen sich mit einheimischen Traditionen in Kleinasien, Persien, Indien und Ägypten. Ein „neuer Aggregatzustand der Menschheit" entsteht, wie es vor gut anderthalb Jahrhunderten J. G. Droysen eindrucksvoll formulierte, eine Epoche, die nach ihm den Namen *Hellenismus* erhielt und die er als die moderne Zeit des Altertums begriff. Aber auch hier zeigt sich bei genauerem Zusehen, daß der Hellenismus nicht durch Diskontinuität zur klassischen und nachklassischen Zeit gekennzeichnet ist. Im politischen, sozialen und kulturellen Bereich führt er vorhandene Tendenzen fort und fußt in den eroberten Gebieten auf lokalen Traditionen, die trotz aller Hellenisierung unvermindert fortbestanden und sich z. T. nur oberflächlich mit den griechischen Strukturen vermischten.

Das Weltreich Alexanders des Großen zerfiel nach seinem Tode mit einer gewissen inneren Logik; weniger deshalb, weil kein geeigneter Nachfolger vorhanden war, sondern weil es an den politischen und bürokratischen Institutionen mangelte, um so gewaltige Ländermassen langfristig in einer staatlichen Einheit zusammenzufassen. In einem erbitterten Kampf der *Diadochen* (Nachfolger) um das Erbe des großen Eroberers bildete sich schließlich das h e l l e n i s t i s c h e S t a a t e n s y - s t e m heraus, das nach der Schlacht bei Kyrupedion (281 v. Chr.) in seinen wesentlichen Zügen das Reich der Seleukiden (Kleinasien und Syrien), das Reich der Ptolemäer (Ägypten als Kernland, daneben die Kyrenaika, Südsyrien und Zypern) und das Reich der Antigoniden (Makedonien, Thrakien, das nördliche Griechenland) umfaßte. Daneben schieben sich mittelgroße Monarchien, das Königreich von Pontos an der Schwarzmeerküste und das Königreich von Pergamon (Attalidenreich) als die bedeutendsten.

Bis etwa 200 v. Chr. agieren die drei großen Monarchien auf der Basis eines gewissen Gleichgewichtes der Kräfte miteinander, einer 'balance of power', die nicht Leitlinie der Politik, wohl aber Ergebnis des Kräfteverhältnisses war. Dieser Blütezeit des politischen Hellenismus folgt im 2. Jahrhundert v. Chr. eine Epoche des Zerfalls und Niedergangs. Das Staatensystem, innerlich ausgehöhlt und von den hellenistischen Königen selbst durch Angriffskriege geschwächt, wird von den Römern schrittweise zerstört. Mit der Schlacht bei Aktium 31 v. Chr. endet die Selbständigkeit des letzten hellenistischen Staates, Ägypten, das als eine Art Krondomäne dem Imperium Romanum einverleibt wird. Rom übernimmt im Mittelmeerraum das gewaltige Erbe des Hellenismus, der als kulturelle Grundströmung das Römische Reich bis zu seiner Auflösung im 5. Jahrhundert n. Chr. bestimmt hat.

Der hellenistische Staat unterscheidet sich in wesentlichen Punkten von der griechischen Polis. Er ist Territorialstaat von zum Teil gewaltiger Ausdehnung. Das Kernland der Seleukiden in Kleinasien umfaßte etwa 600000 km², das Ptolemäerreich mit seinen Außenbesitzungen etwa 120000 km², das Antigonidenreich in Makedonien und auf der Balkanhalbinsel etwa 70000 km². Der Großflächigkeit entspricht eine an der Polis gemessen gewaltige Bevölkerung. Die Zahlen, die K. J. Beloch vor rund 100 Jahren errechnet hat, sind naturgemäß unsicher, können aber zumindest die Dimension verdeutlichen: So hat das Seleukidenreich wahrscheinlich rund 30 Millionen, das Ptolemäerreich rund 10 Millionen, das Antigonidenreich 3–4 Millionen Einwohner besessen; anders gesagt: der hellenistische Staat umfaßt ein ganz anderes politisches und ökonomisches Potential als die Polis, in quantitativer und qualitativer Hinsicht.

Die Polis war als Staat in erster Linie Personenverband und hat sich als Gemeinschaft der Politen, der Bürger, verstanden. Der hellenistische Staat ist nominell eine auf den Herrscher zugeschnittene Monarchie; aber wenn der hellenistische Staat als „die Angelegenheiten des Königs" (ta basiliká prágmata) definiert wird, ist damit bereits angedeutet, daß es eines nicht unbeträchtlichen Apparates bedurfte, um dieses gerne als „absolutistisch" eingestufte Königtum in die Wirklichkeit umzusetzen. Auf den Monarch war eine hierarchisch gegliederte Verwaltung ausgerichtet; er verfügte über ein stehendes Heer, das in seinem Kern aus Söldnern bestand; ihm „gehörte" schließlich das gesamte Land kraft seines Eroberungsrechtes (gemäß der Theorie vom sogenannten „speererworbenen Land", doríktetos chóra), eine Art Obereigentum, das in der Realität freilich vielfach abgestufte Besitzverhältnisse (u. a. das Königsland, das Lehensland, das Tempelland, das Privatland) zuließ. Nichts beleuchtet die absolute Verfügungsgewalt des Königs deutlicher als die Tatsache, daß er das gesamte Reich testamentarisch wie eine Privatsache vererben konnte. So hat es beispielsweise Attalos III. 133 v. Chr. gehalten, als er das Pergamenische Reich nach seinem Tode den Römern vermachte.

Sinnfälligen Ausdruck fand das Königtum im Königskult, im Hofzeremoniell und nicht zuletzt in der Residenzstadt, die städtebaulich vollständig den Bedürfnissen der Monarchie dienen mußte. Alexandria, Pergamon, Seleukeia bieten anschauliche Beispiele, wie der königliche Palast, die Garnisonsgebäude, die Kult- und öffentlichen Bauten aufeinander abgestimmt waren. Die Residenz zieht Menschenmassen an, die sich niederlassen, unterschiedlichen Arbeiten nachgehen und urban leben wollen. Erst im Hellenismus entsteht die antike Großstadt, deren Einwohnerzahl auch nach heutigen Maßstäben beeindruckend ist. Alexandria besaß wahrscheinlich an die 500000, Seleukeia über 200000, Pergamon an die 120000 Einwohner. Die Versorgungs- und Entsorgungsprobleme einer solchen Menschenansammlung waren, gemessen am Stande der Technik und der Wirtschaft, immens, die sozialen Folgekosten unübersehbar, wie sie vor gut einhundert Jahren R. Pöhlmann unter dem Eindruck der

Industrialisierung und Verstädterung im 19. Jahrhundert eindrucksvoll beschrieben hat.[8]
Die sozialen Probleme blieben nicht auf die Stadt beschränkt. Sie waren durch die griechisch-makedonische Eroberung vorgegeben und bedrückten das Land und die Landbevölkerung, besonders im Seleukiden- und Ptolemäerreich. Griechen und Makedonen bildeten in den hellenistischen Monarchien die zahlenmäßig kleine Herrenschicht, die in der Verwaltung, der Wirtschaft und dem Heer den Ton angab; die eingeborene Bevölkerung, besonders im Seleukidenreich ein buntes Gemisch unterschiedlicher Nationalitäten, war in jeder Hinsicht deklassiert, eine Benachteiligung, die auch nicht durch zunehmende Vermischung aufgehoben wurde. In ihrem Gefolge verlor zwar die griechisch-makedonische Oberschicht ihren nationalen Charakter; hellenisierte reiche Ägypter, Juden, Lyder, Karer stiegen auf und schufen eine Klasse, die M. Rostovtzeff als B o u r g e o i s i e gekennzeichnet hat, als Bürgertum, welches Wirtschaft, Kultur und Politik recht eigentlich trug. Große gesellschaftliche Spannungen, die aus dem scharfen Gegensatz und der wirtschaftlichen Ausbeutung der eingeborenen Bevölkerung resultierten, prägten im zweiten Jahrhundert zunehmend die innere Geschichte der hellenistischen Staaten und haben mit zu ihrem Niedergang beigetragen.
Alle vorgebrachten Kennzeichen dieses neuen Aggregatzustandes: die Form der absoluten Monarchie, die Großräumigkeit der hellenistischen Staaten, das mehr oder weniger kohärente Staatensystem, das Nebeneinander von hochzivilisierten und komplexen städtischen Zentren und dem weiträumigen Agrarland *(pólis – chóra)*, der scharfe soziale Gegensatz von schmaler Erobererschicht und unterworfenen Einheimischen haben in der W i r t s c h a f t des Hellenismus ihre Konturen hinterlassen. Sie bilden insgesamt politische und soziale Rahmenbedingungen, die durchaus nicht einen einheitlichen Typus „hellenistische Wirtschaft" hervorbringen, sondern ein Neben- und Miteinander ganz unterschiedlicher Formen. Belochs Feststellung: „Die griechische Volkswirtschaft war Weltwirtschaft geworden, die die ganze damals bekannte Oikumene umfaßte", beschreibt nur einen Teil des Wirtschaftsprozesses, geht von einer viel zu weitgehenden Hellenisierung und Urbanisierung der Wirtschaftsgebiete aus und bringt die heterogenen Teile auf einen zu modernen Nenner. Andererseits neigen sogenannte

---

[8] R. Pöhlmann, Die Überbevölkerung der antiken Großstädte im Zusammenhang mit der Gesamtentwicklung städtischer Zivilisation, 1884 (ND Leipzig 1967).

Traditionalisten, welche im Hellenismus nur ein Fortschreiben der vorhandenen Produktionsweisen sehen, dazu, die neue Epoche von ihren Rändern her in Frage zu stellen und den Hellenismus gerade auf dem wirtschaftlichen Sektor zu unterschätzen. Unübersehbar hat das Königtum eine besondere Form der Staatswirtschaft nach sich gezogen. Der königliche Oikos bildet das Zentrum der Wirtschaftsabläufe, eine Organisation, die in Ägypten besonders eindrucksvoll verwirklicht und in den anderen Monarchien in Ansätzen und tendenziell greifbar ist. Der König verfügt nicht nur in der Theorie, sondern auch in der Praxis über den größten Grundbesitz, ihm gehören die bedeutendsten Manufakturen, Bergwerke und Steinbrüche; er ist Produzent und Händler, verfügt über ein effektives Vertriebssystem zu Wasser und zu Lande. „Ptolemaios war", wie es einmal W. Tarn formuliert hat, „der größte Getreidekaufmann, den die Welt je gekannt hat" (Tarn–Griffith S. 225).

Produktion und Verkauf der Waren versucht der Herrscher durch Monopole[9] zu regeln, so etwa auf dem Gebiete der Salz-, Bier- und Gewürzherstellung, des Handels, der Münzprägung und der Banken. Der Steigerung der öffentlichen Einnahmen dienten die diversen Steuern und die Vermietung bzw. Verpachtung von königlichem Eigentum bzw. hoheitlichen Funktionen. Was wir heute mit dem einheitlichen Wort „Steuer" umschreiben, besaß ganz unterschiedliche Namen und umschloß in der griechischen Polis wie in den hellenistischen Staaten eine Fülle ganz unterschiedlicher Abgaben, solche auf Grundbesitz und Eigentum, auf Personen, auf Handel und Berufstätigkeiten. Mit Hilfe von Vermietung und Verpachtung (*místhosis*, die zeitliche Gebrauchsüberlassung und Nutzung gegen Entgelt, „Lohn", *misthós*, vgl. S. 73) wurde in der griechischen Polis ein Großteil der Einkünfte bestritten. Beide Einnahmequellen wurden von der königlichen Wirtschaft übernommen und erfuhren eine bedeutende Differenzierung, Ausweitung und Rationalisierung. Vor allem aber profitierte der ptolemäische König vom Export des Getreides, des wichtigsten Nahrungsmittels, daneben von der Ausfuhr von Glas, Papyrus, Gewürzen und anderen Dingen.

Diese zentralistische Staatswirtschaft war besonders in Ägypten außerordentlich effektiv. Unter Ptolemaios Philadelphos (283–246 v. Chr.) sollen die jährlichen Einkünfte 14 800 Talente Silber (= ca. 90

---

[9] Monopol geht auf das griechische *monopólion* zurück: Alleinverkauf einer Ware und Ausschaltung der Konkurrenz zum Zwecke höchstmöglicher Gewinne, vgl. Aristot. Pol. 1,11 (1259a, 20 ff.); F. M. Heichelheim, RE XVI, 1933, 147 ff.

Millionen Drachmen) und 1,5 Millionen Artaben Getreide (= ca. 45 000–50 000 Tonnen, was sicher zu niedrig ist)[10] betragen haben. Für das Seleukidenreich besitzen wir in der Frühzeit die Angabe von 11 000 Talenten jährlicher Einnahmen,[11] ein Vielfaches von dem, was die griechische Polis von ihren Voraussetzungen her erwirtschaften konnte. Der Reichtum der Attalidenkönige in Pergamon war sprichwörtlich, er speiste sich aus einem unterschlagenen Anfangskapital von 9000 Talenten (Strab. XIII 4,1) und aus kontinuierlichen städtischen Abgaben, Steuern, Zöllen und eigenen Wirtschaftsaktivitäten.

Die hellenistische Königswirtschaft, die *oikonomía basiliké*, hat eine unter dem Namen des Aristoteles auf uns gekommene *Oikonomik* als einen eigenen Wirtschaftskreis definiert und ihr neben Import, Export und Geldwesen auch den Bereich der Aufwendungen *(analómata)* oder Ausgaben zugewiesen (Aristot. oek. 2,3, 1345 b 19ff.). Hauptposten der A u s g a b e n bildeten die Kosten für Heer und Flotte, daneben für die Verwaltung, die öffentlichen Bauten, königliche Repräsentation, öffentliche Feste und die vielfältigen Spenden. In welcher Größenordnung das Geld in die einzelnen Ressorts floß, läßt sich kaum mehr ausmachen. Hin und wieder fallen Schlaglichter, so wenn Ptolemaios Euergetes (der „Wohltäter") 218 v. Chr. den erdbebengeschädigten Rhodiern 300 Talente Silber, 1000 Talente Kupfergeld und noch einmal 3000 Talente Silber zur Wiederaufrichtung des umgestürzten Kolosses in Aussicht stellte (Polyb. 5, 89), daneben Baustoffe und Naturalien. Auch die hier unter Beweis gestellte königliche Wohltätigkeit *(euergesía)* diente letztlich wie die meisten Ausgaben der Sicherung der monarchischen Herrschaft. Der gewaltige Staatshaushalt war diesem Zweck untergeordnet; selbst Heichelheim, der immer wieder von der Verfeinerung, der Differenzierung und Effektivität der Staatsfinanzen, von der „genialen Präzisionsmaschine der ptolemäischen Beamten- und Staatswirtschaftsorganisation" sprach, sah darin letztlich einen „ausbeuterischen Mechanismus", der die betroffene Bevölkerung in Armut, oft auch in Verzweiflung hielt und sie u. a. für Utopien und für alle möglichen Jenseitsvorstellungen anfällig machte.

Derartig weitreichende Verbindungen von Ökonomie, Sozialstruktur und Mentalität müssen hier auf sich beruhen bleiben. Wichtiger ist, daß man den Typus der königlichen Ökonomie, die uns in ihrer Verbindung von staatlicher Wirtschaftsinitiative, Marktkontrolle über Monopole, Kapitalsicherung über Steuern und Verpachtungen so au-

---

[10] Zu den überlieferten Zahlen Rostovtzeff, Hellenismus, 918 f.
[11] Beloch, Griechische Geschichte IV 1, 342 f.

ßerordentlich modern anmutet, auf ein richtiges Maß zurückführt und einbindet in die übrigen wirtschaftlichen, politischen und geographischen Gegebenheiten.

Die Staatswirtschaft konnte, wie man zu Recht bemerkt hat, nicht „absolut" sein (Ehrenberg); sie war nicht total in dem Sinne, daß sie den gesamten Wirtschaftsprozeß umfaßte. Besonders in den Monarchien außerhalb des Ptolemäerreiches besaßen die private Oikoswirtschaft, die Poliswirtschaft und besonders die Tempelwirtschaft größere Freiräume. Heiligtümer, wie das Serapeum zu Memphis, der Jahwe-Tempel in Jerusalem oder das Apollo-Heiligtum auf Delos tendierten dazu, exemte, d. h. vom König und von der königlichen Steuer weitgehend unabhängige Gebiete zu bleiben. In Kleinasien hielten sich bis in die römische Zeit hinein kleinere wirtschaftlich autarke Tempelstaaten, die von ferne an die Stellung der großen Reichsklöster im Mittelalter denken lassen.

Auch die Monopole scheinen bis auf wenige Ausnahmen nicht abschottend gewirkt zu haben; es waren in der Praxis oft sogenannte unvollständige Monopole, zuweilen ist nicht ganz klar, inwieweit es sich lediglich um königliche Beteiligungen an Warengeschäften handelt. So schwindet bei genauerem Hinsehen der Eindruck einer umfassenden hellenistischen Staatswirtschaft; er wird mit noch größerem Nachdruck von einer anderen Seite her in Frage gestellt.

Wir kennen aus der Mitte des 3. Jahrhunderts v. Chr. dank einer reichen Papyrusüberlieferung, dem sogenannten „Zenonarchiv", die wirtschaftlichen Aktivitäten des Dioiketen Apollonios, der das Finanz- und Wirtschaftsressort unter Ptolemaios II. leitete, ziemlich genau. Er besaß vom König überlassene Landgüter (sog. *doreaí*, „Geschenke", vergleichbar den im Mittelalter auf Lehnsbasis überlassenen *beneficia*) in einem Umfang von mehreren tausend Hektar, auf denen er eine intensive Landwirtschaft und gewerbliche Produktion (besonders Wollwebereien) betrieb. Er verfügte über eine eigene Flotte, die seine Waren (Öl, Wein, Weizen, Fischkonserven, Aromata, Wollprodukte, Sklaven) über das Mittelmeer verschiffte, dazu kam ein Karawanenhandel, der in kleinerem Umfang Güter zwischen Ägypten und Palästina auf dem Landwege umschlug. Der Großteil der Geschäfte lief über seinen *oikonómos*, den Verwalter Zenon, welcher der erhaltenen Korrespondenz den Namen gab. Dieser tätigte zusätzlich auch Bankgeschäfte und wirtschaftete wie andere Untergebene des Apollonios in seine eigene Tasche.

Es ist nicht der moralische Gesichtspunkt, ob denn Apollonios und Zenon bei ihren Privatgeschäften rechtmäßig handelten, der hier inter-

essiert. Die hellenistische Staatswirtschaft funktionierte offensichtlich
in der Weise, daß sie wirtschaftliche Subsysteme wie diejenigen des
Apollonios und Zenon zuließ, ja auf sie angewiesen war. Ein derartiger
wirtschaftlicher Großbetrieb mit privatem Einschlag war kein Einzelfall, wie das Beispiel der *Tobiaden* in Palästina beweist, einer einflußreichen jüdischen Familie, die als Generalpächter in Judäa für die Einkünfte der Ptolemäer (ab 198 v. Chr. der Seleukiden) verantwortlich
zeichnete und dabei zu großem Reichtum gelangte. Max Weber hat für
diese Art der Delegation staatlicher Aufgaben und der Ausübung faktischer Wirtschaftsmacht den Begriff der *Appropriation* geprägt, weil sie
den privaten Nutznießern ein Eigentum im wirtschaftlichen Sinne verschaffte.[12] Das gesamte System der Pacht, wodurch staatliche Einkünfte an private Unternehmen übereignet wurden, läßt sich bei aller
Unterschiedlichkeit in den hellenistischen Staaten als ein Vorgang der
Appropriation begreifen, eine wirtschaftliche Verselbständigung innerhalb der rechtlichen und politischen Ordnung.

Diese dezentrale Organisationsform der Wirtschaft hängt mit
der Weiträumigkeit der Herrschaftsgebiete, mit der Verschiedenartigkeit der Bevölkerung und auch mit der Unzulänglichkeit staatlicher
Bürokratie zusammen, deren Effektivität man leicht überschätzt,
wenn man allein auf den imposanten Verwaltungsapparat, wie er in
Ägypten bestand, blickt.

Vielfach knüpften die hellenistischen Herrscher an die Wirtschafts-
praxis an, die im Lande traditionell war, und verschmolzen sie, wie
etwa im Bereich der Steuerpacht, mit den Maximen der Polis. So gesehen war die hellenistische Staatswirtschaft nichts Neues, sondern band
ganz unterschiedliche Wirtschaftstraditionen zu einem mehr oder weniger zusammenhängenden Konglomerat zusammen mit der Maßgabe
der höchsten Effektivität.

Man findet diese „Mischkalkulation" bestätigt auf dem Gebiete der
Arbeitsorganisation in der Landwirtschaft. Sie bildet nach wie vor
das Rückgrat der gesamten Ökonomie. Besonders die Ptolemäer haben
viel Mühe darauf verwandt, die Anbauflächen zu vergrößern, griechische Naturprodukte wie Wein und Olivenöl anzubauen und neue
Techniken in der Bewässerung, in der Bodenbearbeitung (Eisenpflug)
sowie bei der Weiterverarbeitung (Öl-, Weinpressen) einzuführen. So
war es möglich, insbesondere die Getreideproduktion zu steigern,
deren größter Teil in den Export ging, in die Ägäis und in den Westen,

---

[12] *appropriatio* – die faktische Aneignung einer Sache, vgl. M. Weber, Wirtschaft und Gesellschaft 3,7, Bd. I, 168 ff., Wirtschaftsgeschichte, 12 ff.

besonders nach Karthago. Ebenfalls läßt sich im Seleukidenreich eine Ex- und Intensivierung der Landwirtschaft nachweisen, wobei der Handel mit landwirtschaftlichen Produkten aufgrund der geographischen Voraussetzungen eher zurücktritt. Aber auch der seleukidische Herrscher handelt mit Getreide (Syll.[3] 344). Inwieweit man die Angaben der Zeit über den Großgrundbesitz verallgemeinern darf, ist ungewiß. So verfügt Aristodikides aus Assos, ein „Freund" *(phílos)* und Untergebener des Antiochos I. (281–261 v. Chr.), dank königlicher Freigebigkeit über einen Grundbesitz von etwa 600 ha.[13] Apollonios besaß neben einem Gut von ca. 2500 ha im Faijúm (vgl. S. 72) ein bedeutendes Anwesen in der Nähe von Memphis und noch Grundbesitz an mehreren anderen Stellen, der zum Teil an kleine Bauern verpachtet war, zum Teil mit eigenem Personal und Tagelöhnern bestellt wurde. In Makedonien, Thrakien und Nordgriechenland gab es umfangreiche königliche Domänen und Grundbesitz des Adels, den dieser teils ererbt, teils vom König als „Geschenk" *(doreaí,* vgl. S. 133) erhalten hatte. Im Gegensatz zu den kleineren Bauernstellen, die es vor allem im Antigonidenreich möglicherweise in größerem Umfang gab, produzierten die Landgüter über den eigenen Bedarf hinaus. Ihre Erträge gingen als Naturalabgaben an den königlichen Hof, wo sie der Bezahlung von Heer und Verwaltung dienten; der Überschuß wurde verkauft, wobei die Nähe der Stadt und die Transportmöglichkeiten mit entscheidend waren.

Die Landwirtschaft im Griechenland des 5. und 4. Jahrhunderts v. Chr. kannte den Einsatz von Sklaven (vgl. S. 125). Sklavenarbeit ist ebenfalls in der hellenistischen Landwirtschaft gut bezeugt. Aber offensichtlich ruhte die Produktion nicht auf ihrer Arbeitskraft, sondern auf der Ausbeutung der sogenannten *laoí,* der halbfreien einheimischen Landbevölkerung, deren Status dem der römischen *coloni* (vgl. S. 208) bzw. der mittelalterlichen Hörigen nahekam. Ihre Lage war nach Region, Zeit, vor allem nach der Art und Weise, wie sie eingesetzt wurden, verschieden. Sie konnten kleine Pächter oder Landarbeiter sein, entrichteten für die Bestellung des Landes Naturalabgaben. Zwangseinsatz und Beschneidung der Freizügigkeit war verschiedentlich die Regel, wobei die *laoí basilikoí,* die Arbeiter auf dem Königsland, gewisse ökonomische und gesellschaftliche Privilegien genossen. Es kam, wie im Seleukidenbereich, vor, daß sie ihren Status verbessern und zu *kátoikoi, katoikúntes,* eine Art freier Siedlungsbauer, aufsteigen konnten, sich in Dörfern *(kómai)* organisierten und Steuern an die benachbarten Städte zahlten.

[13] Beloch, Griechische Geschichte IV 1, 323f.

Es ist schwer, aus dem spröden Quellenmaterial einen eindeutigen
Befund hinsichtlich des Charakters und der Ausdehnung dieser Institution zu gewinnen und sie einzupassen in den Gesamtkomplex hellenistische Wirtschaft. In der jüngeren marxistischen Forschung neigte
man dazu, diese sogenannte *altorientalische Produktionsweise,* die sich
auf die Verwendung der *laoí* in der Landwirtschaft und die Aufhäufung
von Naturalien in die Scheuern der Könige und der Tempel stützt, relativ hoch zu veranschlagen (Kreissig). Griechische Städtebildung, industrielle Produktion der Güter mit Hilfe von Sklaven, der Fernhandel
und Geldaustausch wurden herabgestuft und diese „antike Produktionsweise" bestenfalls als Firnis über einem traditionellen Untergrund
belassen. In diesem Zwiespalt liegt, von allen weltanschaulichen Prämissen einmal abgesehen, ein fundamentales Problem, bei dem man
rasch an die Grenzen der Verallgemeinerungsmöglichkeit stößt. Neben
Sklaven und Halbfreien fanden auch Tagelöhner in großer Zahl Beschäftigung in der Landwirtschaft wie im Gewerbe. Daß es üblich war,
sie auf dem Markt *(agorá)* anzumieten, bezeugt das Matthäusevange-
lium (20,1 ff.), auch die Abwerbung von Arbeitskräften in Stoßzeiten
mag es hin und wieder gegeben haben (Alkiph. ep. 1,5).

Auf die wirtschaftliche Bedeutung der S t ä d t e und der Stadtgründungen im Zeitalter des Hellenismus läßt sich nur ganz global hinwei-
sen. Besonders die Seleukiden haben sich in Syrien, daneben in Kleinasien und Mesopotamien durch Stadtgründungen ausgezeichnet oder
älteren Ortschaften neue Kolonisten zugeführt (vgl. App. Syr. 57 f.).
Antiochia und Apameia in Syrien, Laodikeia am Lykosgebirge, (Dura)
Europos am Euphrat und Seleukeia am Tigris, das politisch und wirtschaftlich die Funktion des alten Babylon übernahm, sind Beispiele für
die Anlage städtischer Zentren, deren Bevölkerung im Einzelfall weit
über 100 000 geht. Im Antigonidenreich entwickeln sich Thessaloniki
(das heutige Saloniki) und Kassandreia auf der Chalkidike zu wichtigen Handelszentren. Alexandrien, vom übrigen Ägypten als „die
Stadt" abgehoben (Alexandria ad Aegyptum), sprengte in den Dimensionen und in der Zusammensetzung den Charakter einer griechischen
Polis, war wichtiger Industriestandort und Hauptumschlagsplatz für
die Waren von und nach Ägypten.

Es kann an dieser Stelle nicht um eine auch nur halbwegs erschöp-
fende Aufzählung der hellenistischen Städte gehen, zu denen selbstverständlich die alten Poleis in Griechenland selbst, die Koloniestädte am
Mittelmeer und an der Schwarzmeerküste hinzutreten. Wichtig ist,
daß die neuen Gründungen strategisch günstig für den Handel und den
lokalen Warenaustausch angelegt waren, daß sie insgesamt Zentren der

Produktion und der Konsumtion bildeten und damit der Wirtschaft einen enormen Auftrieb brachten. Träger dieses „neuen Wirtschaftsgeistes" (Oertel), einer „Mentalität" (Rostovtzeff), in der alles auf Mehrung des materiellen Reichtums ausgerichtet war, war jene bourgeoise Schicht, die aus Grundbesitzern, Pächtern, Händlern, Bankkaufleuten, ehemaligen Offizieren und Soldaten bestand. Sie legten ihr gewonnenes Kapital lieber in Pacht- und Handelsunternehmungen als in Gewerbebetrieben an. Der Bürgerstatus war durchaus nicht Voraussetzung für die Zugehörigkeit, auch nicht die griechische Abstammung (vgl. S. 130), sondern wirtschaftliche Tätigkeit auf den verschiedensten Gebieten, jenseits der unselbständigen Arbeit, wie sie die *laoí* und die Sklaven zu leisten hatten. Man hat darüber gestritten, ob die Klassifizierung *Bourgeoisie* glücklich und zutreffend ist und die Übertragung eines modernen, ideologisch befrachteten Begriffes auf antike Verhältnisse bemängelt; aber ohne Zweifel beruhte die Prosperität der hellenistischen Wirtschaft auf der Phantasie und dem Unternehmertum eben dieser Schicht, die ihre ganz unterschiedlichen Fähigkeiten in den Territorialstaaten voll entfalten konnte.

Dabei sind, soweit man sehen kann, wirkliche Innovationen kaum zu erkennen. In Industrie und Gewerbe bleibt der Kleinbetrieb vorherrschend; Glas, Keramik, Metallwaren und Papyrus werden in Ägypten hergestellt. Das Seleukidenreich hatte einen guten Ruf in der Verfertigung von Wollwaren, Textilien, Teppichen, Möbeln, besonders in der Produktion von Pergament, dem gereinigten und geglätteten Tierfell, das als Konkurrenz zum Papyrus vom 3. Jahrhundert an in immer stärkerem Maße hervortrat. Hauptproduktionsstätte war die Stadt und das spätere Königreich Pergamon.

Derartige Waren wurden z. T. in *ergastéria* (vgl. S. 119) der Könige und der städtischen Produzenten hergestellt. Dabei wurden in der Regel Sklaven verwendet, die einzelnen Arbeitsvorgänge waren, wenn möglich, spezialisiert (vgl. S. 119). Aber eine größere Mechanisierung und eine größere Ausdehnung der Betriebe hat es auch im Hellenismus nicht gegeben. Die Betriebsform wandelte sich nicht, obwohl der Bedarf an Konsum- und Luxusgütern und die Möglichkeit des Austausches in diesem Zeitraum sicher größer geworden waren. Der Charakter der Manufaktur (vgl. S. 119) blieb bestehen, welche besonders bei der Papyrus- und Wollbearbeitung in Ägypten die Regel war.

Diesen Warenumschlag im einzelnen und in seinem Umfang nachzuweisen, ist und bleibt eine der großen Aufgaben im Rahmen der hellenistischen Wirtschaft und darüber hinaus. Für eine Intensivierung des Handels sprechen die Existenz größerer städtischer Zentren, der

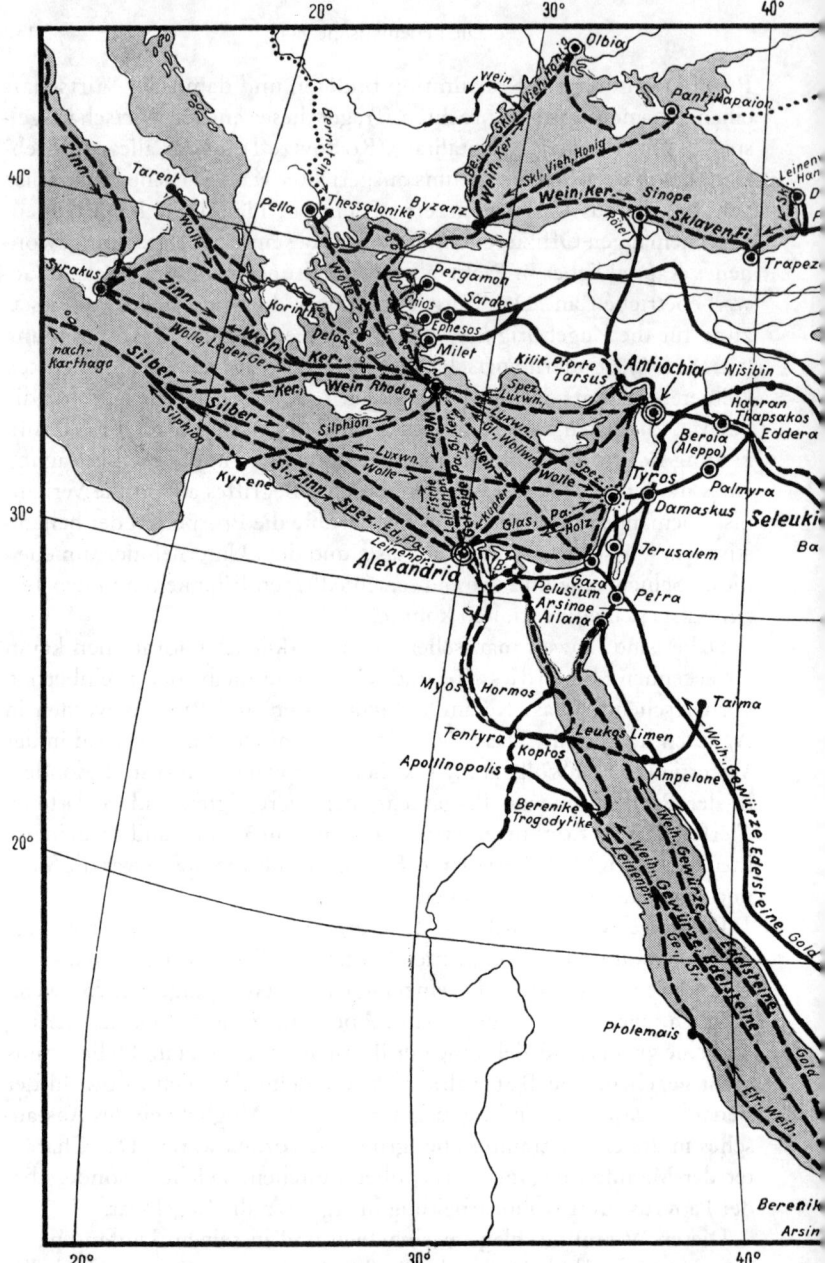

Karte 6. Handelsrouten in hellenistischer Zeit (nach R. Junge, Weltgeschichte der Standortentwicklung der Wirtschaft in der Klassengesellschaft, Band I, Karten, Berlin 1961, Karte 74).

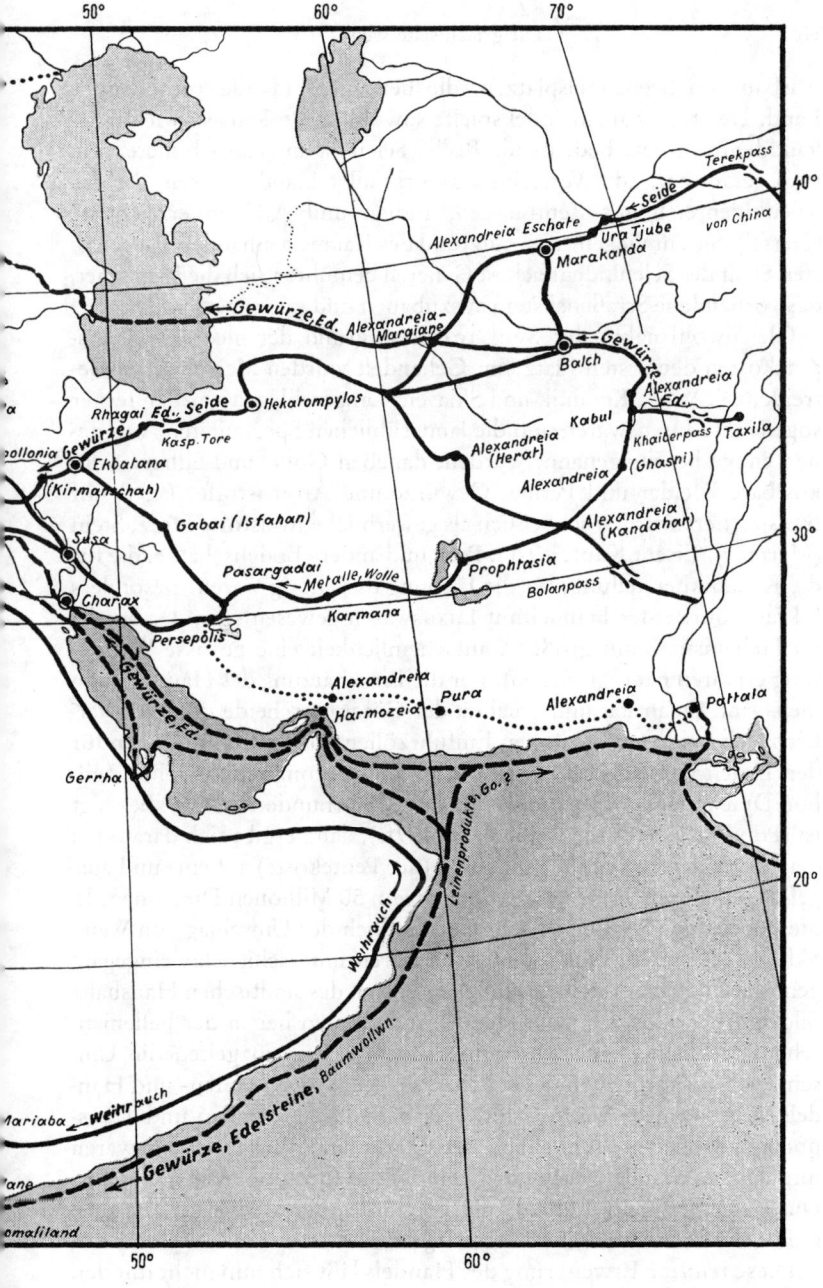

Ausbau von Seehandelsplätzen, die bezeugten Handelsrouten über Land. Der Karawanenhandel spielte sowohl im Ptolemäer- wie im Seleukidenreich eine bedeutende Rolle. Seleukia am Tigris bildete, wie man gesagt hat, „die Verrechnungsbörse aller Handelswaren, die das Seleukidenreich aus Zentralasien, Indien und Arabien erreichten" (Oertel). Sie entwickelte sich aufgrund des Karawanenhandels zur reichsten Stadt des Seleukidenreiches. Generell bemühten sich die Herrscher, das vorhandene Straßensystem auszubauen und zu verbessern.

Gleichwohl nahm der Seehandel aufgrund der niedrigen Transportkosten den ersten Platz ein. Gehandelt wurden Massengüter, Getreide, Öl, Wein, Keramik und Sklaven. Umgeschlagen wurden ferner sogenannte Luxuswaren und die landesüblichen Spezialitäten, von denen einige bereits genannt wurden, daneben Gold- und Silberwaren, kostbare Kleider und Perlen, Gewürze und Aromastoffe. Per Schiff transportiert wurden schließlich als gewerbliche Rohstoffe Holz, Stein (Marmor), Eisen, Kupfer, Ton, Pech und andere Bodenschätze, die für die Keramikherstellung, für die Färbung usw. nötig waren. Besonders lukrativ dürfte der Handel mit Luxuswaren gewesen sein, der bereits im Hellenismus mit großer Wahrscheinlichkeit eine gewisse Verbreitung erfahren hat (vgl. S. 256). Für die Einschätzung des Handelsvolumens sind Quantität und Qualität der Güter entscheidend, deren Vertrieb sich bei den z. T. hohen Einfuhrzöllen lohnen mußte. Wenn für den Hafen von Rhodos ein jährliches Zollaufkommen von einer Million Drachmen in der ersten Hälfte des 2. Jahrhunderts v. Chr. bezeugt ist (Polyb. XXX, 31, 2, Walbank III 459f.), dann ergibt sich daraus bei dem normalen Hafenzoll von 2,5 % (der Pentekosté) auf ein- und ausgeführten Waren ein Handelsvolumen von 50 Millionen Drachmen. In diese gewaltige Summe ist selbstverständlich der Umschlag von Wein, Sklaven, Getreide, Gold- und Silberwaren unterschiedslos eingegangen, die einen nicht unbeträchtlichen Posten des städtischen Haushalts bildeten. Rhodos war vom Handelsaufkommen her in der hellenistischen Zeit sicher eine Ausnahme, aber im Prinzip gelten die Umschlags- und Verdienstmöglichkeiten für die übrigen Hafen- und Handelsstädte ebenso. Werften und Speicheranlagen, Straßen und Transportmöglichkeiten, schließlich der Markt und Verkaufsläden waren mit dem Seehandel verbunden, eine Konzentration von Warenaustausch, Arbeit und Kapital, die gegenüber der vorherigen Epoche sicher eine wirtschaftliche Steigerung aufwies.

Diese *relative* Erweiterung des Handels läßt sich nun nicht mit den Begriffen „Weltverkehr", „Welthandel" fassen, wie sie Beloch und Heichelheim verwandten, Vorstellungen, die einen kontinuierlichen

Warenaustausch über die Mittelmeerländer fast im modernen Sinne suggerieren. Der Fernhandel schlug nicht alle Güter um, war von vielen einschränkenden Faktoren abhängig, nach wie vor von der Piraterie und von kriegerischen Verwicklungen, die mit dem Handel auch den Wohlstand reduzierten. Rhodos verlor, wie Polybius an der obengenannten Stelle weiter berichtet, durch die Errichtung des von Rom geförderten Freihafens Delos, Hafeneinnahmen in Höhe von 850000 Drachmen. Die Festlandsbesitzungen, die einen Jahresbetrag von 120 Talenten (720000 Drachmen) einbrachten, mußten ebenfalls abgegeben werden. Roms Engagement im Osten zog schließlich gewaltige Geldsummen als Beutegelder und als Kriegskontributionen aus den besiegten Staaten, „eine Schwerpunktsverlagerung nach Rom, die das zweite bis erste Jahrhundert v. Chr. mit sich brachte" (Heichelheim). Es ist keine Frage, daß dadurch der hellenistische Handel nachhaltig geschwächt wurde.

Aber der Mangel an Kapital war nicht erst eine Erscheinung des 2. Jahrhunderts v. Chr. und eine Folge der gewaltigen Niederlagen, welche die hellenistischen Großreiche gegen die Römer erlitten. Diese Feststellung scheint nur im ersten Augenblick ein Widerspruch zu der unleugbaren Bedeutung, die Geld und Geldverkehr im Hellenismus angenommen hatten. Auf diese ist nun kurz einzugehen.

Der gewaltige Hortschatz des Achemänidenreiches in Susa, der nach der Eroberung Asiens Alexander in die Hände fiel, soll weit über 50000 Talente (Diod. XVII 66, 1) betragen haben. Zusammen mit den übrigen Beutegeldern (insgesamt [?] 170000–190000 Talente) wurde das tote Kapital von Alexander „aktiviert". Er ließ es ausmünzen und mit vollen Händen austeilen. Diese große Geldmenge, die dank der *euergesía* (Wohltätigkeit) des Königs im Heere und bei den Kolonisten zirkulierte, bedeutete einen kräftigen Innovationsschub für die Städte, für Produktion und Handel; anders gesagt, es wurde nicht lediglich eine große Menge Geld auf den Markt geworfen (mit der notwendigen Verteuerung und Verknappung der Sachgüter und Dienstleistungen), sondern das Kapital entwickelte sich in der Koppelung an Investition und Arbeit, wie sie die griechisch-makedonische Bourgeoisie vornahm, zum Motor eines wirtschaftlichen Aufschwunges. Dieser dynamische Prozeß, der gewiß nicht einheitlich verlief, ist nur in Schlaglichtern greifbar. Ihm sollte nach dem Willen Alexanders auch die Verein-heitlichung der Währung dienen, die er, wohl nach dem Vorbild Athens, auf der Basis von Silber organisierte. Alexanderdrachmen bzw. Tetradrachmen nach attischem Fuß blieben die Leitwährung im hellenistischen Osten auch in den Nachfolgestaaten, während den Städten für den lokalen und regionalen Gebrauch eine Kupferwährung eingeräumt wurde, eine wirtschaftliche und zugleich soziale Zweiteilung, wie sie in der Antike immer wieder begegnet. Es war folgenreich, daß Ptolemaios schon als Satrap aus dieser Währung ausscherte und seine Silberwährung nach dem rhodischen Münzfuß, sein Nachfolger später nach dem der phönikischen Städte Tyros, Sidos, Joppe ausrichtete, deren Usancen des Außenhandels er mit dem leichteren Silbergewicht der Drachmen (ca. 3,57 g, die Tetradrachmen zu 15,55 g) übernahm. Dadurch war, wie Rostovtzeff schreibt, „die hellenistische Welt des 3. Jahrhunderts scharf in zwei Wirtschaftssphären geteilt: Die ptolemäische in ihrer hauptsächlich nach Westen gerichteten Ausdehnung, und die seleukidische mit ihren im wesentlichen orientalischen Verbindungen". Eine Analyse der Münzfunde in hellenistischer Zeit scheint die Existenz gesonderter Wirtschaftssphären zu bestätigen.

Ptolemäische und seleukidische Währung stehen stellvertretend für die Vielfalt des Geldes, gerade in der hellenistischen Zeit. Das heterogene Geldsystem, wie es uns in dieser Epoche entgegentritt, birgt eine Fülle von Problemen, die nicht allein den Handel berühren und an dieser Stelle nur ansatzweise zu Wort kommen können. Während die frühere Forschung die Reichweite des Geldes und den Austausch über den Markt überschätzte, geht der Trend heute in die andere Richtung. Man legt mit Recht Wert auf die verschiedenen *Geldfunktionen,* betont die Bezahlung an die Söldner, die Zahlung von Subsidien an die Städte, daneben Steuer und Pacht, Handel, Repräsentationsbauten und Feste als jene Bereiche, in denen wir mit Geldwirtschaft zu rechnen haben (Davies, CAH VII 1, 279 f.). Daneben existieren Zwangsarbeit, Naturalleistungen (wie in Ägypten die Steuerleistung in Getreide), Austausch und Redistribution als spezifisch archaische Austauschformen. Diese Reduktion schärft zweifellos den Sinn für das Nebeneinander verschiedener Wirtschaftsstufen und Wirtschaftszonen im hellenistischen Zeitalter. Aber es kann keinen Zweifel daran geben, daß es prinzipiell und auch in vielen praktischen Fällen die Konvertierbarkeit von Sachleistungen in Geld gegeben hat. Die einheimische arme Bevölkerung konnte in Ägypten regelmäßig zu Damm- und Kanalfronden hinzugezogen werden. Die reichen Mitglieder wurden von Städten und Gemeinden mittels Leiturgien für öffentliche Aufgaben (z. B. die Renovierung von öffentlichen Gebäuden, Straßen, der Ausrichtung von Festen, der Übernahme von Ämtern) „in die Pflicht genommen". Wo und ab wann derartige Personalleistungen durch Geld ersetzt wurden, läßt sich in vielen Fällen kaum noch feststellen. Aber es gab sie, und dies spricht durchaus für die Bedeutung des Geldes als Wertmesser auch in diesen lokalen Bereichen. Viele Münzfunde in Italien, Afrika, Kleinasien und an der Schwarzmeerküste, nach wie vor das traditionelle Reservoir für den Sklavennachschub, beweisen den interlokalen Handel auf der Basis des hellenistischen Silbergeldes.

Symptom für den Geldverkehr und Geldbedarf bildeten die hellenistischen Banken. In Ägypten gab es ein entsprechendes Monopol des Königs, der in Alexandria eine Art Zentralbank einrichtete, mit Hauptbanken in den Gaumetropolen und einzelnen Filialen in den Dörfern. Sie dienten dem Einzug der Steuern, führten die Konten der Steuerpächter, verwahrten Urkunden, besorgten Ein- und Auszahlungen, gewährten Darlehen und betrieben das Sortengeschäft. Aber der gesamte Geschäftsablauf war auf die Bedürfnisse der königlichen Finanzen abgestimmt. Daneben gab es kleinere Privatbanken *(idiotikaí trápezai)* mit einer eingeschränkten Geschäftstätigkeit (u. a. Verbot des Sortengeschäftes) und einer lediglich regionalen Reichweite. Die Banken in den Städten und Heiligtümern (wie etwa in Milet, auf Kos und auf Delos) florierten weiter. Der Geschäftsumfang war im allgemeinen begrenzt, die Gewährung von Darlehen an hohe Sicherheiten (Hypotheken, persönliche Haftung) gebunden. Die Einlagen hielten sich in bescheidenen Grenzen und speisten sich oft aus Stiftungen. Geldgeschenke wie die Überweisung von 30 Talenten an die städtische Bank *(demosía trápeza)* von Milet durch den pergamenischen König Eumenes (um 160 v. Chr., Inschriften Didyma, Nr. 488), um mit den Zinsen Getreidespenden, Opferfeiern und Speisungen an die Bürger zu finanzieren, waren in dieser Lage stets willkommen.

Neben den normalen Krediten, deren Zinsen durchschnittlich ca. 10 % betrugen, war nach wie vor das Seedarlehen gefragt und ertragreich. Die öfters geforderten 30 % sind nicht auf das Jahr berechnet, sondern gelten für die Dauer der Fahrt, welche in der Regel nur das halbe Jahr vom 11. März bis zum 11. Oktober genutzt werden konnte. Vom Philosophen Zenon aus Kition, dem Begründer der Stoa, wird berichtet, daß er sich mit einem vom Vater ererbten Kapital von über 1000 Talenten an diesem lukrativen Geschäft beteiligt habe (Diog. Laert. VII 1,13).

Geldverleih gegen Gewinn, die Vermehrung des Kapitals durch Zinsen war nicht nur eine Angelegenheit der Banken, sondern auch reicher Staatsbediensteter vom Schlage eines Apollonios oder reicher Privatleute. Für die Institutionalisierung derartiger Geldgeschäfte spricht ein sehr ausdifferenziertes Darlehensrecht, wie es bereits im vierten Jahrhundert in den Prozeßreden des Lysias und des Demosthenes uns entgegentritt und welches dann in den hellenistischen Staaten weiterentwickelt wurde. Die Normalität von Banken- und Darlehnsgeschäf-

ten ist aber für sich genommen noch kein Indiz für den hohen Stellenwert im Rahmen der gesamten Wirtschaft und läßt sich mitnichten vergleichen mit der bahnbrechenden Rolle der Banken im europäischen
Frühkapitalismus. „Nachrichten über ausgesprochene Montan- und
Industriekredite scheinen im Darlehnsgeschäft unserer Epoche völlig
zu fehlen" (Heichelheim, 559f.). Dieser Befund ist gewiß nicht zufäl-
lig. Das Vorwalten des Kleinbetriebes, die Hochschätzung des Grund-
eigentums und der Landwirtschaft als Quelle des Reichtums, die Geldanlage in Pacht und Miete, die politischen Unsicherheiten und die Gefährdungen des Handels vererbten sich in die hellenistische Zeit fort
und verstärkten sich seit dem Zusammenstoß mit den Römern. Selbst
die königlichen Großbetriebe, die nach Heichelheim ihre Leistungs-
kraft dem öffentlichen Kapital zu verdanken hatten, entpuppen sich
bei näherem Hinsehen als eine Addition vieler kleinerer Wirtschaftseinheiten. Der griechischen Bourgeoisie und den hellenistischen Königen ging es ohne Zweifel um Gewinnmaximierung, um Vermehrung
des Kapitals auf jede erdenkliche Weise. V. Ehrenberg hat in dieser Entwicklung des Griechentums während der hellenistischen Zeit eine gei-
stige Verarmung und Apolitisierung gesehen. „Aus dem *zoón politikón*
wurde wieder ein *zoón oikonomikón*" (Staat der Griechen, 288), wie er
bedauernd feststellte. Ob man wirklich von einem so tiefgreifenden
Wandel der Mentalität sprechen kann, sei dahingestellt. Jedenfalls ist
die Interessenverlagerung auf die Ökonomie nicht verständlich ohne
die politischen und kulturellen Rahmenbedingungen, von denen gesprochen wurde, und sie ist auch keineswegs total. Man hat diesem
Wirtschaftsgebaren die Bezeichnung *kapitalistische Wirtschaftsweise*
gegeben und diese von der modernen *kapitalistischen Produktionsweise* unterschieden, in welcher das unpersönliche Kapital zum aus-
schlaggebenden Faktor der Produktion wurde. Diese Präzisierung, die
Fr. Oertel in Auseinandersetzung mit dem „Modernisten" R. v. Pöhlmann im Jahre 1925 vornahm, der auch für die Antike den Kapitalismus und Sozialismus vindizierte, ist nach wie vor überlegenswert, weil
sie die große Bedeutung des Geldes und zugleich den Abstand zum
modernen Industriezeitalter ins rechte Licht rückt. Ob man Oertels
Feststellung nach gut einem halben Jahrhundert auch heute noch gelten läßt, hängt nicht zuletzt davon ab, ob man die Begriffe *Kapital* und
kapitalistische Wirtschaftsweise überhaupt mit vorindustriellen Zustän-
den für vereinbar hält.[14]

[14] Zum Kapitalismus im Altertum M. Weber, Wirtschaftsgeschichte, 286f.;
O. von Zwiedinek-Südenhorst, Was macht ein Zeitalter kapitalistisch?, Zeit-

Wirtschaftlich gesehen besitzt naturgemäß auch die Kehrseite der Akkumulation von Reichtum erhebliche Bedeutung. Das Existenzminimum für eine Familie in dieser Zeit hat man einmal global mit einer Drachme (6 Obolen) pro Tag angegeben, die Spannweite eines Tagesverdienstes für einen einfachen Arbeiter betrug ca. 2–6 Obolen.[15] Die konkreten Formen der Armut, die sich in Wohnverhältnissen, Ernährung, Kleidung und Kindesaussetzung auf der einen, den Verdienst- und Unterhaltsmöglichkeiten auf der anderen Seite ausprägte, waren nach Raum und Zeit unterschiedlich. Vieles spricht dafür, daß die ökonomische Lage mit dem römischen Eingreifen im Osten generell schwieriger wurde, nicht nur für die Armen, sondern auch für die Reichen und die hellenistischen Städte insgesamt, die große Geldmengen an die neuen Machthaber abzuliefern hatten. Inwieweit sich die vielen unterschiedlichen Daten zu Löhnen und Preisen, zu Dienstleistungen und Sachgütern, wie sie in den Quellen erscheinen, in nachvollziehbare allgemeine Wirtschaftstrends der hellenistischen Zeit einpassen lassen, wie dies seinerzeit Heichelheim mit Zuversicht vertreten und Finley mit Vehemenz abgestritten hat, muß die Zukunft erweisen.

4. Literaturangaben

a) Die archaische Zeit

Allgemeine Übersicht:
K. J. BELOCH, Griechische Geschichte, Berlin–Leipzig ²1912–1927; ED. WILL, Le Monde Grec et L'Orient, I–II, Paris 1972–1975; H. BENGTSON, Griechische Geschichte (HdAW III 4), München ⁵1977; W. SCHULLER, Griechische Geschichte, München–Wien ³1991; G. BUSOLT–H. SWOBODA, Griechische Staatskunde I–II, München 1920–1926 (HdAW IV 1); V. EHRENBERG, Der Staat der Griechen, Zürich–Stuttgart ²1965; M. I. FINLEY, Die Griechen, München 1984.

Der historische Verlauf:
A. SNODGRASS, The Dark Age of Greece, Edinburgh 1971; DERS., Archaic Greece, The Age of Experiment, London 1980; V. R. D'A'DESBOROUGH, The Greek Dark Ages, London 1972; J. N. COLDSTREAM, Geometric Greece, London 1977; M. I. FINLEY, Die frühe griechische Welt, München 1982;

---

schrift für die ges. Staatswiss. 90, 1930, 482ff.; zum Begriff J. Bog, HdWW 4, 1978, 418ff., weiter S. 242.
[15] Existenzminimum OGIS 218, Z. 36; zu den Verdiensten Tarn-Griffith, Hellenistische Kultur, 142.

O. MURRAY, Das frühe Griechenland, München 1982; J. BOARDMAN–N. G. L. HAMMOND, The Expansion of the Greek World, 8th to 6th Centuries, CAH III 3, Cambridge ²1982; J. BOARDMAN u. a., Persia, Greece and the Western Mediterranean, c. 525–479 B.C., CAH IV, Cambridge ²1988.

Wirtschafts- und Sozialstruktur:
G. GLOTZ, Ancient Greece at Work, An Economic History of Greece, London 1926 (ursprüngl. Paris 1920); J. HASEBROEK, Staat und Handel im alten Griechenland, Untersuchungen zur griechischen Wirtschaftsgeschichte, Tübingen 1928; DERS., Griechische Wirtschafts- und Gesellschaftsgeschichte bis zur Perserzeit, Tübingen 1931; A. ANDREADES, Geschichte der griechischen Staatswirtschaft I, München 1931; H. MICHELL, The Economics of Ancient Greece, Cambridge ²1957; C. G. STARR, The Economic and Social Growth of Early Greece 800–500 B.C., New York 1977; C. ROEBUCK, Economy and Society in the Early Greek World, Chikago 1979; M. M. AUSTIN–P. VIDAL-NAQUET, Wirtschaft und Gesellschaft im alten Griechenland, München 1984; F. GSCHNITZER, Griechische Sozialgeschichte, Von der Mykenischen bis zum Ausgang der Klassischen Zeit, Wiesbaden 1981; Ch. ULF, Die homerische Gesellschaft, München 1990.

Die Landwirtschaft:
E. HEITLAND, Agricola. A Study in Ancient Agriculture from the Point of Labour, Cambridge 1921; A. JARDÉ, Les céréales dans l'Antiquité Grecque, I: La Production, Paris 1925; D. ASHERI, Distribuzioni di terre nell'antica Grecia, Turin 1966; W. RICHTER, Die Landwirtschaft im homerischen Zeitalter, Göttingen 1968; M. I. FINLEY, Die Welt des Odysseus, dt. München 1977; M. C. AMOURETTI, Le pain et l'huile dans la Grèce antique, Besançon 1986.

Die Polisbildung:
V. EHRENBERG, When did the Polis rise (1937), in: Polis und Imperium, Zürich 1965, 83 ff.; P. SPAHN, Mittelschicht und Polisbildung, Frankfurt–Berlin–Las Vegas 1977; K. W. WELWEI, Die griechische Polis, Verfassung und Gesellschaft in archaischer und klassischer Zeit, Stuttgart–Berlin–Köln–Mainz 1983; F. KOLB, Die Stadt des Altertums, München 1984; G. AUDRING, Zur Struktur des Territoriums griechischer Poleis in archaischer Zeit, Berlin (Ost) 1989.

Kolonisation:
T. J. DUNBABIN, The Western Greeks, Oxford 1948; A. J. GRAHAM, Colony and Mother City in Ancient Greece, Manchester 1964; DERS., Patterns in Early Greek Colonisation, JHS 91, 1971, 35–47; J. BOARDMAN, Kolonien und Handel der Griechen, vom späten 9. bis zum 6. Jh. v. Chr., München 1981; P. FAURE, Die griechische Welt im Zeitalter der Kolonisation, Stuttgart 1981.

Entstehung des Münzgeldes und der Geldwirtschaft:
A. DOPSCH, Naturalwirtschaft und Geldwirtschaft in der Weltgeschichte, Wien 1930 (dazu F. M. HEICHELHEIM, Gnomon 7, 1931, 584 ff.); F. M. HEI-

CHELHEIM, Die Ausbreitung der Münz-Geldwirtschaft und der Wirtschaftsstil im archaischen Griechenland, Schmollers Jb. 55, 1931, 229 ff.; W. GERLOFF, Entstehung des Geldes und die Anfänge des Geldwesens, Frankfurt ³1947; P. EINZIG, Primitive Money in its ethnological, historical and economic aspects, London 1949; ED. WILL, Überlegungen und Hypothesen zur Entstehung des Münzgeldes (1954), in: H. G. KIPPENBERG (Hrsg.), Seminar: Die Entstehung der antiken Klassengesellschaft, Frankfurt a. M. 1977, 205 ff.; R. M. COOK, Speculations on the Origins of Coinage, Hist. 7, 1958, 257 ff.; K. CHRIST, Die Griechen und das Geld, Saeculum 15, 1964, 214 ff.; E. SCHÖ-NERT-GEISS, Die Wirtschafts- und Handelsbeziehungen zwischen Griechenland und der nördlichen Schwarzmeerküste im Spiegel der Münzfunde (6.–1. Jh. v. u. Z.), Klio 53, 1971, 105 ff.; J. H. KROLL–N. M. WAGGONER, Dating the Earliest Coins of Athens, Corinth and Aegina, AJA 88, 1984, 325 ff.; J. M. SERVET, Nomismata, État et origines de la monnaie, Lyon 1984; vgl. weiter S. 91 f.

Die Hoplitenphalanx:

A. SNODGRASS, Early Greek Armour and Weapons, Edinburgh 1984; W. G. FORREST, Wege zur hellenischen Demokratie, München 1966; P. CART-LEDGE, Hoplites and Heroes, Sparta's Contribution to the Technique of Ancient Warfare, JHS 97, 1977, 21 ff.; J. SALMON, Political Hoplites? JHS 97, 1977, 84 ff.; A. J. HOLLADAY, Hoplites and heresies, JHS 102, 1982, 94 ff.; P. DUCREY, Warfare in Ancient Greece, New York 1986.

Die Tyrannis:

A. ANDREWES, The Greek Tyrants, London 1956; H. BERVE, Die Tyrannis bei den Griechen, I–II, München 1967; C. MOSSÉ, Le tyrannie dans la Grèce antique, Paris 1969; H. W. PLEKET, The Archaic Tyrannus, Talanta 1, 1969, 19 ff.; F. KOLB, Bau-, Religions- und Kulturpolitik der Peisistratiden, JDAI 92, 1977, 99 ff.; K. H. KINZL (Hrsg.), Die ältere Tyrannis bis zu den Perserkriegen, Darmstadt 1979; H. A. SHAPIRO, Art and Cult under the Tyrants in Athen, Mainz 1989.

Der Handel:

E. ZIEBARTH, Beiträge zur Geschichte des Seeraubs und Seehandels im alten Griechenland, Hamburg 1929; C. A. ROEBUCK, Trade and Politics in the Ancient World: La Grèce archaïque, Paris 1965, 41 ff.; P. GARNSEY–K. HOPKINS–C. R. WHITTAKER, Trade in the Ancient Economy, London 1983; C. CASSON, Ancient Trade and Society, Detroit 1984; R. HODGES , Primitive and Peasant Markets, Oxford 1989; G. KOPCKE, Handel (Archeol. Hom. 2 M), Göttingen 1990.

Arbeit und frühe Sklaverei:

A. AYMARD, Hiérarchie du travail et autarcie individuelle dans la Grèce archaïque (1943) in: Etudes d'histoire ancienne, Paris 1967, 316 ff.; P. GARNSEY

(Hrsg.,) Non-Slave Labour in the Greco-Roman World, Cambridge 1980; G. WICKERT-MICKNAT, Unfreiheit im Zeitalter der homerischen Epen, Wiesbaden 1983; J. EBERT (Hrsg.), Die Arbeitswelt der Antike, Köln–Wien 1984; R. DESCAT, L'acte et l'effort, une ideologie du travail en Grèce ancienne, Besançon 1986; W. L. WESTERMANN, The Slave Systems of Greek and Roman Antiquity, Philadelphia 1955; Y. GARLAN, Slavery in Ancient Greece, London 1988; S. MROZEK, Lohnarbeit im klassischen Altertum, Bonn 1989.

b) Die klassische Zeit

Allgemeine Übersicht und historischer Verlauf:
　　V. EHRENBERG, From Solon to Socrates, Greek History and Civilization during the Sixth and Fifth Centuries B. C., London 1968; DERS., The Fourth Century B. C. as Part of Greek History, in: Polis und Imperium, Stuttgart–Zürich 1965, 32 ff.; ED. WILL, Le Monde grec et l'Orient, I, Le Vᵉ siècle, 405–510, Paris 1972; ED. WILL–CL. MOSSÉ–P. GOUKOWSKY, Le Monde grec et l'Orient, II, Le IVᵉ siècle et l'epoque hellénistique, Paris ³1990; S. HORNBLOWER, The Greek World 479–323 B. C., London–New York ³1991.
　　R. MEIGGS, The Athenian Empire, Oxford 1972; G. E. M. DE STE CROIX, The Origins of the Peloponnesian War, London 1972; E. LÉVY, Athénes devant la défaite de 404, Athen 1976; CL. MOSSÉ, Der Zerfall der athenischen Demokratie (404–86 v. Chr.), Zürich–München 1979; N. G. L. HAMMOND u. a., A History of Macedonia, I–III, Oxford 1972–1988; H. J. GEHRKE, Jenseits von Athen und Sparta. Das dritte Griechenland und seine Staatenwelt, München 1986.

Politische Verfassung:
　　O. MURRAY–S. PRICE, The Greek City, Oxford 1990; PH. B. MANVILLE, The Origins of Citizenship in Ancient Athens, Oxford 1990; A. H. M. JONES, The Athenian Democracy, Oxford 1957 (ND 1978).

Bevölkerung und Sozialstruktur:
　　A. W. GOMME, The Population of Athens in the Fifth and Fourth Centuries B. C., Oxford 1933; J. K. DAVIES, Athenian Propertied Families, 600–300 B. C., Oxford 1971; S. ISAGER–M. H. HANSEN, Aspects of Athenian Society in the Fourth Century B. C., Odense 1975; J. K. DAVIES, Wealth and Power of Wealth in Classical Athens, New York 1981.

Wirtschaft:
　　E. C. WELSKOPF (Hrsg.), Hellenische Poleis, Krise, Wandlung, Wirkung, I–IV, Berlin 1974; A. H. M. JONES, The Economic Basis of the Athenian Democracy, in: Athenian Democracy, 3 ff.; S. C. HUMPHREYS, Economy and Society in Classical Athens, in: Anthropology and the Greeks, London 1983, 136 ff.; C. MOSSÉ, La vie économique d'Athénes au IVᵉᵐᵉ Siècle, Crise ou renouveau?, in: Praelectiones Patavinae, Rom 1972, 135 ff.

Staatliche Finanzen:
A. Boeckh, Die Staatshaushaltung der Athener, Berlin 1817 (³1886);
H. Francotte, Les finances des cités grecques, Lüttich–Paris 1909; R. Thomsen, Eisphora. A Study of Direct Taxation in Ancient Athens, Copenhagen 1964; A. French, The Growth of the Athenian Economy, London 1964; J. J. Buchanan, Theorika. A Study of Monetary Distributions to the Athenian Citizenry during the Fifth and Fourth Centuries b. c., New York 1962; F. Vannier, Finances publiques et richesses privées dans le discours Athénien aux Vᵉ et IVᵉ siècles, Paris 1988.

Bautätigkeit und Handwerk:
R. Martin, Manuel d'Architecture Grecque, I: Matériaux et techniques, Paris 1965; J. S. Boersma, The Athenian Building Policy from 561/0–405/4 B. C., Groningen 1970; G. Bodei Giglioni, Lavori pubblici e occupazione nell'antichità classica, Bologna 1974; J. D. Beazley, Attic Black-Figure Vase-Painters, Oxford 1949; ders., Attic Red-Figure Vase-Painters, Oxford ²1968; R. H. Randall Jr., The Erechtheum Workmen, AJA 57, 1953, 199 ff.; E. Kluwe, Handwerk und Produktion in der frühgriechischen Polis, Jb. Wirtschaftsgeschichte 1978/IV, 109 ff.; M. Bettalli, Case, botteghe, ergasteria: note sui luighi di produzione e di vendita nell'Atene classica, Opus 4, 1985, 29 ff.; L. Neesen, Demiurgoi und Artifices, Studien zur Stellung freier Handwerker in antiken Städten, Frankfurt a. M.–Bern–New York–Paris 1989.

Handel:
H. Knorringa, Emporos. Data on trade and trader in Greek literature from Homer to Aristoteles, Amsterdam 1926 (ND 1961); M. I. Finkelstein (Finley), Emporos, Naukleros and Kapelos: a prolegomena to the study of Athenian trade, Classical Philology 30, 1935, 320 ff.; E. Erxleben, Das Verhältnis des Handels zum Produktionsaufkommen in Attika im 5. und 4. Jahrhundert v. u. Z., Klio 57, 1974, 365 ff.; J. Vélissaropoulos, Les nauclères grecs, Paris 1980; R. J. Hopper, Handel und Industrie im klassischen Griechenland, München 1982; J. Salmon, Wealthy Corinth, Oxfod 1984; H. J. Drexhage, RAC XIII, 1985, 519 ff. s. v. Handel.

Geld und Geldwirtschaft:
P. Gardner, Coinage of the Athenian Empire, JHS 33, 1933, 147 ff.; E. Erxleben, Das Münzgesetz des Delisch-Attischen Seebundes, APF 19, 1969, 85 ff.; C. G. Starr, Athenian Coinage, 480–449 B. C., Oxford 1970; C. Kraay, Archaic and Classical Greek Coins, Berkeley 1976; Th. R. Martin, Sovereignty and Coinage in Classical Greece, Princeton 1985; G. Billeter, Geschichte des Münzfußes im griechisch-römischen Altertum, Leipzig 1898 (ND 1970); E. Ziebarth, Hellenistische Banken, Zeitschrift für Numismatik 34, 1923, 36 ff.; R. Bogaert, Banques et Banquiers dans les cités Grecques, Leiden 1968; ders., Grundzüge des Bankwesens im alten Griechenland, Konstanz 1986.

Krisenerscheinungen:
R. v. PÖHLMANN, Geschichte der sozialen Frage und des Sozialismus in der antiken Welt, München ³1925; G. E. M. DE STE CROIX, The Class Struggle in the Ancient World, London ²1983; A. FUKS, Social Conflicts in Ancient Greece, Jerusalem–Leiden 1984; P. GARNSEY, Famine and Food Supply in the Graeco-Roman World, Cambridge 1988; P. MC KECHNIE, Outsiders in the Classical Greek City, London 1989; H. P. KOHNS, RAC XV, 1992, s. v. Hunger.

Wirtschaftliche Autarkie:
H. BOLKENSTEIN, Economic Life in Greece's golden Age, Leiden 1958.

c) Die hellenistische Zeit

Historischer Verlauf und allgemeiner Überblick:
C. L. PRÉAUX, Le monde hellénistique (323–146 r. v. J. C.), I–II, Paris 1978; ED. WILL, Histoire politique du monde hellénistique (323–30 av. J. C.), I–II, Nancy ²1979–1982; F. W. WALBANK, Die hellenistische Welt, München 1963; F. W. WALBANK, A. E. ASTIN u. a., The Hellenistic World, CAH VII 1, Cambridge ²1984; H. H. SCHMITT–E. VOGT, Kleines Wörterbuch des Hellenismus, Wiesbaden ²1992; E. BIKERMAN, Institutions des Séleucides, Paris 1938; H. E. V. HANSEN, The Attalids of Pergamon, Ithaca–London ²1971; G. M. COHEN, The Seleucid Colonies. Studies in the Founding, Administration and Organization, Wiesbaden 1978; H. J. GEHRKE, Geschichte des Hellenismus, München 1990.

Wirtschaft:
U. WILCKEN, Alexander der Große und die hellenistische Wirtschaft, Schmollers Jb. 45, 1921, 349ff.; C. PRÉAUX, L'économie royale des Lagides, Brüssel 1939; zu M. ROSTOVTZEFFS ›Sozial und Wirtschaftsgeschichte der hellenistischen Welt‹ (vgl. S. 28) L. EINAUDI, Greatness and Decline of Planned Economy in the Hellenistic World, Bern 1950; M. HENGEL, Judentum und Hellenismus, Tübingen ²1973; H. KREISSIG, Wirtschaft und Gesellschaft im Seleukidenreich, Berlin 1978; J. OELSNER, Gesellschaft und Wirtschaft des seleukidischen Babylonien, Klio 63, 1981, 39ff.; J. H. KENT, The Temple Estates of Delos, Theneia and Myconos, Hesperia 17, 1948, 243ff.; J. A. S. EVANS, A Social and Economic History of an Egyptian Temple in the Greco-Roman Period, Yale Class. Studies 17, 1961, 143ff.; P. DEBORD, Aspects sociaux et économiques de la vie religieuse dans l'Anatolie gréco-romaine, Leiden 1982.

Einzelne wirtschaftliche Bereiche:
M. LAUNEY, Recherches sur les armées hellénistiques, I–II, Paris 1949f.; DERS., Armées et fiscalité dans le monde antique, Paris 1977; P. M. FRAZER, Ptolemaic Alexandria, I–III, Oxford 1972; D. J. CRAWFORD, Kerkeosiris. An

Egyptian Village in the Ptolemaic Period (vgl. S. 94); M. SCHNEBEL, Die Landwirtschaft im hellenistischen Ägypten, München 1925; F. UEBEL, Die Kleru-
chen Ägyptens unter den ersten sechs Ptolemäern, Berlin 1968; D. RATHBONE,
Economic Rationalism and Rural Society in Third-Century A D Egypt, Cambridge 1991; TH. RAIL, Beiträge zur Kenntnis des Gewerbes im hellenistischen
Ägypten, Borna–Leipzig 1913; G. T. GRIFFITH, The Mercenaries of the Hellenistic World, Cambridge 1935.

Das Zenonarchiv:
M. ROSTOVTZEFF, A Large Estate in Egypt in the Third Century B. C., Madison 1922; P. W. PESTMAN u. a., A Guide to the Zenon Archive, I–II, Leiden
1981; R. SCHOLL, Sklaverei in den Zenonpapyri, Trier 1983; CL. ORRIEUX, Les
papyrus de Zenon, Paris 1983.

Sklaverei:
T. V. BLAVATSKAJA–E. S. GOLUBCOVA–A. J. PAVLOVSKAJA, Die Sklaverei in
den hellenistischen Staaten im 3.–1. Jh. v. Chr., Wiesbaden 1969; J. BIEZUNSKA-
MALOWIST, L'esclavage dans l'Égypte Gréco-Romaine I, Warschau 1974; dazu
H. HEINEN, Zur Sklaverei in der hellenistischen Welt, Anc. Soc. 7, 1976,
127ff.; 8, 1977, 121 ff.; Probleme der Sklaverei, in: Opus I, 1982 (verschiedene
Autoren und Beiträge in Auseinandersetzung mit Finley).

Geld und Geldwirtschaft:
A. BELLINGER, Essays on the Coinage of Alexander the Great, New York
1963; E. SCHÖNERT-GEISS, Das Geld im Hellenismus, Klio 60, 1981, 131ff.;
O. MØRKHOLM, Antiochus IV of Syria, Copenhagen 1966; G. K. JENKINS,
Monetary System of the Early Hellenistic Period, Jerusalem 1963; und die bei
GÖBL, Antike Numismatik (vgl. S. 91) 68f.; GRIERSON, Bibliographie (vgl.
S. 91) 65f. und PRÉAUX, Monde hellénistique (vgl. S. 150) 27ff., genannten Spe-
zialuntersuchungen; F. PREISIGKE, Girowesen im griechischen Aegypten,
Straßburg 1910; B. LAUM, Stiftungen in der griechisch-römischen Antike, Ber-
lin 1914; R. BOGAERT, Banques et banquiers dans l'Arsinoite à l'époque ptolé-
maïque, ZPE 68, 1987, 35ff.; ZPE 69, 1987, 107ff. Vgl. auch S. 92f. und 149.

Darlehensgeschäft und Kauf:
J. H. LIPSIUS, Das Attische Recht und Rechtsverfahren II 2, Leipzig 1912,
716ff.; F. PRINGSHEIM, The Greek Law of Sale, Weimar 1950; E. SEIDL, Ptolemäische Rechtsgeschichte, Glückstadt–Hamburg–New York ²1962, 152ff.;
H. A. RUPPRECHT, Untersuchungen zum Darlehen im Recht der graeco-ae-
gyptischen Papyri der Ptolemäerzeit, München 1967; E. BERNEKER, Kleiner
Pauly 3, 1352ff., s. v. Misthosis; H. KUHNERT, Zum Kreditgeschäft in den hellenistischen Papyri Ägyptens bis Diokletian, Freiburg 1965.

Piraterie:
H. A. ORMEROD, Piracy in the Ancient World, Liverpool 1924; Y. GARLAN,
Signification historique de la piraterie grecque, DHA 4, 1978, 1ff.

Lebensbedingungen:

F. M. Heichelheim, Wirtschaftliche Schwankungen der Zeit von Alexander bis Augustus, Jena 1930; W. Tarn–G. T. Griffith, Die Kultur der hellenistischen Welt, Darmstadt ³1966; C. Schneider, Kulturgeschichte des Hellenismus, I–II, München 1967; H. Braunert, Die Binnenwanderung, Studium zur Sozialgeschichte Ägyptens in der Ptolemäer- und Kaiserzeit, Bonn 1964.

IV. DIE RÖMISCHE WELT

1. Die republikanische Zeit

Rom hat den historischen Ausgangspunkt mit den griechischen Stadtstaaten gemein. Wie diese war es dem Ursprung nach eine Polis unter anderen, teilte mit ihnen das überschaubare Areal, die geringe Bevölkerungszahl und eine einfache, kleine Verwaltung; anders gesagt, Rom war in der Frühzeit seines Bestehens (8.–6. Jahrhundert v. Chr.) ein Gemeinwesen von rein regionaler Bedeutung. Aber im Unterschied zu den griechischen Stadtstaaten gelang es den Römern in einem langwierigen Prozeß, der über ein halbes Jahrtausend währte, den Stadtstaat zu einem gewaltigen Weltreich auszubauen, den Bürgerverband *(civitas Romana)* in das weltumspannende *Imperium Romanum* zu überführen. Diese Transformation war in ihrer letzten Phase (133–44 v. Chr.) von tiefen politischen Spannungen, sozialen Unruhen und militärischen Putschversuchen gekennzeichnet, deren die römische Republik nicht mehr Herr werden konnte. Sie mündete folgerichtig in eine quasimonarchische Alleinherrschaft ein, den römischen *Prinzipat*, der unter seinem Schöpfer Augustus (63 v. Chr.–14 n. Chr.) noch viele republikanische Elemente beibehielt.

Der Weg *vom Gemeindestaat zum Reichsstaat* (Gelzer): Diese außenpolitische Expansion bedeutete schon für die Zeitgenossen, wie etwa für den Griechen Polybios (ca. 200–120 v. Chr.), die beherrschende Hinsicht auf die Geschichte Roms, und sie war wegen ihres stetigen und schnellen Erfolges erklärungsbedürftig. Die modernen Interpreten sind bei der Gliederung der römischen Geschichte diesem Ansatz gefolgt, der in der Tat vieles für sich hat: Eine erste zeitliche Epoche umfaßt die Auseinandersetzung Roms mit Latium, einem Gebiet, das von Latinern, einer um 1000 v. Chr. eingewanderten indogermanischen Volksgruppe, bewohnt wurde, zu denen die Römer auch selbst gehörten. Ihr Siedlungsgebiet umfaßte die Ebene am unteren Tiber bis zu den Albaner- und Sabinerbergen. In dem politisch-religiösen Zusammenschluß, dem lateinischen Städtebund *(nomen Latinum),* war Rom ursprünglich neben Städten wie Lavinium, Tusculum, Tibur und Praeneste nur ein Mitglied unter anderen, konnte sich aber bis zum Jahre 338

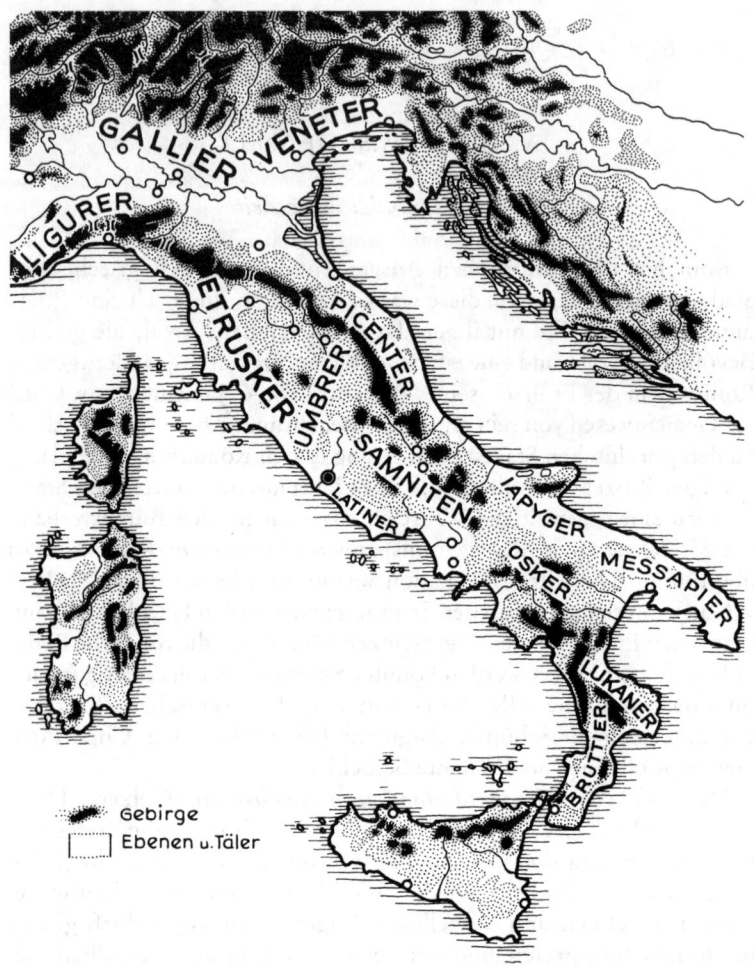

Karte 7. Italiens Stämme und Landschaften im Altertum (nach E. Kirsten u. a.,
Raum und Bevölkerung in der Weltgeschichte. Bevölkerungs-Ploetz, Band 1:
Kartenteil zu Teil I/III, I. Teil: Von der Vorzeit bis zum Mittelalter, Würzburg
1956, Abb. 33).

v. Chr. in mehreren Kämpfen die unangefochtene Suprematie in dieser
Region sichern.

Ein weiterer Expansionsradius geht über die unmittelbare Umgebung hinaus, umfaßt zunächst Mittel-, dann das südliche und nördliche Italien und brachte dazu auch die meisten etruskischen Städte

unter Roms Vorherrschaft. So wurde in der Zeit zwischen 338 und 264 v. Chr. die Stadt am Tiber zur dominierenden Macht in Italien.

In dem anschließenden Zusammenstoß mit der See- und Handelsmacht Karthago greift Rom zum ersten Mal über Italien hinaus und legt mit dem Erwerb Siziliens (241 v. Chr.) den Grundstock zu einem Provinzialreich.[1] Dieser dritte, überseeische Expansionsradius, der im dritten Jahrhundert das westliche Mittelmeer und nach 200 v. Chr. durch die Kriege mit Makedonien und Syrien auch den hellenistischen Osten erreichte, fand einen gewissen Abschluß in der Einrichtung der Provinz Asia 129 v. Chr., als infolge testamentarischer Übertragung des Königreichs Pergamon durch Attalos III. (133 v. Chr.) dieses Gebiet an Rom fiel. Die römische Republik hatte sich damit als Erbe Karthagos und der hellenistischen Staatenwelt im gesamten Mittelmeerraum etabliert.

Die Abfolge dieser drei konzentrischen Kreise der außenpolitischen Eroberung: a) Rom und Latium, b) Rom und Italien, c) Rom und die Anrainerländer des Mittelmeeres, darf man nicht als eine strenge historische Sequenz auffassen. Oft überlappen sich die Aktionen, so etwa, wenn Teile des heutigen Oberitaliens, Ligurien auf der westlichen, Venetien (und Istrien) auf der östlichen Seite, während der ersten Hälfte des 2. Jahrhunderts v. Chr. von Rom erobert wurden, ungefähr zur gleichen Zeit, als die Auseinandersetzung mit den hellenistischen Königreichen im Gange war. Auch ist mit dem Jahr 133 bzw. 129 v. Chr. die Einrichtung von Provinzen keineswegs abgeschlossen, weitere wichtige Stationen auf dem Wege zu einem umfassenden Imperium Romanum markieren die Einbeziehung Syriens durch Pompejus 64 v. Chr. und die Eroberung Galliens durch Caesar 59–51 v. Chr., die 50 v. Chr. in einer einheitlichen *provincia Gallia* (Suet. Caes. 25) zusammengefaßt wurde. Am Ende der Republik war Rom damit Herrin eines für damalige Verhältnisse riesigen Provinzialreiches. Es wurde während der Kaiserzeit nur durch wenige, allerdings wichtige Gebiete erweitert, besonders Ägypten, Dalmatien, Germanien, Britannien und Dakien, welche das Imperium in der Kaiserzeit abrundeten.

---

[1] Ende des dritten Samnitenkrieges 291 v. Chr. und Herrschaft über das südliche Mittelitalien; 290 v. Chr. Unterwerfung der Sabiner und Herrschaft über das nordöstliche Mittelitalien; 270 v. Chr. Unterwerfung von Bruttium in Süditalien und Ausdehnung der Herrschaft nach Süden; K. J. Beloch, Römische Geschichte bis zum Beginn der punischen Kriege, Berlin 1926.
  1. Punischer Krieg: 264–241 v. Chr.; 2. Punischer Krieg: 218–201 v. Chr.; 3. Punischer Krieg: 150–146 v. Chr.; W. V. Harris (Hrsg.), The Imperialism of Mid-Republican Rome, Rom 1984.

Diese drei Etappen der römischen Expansion sind jenseits ihrer notwendigen zeitlichen Verortung von fundamentaler Bedeutung für das Verständnis des römischen Staatswesens. Mit ihnen werden unterschiedliche Herrschaftsgebiete bezeichnet, die als solche auch eigene Konturen in der Wirtschafts- und Sozialstruktur aufweisen.

Ausgangspunkt und bis weit in die römische Kaiserzeit hinein Grundlage der staatlichen Existenz war die *urbs Roma,* die sich ursprünglich (wohl vom 9. Jahrhundert ab) als kleine Siedlung am Übergang der Handelsroute von Etrurien nach Unteritalien über den Tiber gebildet hatte und dank ihrer günstigen strategischen und wirtschaftlichen Lage sich bereits im sechsten und fünften Jahrhundert zu einem respektablen städtischen Zentrum entwickelte. Die Stadt bildete die Heimat der *cives Romani,* der römischen Vollbürger, die auf Grund ihres Bürgerstatus *(civitas Romana)* eine privilegierte Schicht innerhalb und außerhalb der Stadt darstellten, wobei sich diese Privilegierung als ein Ergebnis der historischen Auseinandersetzung zwischen den Ständen erst in Etappen herauskristallisierte.[2] Aber Bürger in diesem Sinne waren nicht nur die Einwohner der Stadt, sondern auch die Bewohner der sich im Verlauf des vierten und dritten Jahrhunderts stark ausgedehnten Landgebiete *(tribus populi Romani),* die sich in der Mitte des 3. Jahrhunderts v. Chr. auf 30 beliefen. Dieses L a n d g e b i e t *(ager Romanus)* umfaßte weite Teile Latiums, Mittelitaliens bis hin zur Adria. Damit ist bereits im 3. Jahrhundert v. Chr. ein Wesensmerkmal der antiken Polis: das kleine, überschaubare Stadt-Land-Gebiet, durch die Eroberung und Inkorporierung von unterworfenem Land außer Kraft gesetzt. Der *ager Romanus* machte mit etwa 23 000–25 000 km² zu Beginn der Punischen Kriege etwa die zehnfache Fläche von Attika aus.

Der *ager Romanus* (mit einigen wenigen Landstädten, *municipia civium Romanorum)* bildete die Basis der römischen Agrar- und Weidewirtschaft. Hier wird die zweite Bruchlinie zur antiken Stadtverfassung deutlich. Die große Entfernung und die große Anzahl der Bürger machten es unmöglich, daß sie alle ihren Pflichten und Rechten in Rom nachkamen. Diese äußeren Umstände ließen ein eingeschränktes römisches Bürgerrecht entstehen, das neben den Militärlasten vor al-

---

[2] Die *civitas Romana* umschreibt die Summe der Rechte und Pflichten eines römischen Bürgers, insbesondere das Wahlrecht, gewisse Rechtssicherheiten vor Gericht, die Möglichkeit Handel zu treiben *(commercium),* eine vollgültige Ehe zu schließen *(connubium)* – auf der anderen Seite die Übernahme von Steuern und Militärleistungen; A. N. Sherwin-White, The Roman Citizenship, Oxford ²1973.

lem die persönliche Rechtssicherheit, freien Handel und rechtsgültige Eheschließung umfaßte. Es kam in seiner Substanz dem sogenannten latinischen Recht *(ius Latinum)* nahe, in der Frühzeit der rechtliche Ausdruck sowohl der Nähe wie der Differenz zu den stammverwandten Latinern, nach der Auflösung des Latinerbundes (338 v. Chr.) eine allgemeine Vorstufe zum vollen römischen Bürgerrecht. Mit beiden Kategorien, dem „kleineren" Bürgerrecht latinischer Provinzen und dem vollen römischen Bürgerrecht, hat Rom auch seine Kolonien ausgestattet, die als Bollwerke römischer Macht in militärisch gefährdeten Gebieten angelegt wurden und überschüssige Bevölkerung aufnahmen.[3] Welchen Umfang das römische Bevölkerungskontingent annahm, können wir den durch Livius überlieferten Zensuszahlen entnehmen. Die Listen geben für das dritte Jahrhundert zwischen 250000 und 300000 Bürger und für die Zeit nach den gracchischen Agrarmaßnahmen nahezu 400000 römische Bürger an. So besaß die römische Republik des 3. Jahrhunderts v. Chr. im Hinblick auf die territoriale Ausdehnung und die Bevölkerungszahl eine materielle Basis, die weit oberhalb eines normalen antiken Stadtstaates lag (vgl. S. 158f.).

Dieses Reservoir wußten die Römer durch ein System abgestufter Bündnisse *(foedera)* mit den übrigen italienischen Städten und Stämmen zu erweitern. Neben den Bürgern waren die Bundesgenossen *(socii)* die zweite bedeutende Stütze der römischen Militär- und Wirtschaftsmacht. Der Entwicklung und dem komplizierten rechtlichen Beziehungsgeflecht, wodurch Rom sich die Hegemonie in Italien zu sichern wußte, ist an dieser Stelle nicht weiter nachzugehen. Jedenfalls ist als Prinzip erkennbar, mit der Zeit alle Gemeinwesen Italiens durch Verträge politisch zu binden und zu Militärleistungen zu verpflichten, Verträge, die mit dem einzelnen Partner abgeschlossen wurden und auf seine konkrete Lage (als Unterworfener oder als freier Bündnispartner) abgestimmt waren. Dadurch wurde auch bei formaler Gleichheit der Bündnispartner *(foedus aequum)* das faktische Übergewicht Roms gesichert. Polybios analysiert am Vorabend des Zweiten Punischen Krieges das gewaltige Heeresaufgebot, gegen das Hannibal und Karthago

---

[3] Wichtige latinische Kolonien waren Cremona, Placentia, Bononia im gallisch besetzten Norditalien. Besonders das 181 v. Chr. gegründete Aquileia entwickelte sich dank seiner zentralen Lage zu einem Wirtschaftszentrum in der nördlichen Adria. Beispiele für römische Kolonien in der unmittelbaren Umgebung Roms waren Ostia, Antium und Terracina; Puteoli, Volturnum und Liternum in Kampanien, Parma und Mutina in Gallia Cisalpina (Oberitalien); E. T. Salmon, Roman Colonization under the Republic, London 1969.

Tab. 4. Die römischen Zensuszahlen

508	130 000	Dionys. V 20
503	120 000	Hieronym. Ol. 69, 1
498	150 700	Dionys. V 75
493	110 000	Dionys. VI 96
474	103 000	Dionys. IX 36
465	104 714	Liv. III 3
459	117 319	Liv. III 24; Eutr. I 16
393/2	152 573	n. h. XXXIII 16
340/39	165 000	Euseb. Ol. 110, 1
c. 323	150 000	Oros. V 22, 2; Eutr. V 9; die handschr. überlieferte Zahl in Liv. IX 19 (250 000) sollte berichtigt werden, ebenso die in Plut. 326 c (130 000)
294/3	262 321	Liv. X 47
289/8 (?)	272 000	Per. Liv. XI
280/79	287 222	Ebd. XIII
276/5	271 224	Ebd. XIV
265/4	292 234 (oder 292 334, Per. Liv. XVI hat 382 233)	Eutr. II 18 und griech. Übers.
252/1	297 797	Per. Liv. XVIII
247/6	241 712	Ebd. XIX
241/0	260 000	Hieronym. Ol. 134, 1 (Euseb. Armen. Ol. 134, 3 hat 250 000)
234/3	270 713	Per. Liv. XX
209/8	137 108 (viell. eher 237 108)	Liv. XXVII 36; vgl. die Perioche.
204/3	214 000	Liv. XXIX 37 und Per.
194/3	143 704 (viell. eher 243 704)	Liv. XXXV 9
189/8	258 318 (258 310, Per. Liv. XXXVIII)	Liv. XXXVIII 36
179/8	258 794	Per. Liv. XLI
174/3	269 015 (267 231, Per. Liv. XLII)	Liv. XLII 10
169/8	312 805	Per. Liv. XLV
164/3	337 022 (Plut. Paul. 38 hat 337 452)	Ebd. XLVI
159/8	328 316	Ebd. XLVII
154/3	324 000	Ebd. XLVIII
147/6	322 000	Euseb. Armen. Ol. 158, 3
142/1	327 442	Per. Liv. LIV
136/5	317 933	Ebd. LVI
131/0	318 823	Ebd. LIX

125/4	394 736	(? 294 336)	Ebd. LX
115/4	394 336	(?)	Ebd. LXIII
86/5	463 000	(oder, verbessert, 963 000)	Hieronym. Ol. 173, 4
70/69	910 000		Phlegon (Jacoby Nr. 257) F. 12, 6; Per. Liv. XCVIII hat 900 000.
28	4 063 000		Res gest. 8, 2
8	4 233 000		Ebd. 8, 3
14 n. Chr.	4 937 000		Ebd. 8, 4; die Fasti Ostienses geben 4 100 900 an.

Quelle: P. A. Brunt, Italian Manpower 225 B.C. – A.D. 14, Oxford 1971, 13 f.

Zur Kritik der Zahlen, die vor dem 3. Jh. v. Chr. unzuverlässig und übertrieben sind, vgl. neben Brunt selber vor allem Beloch, Bevölkerung, 340 ff. und ders., Römische Geschichte, 1926, 216 ff.

antreten. Danach stellten die italischen Bundesgenossen ca. 400 000 Mann Infanterie und über 40 000 Mann Kavallerie, die zusammen mit den Römern ein Heer von ca. 700 000 Mann Fußtruppen und 70 000 Mann Reiterei ergaben.[4] Die Zahlen bezeichnen nicht nur eine für die Zeit ungeheure politische und militärische Macht, sondern sind auch Ausdruck eines gewaltigen wirtschaftlichen Potentials, das Rom im Notfall aktivieren konnte.

Eine derartige Verfügung über Land und Leute, wie sie die Römer gegenüber den Bundesgenossen beanspruchten, läßt sich nicht als staatliche Hoheitsgewalt im modernen Sinne definieren. „Herrschaft" ist eine dehnbare und eine historische Kategorie, existentiell abhängig davon, in welcher Verdichtung sie konkret ausgeübt und wie sie angenommen wurde. Die Formel *autonome Untertanen,* die Mommsen im ›Staatsrecht‹ für die italischen Bundesgenossen verwandte, versucht, kommunale Freiheit auf der einen und politische bzw. militärische Abhängigkeit auf der anderen Seite unter einen Nenner zu bringen und trifft in ihrer inneren Widersprüchlichkeit durchaus reale Strukturen der römischen Herrschaft in Italien. Die Unzuträglichkeiten, welche diese Doppelexistenz besonders im 2. Jahrhundert v. Chr. und zu Beginn des ersten Jahrhunderts den Bundesgenossen brachte, führte schließlich zum Aufstand gegen Rom im sogenannten *Bundesgenossenkrieg* (91–88 v. Chr.), an dessen Ende die Erteilung des römi-

[4] Polyb. 2,24, dazu Walbank, Commentary I, 196 ff.

schen Bürgerrechtes an die *socii* stand. Dieser Akt, durch den Italien (ohne Gallia Cisalpina im Norden, das 49 v. Chr. durch Caesar das volle Bürgerrecht erhielt) von der personellen Seite her zu einer größeren Einheit zusammenwuchs, gehört in erster Linie der politischen Geschichte an. Aber diese Integration wäre nicht möglich gewesen ohne vorbereitende Schritte, die in einen wirtschaftlichen und sozialen Zusammenhang gehören.

Schon im zweiten Jahrhundert werden Angehörige der römischen Bundesgenossen im Osten generell *Italici* genannt. Als italische Händler *(negotiatores Italici)* nehmen sie den Handel zwischen den hellenistischen Staaten und Rom in ihre Hände. Es kommt nicht von ungefähr, daß ein Großteil der wirtschaftlichen Transaktionen zwischen dem östlichen Mittelmeergebiet und Italien von Angehörigen der Bundesgenossen durchgeführt wurde, die Sklaven, Luxuswaren, Gewürze und Rohstoffe umschlugen. Alle diese Wirtschaftsmaßnahmen werden von einem gemeinsamen Interesse getragen und fördern das Zusammengehörigkeitsgefühl zwischen Italikern und Römern, die andererseits in den römischen Provinzen vielfach als *eine* Kategorie von Ausbeutern erscheinen. Im Ersten Mithridatischen Krieg (88–85 v. Chr.) waren vor allem Italiker die Opfer der blutigen Massaker, welche die Erhebung gegen Rom in Ephesos, Athen und in anderen Städten des hellenistischen Ostens nach sich zog. Wenn Cicero in diesem Zusammenhang von Tausenden *römischer Bürger* (Cic. Leg. Man. 11) spricht, die getötet wurden, so zeigt diese Bezeichnung, wie sehr im allgemeinen Bewußtsein die italischen Bundesgenossen in den römischen Bürgerverband aufgegangen waren. Die wirtschaftliche Durchdringung des gewaltigen Provinzialreiches wäre ohne diese Personengruppe nicht möglich gewesen. Auf der anderen Seite machten sich im Verlauf des zweiten Jahrhunderts römische Gutsherrschaften auf dem Gebiete des *ager publicus* und auf dem der Bundesgenossen in Italien breit und schufen dort ein mosaikartiges Geflecht römischer Agrarinteressen. Neben den starken sozialen und politischen Tendenzen, die den zunächst geographischen Begriff Italien schließlich unter Augustus zu einem einheitlichen staatlichen Gebilde werden ließen, waren es eben auch gewaltige ökonomische Verflechtungen, welche der Vereinheitlichung den Weg wiesen.

Die außeritalischen Besitzungen Roms, die Provinzen, sind von Rom und Italien dadurch geschieden, daß sie als eroberte und unterworfene Gebiete im Namen wie in der Sache uneingeschränkt der römischen Herrschaft unterliegen. Provinzen bezeichnen die Länder, in denen römische Befehlsgewalt, das *imperium Romanum,* ausschlagge-

bend war. Erst gegen Ende der Republik werden die Kompetenzbe-
zeichnungen (*provincia* = Aufgabenbereich des römischen Magistrats;
imperium = militärische und politische Vollgewalt des Feldherrn) zu
geographischen Größen: Dort, wo die Entscheidung des staatlichen
Hoheitsträgers gilt, ist römisches Reich, wobei eine gewisse Unschärfe
der Grenzen (wo „enden" die Provinzen Asia und Africa?) für dieses
Gebilde charakteristisch bleibt.

Das Land geht in den Besitz des römischen Volkes (*dominium populi
Romani*) über. Die Bevölkerung wird zu Steuern und Abgaben verpflichtet, mit Ausnahme einzelner Städte, mit denen Rom Sonderver-
einbarungen getroffen hatte, die von Steuerzahlungen befreit waren
und Immunität genossen. So waren die Provinzen keineswegs homogene Territorien, sondern, ähnlich wie Italien, ein Konglomerat unterschiedlicher Rechts- und Steuerkreise. Mommsen hatte gar nicht so
unrecht, wenn der das Imperium Romanum gelegentlich als „städtische Reichskonföderation" bezeichnete (Staatsrecht III, 720–722).
Damit beschränkte er die einheitliche Befehlsgewalt des Provinzial-
statthalters auf eine Art Oberaufsicht, sah in den Provinzialen, den
„nicht autonomen Untertanen", allerdings eine homogene einheitliche
Kategorie von Abhängigen auf politischem, rechtlichem und wirtschaftlichem Gebiet. In dieser allgemeinen Form trifft seine Deutung
durchaus heute noch zu.

Auch untereinander wiesen die Provinzen große Unterschiede auf.
Sizilien, Asia, Africa, Syrien waren wirtschaftlich und kulturell hoch-
zivilisierte Landstriche mit zum Teil alten städtischen Zentren; Spanien, Gallien, Germanien, Britannien, von Stammesorganisationen
mit ganz wenigen zentralen Orten geprägt, stellten zu Beginn der
römischen Herrschaft unterentwickelte Gebiete dar, die erst in einem langfristigen Romanisierungsprozeß Städtewesen, Wirtschaft
und Zivilisation übernahmen. Aber alle Unterschiede im einzelnen
vermochten nicht an der Grundmaxime zu rütteln, der Cicero am
Ende der Republik Ausdruck gab: Provinzen sind Landgüter des römischen Volkes (*praedia populi Romani*). Ihre Existenz geht darin
auf, dem römischen Volk die nötigen Nahrungsmittel zu sichern. Es
gehört in die Geschichte der republikanischen Staatsverwaltung, daß
schon im 2. Jahrhundert v. Chr. ein gewisses Rechtsempfinden für
die zulässige und unzulässige Bereicherung im Hinblick auf die Provinzen und ihre Bewohner zu rechtlichen Verfahren führte,[5] welche
in der Praxis allerdings die Ausbeutung nur unvollkommen ein-

---

[5] 149 v. Chr. wurde ein ständiger Gerichtshof eingerichtet (*quaestio de repe-*

dämmten. Für die Wirtschaftsstruktur des entstehenden römischen
Reiches ist ganz wesentlich, daß kontinuierlich große Geldsummen
nach Rom flossen, daneben enorme Mengen an Getreide, welches
vor allem für die Ernährung der städtischen Bevölkerung verwandt
wurde. Das berühmte Antwortschreiben des Kaisers Tiberius (14–37
n. Chr.) an seine Provinzialstatthalter: Ein guter Hirt beweist sich
darin, daß er die Schafe zwar schert, aber nicht abkehlt (Suet.
Tib. 32,2), zeigt, daß in der Kaiserzeit die herkömmliche Anschauung:
Provinzen sind Lieferanten für den *populus Romanus,* mit allerdings
wichtigen (vgl. S. 197) Modifikationen fortbestand.

Diese politischen und staatsrechtlichen Vorüberlegungen haben den
Zweck zu zeigen, daß die römische Republik ein differenziertes hete-
rogenes Gebilde darstellt mit einer ausgesprochenen Dynamik auf politischem und sozialem Gebiet. Mit dieser Feststellung der mangelnden
Einheitlichkeit ist weniger die historische Abfolge gemeint, die sich als
Weg vom kleinen Stadtstaat unter monarchischer Vorherrschaft (bis
etwa 500 v. Chr.) zu einem umfänglichen republikanischen Gemeinwesen in seinen verschiedenen Etappen bis hin zur Krise und zur Transformation der Republik (133–27 v. Chr.) verhältnismäßig leicht und anschaulich beschreiben läßt. Kompliziert ist das Neben- und Ineinander
der verschiedenen politischen, geographischen und rechtlichen Strukturen. Die Republik ist erbaut auf den Grundpfeilern des Stadtstaates,
sie ist geprägt durch ein Bundesgenossen- resp. Hegemonialsystem in
Italien und gewinnt durch die Eroberung und Einverleibung der Provinzen Dimensionen, die den ursprünglichen republikanischen Rahmen schließlich sprengen. Diese drei Stufen, die der Republik ihre politischen Konturen geben, sind auch verantwortlich für die unterschiedlichen Ausprägungen der Wirtschaft, die uns in republikanischer
Zeit entgegentreten.

Die Landwirtschaft war und blieb der wichtigste Wirtschaftsfaktor, veränderte sich aber unter den politischen Rahmenbedingungen
sowohl im Hinblick auf die Produkte wie auf die Produktionsweise. In
der frühen und hohen Republik herrschte der kleine bäuerliche Hof
vor, der vornehmlich der Selbstversorgung diente. Auf ihm wurde
Ackerbau betrieben, der zugleich Ausgangspunkt für die Fernweidewirtschaft (Transhumanz) war. Diese *pastio pecuaria,* wie sie bei den
römischen Agrarschriftstellern genannt wird, stand im alten Rom in
hohem Ansehen. Die legendären Gründungsheroen Romulus und sein

---

tundis pecuniis), welcher die unrechtmäßige Bereicherung römischer Oberbe-
amter ahndete.

Bruder Remus werden im Hirtenmilieu groß. In der archaischen Religion spielen Weidegottheiten wie Silvanus und Faunus, Riten wie die Lupercalien (15. Februar) und die Parilien (21. April), welche der Hege und Pflege der Viehherde gelten, eine bedeutsame Rolle. Viehdiebstahl war, wie uns die Legenden berichten, ein verbreitetes und gefürchtetes Vergehen.

Die Weidewirtschaft ist an eine extensive Nutzung des Bodens gekoppelt. Sie breitet sich deshalb vornehmlich auf dem hügeligen, weniger fruchtbaren Bergland Mittel- und Süditaliens aus, wird von den Senatoren der späteren Zeit auf dem *ager publicus* betrieben und tendiert mit der Zeit zum Großbetrieb. Der Ackerbau kam ursprünglich mit weniger Land aus. Von dem sagenhaften L. Quinctius Cincinnatus (Diktator 458 v. Chr.) und von M. Atilius Regulus (Consul 267 v. Chr.) heißt es, daß sie nur sieben *iugera*[6] ihr eigen nannten (Val. Max. IV 4,6 f.), ein *exemplum* für die spätere Zeit und ein Zeugnis dafür, daß der kleine Grundbesitz auf Subsistenzbasis bis zum Zweiten Punischen Krieg die Regel war. Die römischen Kolonisten, die sich in der früheren Zeit mit zwei *iugera* in der Regel begnügen mußten, erhielten später deutlich mehr Land. Bei der Gründung der Kolonie Aquileia betrugen die Landlose für einfache Fußsoldaten 50, für Hauptleute 100, für Ritter gar 140 *iugera* (Liv. XL 34,2), ein Anzeichen für die gewandelten Besitzverhältnisse nach dem Zweiten Punischen Krieg ebenso wie für den gesteigerten Anreiz, den die Regierung römischen Bürgern bieten mußte, damit sie überhaupt im fremden Land und in feindlicher Umgebung siedelten.

Die gleiche Steigerungstendenz weisen die landwirtschaftlichen Besitztümer der römischen Oberschicht auf. Das Gut des römischen Senators Aelius Tubero in der Mitte des 2. Jahrhunderts v. Chr. hat man auf 150–200 *iugera* berechnet.[7] Cato nennt in seinem Buch über die Landwirtschaft 100 *iugera* für ein Wein-, 240 *iugera* für ein Olivengut als ideale Zielzahl, wobei er im Interesse des Staates und seines Standes davon ausgeht, daß die Standesgenossen in die Landwirtschaft investieren und dort ihren Lebensunterhalt wie die ihnen gemäße Lebensform finden. Die Investitionen in den Agrarsektor, wie sie Cato in der ersten

---

[6] *iugerum*, das an einem Tag mit einem Joch *(iugum)* Ochsen umgepflügte Feld, entspricht in etwa dem Morgen (¼ ha, genau 2523 m²). Nach modernen Schätzungen waren mindestens 10 Morgen nötig, um einer Familie mit 4 Angehörigen die Existenz zu sichern (CAH VII 2, 325 f.). Die überlieferten Besitzgrößen aus der römischen Frühzeit sind deshalb mit Skepsis zu betrachten.

[7] Shatzman, Senatorial Wealth, 242.

Hälfte des 2. Jahrhunderts v. Chr. anempfiehlt, setzen mehrere Dinge voraus: Kapital, freies Land, das man erwerben konnte, Personal (Sklaven und Tagelöhner) und schließlich die Bereitschaft der Oberschicht, so zu verfahren. Natürlich war es nicht die römische Nobilität allein, die Grundbesitz zu erwerben trachtete. Ein römischer Ritter mit Namen T. Vettius verfügte gegen Ende des 2. Jahrhunderts v. Chr. in Campanien über 400 Sklaven, was auf einen Grundbesitz von annähernd 3000 *iugera* schließen läßt.[8] Der Versuch des Volkstribuns Ti. Sempronius Gracchus, in einem Ackergesetz 133 v. Chr. den Besitz am öffentlichen Land *(ager publicus)* auf 500 *iugera* (maximal 1000, wenn zwei Söhne vorhanden waren) zu beschränken, zeigt programmatisch an, wie sehr die Besitzkonzentration fortgeschritten war.

Nun sagt die Größe des landwirtschaftlichen Besitzes für sich genommen wenig. Lage, Bodenbeschaffenheit, Klima und die je angebauten landwirtschaftlichen Produkte verbürgen Existenz und Wohlstand. Getreide, d. h. in erster Linie Weizen, daneben Dinkel, Hirse, Gerste wurden im Wechsel mit Hülsenfrüchten (Bohnen, Linsen, Erbsen) angepflanzt; den Anbau von Gemüse (besonders Salat, Lauch, Kohl, Zwiebel) und Obst (Feigen, Birnen, Äpfel, Pflaumen), welche ursprünglich dem Eigenbedarf dienten, hat man in Stadtnähe zunehmend gewerbsmäßig betrieben. Oliven – und besonders Weinbau – gaben vielen Gegenden Italiens ihr charakteristisches Aussehen. Ihre reichhaltige Verwendung im Haushalt und im Kultus machten Öl und Wein auch im täglichen Leben des kleinen Mannes unentbehrlich. Viehzucht (Rinder, Schafe, Ziegen, Schweine, in wiesenreichen Gegenden wie Apulien auch Pferde), Bienenzucht, Holz- und Wasserreichtum konnten dem Grundbesitzer im Einzelfall zusätzliche Einnahmen sichern, vorausgesetzt, daß eine städtische Abnehmerschicht vorhanden war.

Mit der zunehmenden Urbanisierung in Italien und der Einrichtung von Provinzen seit dem 3. Jahrhundert v. Chr. verlagerte und veränderte sich die wirtschaftliche Produktion und zeitigte Auswirkungen auf vielen Gebieten. An der Wehrkraft des mittleren und kleinen Bauerntums hing von alters her der Erfolg der römischen Legionen. Die Umschichtungen auf dem landwirtschaftlichen Sektor zogen unausweichlich den Wandel der Sozial- und Militärordnung nach sich. Dies wurde, zumindest von Teilen der römischen Oberschicht, erkannt und als ernste Bedrohung des Gemeinwesens empfunden. Es sind drei Hauptgesichtspunkte, unter denen sich diese tiefgreifende Verände-

---

[8] Die Berechnung bei Duncan-Jones, Roman Economy, 325.

rung der Wirtschafts- und Sozialordnung Roms im 2. Jahrhundert
v. Chr. fassen läßt:
– Ausbreitung des Großgrundbesitzes auf Kosten des kleinen und
  mittleren Bauerntums;
– Spezialisierung der Produktion auf hochwertige Agrarerzeugnisse
  (Wein, Öl, Gemüse), daneben spezielle Fleisch- und Fischproduktion;
– verstärkter Einsatz von Sklaven sowohl in der Land- wie in der Weidewirtschaft, die der örtlichen Leitung eines *vilicus,* eines Verwalters
  unterstanden.

Diese Umstrukturierung hat politische, militärische, soziale und
wirtschaftliche Dimensionen, von denen nur einige wichtige Aspekte
angesprochen werden können. Zunächst einmal gilt festzuhalten, daß
der in den Quellen bezeugte Wandel eine Menge Unbekannter enthält.
Wann, in welchem Umfang und in welchen Regionen werden diese Veränderungen wirksam? Die archäologische Forschung in Italien hat gezeigt, daß bis in die Kaiserzeit hinein der kleine Bauernbetrieb, der in
erster Linie der Selbstversorgung diente, nach wie vor existent war.[9] In
der Agrarschriftstellerei, besonders bei Varro (vgl. S. 80), wird nach
wie vor auf ein Bauerngut abgehoben, welches den gemischten Anbau
(Getreide, Futtermittel, Wein und Öl), Holz-, Garten- und Weidewirtschaft miteinander verbindet. Schließlich ist für den Anbau die Entfernung zur Stadt entscheidend, die Möglichkeit der Vermarktung, gegebenenfalls auch über die Stadt hinaus. Dem *fundus suburbanus,* dem
Gut, das in einem Radius von ca. 15 km zur nächsten Stadt lag, gilt daher das besondere Interesse der Agrarschriftsteller wie der Investito-
ren. Es vereinigt Lukrativität mit der Annehmlichkeit, nach Belieben
den Aufenthalt in der Stadt oder auf dem Lande zu wählen. In der
Stadt war die Konsumentenschicht zu finden, die bereit war, über die
normale Versorgung hinaus hochwertige landwirtschaftliche Produkte
abzunehmen und zu bezahlen: in Teichen aufgezogene See- und Fluß-
fische, in Gehegen gehaltenes Wild, in Vogelhäusern aufgezogenes und
als Leckerbissen gehandeltes Geflügel wie Drosseln, Rebhühner oder
Wachteln. Diese *pastio villatica,* zu der auch die Bienenzucht zählte,
galt als gewinnträchtig. Auf 60000 Denare pro Jahr beziffert Varro die
Einkünfte aus einem Drosselgehege in der Nähe seiner sabinischen
Heimatstadt Reate, während ein normales Landgut von 200 Morgen
gerade die Hälfte erwirtschaftete (Varr. rer. rust. III 2,15).

---

[9] White, Roman Farming, 387f. unterscheidet die kleinen (10–80 *iugera*),
mittleren (80–500 *iugera*) und großen Bauerngüter (*latifundia,* über 500 *iugera*), von denen oft mehrere in der Hand eines römischen Adligen waren.

Auf Absatz orientierte Landwirtschaft praktizierten die Römer mindestens seit dem frühen 2. Jahrhundert v. Chr. Eine blühende Luxusproduktion tritt etwa seit dem ersten Jahrhundert v. Chr. auf im Zusammenhang mit der Zunahme städtischer Bevölkerung in Italien
(nicht nur in Rom). Dabei fällt der normale Bedarf von Lebensmitteln
naturgemäß nicht aus, sondern wird bestenfalls verschoben. Für die
Hauptstadt liefern die Provinzen Getreide, die Jahresmenge allein aus
Sizilien betrug 70 v. Chr. 6,8 Millionen *modii* Getreide.[10] Andere Länder, wie Nordafrika und seit der Kaiserzeit besonders Ägypten, werden zusätzlich zur Deckung des Getreidebedarfs für die Bevölkerung
Roms herangezogen. Aber diese Kornkammern des Reiches produzierten und exportierten über die ihnen auferlegten Naturalabgaben (*decuma*, der Zehnte) hinaus. Es existierte, zumindest in der republikanischen Zeit, ein begrenzter freier Markt, über den sie Getreide verkaufen. Man hat vermutet, daß von den etwa 40 Millionen *modii* Getreide,
die pro Jahr in Sizilien produziert wurden, etwa ein Viertel nach Rom
gingen, so daß für den Eigenbedarf und den Verkauf noch einigermaßen Raum blieb (Rickman).

Die genauen Bedingungen des Getreidehandels aus den Provinzen
nach Italien sind im einzelnen nur schwer zu fassen. Es ist leicht verständlich, daß sich unter diesen Rahmenbedingungen in der Nähe der
Hauptstadt die Landwirtschaft auf andere Produkte umstellte. Aber
auch hier gilt der Vorbehalt: Eine Großstadt und Metropole vom
Schlage Roms ist nicht typisch für das Städtewesen Italiens und die Ver-
zahnung von Stadt und Land, wie sie anderenorts die Regel war.

Mittelstädte wie Cremona, Ariminum (Rimini), Ancona, Arretium
(Arezzo) im nördlichen und mittleren, Venusia, Canusium, Barium
und Tarentum im südlichen Italien blieben auf landwirtschaftliche Versorgung aus dem unmittelbaren Umfeld angewiesen.

Die genannten Beispiele machen deutlich, wie sehr sich einzelne
landwirtschaftliche Sparten im Verlauf der römischen Geschichte wandelten, und zwar im Hinblick auf die Betriebsgröße, die Bewirtschaftung und die Arbeitsorganisation. Wer heute ein aufmerksames Auge
für die Kluft besitzt, die zwischen der althergebrachten Rinderzucht
früherer Jahre und der heutigen Fleischproduktion in den Kälbermast-

---

[10] 1 *modius* = Hohlmaß von 8,73 l (vergleichbar dem deutschen Scheffel) hat
ein Gewicht von ca. 6,5–7 kg. Für den Jahresbedarf der städtischen Bevölkerung Roms in spätrepublikanischer Zeit von ca. 30–40 Millionen Modii
(210000–280000 t) fallen ca. 120–160 Millionen Sesterzen an, die Einzelheiten
bei Rickman, Corn Supply, vgl. S. 247.

betrieben besteht, wird auch ein Sensorium dafür entwickeln, daß die Landwirtschaft Veränderungen unterliegt. Kapitalinvestition, Massenproduktion und agrarische Luxuswaren stellen im Rahmen der römischen Ökonomie keine artfremden Begriffe dar. Derartige Phänomene hängen mit der römischen Eroberung und der daraus folgenden Akkumulation von Reichtum in Rom und Italien zusammen. Es ist keine Frage, daß in ihnen ein gewaltiger sozialer Zündstoff lag.

Kleinbauern, deren Wirtschaften sich auf dem bescheidenen und kargen Boden nicht mehr lohnte, strömten in die Stadt, suchten und fanden dort Arbeit im Handwerk oder vermehrten die Zahl der arbeitslosen Proletarier. Sie bildeten die unterste Schicht der römischen Bürgerschaft und wurden von den führenden politischen Kreisen durch materielle Vorteile manipuliert, „bestochen"[11], um die gewünschten Kandidaten in die einflußreichen Ämter (Konsulat, Prätur) zu wählen.

Landflucht, Verstädterung, Überbevölkerung und soziale Not umschreiben das *eine* Spannungsfeld, die Akkumulation der Sklaven in den landwirtschaftlichen Betrieben das *andere*. Durch Roms Kriege im Osten und die Versklavung der unterworfenen Städte kamen gewaltige Massen unfreier Arbeitskräfte auf den Markt. Sklavenmärkte wie Rhodos und Delos verkauften bis zu 10 000 Personen an einem Tag. Die italische Landwirtschaft war neben den Bergwerken, den Steinbrüchen und den Manufakturen der Hauptabnehmer für Sklaven, die den kontinuierlichen Arbeitsanfall auf den Feldern und in der Viehzucht übernahmen. Für außergewöhnliche Belastungen wurden Tagelöhner *(mercennarii)* eingestellt. Diese Differenz war für den Grundbesitzer, wie Cato in seiner Schrift ›De agricultura‹ ausführt, in erster Linie eine Kostenfrage. Der normale Preis für einen Sklaven lag bei 300–500 Denaren. Unterkunft, Verpflegung, Bekleidung, Arbeitsausstattung und Beaufsichtigung mußten als ständige Betriebskosten veranschlagt werden. Da kam es unter Umständen billiger, „freie" Arbeitskräfte auf Zeit anzumieten und unter Vertrag zu stellen.[12]

Der massenhafte Einsatz von Sklaven veränderte die alte familiäre Form der Haussklaverei nachhaltig. Sie war auf den Gutshöfen ohne Einsatz äußerer Zwangsmittel *(lora,* die Peitsche, *compes,* die Fußfes-

---

[11] *ambitus* bezeichnet im römischen Strafrecht die unrechtmäßige Beeinflussung der Wähler durch „Geschenke" und wird zuerst 181 v. Chr. durch ein Gesetz unter Strafe gestellt; Mommsen, Strafrecht, 865 ff.

[12] *locatio conductio operarum* heißt im römischen Recht der Dienst- bzw. Arbeitsvertrag, der in mündlicher oder schriftlicher Form die Modalität der Arbeitsverhältnisse regelt; M. Kaser, Römisches Privatrecht I, ²1971, 562 ff.

sel, *ergastula*, die Zwangsunterkünfte) nicht durchzuführen. Vom *vili-cus*, selbst Sklave oder Freigelassener, der als Verwalter und Untergebener seines Herren die Aufsicht führte und den Einsatz befehligte, hing es in der Regel entscheidend ab, wie hart oder wie erträglich die Arbeits- und Lebensbedingungen auf dem Lande waren. Es ist immerhin bezeichnend, daß die römischen Sklavenaufstände *(motus serviles)* ihren Ausgang nicht von der unmenschlichen Behandlung auf dem Gutshof nahmen. Es waren vielmehr die Hirtensklaven, die sich, möglicherweise aufgrund ihrer ungebundenen Lebensweise, zusammenrotteten (185 v. Chr. in Apulien, 136–132, 104–101 auf Sizilien), um für sich die Freiheit zu erstreiten. Derartige Freiheitsbewegungen zielten nicht auf die Beseitigung der Sklaverei als Institution und konnten es nach Lage der Dinge auch gar nicht. Sie wurden, wie der spätere Spartacusaufstand (73–71 v. Chr.), von den römischen Legionen blutig niedergeschlagen. Insurrektionen wie die des Spartacus, der ein Heer von über 60 000 Sklaven zusammenbrachte, waren für die römische Militärmacht gefährlich. Aber für das Wirtschaftssystem waren diese Aufstände von eher peripherer Natur. Die Vermutung, die zuweilen in der marxistischen Forschung geäußert wurde, die große Sklavenkonzentration auf den Gütern und die Angst der Grundbesitzer vor den Sklavenmassen hätten sozusagen als Ausweg die Kolonenwirtschaft (vgl. S. 208) entstehen lassen, hat wenig Wahrscheinlichkeit für sich. Das Problem, ob man das Land mit Sklaven bestellt oder an *coloni* verpachtet, war für die Grundbesitzer eine Frage der ökonomischen Zweckmäßigkeit, bestimmt durch die Chance, leichter und billiger über die eine oder andere Arbeitsweise verfügen zu können. Die Akzeptanz der Sklaverei war zu weit verbreitet, als daß man die Notwendigkeit eines Ausweges aus Sicherheitsgründen erwogen hätte.

Wirtschafts- und Sozialstruktur bedingen einander. Änderungen in der Landwirtschaft wirkten sich auf Kleinbauern und Sklaven aus, aber nicht auf sie allein. Auch die O b e r s c h i c h t, die Nobilität und die römische Ritterschaft *(equites)* nahmen an der Kapitalisierung des Agrarsektors in unterschiedlicher Weise Anteil. Mancher Ritter steckte seine Gewinne, die er als Steuerpächter *(publicanus)* in den Provinzen machte, in die italische Landwirtschaft. Der römische Adelige wirtschaftet nicht mehr selbst auf seinem Anwesen, sondern läßt verwalten, verlebt und investiert den Ertrag in der Stadt und widmet sich vornehmlich den Staatsgeschäften. Es ist nicht leicht, genau festzustellen, wieweit die direkte Verbindung mit der Landwirtschaft, welche die römische Ideologie (Cato, Cicero) liebevoll als Quelle der rechten Lebensführung preist, für die römische Nobilität wirklich verlorenging

und einer urbanen, von griechischer Kultur gespeisten Lebensart Platz
machte. Beide Lebensstile brauchen sich nicht auszuschließen. Aus Ciceros Briefen erfahren wir, daß er Landgüter in Latium und Campanien (Arpinum, Tusculum, Antium, Formia und Puteoli) besaß, daneben Häuser und Mietkomplexe in Rom, alles in allem ein Vermögen,
welches man auf ca. 15 Mio. Sesterzen veranschlagt hat.[13] Das Land ist
für ihn die wichtigste, aber nicht die alleinige Quelle des Reichtums.
Dieser bildet den materiellen Hintergrund seiner Laufbahn als Politiker, Redner und Philosoph, eines Mannes, der römische Tradition und
griechische Philosophie zu vereinigen sucht. In seinem geistigen For-
mat bildet er möglicherweise eine Ausnahme, nicht aber in seinem
Wirtschaftsgebahren, das ihn mit den meisten seiner Standesgenossen
verbindet. Die Landwirtschaft wurde profitorientiert geführt und von
anderen Erwerbsarten flankiert. Diese rationale und am Absatz orientierte Bewirtschaftung konnte naturgemäß nicht überall die Regel sein.
Kleinere Bauernhöfe, die mit Viehzucht und Ackerbau mühsam den
Eigenbedarf deckten, hielten sich besonders im gebirgigen Mittelitalien. Sie prägten die Landschaft und tauschten ihre Produkte auf lokalen Märkten (vgl. S. 220f.) um.

Wie die römische Expansion den landwirtschaftlichen Bereich veränderte, so auch die städtische Wirtschaftsweise. Gewerbe und Handel besaßen ursprünglich im archaischen Rom etwa den gleichen Zuschnitt wie in den frühen griechischen Städten. Die römische Tradition
schreibt dem legendären König Numa (Plut. Num. 17) die Einrichtung
von acht Handwerksvereinigungen *(collegia opificum)* zu: Flötenbläser
(tibicines), Goldschmiede *(aurifices)*, Zimmerleute *(fabri tingarii)*, Färber *(tinctores)*, Schuster *(sutores)*, Gerber *(coriarii)*, Kupferschmiede
(fabri aerarii) und Töpfer *(figuli)*. Die Zusammenstellung ist sicher unvollständig, sie setzt die spätere Organisationsform als *collegium* an
den Beginn und schreibt die schrittweise Einbürgerung des Handwerks
als Erfindung einem einzelnen großen Kulturbringer zu. Aber der Gesamtrahmen einer frühen Stadtwirtschaft ist doch annähernd richtig
wiedergegeben. Dabei muß man teilweise in der ersten Phase mit Wan-
derhandwerkern aus dem höher entwickelten Etrurien rechnen, teilweise mit der natürlichen Abschichtung und Verselbständigung von
Tätigkeiten, die ursprünglich in der Hauswirtschaft angesiedelt waren.
Der Schuster, der Schmied, der Zimmermann, der Töpfer haben sich
als städtische Handwerker möglicherweise aus dem landwirtschaftlichen Betrieb verselbständigt und produzieren in der anderen Umge-

---

[13] Shatzman, Senatorial Wealth, 403 ff.

bung auf Erwerb. So entstand wohl schon im 6. und 5. Jahrhundert v. Chr. ein Berufshandwerk, das über feste Produktionsstätten verfügte und auf Absatz angewiesen war. Man muß annehmen, daß die Möglichkeit zum Verkauf von Waren, d. h. die Existenz einer halbwegs berechenbaren Käuferschicht, dem Handwerk die Konturen gegeben hat. Demgemäß entwickelten sich die Verhältnisse auch in der Stadt anders als auf dem Land, wo vieles im Hause selbst produziert wurde (Heimwerk). Wiederum ist Catos ›De agricultura‹ die wichtigste Quelle für die im frühen zweiten Jahrhundert übliche Aufteilung. Körbe für Oliven- und Weinernte werden im Hause geflochten, Spezialsorten müssen dagegen auswärts gekauft werden. Einfache Lederriemen werden ebenfalls auf dem Gut hergestellt, aber belastbare Ledertaue sollen die Berufsseiler verfertigen. Die Eisenkonstruktion einer Ölpresse sowie ihre Schlußmontage übernimmt der Schmied *(faber ferrarius)*, der als Wanderhandwerker ins Haus kommt. Dies ist der klassische Fall dessen, was Bücher Lohnwerk bzw. Stör genannt hat: Arbeit mit eigenem Werkzeug, kein eigenes Betriebskapital, Gestellung des Rohstoffes durch den Käufer bzw. Produzenten.[14]

Auch die Ausführung von Bauten aus Ziegeln, Stein und Holz werden im Lohnwerk an einen Bauunternehmer *(conductor)* vergeben, während der Auftraggeber die Baumaterialien besorgt. Ton- und Metallwaren, Schuhwerk und Kleidung werden dagegen in der Stadt gekauft, ein wichtiges Indiz dafür, wie sehr die ursprünglich autarke Ökonomie bei Cato dem gegenseitigen Warenaustausch zwischen Stadt und Land gewichen ist.

Heimwerk, Lohnwerk und städtisches Handwerk in engerem Sinne, d. h. ein Betriebssystem, das über eigene Produktionsmittel verfügt und auf Absatz hin arbeitet, bleiben in ihren gegenseitigen Verhältnissen nicht gleich. Sie verschieben sich je nach Ort und Zeit. Auf dem Lande (in geringerem Umfang auch in der Stadt) spielen Lohnwerker nach wie vor eine bedeutende Rolle; Varro nennt Ärzte, Walker und Schmiede (rer. rust. I 16,4), die regelmäßig aus der näheren Umgebung auf das Gut kommen. Noch das diokletianische Preisedikt (vgl. S. 56), das Warenpreise und Arbeitslöhne normiert, zählt eine ganze Fülle von Tätigkeiten auf, die im Lohnwerk ausgeübt werden, so diejenigen der Kalkbrenner, Maurer, Zimmerleute, Mosaikarbeiter, Ton- und Gipsformer, Polierer, Weber u. a. Man muß davon ausgehen, daß auch die italische Stadt des 4.–2. Jahrhunderts v. Chr. das Lohnwerk im verstärkten Maße kennt.

---

[14] Bücher, Volkswirtschaft I, 175.

Es ist nicht verwunderlich, daß wir den Anfang und den genauen Charakter handwerklicher Tätigkeit bis weit ins dritte Jahrhundert hinein nur hypothetisch bestimmen können. Die literarischen und archäologischen Quellen, d. h. die handwerklichen Produkte wie Bauten, Schmuckstücke, Keramikgegenstände sind in ihrer Aussage vieldeutig. Sie müssen in den Gesamtzusammenhang der Stadtentwicklung eingepaßt werden, die von etwa 20000–25000 Einwohnern im späten 5. Jahrhundert v. Chr. auf vielleicht das Dreifache im dritten Jahrhundert anstieg[15] und in großem Umfang auf einfache Gebrauchsgüter und bereits auf Luxusprodukte in kleinerem Umfang angewiesen war. Salz, das in den Salinen nahe Ostia hergestellt wurde (Liv. I 33,8), zählte schon früh zu den bedeutenden Handelsgütern, daneben Keramikwaren, auch solche attischer Herkunft, die auf einen wichtigen frühen Handelsumschlagplatz schließen lassen. Das Marktgeschehen war einerseits bestimmt von der zentralen Lage an der Tiberfurt mit den Verbindungslinien zwischen Etrurien und Süditalien, andererseits vom Mangel an Bodenschätzen und natürlichen Ressourcen, die einer Weiterverarbeitung als Basis dienen konnten. So mußten wichtige Rohstoffe (Holz, Stein, Wolle, Metalle) eingeführt bzw. eingekauft werden.

Die Ausdehnung und Spezialisierung des Handwerks vom 2. Jahrhundert v. Chr. ab belegen die Plautinischen Komödien für die *urbs Roma* einigermaßen zuverlässig. Da begegnen Goldschmiede, Zimmerleute, davon abgehoben Holzhändler, Baumeister, Maler, Kürschner, unterschiedliche Arten von Schustern und vieles andere mehr.[16] Wie in Athen und in anderen griechischen Städten verbindet sich das Handwerk oft mit dem ambulanten Handel, der seine Waren ins Haus bringt. Die Klagen des Megadorus aus der ›Aulularia‹ des Plautus zeigen nicht nur, für wen und für was römische Damen das Geld ihrer Ehemänner „verschwenden"; sie führen uns in das Milieu der kleinen Leute, die auf die Bezahlung unmittelbar angewiesen sind und wenig Betriebskapital besitzen.

> Wohin man kommt, erblickt man in den Häusern jetzt
> Mehr Wagen, als man auf dem Land beim Bauern trifft.
> Das Schönste aber ist, für was man alles zahlen soll.
> Da stehen Walker, Tuchsticker, Goldschmiede und Wollarbeiter,
> Händler mit Goldbordüren für die Tunika und mit Volants,
> Rot-, Violett- und Nußbaumfärber,

---

[15] (?) 60000–70000, vgl. Beloch, Römische Geschichte, 209ff.
[16] Gummerus, Industrie und Handel, RE IX, 1446f.

172 Die römische Welt

Verkäufer von Linnen und von Stiefelchen,
Verhockte Schuster für Sandalen, für Pantoffeln,
Auch die Malvenkleidermacher stehen da
Und die Büstenhalter- und Korsett- und Gürtelmacher.
Du hältst die schon für bezahlt; sie gehen –
Und tausend und tausend andere kommen. Es stehen im Atrium herum
... (?) Bortenwickler und Dosenmacher,
Man gibt das Geld und hält sie für bezahlt,
Da kommen noch die Safranfärber;
Irgendein Plaggeist ist immer da, der Geld verlangt.[17]

Wieweit sich die römische Komödie hier an attische Verhältnisse an-
lehnt, in welchem Maße sie übertreibt, inwieweit das Verhältnis Frauen
und Luxusproduktion einen wahren Kern besitzt – derartige weitere
Überlegungen müssen hier auf sich beruhen bleiben. Plautus dokumentiert in seiner Weise für das 2. Jahrhundert v. Chr. ein ausdifferenziertes Lohn- und Heimwerk. Aber diese bildeten nicht die einzige Betriebsform. Der gewaltige Sklavenstrom, der aus dem besiegten Griechenland über die Sklavenmärkte nach Rom und Italien geleitet wurde,
veränderte nicht nur die landwirtschaftliche Produktion, sondern
drängte auch ins Gewerbe. Sklavenbesitzer kauften handwerklich ge-
schulte und technisch versierte Arbeitskräfte aus dem Osten auf und
ließen sie für sich arbeiten. Es handelt sich um das gleiche Prinzip, das
ebenfalls bei der männlichen und weiblichen Prostitution angewandt
wurde, bei der die bejammernswerten Geschöpfe ihr „Handwerk" gegen Lohn ausübten, der an den Bordellbesitzer *(leno)* abzuliefern war
(mit der Möglichkeit, für sich selbst einen Teil des Verdienstes einzube-
halten und sich dann freizukaufen).

Großbetriebe waren unter solchen Umständen kaum zu erwarten,
und wo sie uns in den Quellen begegnen, scheinen sie eher die Ausnahme gewesen zu sein. Der reiche römische Adlige Licinius Crassus
(Konsul 70 v. Chr.) soll über 500 als Zimmerleute und Bauhandwerker
ausgebildete Sklaven verfügt haben, mit deren Hilfe er die abgebrann-
ten Häuser, die er für wenig Geld aufgekauft hatte, instand setzte (Plut.
Crass. 2). Hier wie auch in anderen Fällen verfügte der Bauunternehmer über genügend Betriebskapital, das es ihm erlaubte, auch langfristige und kostenintensive Aufträge zu übernehmen. Auch die Produktion der *terra sigillata*-Keramik, in der die ehemals etruskische Stadt
Arretium (Arezzo) führend war, kannten bereits Betriebsgrößen, die

---

[17] Plaut. Aul. 505–522 (in der Übersetzung von W. Binder, dazu der Kom-
mentar von W. Stockert, Plautus, Aul., Stuttgart 1983, 142 ff.).

sich der neuzeitlichen Manufaktur (60–70 Arbeiter) nähern. Dabei hat es sicher Formen der Arbeitsteilung gegeben. Die Vorgänge des Drehens, Verzierens, Brennens und Stapelns werden schwerlich von den gleichen Leuten durchgeführt worden sein. Aber trotzdem bleibt auch auf diesem Sektor der industriellen Produktion das Hauptkennzeichen, wie bereits gesagt (vgl. S. 19), die *Extensivierung*, d. h. *Nebeneinander* der Arbeitsvorgänge und nicht die *Intensivierung*, d. h. konsequente Zerlegung des Fertigungsprozesses.

Es ist nicht leicht festzustellen, inwieweit schon in der römischen Republik andere Gewerbszweige sich der industriellen Fertigung nähern, nennen wir als Beispiele die Herstellung von Textilien, von Metallwaren, von Schmuck und Preziosen. Eine solche Ausweitung war nicht nur eine Sache des Betriebskapitals, sondern eben auch der technischen Voraussetzungen und der Absatzmöglichkeiten. Jenseits der großen Handels- und Kapitalzentren, das heißt in den meisten Städten Italiens und später der Provinzen, hat weniger der größere Sklaven- als vielmehr der überschaubare Handwerksbetrieb die gewerbliche Produktion bestimmt. In ihm gaben die Angehörigen des kleineren und mittleren Bürgertums den Ton an. Städte wie Pompeji in Kampanien und Aquileia an der nördlichen Adria, deren Gewerbetätigkeit auch schon in republikanischer Zeit für uns greifbar sind, legen die Vermutung nahe, daß hauptsächlich eben jene *Bourgeoisie* (vgl. S. 200) im Handwerk ihr Auskommen fand. Dies hat selbstverständlich Auswirkungen für das Ansehen und das Selbstbewußtsein des Gewerbetreibenden, für die Wertschätzung des Handwerks überhaupt, welches durch seine soziale Verankerung an Bedeutung gewann. Der Reputation nach außen und der Integration des einzelnen in einem größeren gesellschaftlichen Zusammenhang dienten in besonderer Weise die schon angesprochenen *collegia*, Berufsgenossenschaften, unseren Vereinen nicht unähnlich, welche die Pflege der Geselligkeit und des Kultes auf ihr Panier schrieben. In kleinerem Umfang nahmen sie auch soziale Aufgaben (z. B. Hilfe bei Bestattungen und Speisungen) gegenüber ihren Angehörigen wahr.

Die gewerbliche Produktion steht naturgemäß in enger Verbindung mit dem H a n d e l. Die Möglichkeit des Absatzes bestimmt in gewisser Weiße Größe, Spezialisierung und Dauerhaftigkeit des Betriebes. Daß mit der Stadtbildung in Italien ein ähnlicher Prozeß der lokalen Handelstätigkeit wie in Griechenland einsetzte, welcher auch das Umland einbezieht, braucht nicht weiter ausgeführt zu werden (vgl. S. 101 f.). Fest terminierte Markttage, *nundinae*, die, wie der Name sagt, ursprünglich alle neun Tage abgehalten wurden, regelten den Austausch der

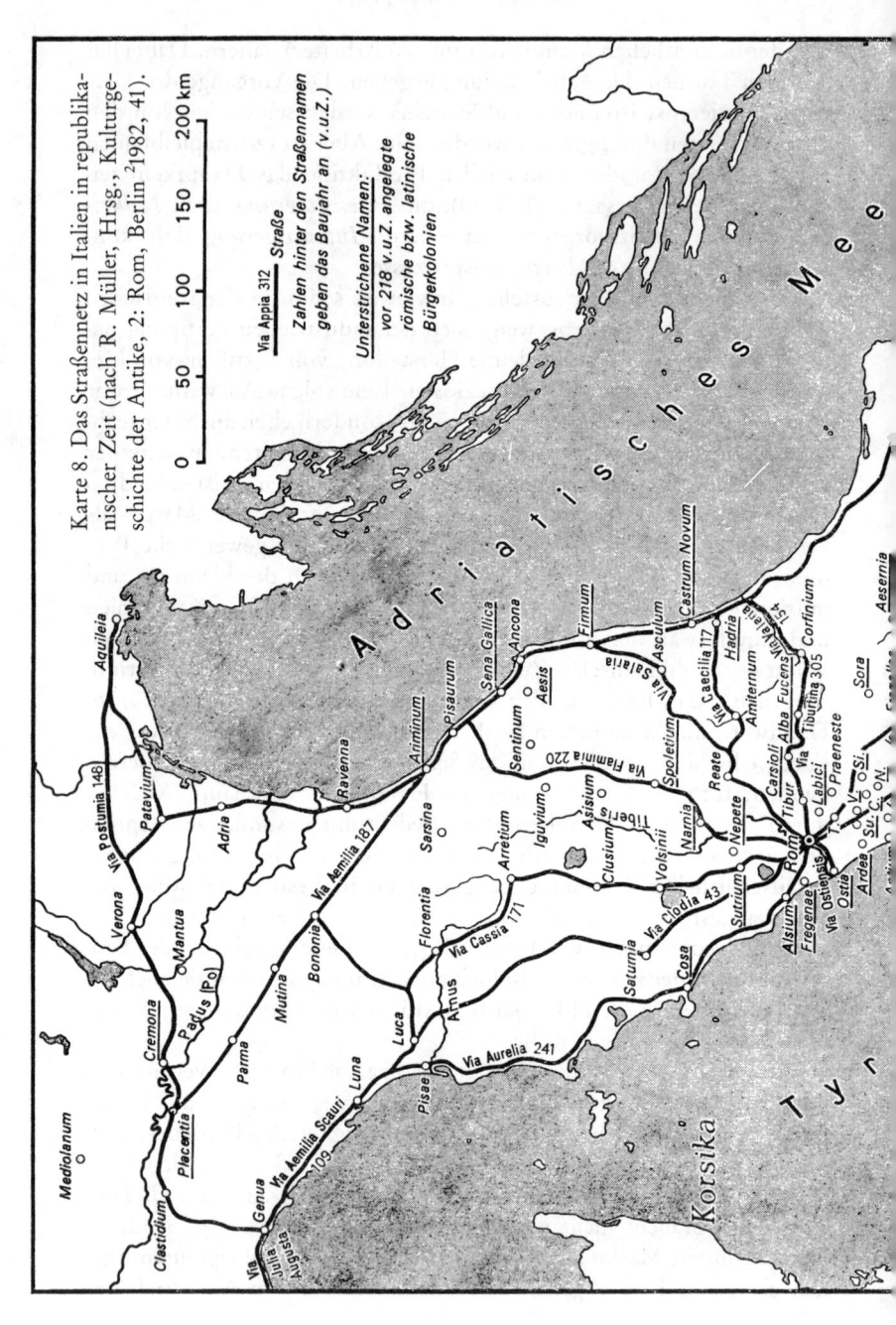

Karte 8. Das Straßennetz in Italien in republikanischer Zeit (nach R. Müller, Hrsg., Kulturgeschichte der Antike, 2: Rom, Berlin ²1982, 41).

Via Appia 312   Straße
Zahlen hinter den Straßennamen geben das Baujahr an (v.u.Z.)

Unterstrichene Namen:
vor 218 v.u.Z. angelegte römische bzw. latinische Bürgerkolonien

C. = Cora
N. = Norba
Sa. = Saticum
Se. = Seta
Si. = Signia
Su. = Suessa
T. = Tusculum
Ta. = Terracina
V. = Velitrae

Brundisium

Rudiae

Via Appia 291/264

Tarentum

Copia (Thurii)

Croton

Venusia

Bantia O

Cosentia

Via Popilia 132

Rhegium

Paestum

Buxentum

Saticula

Salernum

Messana

Voltumum

Capua

Puteoli

Pompeji

Pontia

n i s c h e s   M e e r

Panormus

Via Valeria 210

S i z i l i e n

Lilybaeum

Waren. Derartige Wochenmärkte hielten sich in Kleinstädten und ländlichen Gebieten bis in die Kaiserzeit hinein. Verkaufsbedingungen und Ablauf werden in aller Regel rechtlich fixiert und haben sich zum Teil inschriftlich erhalten.[18] Dieser lokale Kleinhandel wurde schon früh durch den Warenaustausch über größere Distanzen ergänzt. Es ist für römisches Denken charakteristisch, daß eine derartige Handelstätigkeit *(commercium)* schon sehr früh einer rechtlichen Ordnung unterworfen wurde und das Recht zum Handel zunächst dem eng befreundeten latinischen Nachbarn zugestanden wurde. Das *commercium* ist in der Folgezeit ausgeweitet worden, so daß es seinen Charakter als Privileg und zugleich als Hemmnis für andere allmählich verlor.

Mit dem 3. und 2. Jahrhundert v. Chr. brachen die Römer und vor allem die Italiker in die Domäne des phönikischen, karthagischen und griechischen Seehandels ein. Es waren vor allem die Angehörigen der italischen Bundesgenossen, die *mercatores* bzw. *negotiatores Italici* (vgl. S. 160), die den Handel zwischen Rom und den Provinzen übernahmen und ihn in gewisser Weise monopolisierten. Auch der römische Ritterstand suchte und fand hier sein Tätigkeitsfeld. Hingegen waren die Senatoren, die durch eine *lex Claudia* von 218 v. Chr. vom Seehandel größeren Stils ausgeschlossen waren, lediglich mittelbar am Überseehandel beteiligt. Sie griffen auf Stellvertreter, Strohmänner zurück, die für sie den lukrativen Handel abwickelten. So blieb wenigstens nach außen hin die Festlegung auf Grundbesitz und Landwirtschaft für die römische Oberschicht bestehen. Dabei erfreute sich der Großhandel im Gegensatz zum Klein- und Detailhandel eines gewissen Ansehens, mit den Worten Ciceros: *mercatura autem, si tenuis est, sordida putanda est; sin magna et copiosa ... non admodum vituperanda.* Besonders, wenn der Handelsprofit dann wiederum in Grundbesitz gesteckt wird, hatte die Sache ihre Ordnung und ließ sich mit der aristokratischen Werteordnung vereinbaren.[19]

Als Prototyp dieses gewinnträchtigen Mittelmeerhandels gilt mit Recht der römische Ritter C. Rabirius Postumus, dessen Geschäftstä-

[18] Mac Mullen, Markttage im römischen Imperium, vgl. S. 250.
[19] Cic. off. 1, 151 (in der Übersetzung von Mommsen, Römische Geschichte 3, 521): „Der Handel aber, wenn er Kleinhandel ist, ist gemein – der große Kaufmann freilich, der aus den verschiedensten Ländern eine Menge von Waren einführt und sie an eine Menge von Leuten ohne Schwindel absetzt, ist nicht gerade sehr zu schelten; ja wenn er, des Gewinnes satt oder vielmehr mit dem Gewinste zufrieden, wie oft zuvor vom Meere in den Hafen, so schließlich aus dem Hafen selbst zu Grundbesitz gelangt, so darf man wohl mit gutem

tigkeit eine Rede Ciceros näher beleuchtet. Rabirius, der über umfänglichen Grundbesitz in Süditalien verfügte, vermarktete nicht allein
landwirtschaftliche Produkte über die Grenzen Italiens hinaus; er verband den Handel, ähnlich wie Ciceros Verleger T. Pomponius Atticus,
mit dem Geldverleih großen Stils. So erhielt das *commercium* in der
Spätphase der Republik eine beträchtliche pekuniäre Basis. Der Großhandel entwickelte eine differenzierte Organisation bis in die Provinzen hinein, ihm stand ein ansehnliches Schiffskontingent zur Verfügung, ebenso günstige Häfen und Hafenanlagen (vgl. S. 48). Wenn es
trotz dieser guten Ausgangsposition im republikanischen Rom zu keiner Ausbildung größerer Handelshäuser gekommen ist, so sind für dieses Defizit Gründe verantwortlich, die bereits angeklungen sind (vgl.
S. 125). Die politische Unsicherheit, die durch Kriege, besonders Bürgerkriege hervorgerufen wurde, reduzierte den Warenaustausch und
die Risikobereitschaft beträchtlich. Der Grundbesitz gilt nach wie vor
als die ehrenwerteste Form des Reichtums. Der Händler gehört bestenfalls dem Ritterstand an, das Gros stellen mittlere und kleinere Leute,
also eine eher untere soziale Kategorie.

So ist der Handel eingebunden in politische, wirtschaftliche und soziale Rahmenbedingungen, die sich nur schwer und nur zum Teil innerhalb einer agrarisch orientierten Gesellschaft verändern. Die Ausdehnung der Städte in Italien zieht in gewissem Sinne den Ausbau von
S t r a ß e n *(viae publicae Romanae)* nach sich, die neben der primär militärischen Funktion auch der Wirtschaft und dem Handel dienen. Die
Via Appia verbindet bereits gegen Ende des 4. Jahrhunderts v. Chr.
Rom mit dem nördlichen Kampanien. Sie wird in der Folgezeit sukzes-
sive weiter nach Süden/Südosten ausgebaut (Capua, Benevent, Venusa,
Tarent) und erreicht schließlich den wichtigen Hafen Brundisium an
der südlichen Adria, der zum wichtigsten Umschlagplatz zwischen
Griechenland und Italien neben dem traditionellen Tarent wurde. Im
3. Jahrhundert v. Chr. wird die *Via Flaminia* nach Umbrien geführt
und erschließt dieses wichtige Gebiet im Nordosten Roms. Mit ihr
wird im zweiten Jahrhundert die *Via Aemilia* verbunden, die von Ariminum (Rimini) über Bononia (Bologna), Mutina (Modena), Parma
bis nach Placentia (Piacenza) am Po reicht. In welchem Ausmaß sich
über das in der Tat imponierende Straßennetz Italiens der Binnenhandel entwickelte, ist mit dem bestehenden Quellenmaterial gerade für

Recht ihn loben. Aber unter allen Erwerbszweigen ist keiner besser, keiner
ergiebiger, keiner erfreulicher, keiner dem freien Manne anständiger als der
Grundbesitz."

178   Die römische Welt

die republikanische Zeit nur schwer auszumachen. Fest steht jedenfalls, daß der Landhandel sehr viel kostspieliger als die Seefracht und
von daher dem Austausch über größere Landstrecken hinweg finanzielle Grenzen gesetzt war. Für die hohen Transportkosten müssen in
aller Regel Catos Angaben über die schon erwähnte Ölpresse (*trapetum,*
Cat. agr. 22,3) herhalten, die bei einem Herstellungspreis von 400 Sesterzen 172 Sesterzen betrugen. So kommt man auf einen Kilometer-
preis von einem Sesterzen,[20] was für eine enorme Verteuerung der
Güter durch den Landtransport spricht. Aber das Beispiel ist bis in die
Textüberlieferung hinein mit so vielen Unsicherheiten verbunden, daß
man mehr als eine allgemeine Trendaussage für die Zeit nicht daraus
ableiten kann.

Was sich allerdings lohnte, waren leicht transportierbare Luxuswaren, für welche besondere Städte und Regionen Italiens berühmt waren
und die sie austauschten. Die Bronzegießerein in Capua, Tarent und
Brundisium besaßen einen überragenden Ruf. Bei den Töpferwaren behaupteten sich neben Arretium Surrentum (Sorrent) und Cumae in
Kampanien. Für Textilien standen mehrere Produktionsstätten in
Norditalien: Parma, Mutina, Patavium (Padua) und nicht zuletzt Aquileia in gutem Ruf. Die *lana Gallicana,* die Wolle aus dem ehemaligen
Siedlungsgebiet der Gallier (Kelten), wurde zum Teil an Ort und Stelle
verarbeitet, ging aber auch als Rohmaterial in andere Städte, nicht zuletzt nach Rom, wo sie vom ortsansässigen Gewerbe (*lanarii:* CIL VI
9389ff.) weiterverarbeitet wurden.

Damit verbunden war vielfach die Färberei der Stoffe, besonders das
Färben vermittels Purpur, die wohl geschätzteste Farbe des Altertums,
welche aus den Purpurschnecken gewonnen und deshalb hauptsächlich
in Hafenstädten (z. B. Puteoli) verarbeitet wurden. Aber die *purpurarii*
(sowohl Händler wie Färber) trifft man auch in anderen Städten an, so
daß Binnenhandel mit dem gesuchten Farbstoff naheliegt. Die wirtschaftliche Bedeutung dieses Luxushandels ist, um es noch einmal zu
betonen, nicht unbedingt abhängig von dem Massenumschlag, wie wir
ihn bei Getreide, Öl, Wein und Baumaterialien kennen, die per Schiff
verfrachtet wurden. Die Ursprünge einer finanzkräftigen Konsumentenschicht in Italien reichen ohne Zweifel bis in die Republik zurück.
Die beredten Klagen eines Sallust oder eines Cicero über die *luxuria*
der römischen Oberschicht sind ein unverdächtiges Zeugnis dafür, daß
Luxuswaren im spätrepublikanischen Rom regelmäßige Abnehmer

---

[20] De Martino, Wirtschaftsgeschichte, 149; Gummerus, Industrie und Handel, RE IX, 1453.

fanden. Der reiche L. Licinius Lucullus (117–56 v. Chr.) konnte für eine Theateraufführung ohne Schwierigkeiten 200 Purpurmäntel aus seinem Besitz zur Verfügung stellen (Plut. Luc. 39,8). Andere wertvolle Konsumartikel (Einrichtungsgegenstände, Schmuck, feine Eßwaren) waren in gleicher Weise begehrt. Der entscheidende Durchbruch im Handelsaustausch dürfte allerdings erst in der frühen römischen Kaiserzeit erfolgt sein mit der *Pax Romana* als äußerem Ordnungsgaranten.

Es leuchtet ein, daß den Handel, besonders den Überseehandel in seiner Dichte und Reichweite das G e l d u n d d i e G e l d w i r t s c h a f t entscheidend bestimmt haben. Auch auf diesem Gebiet schufen die Eroberung und die Herrschaft über die Mittelmeerländer für Rom eine Ausgangsposition, wie sie in anderen antiken Staaten nie geherrscht hat. Dem Geld kommt dabei eine Schlüsselrolle in der römischen Wirtschaft zu. Diese Rolle präzise zu beschreiben ist allerdings nicht einfach; es gibt zu viele weiße Flecken auf der römischen Wirtschaftskarte, die sich mit den vorhandenen Möglichkeiten kaum ausfüllen lassen.

Von der ersten Stufe, dem Viehgeld (*pecunia, pecus* = das Vieh) hat sich in der Überlieferung nur wenig erhalten. Es wird vom Metallgeld überlagert. Die Entwicklung geht offensichtlich über formloses Rohkupfer *(aes rude)*, das man abgewogen hat (von daher *pendere pecuniam* = Geld bezahlen), über das sogenannte *aes signatum* bis hin zu den schweren Kupfermünzen *(aes grave)*, die gegossen wurden. Diese Stufe ist etwa um 300 v. Chr. erreicht und markiert den eigentlichen Beginn des Geldsystems in Rom. Die Kupferwährung, die auf der Grundlage des römischen Pfundes (*libra* = ca. 327 g = ein As) geschaffen und unterteilt wurde, in der Folgezeit mehrfach im Gewicht reduziert, war durch die Bedürfnisse nach Austausch mit den italischen Nachbarn entstanden. Sie war unhandlich, lokal begrenzt und für größere Handelsgeschäfte wenig geeignet. Von daher ist es verständlich, daß Rom daneben vom dritten Jahrhundert an eine Währung auf der Basis von Silber aufbaute, ganz sicher im Hinblick auf den Handel mit den griechischen Städten Unteritaliens, die durch das Ausgreifen Roms nach Kampanien zu wichtigen Handelspartnern wurden. Die verschiedenen tastenden Versuche mündeten schließlich in den römischen D e n a r („Zehner" – namlich der Wert von zehn Kupferassen) ein, der wohl gegen 212 v. Chr. geschaffen wurde. Er bleibt bis in die hohe Kaiserzeit hinein die Leitwährung und behält im großen und ganzen sein Gewicht von 4 g Silber. Er wurde bald wie die griechische Drachme gehandelt und konnte so universale Gültigkeit in den Mittelmeerländern gewinnen. Die neutestamentlichen Evangelien bezeugen seine vielfache Verwendung als Zahlungsmittel für Güter und Dienstleistungen, im Steuer- und Bankwesen und in der Vermögensaufbewahrung.[21] Neben dem Denar behauptete sich aus der Kupferprägung besonders als Rechnungseinheit der Sesterz (ursprünglich zweieinhalb Asse), welcher ab 89 v. Chr. auf vier Asse gesetzt wurde und der aus Bronze (Kupfer und Zinn) bestand. So pendelt sich bereits gegen Ende der Republik die Gleichung: 1 (Silber) Denar = 4 (Bronze) Sesterze = 16 (Kupfer) Asse ein, die dann von Augustus in gewissem Sinne festgeschrieben wurde.

Hinter derartigen Währungsfragen werden eine Fülle von Wirtschaftsproblemen sichtbar, welche die Numismatik nur zum Teil lösen kann. Das beginnt bei Fragen der Chronologie: Ab wann lassen sich bestimmte Geldformen nachweisen? Welches Verhältnis der Metalle untereinander hat es gegeben? Von woher haben die Römer die Edelmetalle, besonders das Silber bekommen? Für die Zeit nach dem Zweiten Punischen Krieg ist die Sache relativ einfach. Mit der Einverleibung der spanischen Provinzen wurden die Silberbergwerke von Cartagena, in denen zeitweise 40000 Sklaven arbeiteten, die Hauptlieferanten für das Silber, mithin auch für die Denar-Prägung (vgl. S. 68). Die Ausbeute betrug nach einer Notiz bei Strabon 25000 Denare pro Tag, d. h. über 9 Millionen Denare im Jahr. Gold wurde dagegen in der Republik nur in Ausnahmefällen geprägt und hat bis auf Caesar für den Handel nur eine nebensächliche Rolle gespielt, wohl nicht zuletzt deshalb, weil die ausbeutefähigen Goldvorkommen (z. B. bei Biella/Oberitalien) nicht besonders ergiebig waren und das Gold dort, wo es auftrat, viel eher gehortet wurde. Vorkommen und Verfügbarkeit über die Metalle schlagen sich in einer relativ konstanten Werterelation nieder, die in der Münzprägung ihren Ausdruck findet. So ergibt sich etwa für die Zeit des Zweiten Punischen Krieges eine Relation Gold : Silber = 1 : 9; Silber : Kupfer = 1 : 120; Gold : Kupfer = 1 : 1000. Spätere Berechnungen kommen auf ein Verhältnis 1 (Gold) : 12 (Silber); 1 (Silber) : 60 (Kupfer, nach Heichelheim).

Derartige Versuche, Metallwerte für eine bestimmte Epoche festzustellen, sind wichtig; aber sie unterschätzen ganz offensichtlich die Aussagekraft solcher Analysen für das monetäre System. Die Veränderungen in der Geldwirtschaft hängen nicht allein vom Metall ab, sondern sind eine Folge vielfältiger Faktoren, die auf der „Austauschseite" stehen und in den Geldwert eingehen. Für diesen Zusammenhang ist es

---

[21] Bogaert, Geld, Geldwirtschaft, 843 f. (vgl. S. 91).

entscheidend festzustellen, wann und wie sich eine allgemeine Konvertierbarkeit von Gütern, Dienstleistungen und Geld herausbildete und welche Verrechnung sich einpendelte. Soldzahlungen *(stipendia)* an die Soldaten gehen bis ins 4. Jahrhundert v. Chr. zurück; ebenfalls werden die Steuerzahlungen und Abgaben *(tributa)* in Geld vereinbart. Die Tributzahlungen, die als Kriegsgewinne durch Roms Siege über Karthago und die hellenistischen Herrscher in die Hauptstadt kamen, stellten gewaltige Kapitalien dar, die unabweislich die Frage nach einer sachgemäßen Verwendung aufwarfen. So bildeten sich allmählich öffentliche Ein- und Ausgaben heraus, die in ihrer Größenordnung aus den (im einzelnen hypothetischen) Aufstellungen des amerikanischen Wirtschaftshistorikers T. Frank erkennbar werden (ESAR I, 138–145). Er errechnet für die gut bezeugte Epoche von 200–150 v. Chr. staatliche Einnahmen (Tributzahlungen, Beutegelder, Gewinne aus den Silberbergwerken, Steuern, Verpachtungen, Naturalabgaben) in Höhe von 610 Millionen Denaren. Ihnen stehen an Ausgaben (Sold, Heeresverpflegung, Schiffsbau, öffentliche Bautätigkeit u. a.) 580 Millionen Denare entgegen. Dieser gewaltige Reichtum gelangte in die Staatskasse *(aerarium)* und wurde von dort per Senatsbeschluß oder zensorisches Edikt wiederum verteilt, in der Hauptsache für militärische Belange, aber auch für öffentliche Bauten. Daneben fließen große Geldsummen in private Hände, vor allem in die der Senatoren, besonders auch der Ritter. Diese übernehmen die Geldgeschäfte in den Provinzen, schließen sich zu *societates,* Genossenschaften, zusammen, um die privaten finanziellen Interessen zu bündeln und nach außen hin wirksam zu vertreten, eine Wirtschaftsvereinigung, die ebenfalls in das 2. Jahrhundert v. Chr. gehört. Was dabei im einzelnen – nach den Anschauungen der Zeit – rechtmäßig, was unrechtmäßig erworben wurde, läßt sich im nachhinein kaum mehr feststellen. Der ehrenwerte L. Aemilius Paullus, der berühmte Sieger von Pydna (168 v. Chr.), verfügte mit 370000 Drachmen (= Denaren, Plut. Paul. 39,5) über ein für seine Zeit ansehnliches Vermögen. P. Licinius Crassus Dives (cos. 131 v. Chr.), berühmt und berüchtigt für den Aufwand bei den aedilizischen Spielen, hinterließ 25 Millionen Denare (Cic. rep. 3,17); sein Nachfahre M. Licinius Crassus (cos. 70 v. Chr.), „der reichste und intriganteste Mann in Rom, kein scharrender Geizhals, sondern ein Spekulant im großen Maßstab" (Mommsen), nannte allein Grundbesitz von 50 Millionen Denaren sein eigen[22] und hielt nach einem berühmten Ausspruch nur denjeni-

[22] Shatzman, Senatorial Wealth, 376, 253f., 243f.

gen für reich, der von seinen Gelderträgen ein Heer unterhalten könne. Derartige Beispiele lassen sich leicht vermehren. Wir besitzen eine ganze Reihe von Angaben über die Geldakkumulation, über staatliche Ein- und Ausgaben (vgl. Knapowski), aber sie ergeben als solche noch kein zutreffendes Bild der Geldwirtschaft in Rom, denn sie zeigen in aller Regel das Geld nicht in „Aktion". Man kommt schon ein wenig weiter, wenn man die finanziellen Transaktionen eines Crassus, eines Rabirius Postumus oder eines Pomponius Atticus genauer unter die Lupe nimmt und an ihnen die Möglichkeiten der Gewinne und Investitionen demonstriert, welche sich dem Ritter- und Senatorenstand boten. Pomponius Atticus, der Freund und Verleger Ciceros (110–32 v. Chr.), nannte ein Grundvermögen von 12 Millionen Sesterzen, die er geerbt hatte, sein eigen. Er betrieb in großem Stil Landwirtschaft, in Italien, in Epirus und auf Kerkyra. Daneben spekulierte er mit Grundstücken, beteiligte sich an Gladiatorenschulen und vermietete ausgebildete Gladiatoren. Die Überlieferung rühmt ihn besonders als erfolgreichen Verleger. Den größten Gewinn aber zog er aus dem Geldverleih, wodurch er sich das Wohlwollen mächtiger Politiker und die Ergebenheit von Provinzialstädten sicherte.[23] Dabei lebte er im Unterschied zu seinen Zeitgenossen einfach, steckte das Geld lieber in den Erwerb von Kunstwerken und den Ausbau seiner bedeutenden Bibliothek. Grundbesitz, mittelbare Beteiligung an mehreren, eher kleineren Handelsunternehmungen und vor allem das Ausleihen von Geld zu hohen Zinsen – diese Kapitalanlagen sind für den reichen Mann der Zeit in einem gewissen Sinne typisch. Die Chancen des Geldverleihs und des Zinsgeschäftes (fenus, usurae) liegen dabei auf der Hand. Enorme Summen werden einmal von Provinzen bzw. Provinzialstädten gebraucht, die ihre Abgaben (tributa, vectigalia, decuma) bezahlen müssen und die öfters gezwungen sind, sich gegen enorm hohe Zinsen die fehlenden Gelder zu leihen. Das von Sulla der Provinz Asia im Jahre 84 v. Chr. auferlegte tributum von 20000 Talenten (120 Millionen Denare) war im Jahre 70 v. Chr. durch Zinsbelastung auf 120000 Talente (720 Millionen Denare) angewachsen. Die Summe wurde vom römischen Heerführer und Statthalter Licinius Lucullus zusammengestrichen, zum großen Verdruß der ritterlichen Darlehnsgeber in Rom, welche die Summe vorgestreckt hatten (Plut. Luc. 20) und denen das Zinsgeschäft nun verdorben war (sie betrieben deshalb folgerichtig die Abberufung des Lucullus aus dem Osten).

---

[23] Feger, RE Suppl. VIII, 516 ff. s. v. T. Pomponius Atticus.

Derartige „Einnahmemöglichkeiten" hingen an der Existenz des Provinzialreiches, das kontinuierlich für einen überproportionalen Geldimport nach Rom sorgte, der seinerseits für eine Fülle von verhängnisvollen Verzerrungen auf dem Waren- und Dienstleistungssektor verantwortlich war. So stiegen etwa die Kosten für die politische Karriere der Oberschicht mit der Zeit enorm an. Die angehenden Politiker verschuldeten sich und holten die geliehenen Gelder während der Statthalterschaft in den Provinzen herein. Der berüchtigte C. Verres, der von 73–71 v. Chr. Sizilien als Proprätor verwaltete, besser: ausbeutete, und pro Jahr 3 Millionen Denare aus seiner Provinz herauspreßte, wollte den Gewinn, wie er selbst freimütig gestand, zu einem Drittel seinem eigenen Vermögen zuschlagen; ein Drittel sollten Patrone und Verteidiger erhalten, das letzte Drittel die Richter, die beim vorauszusehenden Repetundenprozeß bestochen werden mußten. Der Statthalter Julius Caesar konnte nach seiner Amtszeit in Spanien (61–60 v. Chr.) nicht nur seine Schulden von über 6 Millionen Denaren bezahlen, sondern war fortan ein reicher Mann.

Nur wenige wichtige finanzielle Aspekte dieser verheerenden politischen Praxis, die den Untergang der Republik mit herbeigeführt hat, können hier zu Wort kommen. Durch den Kapitalbedarf blüht der Geldverleih, der von privaten Geldgebern und von Banken betrieben wird, die sich vom dritten Jahrhundert an aus dem Wechselgeschäft herausgebildet hatten und in der Regel eher bescheidenen Gewinn (Kóllybos, Agio, das Aufgeld) erzielten. Die Bankiers (*argentarii*) gehörten wie in Griechenland eher zu den kleinen Leuten und waren hauptsächlich im lokalen Geldverleih tätig, d. h., der Aktionsradius der Bank wird die mittelbare Umgebung kaum überschritten haben.

Faßt man die Geldbewegung generell ins Auge, scheinen die Wege relativ festgelegt. Die Gelder gelangen aus den Provinzen in die Staatskasse und gehen von dort als Bezahlung für die Truppen und deren Bedürfnisse in die verschiedenen Gebiete des Imperiums; nur ein kleiner Teil wird im ersten Jahrhundert für die Ernährung der städtischen Bevölkerung (*frumentationes*) und für die öffentlichen Bauten aufgewandt. Gewaltige Geldsummen eignen sich die senatorische Oberschicht und die römischen Ritter, organisiert als Steuerpächter in den *societates publicanorum,* an. Sie investieren die Gewinne aus den Provinzen vornehmlich in Grundbesitz, in privaten Luxus, öffentliche Aufwendungen, Spiele, Opferfeierlichkeiten, Geld- und Sachspenden, die ihnen Ruhm und Anerkennung auf Grund ihrer Freigebigkeit (*liberalitas*) eintragen. Der kurzfristige Bedarf an relativ hohen Geldsummen war unter diesen Umständen an der Tagesordnung. Damit verban-

den sich in der Regel S c h u l d e n p r o b l e m e. Sie sind uns in besonders
reicher Zahl aus der Schlußphase der Republik überliefert. Die 800 000
Sesterzen, die Caesar dem Senator Cicero über mehrere Jahre stun-
dete, sind nur ein verschwindend kleiner Betrag im Budget des angehenden Alleinherrschers, der mit seinem Geld die römischen Schul-
denmacher jeglicher Couleur verpflichtete.[24]

Aber die Verschuldung traf nicht nur die reichen Schichten, sie be-
drohte vor allem die Kleinbauern, die kleinen Gewerbetreibenden und
die Einwohnerschaft Roms. Sie hatten zu ihrer Existenzsicherung vielfach Geld aufgenommen und waren später außerstande, Kapital und
Zinsen zurückzuzahlen. Sie besaßen nicht die Möglichkeit, ihre Finanzen auf Kosten der Provinzen zu sanieren. Die Forderung nach Um-
schuldung und Schuldverminderung (*tabulae novae*, d. h. neue Schuld-
verschreibungen) war deshalb eine oft erhobene populäre Forderung,
der auch Caesar in gewissem Umfang nachkam.[25] Aber eine vollstän-
dige Schuldentilgung stand während der Republik nie ernsthaft zur
Debatte; für einen derart gravierenden Einschnitt in das Wirtschafts-
gefüge der Zeit waren eigentlich nur politische Hasardeure vom
Schlage eines Catilina zu haben, dessen Umsturzpläne und Putschver-
such 63 v. Chr. durch den Konsul Cicero unter tätiger Mithilfe der Senatoren und des Ritterstandes vereitelt wurden.

So blieb es bis zum Ende der Republik bei einer völligen asymmetri-
schen Verteilung des Besitzes und des Geldes. Die Staatskasse verfügte
über gewaltige Summen aus den Provinzen. Große Reichtümer befan-
den sich in den Häusern der senatorischen Oberschicht und der Ritter,
die das Kapital, wie man immer wieder zu Recht betont hat, nicht in
die gewerbliche Produktion und nur zu einem geringen Teil in den
Handel steckten, sondern vor allem Grund und Boden erwarben. Mittelbar partizipierten das Gewerbe und der Handel in den Städten von
ihrem Reichtum. Tafel- und Kleiderluxus, der Aufwand bei staatlichen
und privaten Bauten, die ständische Präsentation in der Öffentlichkeit
bei Spielen und Kulthandlungen begannen schon gegen Ende der Republik viele Handwerkszweige in Lohn und Brot zu setzen. Der lokale
Handel brachte es zu einem bescheidenen, der Überseehandel zu einem ansehnlichen Auskommen.

Es ist an dieser Stelle nicht davon zu handeln, daß derartige sogenannte freie Tätigkeiten, zu denen auch jede Art von Hilfsarbeit um Ta-
gelohn (*opera* = Tagwerk, *operarii* = Tagelöhner) zählt, in ihrer Bedeu-

[24] Gelzer, Nobilität, 116.
[25] Gelzer, Caesar, ⁶1960, 208 f., 241 f.

tung und Abgrenzung zur Sklavenarbeit nur schwer einzuschätzen sind. Wichtig ist, daß sie auf geldlicher Basis entlohnt werden (daher die Bezeichnung *mercennarii* – Lohnarbeiter, von *merces* – Lohn). Auch das tägliche Leben der kleinen Leute war bei aller finanziellen Enge vom Geld her bestimmt. Wohnungen mußten bezahlt werden, 500 Denare in Rom und 125 außerhalb der Stadt galten offensichtlich in caesarischer Zeit als normal. Die Lebensmittel auf dem Markt – Getreide, Gemüse, Öl, Wein, Fisch und Fleisch, Gewürze – wurden gegen Geld abgegeben. Wirtshäuser *(tabernae, cauponae)* und Garküchen *(popinae)* boten Beköstigungen gegen Bezahlung an. Dieser gesamte Austausch von Gütern und Dienstleistungen war nur deshalb möglich, weil Geld auch in den unteren Schichten zirkulierte und nicht nur sporadisch – etwa in Form von Geldgeschenken durch reiche Mitbürger – an die Plebs und ihre Angehörigen gelangten. Der Tagelöhner verdiente bis zu einem Denar pro Tag, die Dirne konnte für einen Männerbesuch bis zwei Denare (und zuweilen erheblich darüber) verlangen. Auch wenn es im einzelnen schwierig ist, Löhne und Preise für die einzelnen Dienstleistungen anzugeben und genauere Zahlen sehr viel häufiger aus der Kaiserzeit überliefert sind, so kann an den Einrichtungen selbst und an der Ware-Geld-Relation kein Zweifel sein. Unübersehbar ist bei allem die gewaltige Kluft zwischen dem Reichtum in den Händen weniger und der Armut als Lebensform der Mehrheit. „Die oft gebrauchte und mißbrauchte Rede von einem aus Millionären und Bettlern zusammengesetztem Gemeinwesen trifft vielleicht nirgends so vollständig zu wie in dem Rom der letzten Zeit der Republik", sagt Mommsen in seiner ›Römischen Geschichte‹.

Seine unvergleichliche Charakteristik der römischen Oberschicht: „Es ist die vollkommen ausgebildete Plantagenaristokratie, mit einer starken Schattierung von kaufmännischer Spekulation und einer leisen Nuance von allgemeiner Bildung"[26], muß man um einige Überlegungen ergänzen, damit sie nicht einseitig und zeitverhaftet bleibt. Profitorientierung und landwirtschaftliche Ambitionen kennzeichnen auch den Ritterstand. Die genauen Konturen der Armut, die konkreten Lebensbedingungen der kleinen Leute in Rom und vor allem in Italien und den Provinzen sind nur schwer zu fassen. Armut ist zudem eine dehnbare Größe und trifft nach Aussage antiker Quellen auf viele

---

[26] Mommsen, Römische Geschichte 3, 520f. Zur Plantage als einem Betrieb mit Zwangs-(Sklaven-)Arbeit, der speziell für den Absatz arbeitete, vgl. Weber, Wirtschaftsgeschichte, 82ff., vgl. weiter S. 209.

kleine Leute zu, die über ein bescheidenes Auskommen verfügten.[27] Einiges spricht zudem dafür, daß es zumindest Ansätze eines auf Gewerbe und Handarbeit basierenden Mittelstandes, dessen Fehlen in Rom Mommsen zu Recht beklagt, in Italien und in den Provinzen gegeben hat. Auf diesem Felde lassen uns die Quellen überwiegend im Stich, und die dringend erwünschten mikroanalytischen Untersuchungen der einzelnen Regionen, die von den archäologischen Überresten (z. B. Keramikfunde) ausgehen, zeitigen vor der Kaiserzeit nur bescheidene Ergebnisse. Einfacher und scheinbar überzeugender sind deshalb Globalaussagen wie die folgende: „Das sozio-ökonomische System des republikanischen Rom wurde von Imperialismus und Sklaverei beherrscht, eine Herrschaftsform, die voll von Widersprüchen und von Grund auf unfähig zum Fortschritt war." Die Feststellung De Martinos[28] ist ganz abwegig nicht; die Fragwürdigkeit steckt im Detail und in den Folgerungen. Handel, Gewerbe und freie Arbeit entwickeln sich im republikanischen Rom und im römischen Herrschaftsgebiet aus und neben diesen Rahmenbedingungen, bescheiden zwar im Umfang, aber doch irgendwie zum „System" gehörend. Expansion, der damit verbundene Reichtum und die Ausbreitung der Sklaverei haben die alten Wirtschaftsstrukturen nicht ausgelöscht, sondern vielfach nur überlagert. Der kleine Landwirt, der Lokalhandwerker, der Markthändler und der Hilfsarbeiter auf dem Bau, im Hafen und auf dem Landgut haben auf wahrscheinlich niedrigem Niveau weiter existiert. Und wenn die Erkenntnis zutrifft, daß die politischen Grenzen zwischen Republik und Prinzipat außerordentlich fließend sind, dann ist auch die Überlegung nicht abwegig, daß die wirtschaftlichen Zustände der Kaiserzeit Strukturen aufnehmen und weiterentwickeln, die bereits in der Republik angelegt waren.

2. Die Kaiserzeit

Das römische Kaisertum,[29] das aus den Machtkämpfen der großen Heerführer hervorging, ist erbaut auf den Trümmern der römischen Republik. Augustus (63 v. bis 14 n. Chr.), dem glücklicheren und ge-

---

[27] H. Bolkestein, Wohltätigkeit und Armenpflege im vorchristlichen Altertum, Utrecht 1939, 327 ff.

[28] De Martino, Wirtschaftsgeschichte, 165.

[29] Kaisertum und Kaiser meint im folgenden die spezifisch antike Spielart einer ein Großreich umspannenden Alleinherrschaft. Assoziationen zum Kaisertum mittelalterlicher oder neuzeitlicher Prägung sind davon fernzuhalten.

schickteren Nachfahren und Adoptivsohn des gescheiterten Diktators Caesar (ermordet am 15. März 44 v. Chr.), gelingt es, mit Hilfe der Soldaten aus traditionellen republikanischen Elementen eine persönliche Alleinherrschaft zu formen, den Prinzipat (*princeps* = der Erste, *principatus* = die erste Stelle). Der Name kaschiert bewußt den monarchischen Charakter der neuen Staatsform. Der Prinzipat, dessen Geburtsstunde man gemeinhin auf das Jahr 27 v. Chr. setzt, ist in dieser Frühphase alles andere als eine einheitliche und abgeschlossene Staatsform. Geprägt durch den jeweiligen Inhaber wird die Alleinherrschaft im Verlauf des ersten Jahrhunderts machtpolitisch erweitert und abgerundet, sie verliert dabei den republikanischen Anstrich, besonders sichtbar unter den autokratischen Kaisern Caligula (37–41 n. Chr.), Nero (54–68 n. Chr.) und Domitian (81–96 n. Chr.).

Dieser Vorgang der Machtverlagerung und -arrondierung ist in sich ungemein vielschichtig und auch für die Wirtschaft der Zeit von entscheidender Bedeutung. Der römische Princeps bzw. Kaiser gründet seine Macht auf verschiedene Pfeiler, die miteinander in Verbindung stehen. Republikanischer Herkunft sind die von der Verfassungsordnung bereitgestellten staatsrechtlichen Grundlagen, deren wichtigste ein besonderes prokonsularisches Imperium bildet, welches ihm die Herrschaft über die kaiserlichen Provinzen und das Militär sichert, daneben die tribunizische Gewalt *(tribunicia potestas)* als wirksamer Hebel für die Innenpolitik. Verbunden damit ist die soziale Grundlage des Prinzipats, die zum Teil in den staatsrechtlichen Befugnissen ihren Rückhalt hat. Die Soldaten sind durch ein persönliches Treuegelöbnis *(sacramentum)* an den Kaiser als Feldherrn gebunden, der gleichsam als Patron das gesamte Heer als *clientela* unter seiner Obhut und Fürsorge hat. Senatoren, Ritter und das römische Volk stehen durch individuelle und globale Schenkungen und Hulderweise in seiner Schuld. Einzelne Städte verpflichten sich durch feierlichen Eid zum Gehorsam.

Dabei handelt es sich in aller Regel um Gegenseitigkeitsverpflichtungen, die der Princeps aktivieren kann, weil er über eine ausreichende ökonomische Grundlage verfügt. Schon Augustus ist der reichste Mann seiner Zeit. Die Einkünfte des Kronlandes Ägypten und der kaiserlichen Provinzen strömen in seine Kassen. Er zählt Großländereien (Domänen) in den Provinzen zu seinem persönlichen Besitz, daneben Bergwerke *(metalla)*, Häuser und öffentliche Gebäudekomplexe. Im Verlauf des ersten Jahrhunderts kommen zusätzlich durch Änderung der Rechtsordnung Vermögen und Besitz der verurteilten Mitglieder begüterter Schichten (die sog. *bona damnatorum*) in den kaiserlichen

Besitz, alles in allem gewaltige Summen (vgl. S. 233), mit deren Hilfe der Herrscher seine politischen und privaten Ausgaben bestritt und seine Machtstellung fundierte. Daß es neben dem weitgestreuten kaiserlichen Vermögen und Einkünften, die wohl erst unter Claudius zu einem zentral verwalteten Finanzressort *(fiscus Caesaris)* zusammengefaßt wurden, in bescheidenerem Umfange staatliche Gelder gab, die vom republikanischen *aerarium* (vgl. S. 181) verwaltet wurden, gehört zu den charakteristischen Ungereimtheiten des römischen Prinzipates, der mit den vorhandenen Institutionen irgendwie zurechtkommen mußte.

Politische, soziale und ökonomische Basis wirken nicht aus sich selbst heraus, sondern werden in vielfältiger Form durch Propaganda verbreitet und in einen werthaften, ideellen Zusammenhang gestellt. Der Herrscher als überragender Feldherr, der Tüchtigkeit und Tapferkeit *(virtus, fortitudo)* auf seine Fahnen geschrieben hat; der Patron, der sich um die Soldaten sorgt; der fromme Verehrer der Götter, der Tempel baut, religiöse Festlichkeiten veranstaltet und dadurch seine *pietas* demonstriert; der Vater des Vaterlandes und seiner Untertanen, die er als Bürger reich beschenkt *(liberalitas)* und denen er in Katastrophen und Notsituationen hilft; der Garant der Freiheit *(libertas)* und politischen Sicherheit *(securitas)* gegenüber den vermögenden Schichten – in diesen und verwandten Formulierungen erschließt sich die i d e o l o g i s c h e G r u n d l a g e des Prinzipats. Die Außen- bzw. „Schau"seite rückt die Person und Leistungen des jeweiligen Herrschers ins rechte Licht und schafft allmählich im Bewußtsein der Untertanen Konturen einer rechtmäßigen Herrschaft, der man sich willig unterzuordnen hat und die über den jeweiligen Inhaber der Macht hinaus die Dynastie, das Kaiserhaus *(domus Augusta)* mit umfaßte.

Auf diesen Fundamenten hat bereits Augustus im Kern seine Herrschaft begründet. Aber es ist nicht so, daß der Ausbau Sache einer zielstrebigen Politik war, sondern sich zum Teil durch die Umstände ergab, vielfach auch in seinen Ansätzen steckenblieb und nicht zu einem soliden und ausgewogenen Fundament weiterentwickelt wurde. Das liegt nicht allein an einzelnen Herrschern und der, wie man immer wieder zu Recht betont, persönlichen Regierungsform des Prinzipates. Bei aller theoretischen Spannweite, die zu einem beträchtlichen Teil aus dem griechischen Herrschaftsideal übernommen wurde, fehlte es dem Prinzipat an einer langfristigen Perspektive und an einem tragfähigen Ausgleich der Herrschaftsinteressen mit denjenigen, welche die Herrschaft zu tragen und zu ertragen hatten.

Die Sicherung der kaiserlichen Macht besaß absolute Priorität. Eine

Verlagerung von der (formalen) Volksbeteiligung und dem Senatsvotum hin zum Militär und zur Verwaltung als ausschlaggebende Stützen, mithin eine Entwicklung zur offenen Militärmonarchie, war dem Prinzipat mit auf seinen Weg gegeben.

Daneben gehörte die Sicherung des Friedens nach innen und außen, die Wahrung der Pax Romana zu den Zielvorstellungen der tatkräftigen Herrscher, besonders derjenigen des ersten und zweiten Jahrhunderts, denen die Pflege des Rechts und der Gerechtigkeit *(iustitia)* und die milde Behandlung der Untertanen *(clementia)* als Programm beigesellt wurden. Wie allerdings alle diese Aufgaben konkret anzugehen waren, wie das Gemeinwohl *(salus publica)*, welches alle Reichsteile und alle Bewohner umfassen sollte, verwirklicht werden konnte, das war und blieb jenseits der Tagespolitik. Diese programmatische Schwäche wurde durch die Weitläufigkeit und Heterogenität des Reiches verstärkt, welches im Kaisertum als solchem eine zwar lockere, aber doch halbwegs wirksame Klammer besaß. Hinzu kamen die zunehmenden außenpolitischen Schwierigkeiten im zweiten und dritten Jahrhundert, die durch die Wanderungsbewegungen der Germanen im Nordwesten und ein sich ausdehnendes Partherreich im Osten gefährlich anwuchsen.

All diese Gründe zusammengenommen lassen es verständlich erscheinen, daß man nur mit Einschränkungen in der Kaiserzeit von einer Gesellschafts-, Sozial-, einer Kultur- und für unseren Zusammenhang entscheidend: von einer Wirtschaftspolitik reden kann, die dem Gesamtinteresse des Imperiums und seiner Dauer Rechnung trugen.[30] Der überragende Kenner der antiken Wirtschaft M. Rostovtzeff hatte im Rückgriff auf moderne, liberale Handelsprinzipien im *Laissez-faire*, im Gewährenlassen (d. h. in der Selbstorganisation der wirtschaftlichen Subsysteme ohne staatlichen Eingriff), eine charakteristische Wirtschaftspolitik der Kaiser während des 1. und 2. Jahrhunderts n. Chr. gesehen, die sich von der „orientalischen Zwingherrschaft" der Kaiser Diokletian und Konstantin (vgl. unten S. 189f.) in auffälliger Weise unterschied. Aber in beiden Verhaltensweisen liegt, wie bereits Rostovtzeff gesehen hat, kein bewußter Steuerungsversuch der Wirtschaft vor, keine Ordnungsvorstellung oder Strukturpolitik im ganzen, sondern ein jeweils anderer Umgang mit den benötigten und

---

[30] Die Frage nach den Möglichkeiten einer aktiven und langfristigen Politik des römischen Kaisers hat F. Millar, Emperor in the Roman World (vgl. S. 248), umfassend zu beantworten gesucht. Zu seinem negativen Ergebnis die Entgegnung von J. Bleicken, Zum Regierungsstil des römischen Kaisers, Wiesbaden 1982; Pleket bei Vittinghoff, Europäische Wirtschafts- und Sozialgeschichte, 148.

zu erwartenden Einkünften, die es zu sichern galt, um das Kaisertum samt seinem bürokratischen und militärischen Apparat zu erhalten. Aber natürlich steckt in diesem Ziele eine gehörige Portion Politik, welche die Wirtschaft zum Teil erheblich tangiert. Die Erhebung von Steuern und Zöllen, der Erwerb von Grundbesitz, die Besoldung der Verwaltung und des Heeres sind politische und zugleich wirtschaftliche Grundstrukturen, an denen die Existenz der Herrschaft hängt. Das Kaisertum in seinem Wandel gehört zu den maßgebenden Rahmenbedingungen der Wirtschaft. Es bildet selbst einen enormen Wirtschaftsfaktor, der sich in der Spätantike (mit Ausnahme von Byzanz) abschwächt und durch äußere und innere Verluste schrumpft. Dieser Wandel ist auf politischem Feld einigermaßen einfach darzustellen. Durch die iulisch-claudische Dynastie, die mit Nero 68 n. Chr. endet, werden die Grundlagen des Prinzipats gelegt und ausgebaut. Die Flavier (69–96 n. Chr.) konsolidieren das Reich nach innen und beginnen unter Domitian (ermordet 96 n. Chr.) eine offensive Außenpolitik, die im Zeitalter der sogenannten Adoptivkaiser (96–192 n. Chr.) von Trajan (98–117 n. Chr.) fortgesetzt und von Hadrian (117–138 n. Chr.) bewußt abgebrochen und gestoppt wird. Gemeinhin gelten die ersten beiden Jahrhunderte, die sogenannte hohe Kaiserzeit, als eine Epoche der Blüte und des Wohlstandes. Allerdings wird bereits unter M. Aurel (161–180 n. Chr.) durch verlustreiche Kriege mit den Parthern und Germanen, ferner durch Naturkatastrophen im Inneren (Erdbeben in Kleinasien, Pest unter den Soldaten und der Zivilbevölkerung) die krisenhafte Entwicklung des dritten Jahrhunderts eingeleitet. Die Epoche der sogenannten Soldatenkaiser, die strenggenommen bereits mit der Severischen Dynastie einsetzt (193–235 n. Chr.), ist durch politische Anarchie gekennzeichnet. Zwischen 235 und 284 n. Chr. lösen sich allein dreißig Kaiser in der Herrschaft ab. Sie können der äußeren Bedrohung durch Germanen und Parther nur mit Mühe Herr werden. Unter der politischen Anarchie, den erhöhten Militärlasten und dem Schrumpfen des Seehandels hat der größte Teil des Imperiums zu leiden. Diokletian (284–305 n. Chr.) und vor allem Konstantin (306–337 n. Chr.) gelingt es, die noch vorhandenen Ressourcen zu stabilisieren und durch eine Art „Notstandsverfassung" (J. Vogt) die Existenz des Reiches zu sichern. Diesem Zweck diente nicht zuletzt die Tolerierung und zunehmende Begünstigung des Christentums, dem Konstantin im sogenannten Toleranzedikt von Mailand 313 n. Chr. volle Religionsfreiheit zugesichert hatte, im nachhinein ein welthistorisches Datum, welches das Verhältnis von christlicher Kirche und Staat auf eine neue Grundlage stellte.

So hat die Bezeichnung Spätantike für die Epoche, die mit 284 n. Chr. beginnt, durchaus ihre Berechtigung, auch wenn man anerkennt, daß die spätantiken Verhältnisse auf fast allen Gebieten vorhandene Tendenzen weiterführen. Aber die sakrale Überhöhung des Kaisertums, die Dezentralisierung des Reiches, die in der Reichsteilung von Ost und West 395 n. Chr. nach dem Tod Theodosius' des Großen sichtbaren Ausdruck findet, der zunehmende Einfluß der Kirche auf Staat und Gesellschaft, die sogenannte „Germanisierung", d. h. die wichtige Rolle der Germanen innerhalb der Reichsgrenzen, die mit der germanischen Eroberung, der Völkerwanderung von außen korrespondiert – all diese Elemente zusammen unterscheiden die Spätantike nachhaltig von der hohen Kaiserzeit. Sie geben ihr den Charakter einer Übergangsepoche, die aber in ihren Hauptstrukturen noch der Antike angehört. Ihr Ende hat man mit guten Gründen auf die Zeit um 600 n. Chr. gesetzt, der große oströmische Kaiser Justinian (527–567 n. Chr.) wie seine unmittelbaren Nachfolger, die an der Reichseinheit und der Orientierung nach Westen festhalten, sind damit in den spätantiken Kontext unmittelbar eingebunden, während Heraklios (610–641 n. Chr.), wie man gesagt hat, „einer neuen Zeit" angehörte (L. M. Hartmann). Die Reorganisation des byzantinischen Reiches verlagert den Schwerpunkt nach Osten. Mit den Arabern und dem Islam betritt eine neue Kraft im siebenten Jahrhundert die Weltbühne. Zusammen mit der zunehmenden Machtkumulation des Frankenreiches im Westen während des achten Jahrhunderts sind damit welthistorische Entwicklungen bezeichnet, welche die antike Mittelmeerwelt politisch und geographisch hinter sich lassen und neue Machtzentren schaffen.

Derartige politische Längsschnitte wollen nur einen ersten Einstieg zum Verständnis der kaiserzeitlichen Wirtschaft anbieten, die in die großen Entwicklungslinien der Zeit eingebunden bleibt. Zu ihrem Verständnis bildet die monarchische Herrschaft in ihrer historischen Abfolge die eine wichtige Komponente, das Imperium Romanum in seiner unterschiedlichen Zusammensetzung und seinem politischen, kulturellen und wirtschaftlichen Gefälle die andere. Die Fläche des gesamten Imperiums betrug unter Augustus einschließlich der sogenannten Vasallenstaaten ca. 3,2 Millionen km², des sich allmählich auch zu einer politischen Einheit findenden Italien ca. 310000 km².[31] Es war von der Ausdehnung und von der Dauer her das gewaltigste Großreich, das die Welt bis dahin gesehen hatte, welches dank einer Art

[31] Beloch, Bevölkerung, 507.

„Arbeitsteilung" zwischen zentralen und dezentralen Strukturen sich relativ lange hielt. Die mit der Republik vorgegebene scharfe Unterscheidung: R o m als Kapitale, als die Stadt schlechthin, I t a l i e n als bevorrechtigtes Gebiet römischer Bürger (das „Herrenland", wie man früher formulierte), d i e P r o v i n z e n als Untertanenland, blieb zunächst bestehen. Die daraus folgende wirtschaftliche Gleichung: Rom = Konsumtion, Italien = Produktion, Provinzen = Expropriation, die zugegebenermaßen einseitig, aber tendenziell durchaus zutreffend war, verlor allerdings bereits im 1. Jahrhundert n. Chr. ihre Gültigkeit. Dabei hat sich der Charakter der S t a d t R o m qualitativ zunächst kaum verändert. Sie blieb Garant und Unterpfand der Herrschaft, Tagungsstätte des Senats und der Volksversammlung, religiöses Zentrum und Sitz des Kaiserhauses samt einer sich entwickelnden Verwaltung. Sie erhält bereits unter Augustus eine militärische Garnison (vor allem eine kaiserliche Schutztruppe, die p r a e t o r i a n i, im Umfang von 1000 Mann). Moderne Schätzungen beziffern die Einwohnerzahl Roms in seiner Blütezeit auf etwa eine Million, wovon 200 000 römische Bürger, die sogenannte *plebs frumentaria*, regelmäßig kostenlos Getreide empfingen. Diese kaiserlichen Gratifikationen übten neben anderen wirtschaftlichen und zivilisatorischen Anreizen eine starke Anziehungskraft auf die Bevölkerung aus, die hier unvergleichbare Lebensbedingungen vorfand. So nahm auch der Umfang des Gewerbes, des Handels und der Dienstleistungen außerordentlich zu. Aber auch in anderen städtischen Zentren vermehrten sich die Bevölkerungszahlen gewaltig; Karthago, das unter Augustus als Kolonie neu gegründet wurde, zählte im zweiten Jahrhundert zwischen 250 000–300 000 Einwohner, Lyon (Lugdunum), Mittelpunkt und Verwaltungsstadt der gallischen Provinzen, verfügte möglicherweise über 50 000–70 000; Trier (Augusta Treverorum) besaß in seiner Blütezeit über 50 000; Köln (colonia Claudia Ara Agrippinensium) ca. 30 000–50 000; Aquileia an der nördlichen Adria ca. 100 000 Einwohner. Die Aufzählung, die um weitere Beispiele aus Italien und dem hellenistischen Osten leicht hätte vermehrt werden können, zeigt nicht nur, daß die Verstädterung in der römischen Kaiserzeit bedeutende Fortschritte machte, sondern daß sich neben der überragenden Hauptstadt Rom im Imperium Romanum eine ganze Fülle städtischer Zentren mit einer (für die damalige Zeit) gewaltigen Ansammlung von Menschen herausbildete, die Konsumenten und Produzenten im wirtschaftlichen Prozeß waren. Mit einem gewissen Recht hat man die Bedeutung der Städte im Wirtschaftsaufbau der römischen Kaiserzeit mit derjenigen der Städte in Europa des 16. und 17. Jahrhunderts verglichen (Pleket). Eine starke faktische

und ideelle Abwertung bedeutet der Aufbau der neuen Kaiserresiden-
zen in der diokletianischen Neuordnung (Nicomedia, Antiocheia und
Thessalonike im Osten, Sirmium auf dem Balkan, Mailand, Trier und
Lyon im Norden und Westen), weit übertroffen allerdings durch das
von Konstantin zur Reichshauptstadt erhobene Byzanz (330 n. Chr.)
mit dem neuen Namen seines Gründers. Konstantinopel erreichte bereits im vierten Jahrhundert eine Einwohnerzahl von weit über 100 000,
die in der Folgezeit auf nahezu 500 000 anwuchs und damit in der Spätantike auch auf politischem Gebiet das Erbe Roms antreten konnte.

Nivellierung kennzeichnet auch die weitere Entwicklung, die Italien im Imperium Romanum nahm, eine Nivellierung auf sozialem,
politischem und wirtschaftlichem Gebiet. Zunächst noch wurde aus
den hier ansässigen römischen Bürgern das Kontingent der Legionen
gebildet, entwickelten sich die städtischen Zentren, florierten Landwirtschaft, Handel und Gewerbe. Aber über verschiedene Etappen
verlor das ehemalige Herrenland seinen Sonderstatus. Das römische
Militär bezog seinen Nachschub mehr und mehr aus den Provinzen
selbst. In den Senatorenstand, der unter den Kaisern den Senat, den
obersten Reichsrat, beschickte und Führungspositionen im Militär
und in der Verwaltung übernahm, gelangten zunehmend Angehörige
der provinzialen Oberschicht, aus Gallien, Spanien, später aus Nordafrika, dem Balkanraum und Kleinasien. Gegen Ende des 2. Jahrhunderts n. Chr. überwogen allem Anschein nach bereits die Provinzialen
in der politischen und in der militärischen Führung des Reiches und
überflügelten die Italiker.

Italien, ursprünglich das Land der Bundesgenossen und der römischen Bürger, wurde allmählich und in Teilbereichen der Kontrolle
der kaiserlichen Verwaltung unterstellt. Septimius Severus (193–211
n. Chr.) stationierte eine Legion aus dem Donaugebiet in die Nähe
Roms, die er anstelle der Prätorianer mit dem Schutz des Kaiserhauses
und der Stadt betraute, ein äußeres Symbol dafür, wie sehr Italien den
Provinzen angeglichen war. Im dritten Jahrhundert begegnen *correcto-
res Italiae* mehr oder weniger in der Funktion von Provinzialstatthal-
tern, Diokletian schließlich reihte Italien in sein neugeordnetes Provin-
zialsystem ein, das auf einer starken Dezentralisierung des Imperium
Romanum und dem Abbau von Vorrechten beruhte. Damit war der regionalen Sonderentwicklung in der Spätantike der Weg geebnet. *Italia
(sub)urbicaria* (mit den Regionen Mittel- und Süditalien) und *Italia
annonaria* (mit den Regionen Norditaliens) haben die Funktion, für
die Verpflegung der Stadt bzw. für den Unterhalt (*annona*, vgl. S. 196)
des kaiserlichen Hofes zu sorgen, welcher auf die Ressourcen aus den

Provinzen vom vierten Jahrhundert ab immer weniger zurückgreifen konnte.

Dieser Verlust der Stellung Italiens enthält eine Menge unbekannter Größen und Widersprüchlichkeiten, er ist in seinen historischen Bedingtheiten alles andere als klar. Es liegt nahe, in dem Schwinden der wirtschaftlichen Prosperität Italiens, welches man gemeinhin ebenfalls in die zweite Hälfte des 2. Jahrhunderts n. Chr. setzt, einen wichtigen Grund für den Bedeutungsschwund zu sehen. Die Gründe, die dafür aufgeboten werden, betreffen den Rückgang „des früher blühenden Exportes industrieller und landwirtschaftlicher Produkte",[32] Strukturprobleme der Landwirtschaft (vgl. unten S. 205), Mangel an Arbeitskräften, schließlich Verwüstung infolge der barbarischen Invasionen und Bürgerkriege zu Beginn des dritten Jahrhunderts in Norditalien und zunehmende Steuerbedrückungen. Hinzu kommt die Abwanderung tüchtiger Handwerker und unternehmungsfreudiger Händler aus Italien in die Provinzen, wo sie sich niederließen, neue Produktionsstätten aufbauten und Handel trieben. Glas, Keramik, Öl und Wein werden zunehmend in Provinzen selbst hergestellt und über die Region hinaus gehandelt. Daß die Hauptstadt Rom im zweiten und beginnenden dritten Jahrhundert ihren gewaltigen Bedarf an Öl und Wein in der Hauptsache aus spanischen Importen und nicht aus dem italischen Umland deckte, hat man mit einiger Zuversicht aus der immensen Masse an Amphorenscherben geschlossen, die heute den Monte Testaccio im Süden des Aventin, hinter den Hafenanlagen am Tiber, bilden.[33] Das Beispiel belegt anschaulich die Schwierigkeiten beim Rückschluß vom archäologischen Material auf einen allgemeinen Befund. Daß Wein und Öl aus den Provinzen über den Seeweg in die Hauptstadt angelandet werden und ihre Spuren in der Nähe des Tiberhafens hinterlassen, ist nicht verwunderlich. Aber damit ist noch nichts über die italische Produktion als solche, die vielfach auf Spitzenweine ausgelegt war, über den Handel mit Rom ausgesagt, über den Vertrieb im unmittelbaren Umkreis der italischen Städte und vieles andere mehr. So

[32] Oertel, Wirtschaftsleben des Imperiums, 370.
[33] De Martino, Wirtschaftsgeschichte, 326 f. Der Monte Testaccio, der „Scherbenberg", ist 30 m hoch und bedeckt eine Oberfläche von ca. 20 000 m², er besteht in seiner obersten Schicht fast ganz aus Amphoren spanischer Herkunft; Fabrikationsstempel, Mitteilungen des Importeurs, zum Teil Konsulangaben bilden erwünschte Hinweise auf Herkunft und zeitliche Einordnung. Genauere allgemeine Schlüsse sind möglich, wenn dieses „einzigartige Archiv der römischen Wirtschaftsgeschichte" (F. Coarelli) vollständig erschlossen ist; vorläufig E. Rodriguez-Almeida, Il Monte Testaccio, Rom 1984.

bleibt es bei nur vagen Konturen der wirtschaftlichen Entwicklung Italiens selbst. Export und Import der Güter sind im Einzelfall schwierig zu bestimmen. Die Wirtschaft Italiens bleibt als ganze mit großer Wahrscheinlichkeit eingebunden in einen allgemeinen Niedergangsprozeß, den die meisten städtischen Zentren vom dritten Jahrhundert an durchmachen und der sich anschaulich im Rückgang der Inschriften zeigt. Möglicherweise wird man auch mit größeren wirtschaftlichen Verlagerungen innerhalb Italiens zu rechnen haben. Städte wie Mailand und Ravenna erleben ihre große Zeit erst in der Spätantike. So bleibt das Etikett „Gewichtsverlust" im ganzen relativ, d. h., es bezieht sich auf das Verhältnis des ehemaligen Herrenlandes zu den Provinzen, die ihrerseits an Bedeutung gewinnen.

Dabei fällt es ungemein schwer, d i e P r o v i n z e n ganz allgemein ins Blickfeld zu rücken. Mit Augustus beginnt bekanntlich die Unterscheidung von kaiserlichen und senatorischen Provinzen, die einhergeht mit der Konzentration des Militärs an den unbefriedeten Reichsgrenzen. Davon wird das im großen und ganzen befriedete und militärfreie Gebiet abgehoben, welches der Senat unter seine Obhut nimmt.[34] Das Heer bedeutete einen wichtigen Wirtschaftsfaktor in der jeweiligen Region. Die Stationierung von Soldaten, etwa in Mainz, Köln, Xanten, Nimwegen, um Beispiele aus der näheren Umgebung anzuführen, förderte das lokale Gewerbe und schuf lokale Absatzmärkte, die zur Bildung von Stadtanlagen führen konnten. Während hier wie auch auf dem Balkan und in den Donauprovinzen das römische Militär den Romanisierungs- bzw. Zivilisationsprozeß mittrug, verharrten die südöstlichen Landesteile in ihrer traditionellen Lebensweise und Wirtschaftsstruktur. Nordafrika, das Kronland Ägypten, Griechenland und Kleinasien blieben bis in die Spätantike hinein die wichtigsten Produktions- und Handelsgebiete, deren Blüte die archäologische Hinterlassenschaft in Griechenland, Nordafrika und in der Westtürkei eindrucksvoll dokumentieren. Über die zeitlichen und regionalen Schwankungen hinweg läßt sich ein Vorgang konstatieren, den Rostovtzeff d i e E m a n z i p a t i o n d e r P r o v i n z e n genannt hat, die Zunahme an politischem, sozialem und wirtschaftlichem Schwergewicht gegenüber der republikanischen Zeit. Die Dimension dieses Fort-

---

[34] Die wichtigsten kaiserlichen Provinzen unter Trajan waren Germanien, Britannien, Noricum, Pannonien, Illyrien, Moesien, Dakien, Syrien, Ägypten (als Kronland), Numidien und Mauretanien. Senatorisch waren Sizilien, Baetica, Asia, Kreta und Cyrenaika, Africa (das ehemalige karthagische Gebiet, mit der Stationierung einer Legion).

schrittes genau zu stimmen ist nicht einfach. Während die ältere Forschung global die Eigenständigkeit und Prosperität der Provinzen seit
dem 2. Jahrhundert n. Chr. betonten, wird in der neueren Zeit zunehmend darauf verwiesen, daß die älteren Ausbeutungsstrukturen in ge-
milderter Form weiterbestanden und sich die einzelnen Landesteile
sehr unterschiedlich entwickelten.

Die Versorgung der Stadt Rom mit Getreide – die modernen Berechnungen belaufen sich bei einer geschätzten Einwohnerzahl von einer
Million auf etwa 250000 Tonnen pro Jahr – bestritten Africa, Ägypten,
zu einem kleineren Teil wohl auch Sizilien. Neben der *plebs Romana*
kamen auch die Einwohner von Konstantinopel ab 330 n. Chr. in den
Genuß des provinzialen (aus Ägypten stammenden) Getreides, möglicherweise daneben auch größere Städte wie Alexandria und Karthago. Vor allem aber mußte das Militär kontinuierlich mit Getreide
versorgt werden; bei einer angenommenen Stärke von 400000 unter
Septimius Severus mögen dies ca. 150000 Tonnen pro Jahr gewesen sein.
Diese gewaltigen Mengen hatten in erster Linie die Provinzen bereitzustellen, wo die Legionen lagen, gegebenenfalls auch die Nachbarpro-
vinzen. Gallien etwa diente als Lieferant für die Armeen in Britannien,
wurde wohl auch für die Legionen in Germanien mit herangezogen.
Dazu kamen andere Requisitionen für den Lebensunterhalt (Wein, Öl)
und für die Instandhaltung der Gebäude und Fortifikationen. Die
Geldtribute, welche die Provinzen daneben zu entrichten hatten, dienten der Bezahlung für die kaiserliche Verwaltung und den Soldatensold, der gestaffelt war.[35] Diese Provinzialleistungen wuchsen mit der
Vermehrung der Heereszahl auf ca. 600000 in der Spätantike gewaltig
an. Parallel ging mit der Dezentralisierung des Reiches eine Ausweitung der Verwaltung, welche ebenfalls die Provinzen zu tragen hatten.
Grundlage der Provinzialabgaben wurde in der Spätantike die sogenannte *annona* (ursprünglich der Jahresertrag an Getreide), eine umfassende Steuer, die in Naturalien und Geld zu entrichten war. Sie wurde
nach einem komplizierten Schlüssel in den Provinzen erhoben und an
die staatlichen Funktionsträger zentral und dezentral ausgeteilt.

---

[35] Beispiele für Soldzahlungen: Der jährliche Sold des normalen Legionärs
betrug unter Augustus 225, unter Domitian 300, unter Commodus 375, unter
Severus 500, unter Caracalla 750 Denare. Ein Teil der Funktionsträger (20%?)
erhielt das 1½–2fache des Basissoldes, die Auxiliarsoldaten geringfügig weniger (etwa ⅔ des Normallohnes). Die realen Solderhöhungen sind im einzelnen umstritten, B. Dobson–A. Domaszewski, Die Rangordnung des römischen Heeres, Köln–Graz 1967, XXIX; Wierschowski, Heer und Wirtschaft,
2ff. (vgl. S. 249).

Insofern ist es gar nicht abzustreiten, daß die Provinzen nach wie vor in der Kaiserzeit das Imperium Romanum ökonomisch trugen und es finanziell absicherten, das Kaisertum, die Verwaltung, die Stadt Rom, das Militär. Aber im *Supplying the Roman Empire* (Garnsey) ist die Existenz der Provinzen nicht erschöpft. Sie gehen nicht darin auf, die Ausbeutungsobjekte eines zentralisierten römischen Imperialismus zu sein, sondern entwickeln sich in gewissem Sinne zu eigenständigen Größen. Die vielzitierte Maxime des Kaisers Tiberius, man dürfe die Schafe (sc. die Untertanen in den Provinzen) zwar scheren, aber nicht abschlachten (vgl. S. 162), nimmt die herkömmliche, als normal empfundene Ausbeutung als gegeben, erkennt aber doch auch ein legitimes und vitales Interesse der Betroffenen an. Genau diese Differenzierung in der Behandlung des Untertanengebietes, das Belassen eines eigenen ökonomischen Spielraumes, ist für die Sonderentwicklung der Provinzen ausschlaggebend gewesen. Wein, Öl, Getreide als Grundnahrungsmittel, Ton, Keramik, Glas, Wollprodukte und Metallwaren werden in den Provinzen hergestellt, finden auch dort ihre Hauptabnehmer und werden zum Teil weitergehandelt. Die provinziale Oberschicht dringt in die Reichsverwaltung, die militärischen Führungspositionen und in den Senat ein. Die Kaiser Trajan und Hadrian stammten aus Spanien, die Severische Dynastie war in Nordafrika beheimatet, Diokletian kam aus Dalmatien. Hierin findet die Bedeutung der Provinzen ihren sinnfälligen Ausdruck. Als im Jahre 212 n. Chr. in der sog. *Constitutio Antoniniana* nahezu die gesamte Reichsbevölkerung das römische Bürgerrecht erhielt, wurden die ehemals scharfen Unterschiede zwischen den römischen Bürgern und der freien (nichtrömischen) Bevölkerung *(peregrini)* endgültig aufgehoben. Damit war eine weitere wichtige Etappe zu einer Vereinheitlichung des Reichsterritoriums erreicht.

Dieser rechtliche, soziale und wirtschaftliche Nivellierungsprozeß, den das Imperium Romanum in der Kaiserzeit durchlief, war strenggenommen nicht das Ergebnis bewußter Politik, sondern ergab sich langfristig aus den Umständen und aufgrund oft kurzfristiger und eigensüchtiger Interessen. Mit der Verleihung des Bürgerrechtes an alle Reichsbewohner erhoffte sich der Kaiser Caracalla beispielsweise eine Erhöhung der Steuereinnahmen. Möglicherweise hatte er daneben die Absicht, den Kreis der Personen, die finanzielle Leistungen im Rahmen des Gemeinwesens (Leiturgien, *munera*, vgl. S. 200) erbringen mußten, auszudehnen. Trotzdem liefen derartige Maßnahmen im Effekt darauf hinaus, das ehemalige Gefälle Rom–Italien–Provinzen einzuebnen. Es war dies ein historischer Rahmen, der von der Wirtschaft selbst mit ausgefüllt und gestaltet wurde und der ihr andererseits ein unverwechselbares Gepräge gab.

Nur ganz global und im Hinblick auf ihre wirtschaftliche Potenz können an dieser Stelle die Bevölkerung und die Sozialstruktur des Römischen Reiches ins Blickfeld gerückt werden. Beloch hatte seinerzeit die Gesamteinwohnerschaft des Reiches auf etwas über 50 Millionen veranschlagt, moderne Schätzungen rechnen mit 50–80 Millionen Einwohnern, von denen nur etwa 5 Millionen römische Bürger waren, eine Zahl, die durch die Bürgerrechtsverleihungen und Freilassungen ehemaliger Sklaven *(manumissio)* stetig erweitert wurde. Große Stadtansammlungen, wie sie oben angeführt wurden, bildeten eher die Ausnahme. Von den etwa 1000 bekannten Städten werden die Mehrzahl zwischen 5000 und 10000 Einwohnern besessen haben. Anders gesagt, der Großteil der Bevölkerung[36] lebte auf und vom Lande, oft zusammengefaßt in Dörfern *(kómai, vici)* oder Gauen *(pagi)*. Über diese in der Landwirtschaft tätigen *vicani* und *pagani*[37] weiß man wesentlich weniger als über die Einwohner der Städte und ihre soziale Gliederung.

Nach wie vor bleiben unter dem Prinzipat die Angehörigen des *ordo senatorius* die einflußreichste soziale Schicht, die sich durch Grundbesitz, politische Karriere im Heer und in der Reichsverwaltung, schließlich durch äußere Rangabzeichen von den übrigen Ständen (Ritter und Volk) abhoben. Den gesamten Stand hat man in der frühen und hohen Kaiserzeit auf etwa 2000–3000 Personen (einschließlich Frauen und Kinder) veranschlagt. Die Zugehörigkeit zum *ordo* war gebunden an ein Vermögen von 1,2 Millionen Sesterzen, der Zugang wurde letztlich durch den Kaiser geregelt und gesteuert, der vor allem verdiente Offiziere in den Senatorenstand hineinbrachte. Auf die Integration war das Kaisertum angewiesen, denn die Senatsaristokratie war Partner und zugleich Widerpart des monarchischen Alleinherrschers in Rom. Diese Doppelfunktion prägte ihr Erscheinungsbild und ihre Politik bis tief ins dritte Jahrhundert hinein. Der Zwiespalt zeigte sich nicht zuletzt auch auf wirtschaftlichem Gebiet. Der Senatorenstand verfügte über reichen Grundbesitz in Italien und in den Provinzen. Damit stand er

[36] ⅕ scheinen mir eher realistisch zu sein als die von Alföldy, Sozialgeschichte, 86 genannten 9⁄10.

[37] Daß aus dem Wort *paganus* = Dörfler in der Spätantike der Nicht-Christ, der Heide wird, hat seine Ursache darin, daß das Christentum von seinem Ursprung her eine Stadtreligion war und das Land oft zäh an dem traditionellen Glauben festhielt, Jones, Later Roman Empire, 941 ff.

gleichsam in Konkurrenz zum kaiserlichen Domänenbesitz, der sich, wie Beispiele im ersten Jahrhundert zeigen, durch konfisziertes Land verurteilter Senatoren beträchtlich vergrößerte.[38] Das Verfahren war in der Regel rechtlich abgesichert und entbehrte jener Willkür und Unbedenklichkeit, mit der sich Nero den Landbesitz von sechs africanischen Großgrundbesitzern aneignete, die rund die Hälfte der Provinz Africa besaßen und die der Kaiser töten ließ (Plin. n. h. 18,35). Kontinuität und Wandel dieser obersten Reichsschicht in der Spätantike bilden ein kompliziertes Feld und sind nicht unser Thema. Aufs Ganze gesehen verliert der Senatorenstand die enge Bindung an Rom. Auch Konstantinopel erhält im vierten Jahrhundert einen eigenen *ordo senatorius*. Die höchsten Spitzen der kaiserlichen Verwaltung und des Militärs formen sich mehr und mehr zu einer eigenen Klasse. Die Abschichtung, die sich im 4. Jahrhundert n. Chr. für die neue Hierarchie durchsetzte: *illustres – spectabiles – clarissimi*, war eine äußere Rangabstufung, faßte aber ganz unterschiedliche Positionen zusammen und sagt wenig über die ökonomische Basis, die neben den staatlichen Einkommen nach wie vor in der Landwirtschaft bestand. Die Zusammenfassung größerer Ländereien in der Hand weniger einflußreicher Grundbesitzer *(dynámenoi, potentes)*, ein Vorgang, der prinzipiell während der gesamten Kaiserzeit zu beobachten ist, bekommt allerdings in der Spätantike einen anderen Stellenwert und gewinnt der Oberschicht eine neue (im Grunde eine alte, vorstaatliche) Dimension hinzu. Mit dem Schwinden der kaiserlichen Zentralgewalt verstärkten sich die autonomen Tendenzen dieser großen landwirtschaftlichen Betriebe, die wirtschaftlich autark waren und den Bewohnern und Arbeitern auch eine politische, rechtliche, vielfach auch religiöse Heimstatt boten.[39] Dieser Prozeß (unterschiedlich ausgeprägt im Osten und im Westen) läuft auf eine Verselbständigung der Oberschicht hinaus, die von vielen Kräften gespeist wurde und die den Besitz über das Land, verbunden mit der Befehlsgewalt und der Fürsorge gegenüber den Landansässigen, zum Kristallisationspunkt einer lokalen Herrschaft machen konnte.

Die Schwierigkeit, diese oberste Reichsaristokratie in der jeweiligen Epoche genau zu analysieren, liegt nicht allein darin, daß wir ihre regionale Zusammensetzung, ihre wirtschaftlichen Hintergründe, ihre innere Differenzierung und Abgrenzung zu anderen begüterten

[38] Millar, Emperor, 163 ff.
[39] Auf den spätantiken Gütern hat es christliche Kirchen und Gottesdienste gegeben, vgl. Krause, Spätantike Patronatsformen (S. 249), 119 ff.

Schichten oft nur unvollkommen erkennen. Die Bedeutung einer Schicht wird definiert auch im Hinblick auf die übrigen politischen und gesellschaftlichen Größen, auf das Kaisertum, daneben in der Frühzeit besonders im Hinblick auf den *ordo equester,* den Ritterstand, und den *ordo decurionum,* den Dekurionenstand, die vermögende und notable Schicht in den Städten. Beide Stände waren an eine Vermögensgrenze gebunden, der *ordo equester* an einen Zensus von 400000 Sesterzen, die Dekurionen in den größeren Städten an einen Zensus von 100000 Sesterzen. Ritter bildeten das Rückgrat des mittleren und gehobenen Offizierskorps im Herr *(praefecti)* und besaßen wichtige Posten in der Finanz- und Provinzialverwaltung *(procuratores).* Sie unterschieden sich nach Ansehen und Vermögen gewaltig. Die obersten Prokuratoren erhielten im zweiten Jahrhundert beispielsweise ein Jahresgehalt von 300000 Sesterzen (daher *trecenarii),* die Klasse darunter 200000 Sesterzen *(ducenarii),* die nächsten 100000 Sesterzen *(centenarii),* so daß sich ihr Vermögen häufig auf ein Vielfaches des ritterlichen Zensus belief. In den Provinzen verfügten sie oftmals über große Ländereien. Es ist deshalb nicht verwunderlich, daß die bedeutendsten und begütertsten Angehörigen oft in den Senatorenstand aufstiegen. Aber viele Ritter gehörten auch zugleich dem städtischen *Decurionat* an, welches wirtschaftlich gesehen noch heterogener war als die Ritterschaft. Die Dekurionen *(curia* = das Rathaus) stellten den Stadtrat, der normalerweise aus 100 Mitgliedern bestand. In den Händen dieser lokalen Oberschicht, zuweilen Grundbesitzer, daneben Kaufleute und Gewerbetreibende, lag das politische Geschick der Städte; an der Bereitschaft und dem finanziellen Vermögen dieser *bourgeoisie municipale*[40] hing das Wohlergehen der Stadt. Sie übernahmen einen Großteil der öffentlichen Aufgaben *(munera),* für die es in der städtischen Kasse *(arca)* normalerweise kein Geld gab: Straßenbau, Wasserleitungen, Getreideversorgung, Ausrichtung von öffentlichen Speisungen und Spielen und vieles andere mehr.

Dieses für die gesamte Antike typische System freiwilliger Leistungen (vgl. S. 124) wurde in der Spätantike zunehmend „verrechtlicht" und vom Staat verbindlich gemacht. Hinzu kamen im vierten Jahrhundert Versuche der kaiserlichen Verwaltung, die Dekurionen (oder einen Teil von ihnen) für das Steueraufkommen der Stadt haftbar zu machen. Die ruinösen Folgen dieser staatlichen Ausbeutung hat man in der jüngeren Forschung weniger dramatisch gesehen als sie seinerzeit von Rostovtzeff beschrieben wurden, der im staatlichen Reglement einen

---

[40] Gagé, classes sociales (vgl. S. 249), 153 ff.

wichtigen Grund für die Vernichtung der städtischen Bourgeoisie und damit der kaiserzeitlichen Kultur sah. Hier bleibt eine Spannweite der Interpretation, welche die regionalen und zeitlichen Unterschiede zu veranschlagen hat und welche die Lage der Dekurionen zusammen sehen muß mit den übrigen Ständen und ihren Veränderungen in den Lebensbedingungen. Diese Veränderungen machten es schwer, die Grenze zwischen Ober- und Unterschicht (in Anlehnung an die Rechtsbegriffe *honestiores – humiliores*) deutlich zu ziehen, die in der frühen und hohen Kaiserzeit relativ einfach zu treffen war.

Senatoren-, Ritter und Dekurionenstand machten zusammen nur einen verschwindend kleinen Teil der Gesamtbevölkerung aus. Insgesamt belief sich ihre Zahl auf etwa 150 000 bis 200 000 Personen, was einem Anteil von unter 0,5 % entsprach. Aufgrund ihres Reichtums und ihrer politischen Einflußmöglichkeiten hat man sie als Oberschichten des Reiches angesprochen, denen man als Unterschichten die freien Bewohner in den Städten und auf dem Lande entgegengestellt hat, die *plebs urbana* und die *plebs rustica,* die jeweils andere Arbeits- und Lebensbedingungen vorfanden. Dazu kamen die Sklaven, die es hier wie dort gab, und die Freigelassenen *(liberti),* welche den Sklavenstand hinter sich gelassen hatten. Sie siedelten sich normalerweise in den Städten an, wo sie im Gewerbe bzw. im Handel ihr Auskommen fanden und es zuweilen zu großem Wohlstand brachten. Es gibt genügend Anzeichen dafür, daß gerade diese *liberti* eine wirtschaftlich besonders aktive Gruppe waren und an der allgemeinen Prosperität innerhalb der frühen und hohen Kaiserzeit beträchtlichen Anteil besaßen. Trotzdem gelang es ihnen nicht, ein den oberen Ständen vergleichbares Ansehen auf Grund ihres Reichtums zu erwerben.

Das Beispiel läßt erahnen, wie schwierig eine zutreffende Beschreibung der kaiserzeitlichen Sozialstruktur ist und daß Kriterien wie die Stellung in der gesellschaftlichen Hierarchie bzw. das Verhältnis zu den Produktionsmitteln nicht hinreichen, eine Klassen- bzw. Gruppenzugehörigkeit zu konstatieren. Über Grund und Boden verfügten neben Senatoren, Ritter und den Dekurionen auch die kleinen Bauern auf dem Lande. Händler und Handwerker in den Städten besaßen eigene Fertigungs- und Vertriebsmöglichkeiten; der Sklave des Kaisers *(servus Caesaris)* hatte in der Ökonomie zuweilen einen faktischen Entscheidungsspielraum, der sich mit den Wirkungsmöglichkeiten der Senatoren und Ritter vergleichen ließ und sie oft übertraf. So lassen sich eine ganze Menge von Unterschieden benennen, welche die soziale Hierarchie mit bestimmt haben: der Unterschied von arm und reich, von frei und unfrei, von Bürger und Nichtbürger, von einheimisch und fremd,

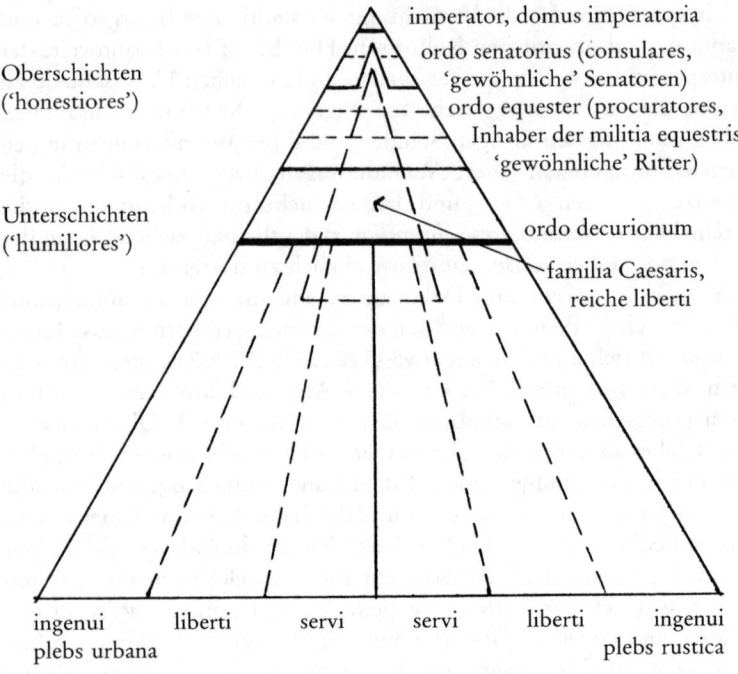

Oberschichten
('honestiores')

imperator, domus imperatoria
ordo senatorius (consulares,
  'gewöhnliche' Senatoren)
ordo equester (procuratores,
  Inhaber der militia equestris,
  'gewöhnliche' Ritter)

Unterschichten
('humiliores')

ordo decurionum

familia Caesaris,
reiche liberti

ingenui   liberti   servi   servi   liberti   ingenui
plebs urbana   plebs rustica

Abb. 12. Gesellschaftsstruktur der römischen Kaiserzeit (nach G. Alföldy, Römische Sozialgeschichte, Wiesbaden 1975, 131, Abb. 1).

Kaiserhaus, Senatoren-, Ritter- und Dekurionenstand werden zu den Oberschichten, die Angehörigen der Plebs in Stadt und Land – die Freigelassenen Sklaven eingeschlossen – zu den unteren Schichten gezählt. Bedeutung und Dynamik der kaiserlichen Funktionäre aus den unteren Schichten werden durch den inneren schraffierten Keil versinnbildlicht. Zur Kritik des Modells vgl. K. Christ, Grundfragen der römischen Sozialstruktur, Festschrift Vittinghoff, Köln–Wien 1980, 197 ff.; R. Rilinger, Honestiores – Humiliores, München 1988; dazu die Antwort bei G. Alföldy, Die Römische Gesellschaft, Wiesbaden 1986, 69 ff.

von Stadtbewohner und Landbewohner, nicht zuletzt von Mann und Frau. Sie war in der römischen Kaiserzeit durchaus nicht auf ihre Rolle im Haus (die sogenannte *domiseda*) festgelegt, besonders im Handel oft wirtschaftlich aktiv, ohne daß sich ihr minderer Status wesentlich veränderte.

Alle diese Unterschiede besitzen einen wirtschaftlichen Hintergrund. Sie lassen sich aufzählen und in Beziehung setzen, aber es ist kaum möglich, sie alle in einem gesellschaftlichen Modell angemessen abzubilden, zumal soziale Veränderungen mit dem dritten Jahrhundert einzelne Schichten und die Gesellschaftsstruktur als ganze stark beeinflussen. Einige globale Bemerkungen sollen diesen Vorgang verdeutlichen.

Der Senatorenstand differenziert sich in der Spätantike zunehmend aus; der Ritterstand stirbt im dritten Jahrhundert allmählich ab; die Dekurionen geraten mehr und mehr unter staatlichen Druck; auf dem Lande gleichen sich die Arbeits- und Lebensbedingungen der Sklaven und der Kolonen (vgl. S. 208), der ehemals freien Pächter, schon im dritten Jahrhundert weitgehend an. Dabei hat man noch mit bedeutsamen regionalen Unterschieden zu rechnen. Eine Vielzahl von Nomenklaturen für Bevölkerungsteile in den antiken Quellen, die sich nur schwer der einen oder anderen Gruppe gänzlich zuordnen lassen, macht eine Verallgemeinerung zusätzlich schwierig.

Die Scheidung von Ober- und Unterschichten in Anlehnung an die Rechtskategorien *honestiores* und *humiliores* (bzw. *tenuiores*) läßt sich daher nur als eine ganz grobe Klassifikation ansehen, welche es erlaubt, die damalige „Lebensqualität", um einen modernen Begriff ins Spiel zu bringen, einigermaßen verläßlich abzuschätzen. Die „unter" dem Senatoren-, Ritter- und Dekurionenstand stehen, unterliegen nicht nur strengen Strafbestimmungen, sondern sind generell benachteiligt, leiden unter Armut, Not, Entbehrungen und unterliegen dem Zwang, für den kümmerlichen Lebensunterhalt durch körperliche Arbeit zu sorgen. So werden angesichts der Sicherung des Existenzminimums die Unterschiede zwischen Sklaven und Freien, zwischen Stadt und Land, zwischen Bürger und Nichtbürger mehr und mehr eingeebnet.

Eine derartige Schematisierung berücksichtigt sozioökonomische Kriterien, läßt aber viele Fragen der gesellschaftlichen Struktur und Entwicklung offen. Man hat deshalb berechtigterweise nach anderen Gliederungen gesucht und dabei auf die mehr oder weniger kohärenten Sozialverbände verwiesen: Familie und Haushalt, die Gutsherrschaft bzw. die an und über die Villa (vgl. S. 43 f.) gebundene Arbeiterschaft, die Dorf- und Stadtgemeinschaft, der Truppenverband. Derartige Sozialkreise können nicht allein den Blick freigeben auf langfristige soziale und wirtschaftliche Interaktionen. Sie verdeutlichen auch die Tatsache, daß Sozialverbände von wichtigen nichtökonomischen Faktoren ihre Prägung erhalten. Der Familienhaushalt oder der Gutsverband kennen nicht allein Konsumenten und Produzenten, sondern Rollen und Attitüden ihrer Mitglieder, die von der Tradition, dem Recht, von der Religion und Kultur bestimmt werden. Städtisches Leben erschöpft sich nicht im Gewerbefleiß und Warenaustausch, sondern manifestiert sich in politischen Versammlungen, Vereinstätigkeiten und Festen, welche die Einwohner zusammenbinden. Und es gab, was man nicht übersehen darf, gerade in der Spätantike eine große Zahl von „Aussteigern": der Sklave, welcher der Knechtschaft durch Flucht zu entkommen sucht (der *servus fugitivus*), der Pachtbauer, der sich den drückenden Abgaben durch Wegbleiben *(anachóresis)*[41] entzieht, der Ratsherr *(decurio* bzw. *curialis),* der den Zwangsverpflichtungen für die Stadt *(munera)* durch Flucht ins Heer zu entgehen sucht oder sich in die Obhut eines reichen Großgrundbesitzers auf dem Lande begibt, der ihn vor dem Zugriff der kaiserlichen Verwaltung zu schützen vermag. Es ist hier nicht der Ort darzulegen, mit welchen Mitteln die kaiserliche Gesetzgebung zu verhindern suchte, daß solche Fluchtaktionen zu Massenbewegungen wurden, welche das soziale und wirtschaftliche System nachhaltig gefährden konnten. Wichtig ist die Erkenntnis, daß die Sozialverbände mobile Größen waren und der ökonomische Druck in der Spätantike häufig dazu zwang, den Verband zu verlassen und ein neues Leben zu versuchen. Die große Anziehungskraft, die das Christentum in seiner Lehre und in seiner Organisationsform (die sehr reale Praxis der Nächstenliebe in den Gemeinden) auf die Menschen ausübte, wird verständlich auf dem Hintergrund der äußeren und inneren Not der antiken Gesellschaft in der Zeit des zerfallenden Imperium Romanum. Es wurde in der Spätantike zu einem sozialen und zunehmend auch wirtschaftlichen Sammelbecken, welches die Armut und den Reichtum der Zeit aufnahm. So werden die christlichen Kirchen vom vierten Jahrhundert an zunehmend auch eigene Sozialverbände, welche sich neben die Gutsherrschaft, das Heer, die politische Gemeinde stellen und die herkömmlichen sozioökonomischen Gliederungen (ländliche und städtische Oberschicht, das Handwerk, die Arbeiter und Sklaven) mit eigenen Wertvorstellungen durchdringen. Die christlichen Kirchen überlebten die Antike und schufen als intakte Institutionen auch sozioökonomisch die Brücke zum Mittelalter.

Das Kaisertum: das heißt die politische Herrschaft, das Imperium Romanum: das heißt die Struktur des Herrschaftsgebietes, die Bevölkerung: das heißt die unterschiedlichen Stände und Sozialver-

---

[41] Die vor allem in Ägypten bezeugte *anachóresis* bezeichnet den Rückzug bzw. das Aufgeben des bisherigen Wohn- und Arbeitsplatzes, um in der Fremde eine andere Lebensmöglichkeit zu finden, vgl. Braunert, Binnenwanderung. Anachoreten heißen deshalb auch die frühesten ägyptischen Mönche, die sich der „Welt" und ihren Verlockungen radikal entziehen und in der Einsamkeit der Wüste ein asketisches Leben führen.

bände geben nicht allein den Rahmen für die Wirtschaft ab, sondern sind ihrerseits von ökonomischen Notwendigkeiten bestimmt und geformt. Diese Wechselwirkung wird deutlich, wenn man sich die Entwicklung, welche die Landwirtschaft nimmt, vor Augen führt. In Italien dauert das Nebeneinander von Großgrundbesitz und kleinem bzw. mittlerem Bauerngut fort. Noch aus der Republik stammte das Verfahren, die Veteranen, d. h. die ausgedienten Legionäre mit Land abzufinden, ihnen und ihrer Familie als selbstproduzierende Bauern eine Existenzgrundlage zu geben. Der Umfang der Landzuweisungen war von der Bodenqualität und natürlich vom frei verfügbaren Land abhängig. Sie mögen in Italien zwischen 10 und 50 *iugera* (2,5–12,5 ha) gelegen haben, während die Landlose in den Provinzen in der Regel höher ausfielen. Diese Veteranensiedlungen förderten in den Provinzen den Romanisierungsprozeß. Hinzu kam, daß Soldaten von ihrem Land und den kaiserlichen Soldzuweisungen *(donativa)* ihrerseits kleinere Güter aufkauften und verpachteten, ein Vorgang, der durch Papyri für Ägypten belegt, aber sicher auch in anderen Provinzen anzutreffen war. Der bäuerliche Kleinbetrieb, der nicht allein vom Militär betrieben wurde, hat allem Anschein nach bis in die Spätantike sowohl in Italien wie in dem übrigen Imperium existiert.[42] Es ist nicht leicht zu verstehen, wie er seine Hauptaufgabe, die Selbstversorgung, überhaupt bewerkstelligen und darüber hinaus noch Abgaben (Pacht, Steuern) entrichten konnte. Auf jeden Fall behalten derartige Subsistenzwirtschaften ihren Stellenwert neben den großen Landgütern, die sich in einem fortwährenden Konzentrationsprozeß von der frühen Kaiserzeit an bilden und das Erscheinungsbild der Landwirtschaft mehr und mehr bestimmen.

Die Latifundien finden sich in Italien und Sizilien, in Africa, Spanien und Gallien, auf dem Balkan und weniger ausgeprägt im Osten des Reiches. Sie sind oft als Streubesitz angelegt, wie wir dies aus den Briefen des jüngeren Plinius kennen. Auf ihnen wird die Viehzucht in überdimensionalem, der Ackerbau von Feldfrüchten in großem Maßstab betrieben. Absolute Zahlen lassen sich nur selten angeben, doch dürften die Güter, die wir aus Ciceros Zeiten kennen und etwa 1000 *iugera* (250 ha) umfaßten, sicher eher zu den kleineren Beispielen zählen. Das Inventar eines gewissen C. Caecilius Isidorus, möglicherweise ein *libertus* aus der Familie der Caecilii Metelii, der in augusteischer Zeit starb, verzeichnet über 4000 Sklaven, 3600 Paar Ochsen, über 25 000 Stück Vieh und ein Vermögen von 60 Millionen Sesterzen, was ins-

[42] Jones, Later Roman Empire II, 788; White, Roman Farming, 409.

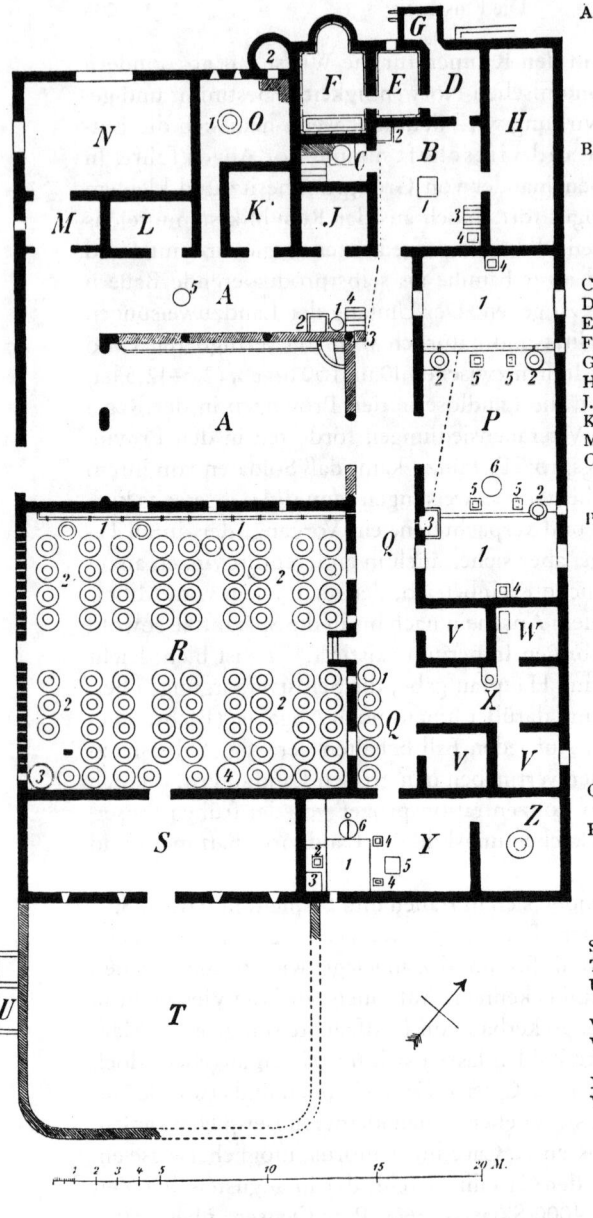

A. Hof.
 1. Cisterne.
 2. Wasserbassin.
 3. Bleikasten, aus dem das Wass
  zum Bade geleitet wurde.
 4. Treppe zu 3.
 5. Cisterne.
B. Küche.
 1. Herd.
 2. Bleikasten für das kalte Bad
  wasser.
 3. Treppe zu Räumen über DE
 4. Grube, um den Ständer des Pre
  baumes P 4 zu befestigen.
C. Heizraum des Bades, mit Kessel.
D. Auskleideraum des Bades.
E. Tepidarium » »
F. Caldarium » »
G. Abtritt.
H. Stall.
J. Gerätkammer.
K. L. Schlafkammern.
M. N. Speisesaal mit Vorraum.
O. Bäckerei.
 1. Mühle.
 2. Backofen.
P. Weinkelter.
 1. Kelterboden.
 2. Thonfässer zur Aufnahme
  Mostes.
 3. Cisternenartiger Behälter zur A
  nahme des zweiten Aufgus
  (Tresterweines).
 4. Löcher für den Ständer des Pre
  baumes (vgl. B 4 und W).
 5. Löcher für die Ständer der W
  zum Auf- und Abziehen
  Pressbaumes.
 6. Grube, um diese Ständer zu
  festigen.
Q. Corridor.
 1. Thonfässer.
R. Unbedeckter Raum für die Weinfäss
 1. Rinne zur Aufnahme des aus
  kommenden Mostes.
 2. Thonfässer.
 3. Bleikessel mit Feuerstelle.
 4. Cisterne.
S. Raum unbekannter Bestimmung.
T. Tenne.
U. Bassin zur Aufnahme des auf die Te
  fallenden Regenwassers.
V. V. V. Schlafkammern.
W. Kammer mit Grube zur Befestig
  des Pressbaumständers P
X. Raum mit Handmühle.
Y. Ölkelter.
 1. Kelterboden.
 2. Loch für den Pressbaumstän
 3. Grube zur Befestigung dessel
 4. Löcher für die Ständer der W
 5. Grube zur Befestigung dersel
 6. Thongefäss zur Aufnahme d. Ö
Z. Raum mit Olivenquetschmaschine

Abb. 13. Grundriß der Villa in Boscoreale (nach A. Mau, Pompeji in Leben
und Kunst, Leipzig 1900, Plan V zu S. 356).

gesamt auf einen gigantischen Betrieb von mehreren tausend Hektar schließen läßt, wie immer man die Zahlen in Grundbesitz umzurechnen versucht. [43] Das Beispiel zeigt, daß der Erwerb großer Landmassen nicht allein eine Sache der Senatorenschicht und des Kaisers war, der im Verlauf der Zeit einen riesigen Domänenbesitz zusammenbrachte, welcher einer eigenen Verwaltung unterstand. Trimalchio, der reiche Freigelassene aus dem ›Satyricon‹ des Petron, zieht aus seinem umfänglichen Landgut bei Cumae reichen Gewinn, einen gewaltigen Überschuß an Getreide, Vieh und Geldkapital (Sat. 53). Der immense Verdienst erlaubt ihm ein luxuriöses Leben in einer verschwenderisch ausgestatteten Villa. Derartige Villen waren das Herzstück des landwirtschaftlichen Großbetriebes, in ihrer Ausstattung abhängig von der Größe des Landes und ihrer Funktion als (ständiger oder nur zeitweiliger) Herrensitz, als Produktionszentrum für Wein und Öl, als Beherbergung für die unfreien Arbeitskräfte, denen in der Regel auch vom Herrenhaus abgeschichtete Behausungen zugewiesen wurden.

Archäologische Zeugnisse für diese kaiserzeitliche Villenwirtschaft finden sich in fast allen Teilen des Imperiums, besonders eindrucksvoll etwa die Villa von Boscoreale oder die sog Mysterienvilla in der Nähe von Pompeji, die Villa von Casale bei Piazza Amerina in Sizilien, die Villen von Nennig in der Nähe von Trier oder von Echternach im heutigen Luxemburg, die allesamt ihren Charakter als Produktionsstätte nicht verleugnen, aber daneben etwas von dem Repräsentationswillen und dem künstlerischen Geschmack der Großgrundbesitzer ahnen lassen. Andere, ebenso aussagekräftige Beispiele kennen wir aus den übrigen Teilen des Imperiums. Natürlich gibt es auch hier bedeutsame regionale Unterschiede und Entwicklungen, so etwa, wenn in der Spätantike die Villen befestigt werden und Wehrcharakter annehmen. Das betrifft in erster Linie die großen Güter *(fundus, saltus, massae)*, die in der Spätzeit eher noch zunehmen und das Aussehen Italiens, Galliens oder Nordafrikas prägen. Von der frommen Melania und ihrem Ehemann Pinianus, die 401 n. Chr. ihr gesamtes Hab und Gut, wie der Biograph Paulinus von Pella berichtet, veräußerten, um es den Armen zu geben, wird berichtet, daß sie über gewaltigen Grundbesitz in Italien, Sizilien, Nordafrika und Spanien, daneben über Einnahmen in Höhe von rund 120 000 Goldsolidi (ca. 1600 römische Pfund) verfügten, nicht zuletzt Herren über mehrere tausend Sklaven waren. Sie wurden zum Teil mit dem Grundbesitz veräußert, zum Teil erhielten

---

[43] Plin. n. h. 33, 135; Jones, Roman Economy, 325; Brunt, Latomus 34, 1975, 619 ff.

sie die Freiheit, wie eine zeitgenössische Quelle berichtet, immerhin 8000 an der Zahl.

Die Angaben aus dem Leben der hl. Melania sind aus mehreren Gründen außerordentlich wichtig. Sie zeigen die große Streuung des Grundbesitzes, den die spätantike Senatsaristokratie in Händen hielt, sie geben einen Eindruck von der Rentabilität und dem Geldeinkommen, das man als mittelgroß, jedenfalls nicht oberhalb der Norm, eingestuft hat,[44] sie bezeugen die große Bedeutung der Sklavenarbeit in der Landwirtschaft auch in der Spätantike. Dies steht nur auf den ersten Blick im Widerspruch zu dem in vielen Bereichen anzutreffenden Rückgang der Sklaverei, wohl dem wichtigsten Produktionsfaktor in der Landwirtschaft der hohen Republik und der frühen Kaiserzeit. Einige wenige Bemerkungen zur Veränderung der Arbeitsorganisation in der Landwirtschaft der späten Kaiserzeit sind deshalb am Platze.

Schon im 1. Jahrhundert v. Chr. war es hin und wieder vorgekommen, daß das eigene Land nicht gänzlich bearbeitet, sondern in Teilen an Pachtbauern, *coloni*, abgegeben wurde, die dafür als Entgelt *(merces)* einen Teil der Ernte ablieferten. Pachtzins konnte später in Geld vereinbart werden. Dieses Pacht- und Arbeitsverhältnis, der Kolonat, gewinnt in der Kaiserzeit zunehmend an Bedeutung, so daß er im 2. Jahrhundert n. Chr. wohl zur vorherrschenden Bewirtschaftungsform in der Landwirtschaft wurde. Daß daneben der Einsatz von Sklaven auf dem Lande üblich war, wissen wir nicht allein aus der spätantiken Lebensbeschreibung der Melania, sondern aus vielen anderen Quellen. Nicht zuletzt weisen die großen Gesetzeskodifikationen Sklaven auf dem Lande aus. Beide Organisationsformen ergänzen, überlagern sich und werden in der Spätantike weitgehend angeglichen. Anders gesagt, der Kolonat[45] löst die Sklaverei nicht schlechtweg ab. Beide existieren nebeneinander und bilden auch im Frühmittelalter die Grundlage der agrarischen Produktion, ohne daß ein systematischer Bruch erkennbar wäre.

Die Schwierigkeiten, denen sich die Forschung gegenübersieht, bestehen nicht allein in der Beschreibung und Analyse der jeweiligen Arbeitsform, sondern vor allem darin, wie man das Verhältnis beider zueinander zu bewerten hat, wie es sich verändert und wo Sklaverei und

---

[44] Jones, Later Roman Empire, 554: medium wealth.

[45] In der marxistischen Forschung die angeblich fortschrittlichere Produktionsweise, die in sich bereits den Kern des mittelalterlichen Feudalwesens enthält, K. P. Johne, Kolonat, in: Handbuch der Wirtschaftsgeschichte (vgl. S. 28), 429 ff.; dazu Demandt, Spätantike, 330 ff.

Kolonat jeweils verbreitet waren. Dabei ist der Sklavenbetrieb, wenn man sich an die Ratschläge der Agrarschriftsteller hält, noch relativ einfach nachzuzeichnen. Sklaven bewirtschaften das ertragreiche Land in unmittelbarer Umgebung des Herrengutes, während der entferntere Besitz, oft auch in der Bodenqualität minderwertiger, an freie Pächter zur Bebauung abgegeben wurde.[46] Der Verwalter *(vilicus)* organisiert und überwacht die Arbeit vor Ort, die Sklaven sind in Dekurien (Zehnerschaften) eingeteilt mit einem Aufseher *(monitor)* an der Spitze. Die Arbeit auf den größeren Gütern ist spezialisiert, das Pflügen, das Säen, das Ernten sollen besonders dafür geeignete *servi* betreiben. Die Hirtensklaven, die mit den Herden oft weit von den menschlichen Behausungen unterwegs sind, unterliegen in aller Regel nicht der täglichen Drangsal, obwohl auch sie als Angehörige der *familia rustica* der Gewalt *(potestas)* des Herrn (und in gewissem Sinne der seines Stellvertreters) unterworfen sind. Die absolute Verfügung, welcher der Einsatz äußerer Zwangsmittel (vgl. S. 167f.) inhärent ist, schließt dabei eine im Einzelfall humane Behandlung nicht aus. Im Hirtenroman des Longos aus dem 2. Jahrhundert n. Chr. unterscheiden sich die Lebens- und Arbeitsbedingungen des Sklaven Daphnis nicht wesentlich von denen eines freien Arbeiters, auch wenn man eine idyllische Verklärung des Landlebens im Roman mit in Rechnung stellt. Dabei ist sicherlich mitentscheidend, daß Daphnis (wie seine geliebte Freundin Chloe) die Arbeit auf einem mittleren Landgut verrichtet, welches nur wenige Hilfssklaven besitzt, wo er in die ländliche Hausgemeinschaft auch als Unfreier voll integriert ist. Auf dem Latifundium der schon erwähnten Melania in der Nähe Roms sind dagegen über 400 Sklaven beschäftigt, die kaum mehr als *familia rustica* anzusprechen sind. Die Charakteristik Max Webers: „Die Sklaven sind ehe- und eigentumslos, in Kasernen mit Schlafsaal, Lazarett, Arrestzelle zusammengefaßt. Sie arbeiten unter streng militärischem Drill, mit Antreten zum Appell am Morgen, geschlossenem Marsch zu und von der Arbeit, Fassen und Rückgabe von Bekleidungsstücken auf einer Kammer",[47] überspitzt vorhandene Merkmale des kaiserzeitlichen Guts und nähert es in unzulässiger Weise dem modernen Zwangsarbeitslager an. Gleichwohl hat

[46] Die bei Columella (vgl. S. 80) gegebene Aufteilung nimmt in gewisser Weise die im Mittelalter übliche Scheidung vorweg: Die *terra dominica* bzw. *salica*, das in Eigenwirtschaft befindliche Herrenland, davon abgehoben die *terra beneficata*, das ausgegebene Zins- bzw. Leiheland; zu den zahlreichen Binnendifferenzierungen vgl. Kulischer, Wirtschaftsgeschichte I, 50ff. (vgl. S. 261).

[47] Weber, Wirtschaftsgeschichte, 83.

Weber den Masseneinsatz der Sklaven in der Landwirtschaft richtig ge-
sehen und typische Merkmale zusammengefaßt. Die Zunahme des Kolonates wird dabei normalerweise mit dem Versiegen des Sklavennachschubes in der Kaiserzeit in Verbindung ge-
bracht. Die Kriege an den Grenzen mit der Möglichkeit, Gefangene zu
machen und zu kaufen, nahmen stark ab. Kindererzeugung unter Sklaven im Hause *(vernae)* brachte offensichtlich nicht die gewünschten
Ergebnisse, obwohl gerade wieder Petron in der ›Cena Trimalchionis‹
bezeugt, daß auf diesem Wege ein respektabler Nachwuchs an Unfreien zu erzielen war. An einem Tag werden – was sicher übertrieben
ist – auf seinem Gut in der Nähe von Cumae 30 Jungen und 40 Mädchen
geboren (Sat. 53). Die Bewirtschaftung mit Pächtern wäre demnach
hauptsächlich aus Arbeitskräftemangel erfolgt. Die Erklärung befrie-
digt nicht ganz, wie wir oben bereits gesehen haben. Über den gut
funktionierenden Sklavenhandel kamen bis in die Spätantike Menschen
aus den Randgebieten des Imperiums als Arbeitskräfte zum Verkauf.
In einem Sklavenkaufvertrag aus der Mitte des 2. Jahrhundert n. Chr.
werden für ein Sklavenmädchen aus Galatien 280 Denare von alexandrinischen Kaufleuten in der kleinasiatischen Handelsstadt Side gezahlt. Im diokletianischen Preisedikt liegen die Sklavenpreise gestaffelt
nach Alter und Geschlecht der Inflation entsprechend zwar nominell
höher (20 000–30 000 Denare), weisen aber nahezu die gleiche Relation
zu den Weizenpreisen wie in der frühen Prinzipatszeit auf, was nicht
für den Sklaven als Rarität spricht.[48]

Sklavenpreise wie diese, die in einen größeren Zusammenhang zu
stellen wären, damit sie aussagekräftig werden, weisen darauf hin, daß
Bewirtschaftung mit eigenen Sklaven und/oder Verpachtung ein Problem der Rentabilität waren, wie dies bereits die Agrarschriftsteller andeuten. Es mag durchaus sein, daß die in einem Gebiet wie Ägypten
schon längst geübte Verpachtung von Land als lukrative Alternative
von den Grundbesitzern angesehen wurde, um den durch die Urbanisierung gesteigerten Bedarf an Agrarprodukten (besonders Getreide)
kostengünstig abzudecken (de Neeve). Ob andere Gründe wie Sicher-
heitsdenken der Sklavenbesitzer angesichts der zu großen Ansammlung von unfreien Arbeitskräften auf dem Gut oder Anwachsen der
Rentenmentalität den Kolonat gefördert haben, mag dahingestellt bleiben. Jedenfalls hat man es – strukturell gesehen – auf dem Gebiet der

---

[48] Der Kaufvertrag aus Side Pap. Colon. 6211. Die Sklavenpreise bei Duncan-Jones, Economy, 348 ff. und 385; D. Hagedorn, in: Pap. Turner, London
1981, Nr. 22, S. 107 ff.

Landwirtschaft mit einer allmählichen Verlagerung der unfreien auf die sogenannte freie Arbeit zu tun. Dieses freie Arbeitsverhältnis besitzt nicht nur ganz unterschiedliche Ausprägungen, sondern nimmt im Verlauf der Kaiserzeit Zwangscharakter an. Auf diesem undurchsichtigen Gebiet unterschiedlicher Abhängigkeit und Ausbeutung eine Linie zu erkennen ist nicht einfach. *Colonus* behält neben seiner Bedeutung als Kleinpächter nach wie vor seinen ursprünglichen Sinn als kleiner (freier) Bauer; er kann als solcher vom Großgrundbesitzer mehr oder weniger abhängig sein; er kann in einem kurzfristigen Kontrakt *(conductio)* Ländereien gepachtet haben; er kann als *perpetuarius* oder *emphyteuticarius*[49], als alteingesessener Pächter unter langfristigen Bedingungen das Land des Großgrundbesitzers bewirtschaften, ein Verhältnis, das beiden Seiten offensichtlich Vorteile bot und deshalb mehr und mehr üblich wurde.

Ebenso unterschiedlich gestalten sich die Abgaben: Ursprünglich war wohl Bezahlung in Naturalien festgelegt; der jüngere Plinius verpachtete dagegen um 100 n. Chr. sein Land normalerweise gegen Geld, was den betroffenen *coloni* Schwierigkeiten bereitete (ep. 9,37). Auf den großen kaiserlichen Domänenbesitzen Nordafrikas mußten die Colonen ein Drittel der Ernte (Weizen, Öl, Wein) an Pacht bezahlen und daneben in einem beschränkten Maße Frondienste *(operae)* leisten. Dagegen waren im fruchtbaren Ägypten Naturalabgaben von zwei Drittel und drei Viertel der Wein- und Obsternte üblich, je nach Quantität und Qualität des Bodens. Pachtverträge konnten auch eine gemischte Bezahlung von Geld und Naturalien vorsehen, ebenfalls den Ersatz von Naturalien durch Geld *(adaeratio)*. All diese Bedingungen, die sich nur schwer auf einen Nenner bringen lassen, zielen darauf ab, die Grundrente des Besitzers zu sichern und den Grund und Boden als Rentengut[50] bei unterschiedlicher Verfügungsgewalt über Arbeitspotentiale optimal zu nutzen.

Daß unter diesen Umständen im allgemeinen „die wirtschaftliche

---

[49] *Emphýteusis* (griechisch): die langfristige Verpachtung (Erbpacht); zu den Begriffen in der Spätzeit: Jones, Later Roman Empire, 417 ff.; 794 ff.

[50] Unter Rente versteht man das Einkommen aus Vermietung, Verpachtung und Kapitalüberlassung. Die Grundrente ist der Preis, der für die produktiv verwandten Bodennutzungen gezahlt wird, und steht parallel zum Lohn als Preis der Arbeit und dem Zins als Preis für den Dienst des Kapitals, G. Stavenhagen, HdSW 8, 1964, 802 ff. Nicht zu Unrecht stuft M. Weber alle Arten von Renten als „eminent statisch und wirtschaftskonservativ" ein (Wirtschaft und Gesellschaft I, 154).

Lage der Kolonen kläglich war"[51], ist einsichtig; aber die konkrete Belastung hing von der Art der Güter und der Herren ab. *Coloni* auf kaiserlichen Domänen genossen offensichtlich gewisse Vorteile, waren freizügiger und in der Wahl ihrer Tätigkeiten nicht ganz so festgelegt. Aber auch sie unterlagen im großen und ganzen den zunehmenden Bedrückungen, die den Kolonat mehr und mehr zu einem unfreien Arbeitsverhältnis machte. In diokletianisch-konstantinischer Zeit werden die Kolonen zum Inventar des Gutes gezählt, mußten dort verbleiben, „an die Scholle gebunden" (*glebae adscripti,* daneben auch *pensibus adscripti,* den Steuerleistungen zugeordnet, durch Zensus gebunden), damit die Steuereinnahmen, die auf dem Land lagen, gesichert waren. Der Zwang ging später über den jeweiligen Kolonen hinaus und umfaßte auch seine Nachkommen. Die Zwangserblichkeit teilt der Kolonat mit anderen Berufen, denen des Bäckers, des Schifftransporteurs und der Handwerker, deren Tätigkeiten für das Imperium lebensnotwendig waren. Ob diese antike Form der Hörigkeit[52] alle Kolonen einschloß, ist nicht ganz deutlich. Daß aber die allgemeine Abhängigkeit vom Grundherrn und in eins damit die soziale Not in der Spätantike zunahm, bezeugen neben den einschlägigen Rechtsquellen gerade die christlichen Autoren wie Laktanz, Salvian und Johannes Chrysostomus, welche in den sozialen Mißständen ihrer Zeit ein wichtiges Indiz der Krise bzw. des Untergangs der heidnischen Zivilisation sahen.

"Taken as a whole the peasantry were an oppressed and hapless class" (Jones, Later Roman Empire II, 810). Aber ist die bedrückende Lage der Bevölkerung auch schon ein Indiz für die mangelnde Wirtschaftlichkeit der landwirtschaftlichen Betriebe? Die Frage ist nicht einfach zu beantworten. Man kann mehrere äußere Ursachen aufzählen, welche die Rentabilität der Agrarwirtschaft in der Spätzeit erschwert haben: der Mangel an Arbeitskräften, der Steuerdruck, die Kriegseinwirkungen und der damit verbundene Rückgang des Handels, die Reduzierung der Anbauflächen (die sog. *agri deserti*), aus der man fälschlicherweise auf eine allgemeine Erschöpfung des Bodens geschlossen hat. Trotz dieser Schwierigkeiten scheinen die *fundi* bzw. *massae* über den Eigenbedarf hinaus die Lebensmittelversorgung der Städte bis weit ins Frühmittelalter hinein einigermaßen gesichert zu haben. Neben Getreide, Öl und Wein wurden landesspezifische Pro-

[51] De Martino, Wirtschaftsgeschichte, 452.
[52] Zum mittelalterlichen Begriff der Hörigkeit E. Kaufmann, HRG II, 1978, 241 s. v. Hörige; daneben F. W. Hennig, HRG II, 1978, 1762 ff. s. v. Leibeigenschaft.

dukte angebaut und z. T. über die regionalen Grenzen hinaus exportiert, Obst und Gemüse aus Nordafrika, Syrien und Kleinasien, Käse
aus Dalmatien, Schinken aus dem keltischen Gebiet, edle Pferde aus
Kappadokien und Spanien, um einige Beispiele zu geben. Daß sich der
Grundherr dabei ganz unterschiedlicher Arbeitsverhältnisse bediente
und den landwirtschaftlichen Betrieb zu einem autarken Wirtschaftsfaktor zu machen versuchte, der auch Handwerker beschäftigte und so
von der Stadt unabhängig war – diese Integration verschiedener Arbeitsleistungen auf einem überschaubaren Niveau war zukunftsträch-
tig weit über die Antike hinaus. Die wirtschaftlichen Abhängigkeiten
mündeten, nicht zuletzt durch den Ausfall des staatlichen und überregionalen Schutzes, in eine soziale und politische Hierarchie mit dem
Gutsbesitzer als Patronus an der Spitze der abhängigen Bauern, Kolonen und Handwerker, die als Klienten auf seine Hilfe und Unterstützung angewiesen und durch ein gegenseitiges Treue- und Schutzver-
hältnis (patrocinium) miteinander verbunden waren. Die faktische
Reichweite deckt sich nicht unbedingt mit der strukturellen Bedeutung
dieser Institution. Denn von der Konzeption her gesehen besaß die
frühmittelalterliche Grundherrschaft in der spätrömischen Organisation der Landwirtschaft auf der Grundlage des patrocinium ohne Zweifel eine wichtige Vorform.

Wie in der Agrargeschichte, so bedeutet auch in der Entwicklung, die
Handwerk und Gewerbe nehmen, die Errichtung des Prinzipates
keinen scharfen Einschnitt. Nur allmählich verschieben sich die Rahmenbedingungen; die Koloniegründungen und Städtebildungen der
frühen Kaiserzeit[53] stärken das lokale Handwerk, die Bäckereien, Webereien, Färbereien, die Keramik-, Holz- und Metallverarbeitung, Betriebe, wie sie uns besonders eindringlich in den archäologischen und
epigraphischen Zeugnissen Pompejis greifbar sind. Derartige Produk-
tionen bilden sich mehr oder weniger in allen größeren städtischen
Zentren heraus. Die zunehmende Romanisierung der Provinzen bringt
den Aufschwung des Gewerbes auch in die provinzialen Städte, nach
Köln, Trier, Lyon, Córdoba, Leptis Magna, Pougga und Timgad in
Nordafrika, um wenige Beispiele zu geben. Daß in diesem Zusammenhang der Fleischer begegnet, der zugleich seine Waren vertreibt (negotiator lanio CIL XIII 8351), der Steinmetz (lapidarius ILS 7675–77),
der Tischler (lignarius), der Gold- oder Silberschmied (aurarius, argentarius ILS III 2, S. 727), ist auch nach unseren heutigen Erwartungen

---

[53] Vgl. E. Kornemann, RE IV, 1900, 588ff.; F. Vittinghoff, Römische Kolonisation und Bürgerrechtspolitik, Wiesbaden 1952.

gemessen normal. Aber die Wirksamkeit der Gipsstukkateure *(gypsa-rii)*, der Purpurfärber *(purpurarii)*, der Kranzflechter *(coronarii)* oder der zahlreichen Salbenhersteller *(unguentarii)* weist nachdrücklich darauf hin, daß sich die handwerkliche Tätigkeit je nach den spezifischen Lebensbedürfnissen der Bevölkerung richtet, die in der Antike, in einer vorindustriellen Gesellschaft und einer mediterranen Umgebung, anders gelagert waren als sie es heute sind. Dabei ist nicht überall klar ersichtlich, ob es sich um echte handwerkliche Professionalisierungen handelt.

Zwei Trends scheinen sich aber im Verlauf der Kaiserzeit besonders herauszuschälen: zum einen eine zunehmende Differenzierung der einzelnen Berufsarten, die in der Spätantike wieder abzunehmen scheint,[54] zum anderen eine intensivere Nutzung der Standortvorteile, d. h. eine verstärkte Verarbeitung der heimischen Produkte, die überregionalen Ruf besitzen und entsprechend gehandelt werden.

Wenn man nach den erhaltenen Berufsbezeichnungen geht, dann hat die Differenzierung die Metall-, Textil-, Keramik-, Holz- und Steinbearbeitung stark erfaßt, besonders aber auch die Lederverarbeitung, welche sich in eine Vielzahl einzelner Produkte aufgliedert. So begegnen etwa neben dem *sutor* (Schuhmacher) der *crepidarius* (Hersteller von griechischen Halbschuhen, *crepidae*), der *frenarius* („Halfterer"), der *loricarius* (Hersteller von Lederpanzern), der *cullarius* (Hersteller von Lederschläuchen), der *ampullarius* (Hersteller kleiner lederner Behältnisse), der *manticularius (manticulae* = kleine lederne Doppeltaschen), der *sagmarius (sagma* = der lederne Packsattel). In den übrigen Verarbeitungszweigen war es ähnlich.

Diese sehr weitgehende Spezialisierung muß man zusammen sehen mit dem sozialen Status des jeweiligen Handwerkers. Es sind in der Regel kleine Leute, Angehörige der *plebs,* Freigelassene, im Einzelfall sogar Sklaven, die sich auf ein ganz bestimmtes Gebiet beschränkt haben. Herkunft und Spezialisierung lassen den Schluß auf die Existenz eines weitverbreiteten Kleinhandwerks zu, das sicher vielfach im Lohnwerk betrieben wurde. Extensität statt Intensität, viele kleine nebeneinandergelagerte Betriebe, wenige Großbetriebe – dieser schon für die römische Republik konstatierte Befund hat sich in der hohen Kaiserzeit nicht wesentlich verändert. Das Ladenschild des Filzherstellers *(coactiliarius)* M. Vecilius Verecundus in Pompeji zeigt sieben Arbeiter, die mit dem Hecheln und Kämmen der Wolle beschäftigt sind; dies war

[54] H. v. Petrikovits, Die Spezialisierung des römischen Handwerks II (Spätantike), ZPE 43, 1981, 285ff.

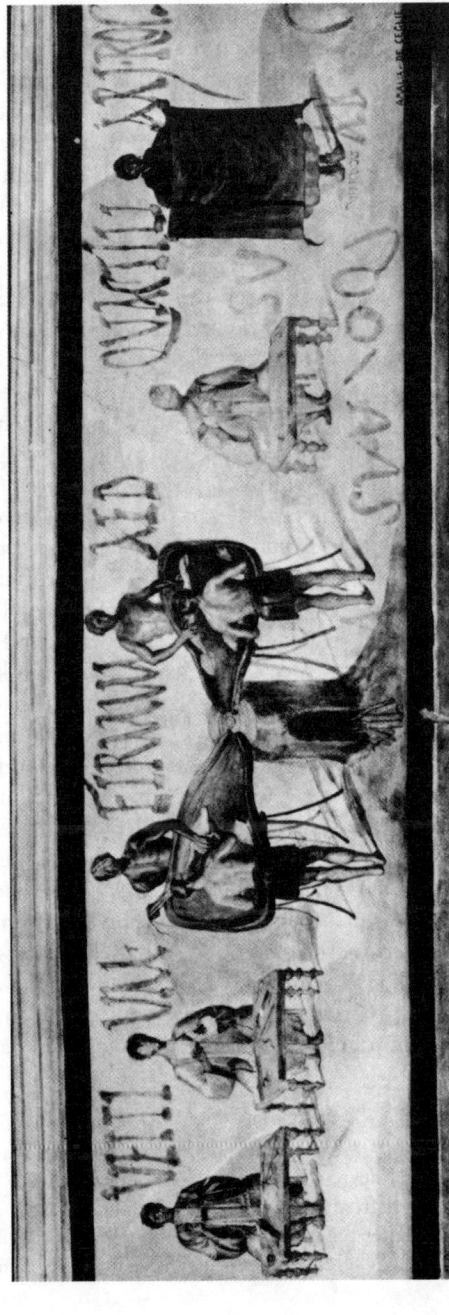

Abb. 14. Werkstatt des Stoffhändlers M. Vecilius Verecundus aus Pompeji (nach Th. Kraus – L. von Matt, Lebendiges Pompeji – Pompeji und Herculaneum. Antlitz und Schicksal zweier antiker Städte, Köln 1973, Abb. 200).

Rechts Verecundus, der ein fertiges Gewand anpreist, links neben ihm sieben Filzarbeiter (*quactiliarii*) bei verschiedenen Arbeitsgängen. Darüber ein Wahlaufruf der Filzarbeiter für einen gewissen Vettius Firmus zum städtischen Ädil.

schon sehr ansehnlich. Viel mehr, vielleicht fünfzehn bis zwanzig, darf man sich auch in den normalen *officinae*, die andere Naturprodukte verarbeiten, nicht vorstellen. „Großindustrie" – und dies nach antiken Maßstäben gemessen – bildete sich vom Töpferei- und Baugewerbe abgesehen (vgl. S. 172f.) in bescheidenem Umfang im Rahmen der kaiserlichen Fabriken (*propriae fabricae* – SHA Sept. Sev. 21,1) heraus. Die Herstellung von Waffen und Textilien, von Ziegeln und gebrannten Steinen, von Bleierzeugnissen und Münzen wurde auf kaiserlichem Boden im großen Stil betrieben. Die Fabriken verarbeiteten die vorhandenen oder als Naturalsteuer abgeführten Rohprodukte und lieferten in einem begrenzten Umfang auch für den freien Markt. Die Arbeiter (*fabricenses*) dieser über 30 bezeugten Fabriken im Westen und Osten des Reiches waren wie das Militär organisiert, wurden wie dieses durch die *annona* entlohnt und bildeten in den Städten einen beachtlichen Teil der Bevölkerung, ohne daß wir genau Umfang und Leistungsfähigkeit dieser staatlichen Produktionsstätten bestimmen könnten.[55]

Viele Fragen, welche die Existenz dieser staatlichen Gewerbebetriebe aufwerfen – die mögliche Konkurrenz zu den Privatbetrieben, die Verkaufsmodalitäten, die regionale und zeitliche Verbreitung –, müssen hier auf sich beruhen bleiben. Wir fassen in ihnen lediglich Ansätze zu größeren Organisationsformen der Arbeit und der Produktion, die dem Bestreben entspringen, den eigenen Bedarf im kaiserlichen Heer und in der kaiserlichen Bürokratie zu decken. Dies kommt nicht von ungefähr. Die Entwicklung läuft in etwa parallel mit dem Erstarken der kaiserlichen Domänenwirtschaft und der gewerblichen Eigenproduktion auf den großen Gütern. Schmiede-, Stellmacher-, Tischler-, Töpfer und Weberarbeiten werden auf dem großen Gutshof zum überwiegenden Teil selbst verrichtet, so daß in gewissem Umfang wiederum ein halbwegs autarker Oikosbetrieb entsteht, seinem Umfang und der Arbeitsteilung entsprechend aber eher an die frühmittelalterliche Grundherrschaft erinnernd als an den archaischen Wirtschaftsbetrieb eines Odysseus. Diese Tendenz, die das Handwerkswesen in der Spätantike aufwies, darf man sicher nicht verabsolutieren.[56] Die vielen kaiserlichen Bestimmungen des vierten und fünften Jahrhun-

---

[55] Jones, Later Roman Empire, 834 ff.; Demandt, Spätantike, 341 f.

[56] Gummerus, RE IX, 1524: „Der Gutsbetrieb bildet ein in sich geschlossenes Absatzgebiet, wo sowohl der Gutsherr als seine Untertanen alle Bedürfnisse des täglichen Lebens befriedigen konnten." Dies trifft nicht auf alle Reichsteile zu und stimmt, unter regionalen Einschränkungen, auch nur dann, wenn man das, was über die täglichen Bedürfnisse hinausgeht, nicht zu eng faßt.

derts hinsichtlich der in *collegia* eingebundenen Handwerker *(colle-giati)* zeigen, daß in den Städten nach wie vor dieser Stand existent und unverzichtbar war. *Collegiati* werden zu verschiedenen Gemeinschafts-aufgaben *(munera)* verpflichtet und hatten offenbar das Bestreben, sich wie andere Berufsgruppen durch Flucht aus der jeweiligen *civitas* auf das Land der ihnen aufgebürdeten Verantwortung zu entziehen. Die kaiserliche Gesetzgebung antwortete darauf mit einer Freistellung der *artifices* (Cod. Theod. XIII 4,2; Cod. Just. X 66,1) von diesen Ver-pflichtungen.

Es ist bemerkenswert, welche Berufssparten in der kaiserlichen Aufzählung erscheinen: genannt werden u. a. Architekten *(architecti),* Ärzte *(medici),* Maler *(pictores),* Marmorarbeiter *(marmorarii),* Gold-und Silberschmiede *(aurifices–argentarii),* Goldwirker *(barbaricarii),* Hersteller von Diatretgläsern *(diatretarii)* ebenso wie Kürschner *(pel-liones),* Walker *(fullones),* Stellmacher *(carpentarii)* oder Zimmerleute *(tignarii).* Unverkennbar manifestiert sich in diesen Anordnungen das Bemühen, die handwerkliche Versorgung auf der Ebene des einfachen wie des gehobenen Bedarfs zu sichern, unverkennbar aber auch die Ge-fahr, daß durch Abwanderung diese Kräfte verlorengehen und nachhal-tiger Schaden für den wirtschaftlichen Austausch (mit der Rückwir-kung auf die Steuerzahlung) entsteht.

Bedrohung und Rückzug des Gewerbes aufs Land bezeichnen Ten-denzen im Handwerk, die mit anderen Krisenerscheinungen der Spät-antike konvergieren. Aber zum Verlust der Stellung und Bedeutung dieses wichtigen Produktionszweiges haben auch andere politische Entwicklungen beigetragen.

Mit dem Ende des Bürgerkrieges und der Ausbreitung der *pax Ro-mana* im Inneren hatte in Italien und in den Provinzen die Erzeugung der landesüblichen Spezialprodukte zugenommen. Pompeji und Cam-panien besaßen einen Namen in der Herstellung von Wollprodukten, Wein, Gewürzsoßen *(garum-liquamen),* von Salben und Essenzen. Aquileia im nördlichen Scheitelpunkt des Adriatischen Meeres verarbei-tete das auf dem Landwege herbeigeschaffte Eisenerz aus der Provinz Noricum *(ferrum Noricum),* stellte feines Glas und Schmuck aus Bern-stein her, das auf der sog. Bernsteinstraße von den Küsten der Ostsee durch Karawanen in das oberitalische Produktionszentrum gebracht wurde. Das in und um Arrezo aus *terra sigillata* gefertigte Tongeschirr (Teller, Schüsseln, Kannen, Becher), welches den hohen Standard des Kunsthandwerkes in der kaiserzeitlichen Reliefkeramik zeigt, war überall begehrt. Daneben entwickeln die Provinzen und einzelne Städte in ihnen, wie bereits angedeutet, zunehmend Gewerbezentren spezialisierter Gebrauchs- und Luxusgüter, die ihren Gütestempel in der unverwechselbaren Herkunft besaßen. Papyrus, Glas und Leinen kamen aus Ägypten. In Syrien wurden u. a. Wein (Laodikeia), Gewürze und Drogen, Wolle, Seide, Purpurfarbe (Tyros), Glas, Parfüm und Zedernöl hergestellt. Gallische Agrarprodukte (Felle, Pökelfleisch, Schinken, Käse) wurden über den regionalen Markt hinaus gehandelt, mehr noch die Metall- und Wollwaren, unter denen sich der einfache gallische Mantel *(sagum)*, später auch feinere Produkte aus Wolle eines hohen Ansehens erfreuten. Die berühmte Igeler Säule, das Grabmal, welches die begüterte Familie der Secundinier aus dem Trierer Raum im 3. Jahrhundert n. Chr. errichten ließ, verkündet anschaulich den Wohlstand, den die Stände der *sagarii* bzw. *vestiarii* mit ihren Wollprodukten erwarben.

Africa als Agrarland hatte sich auf Obst, Weine, Öl und vor allen Dingen Getreide spezialisiert; Britannien besaß seine Bedeutung als Ausfuhrland von Getreide, Vieh, Sklaven, Gold, Silber und Eisen. Beide Provinzen haben offensichtlich eigene überregionale Produktionsstätten nur in geringem Ausmaß gebildet. Daß feingemasertes Zitrusholz aus Africa als begehrter Rohstoff nicht im Lande selbst, sondern in italischen und gallischen Städten veredelt wurde und die glänzend polierten Luxustische Spitzenpreise erzielten (Plin. n. h. 12, 91 ff.: bis zu 1,3 Millionen HS), wirft ein bezeichnendes Licht auf das Produktionsgefälle und den im großen und ganzen einseitigen Wirtschaftsaustausch, der im Imperium Romanum auch während der römischen Kaiserzeit herrschte. Einen bedeutenderen Anteil an verarbeitendem Gewerbe kennt Spanien, wo sich zum Teil größere fischverarbeitende Betriebe zur Herstellung der berühmten und teuren Fischsaucen (*garum sociorum*, Plin n. h. 31,94) entwickelten, daneben auch eisenverarbeitende Werkstätten. Die jährliche Fördermenge von 20000 Pfund Gold (ca. 6,5 t, Plin. n. h. 33,78) gelangte wohl hauptsächlich in die kaiserlichen Werkstätten, während Wachs, Honig und Getreide, Wein und Öl in den Handel gingen.

Die vorgebrachten Beispiele nennen die literarischen Quellen vor allem als Illustration für den Warenaustausch; aber es kann kein Zweifel daran bestehen, daß in den meisten Fällen vor dem Austausch die lokale Produktion steht, über deren Organisation und Arbeitsbedingungen man gerne mehr wüßte. Das Nebeneinander von Haus-, Lohn- und Handwerk, das Vorwalten kleinerer und mittlerer Betriebe, die Beschäftigung von freien Arbeitern neben den Sklaven, ein in der Regel vertraglich vereinbarter Arbeitslohn, der neben Geld auch die Beköstigung und Naturalien umfassen kann – all dies dürfte nach wie vor für die Handwerksbetriebe in der römischen Kaiserzeit charakteristisch gewesen sein. Was sich im Verlaufe der Kaiserzeit allerdings veränderte, waren die Absatzmöglichkeiten, der Handel über See, der durch die unruhigen Zeitläufe im dritten und vierten Jahrhundert in große Schwierigkeiten geriet. Der Rückgang der Schiffahrt, eine gewisse Regionalisierung der Märkte hängen mit diesen äußeren Bedrohungen offensichtlich zusammen und zeitigten Auswirkungen in der Produktion wie im Handel. Markttage, die in den Dörfern und Städten den unmittelbaren Bedarf vor Ort regelten, gewannen an Bedeutung. In größeren Provinzstädten und Metropolen bestand dagegen nach wie vor der Bedarf nach Luxus- respektive Spezialprodukten, die über See gehandelt werden. Luxusgüter wie Wollprodukte, edle Metallwaren, Schmuck und Glas fanden neben Massenprodukten wie Eisenerz, Marmor, Getreide und Wein nach wie vor ihre Abnehmer. Rom, Mailand, Konstantinopel, Antiochia und Alexandria verfügten über vermögende Schichten, die feine gewebte Kleider, Ringe, Halsketten, Silberschalen, Toilettenkästchen,[57] kunstvolle Schmuckfläschchen und vieles andere kaufen konnten.

Mehr und mehr wuchs auch die Kirche, die nach der sogenannten Konstantinischen Wende 313 n. Chr. zum mächtigen politischen und wirtschaftlichen Faktor des Imperiums wurde, in die Rolle eines wichtigen Auftraggebers für Handwerk und Gewerbe hinein. Die Kirchenbauten, die bischöflichen Gewänder und Insignien, die vielfältigen Accessoires, die im Gottesdienst und in der Liturgie benötigt wurden, die Sarkophage, Grabmäler und Elfenbeintafeln sind Beispiele für die teils neuen, teils traditionellen Tätigkeitsbereiche, die sich dem Handwerk in der Spätantike auftaten. Auch erfuhr die handwerkliche Tätigkeit durch das christliche Lebensideal eine unverkennbare Aufwertung. Durch Handarbeit *(auturgía)* unterscheidet sich der Christ vom untätigen und im Luxus lebenden Heiden, wie der Kirchenvater Clemens von Alexandrien auszuführen weiß, und wird dadurch Gott wohlgefällig.[58] Er, wie viele andere Kirchenväter, brachte damit die realen Lebensbedingungen der kleinen Leute, die sich zum Christentum bekannten, auf einen ideellen Nenner, der später in der benediktinischen Ordensregel *ora et labora* seinen bekanntesten Ausdruck gefunden hat.

[57] Z. B. J. P. C. Kent–K. S. Painter (Hrsg.), Wealth of the Roman World, AD 300–700, London 1977, mit schönen Beispielen und weiterführender Lit.
[58] Clem. Al. paed. 641a; Hauck, RAC I, 1950, 588ff. s. v. Arbeit; M. Riedel, Lexikon der Geschichtlichen Grundbegriffe I, Stuttgart 1972, 155ff. s. v. Arbeit; skeptisch zur realen Bedeutung der christlichen Arbeitsideologie Pleket bei Vittinghoff, Europ. Wirtschafts- und Sozialgeschichte, 155ff.

Die Veränderungen, welche Landwirtschaft und Gewerbe im Verlauf der römischen Kaiserzeit prägten und zum Teil umgestalten, erfaßten naturgemäß auch den H a n d e l, der im frühen Prinzipat aufblühte und zu einem wichtigen verbindenden Element im weitläufigen Imperium Romanum wurde. Wenn alexandrinische Seeleute in der Nähe von Puteoli dem Kaiser Augustus vom Schiff aus zuriefen, daß sie ihm Leben, Schiffahrt, Freiheit und Wohlstand verdankten (Suet. Aug. 98,2), dann greift man in diesem spontanen Ausruf nicht nur die große Wertschätzung der Person des ersten Princeps, sondern mittelbar auch die Anerkennung seiner politischen Schöpfung, des Prinzipates, der fruchtbaren Austausch, Sicherheit und Wohlergehen garantierte. Der Warenaustausch in der Kaiserzeit folgte dabei den Bahnen, die in der Republik vorgezeichnet waren, und erreichte innerhalb der vorgegebenen Strukturen ein bemerkenswert hohes Niveau.

In den städtischen Zentren und Dörfern des Imperiums regelten nach wie vor lokale Märkte den Warenaustausch, die Einrichtung von Markttagen (nundinae, vgl. S. 173 f.), wie sie uns inschriftlich aus Asien, Africa, Gallien und Italien überliefert sind, hing an der Bewilligung der kaiserlichen Verwaltung, die damit Angebot und Nachfrage in gewisser Weise kanalisierte und regional ordnete. Ein Grafitto aus Pompeji zeichnet den Weg nach, den der Wochenmarkt im 1. Jahrhundert n. Chr. nimmt und auf dem der kleine Händler (negotiator) seine Waren anbietet: Samstag in Pompeji, Sonntag in Nuceria, Montag in Atella, Dienstag in Nola, Mittwoch in Cumae, Donnerstag in Puteoli, Freitag in Rom (CIL IV 8863). Transportkosten dürften bei diesen geringen Entfernungen nicht nennenswert ins Gewicht gefallen sein, wohl aber dort, wo Waren über längere Distanzen auf dem Landwege an die Konsumenten zu bringen waren. Sie spielen deshalb bei der Einschätzung des interlokalen Handels in der römischen Kaiserzeit neben den übrigen Faktoren, welche den kaiserzeitlichen Handel prägten, eine erhebliche Rolle.

Es liegt an der unzulänglichen Überlieferung, daß die Forschung sich schwertut, diejenigen Elemente, welche den Handel beförderten, und diejenigen, die nach Lage der Dinge ihn eher hinderten, in ein rechtes Verhältnis zu setzen. So läßt sich sein wirtschaftlicher Stellenwert nur einigermaßen bestimmen. Wie wir gesehen haben, produzierten Landwirtschaft und Gewerbe über den unmittelbaren Verbrauch hinaus und setzten ihre Waren zu einem großen Teil auch über See ab. Dieser Export ist bei den Grundnahrungsmitteln Weizen, Öl und Wein unbestritten. Die ca. 250000 Tonnen Getreide, welche die Einwohnerschaft der Kapitale Rom pro Jahr benötigte, kamen in der Haupt-

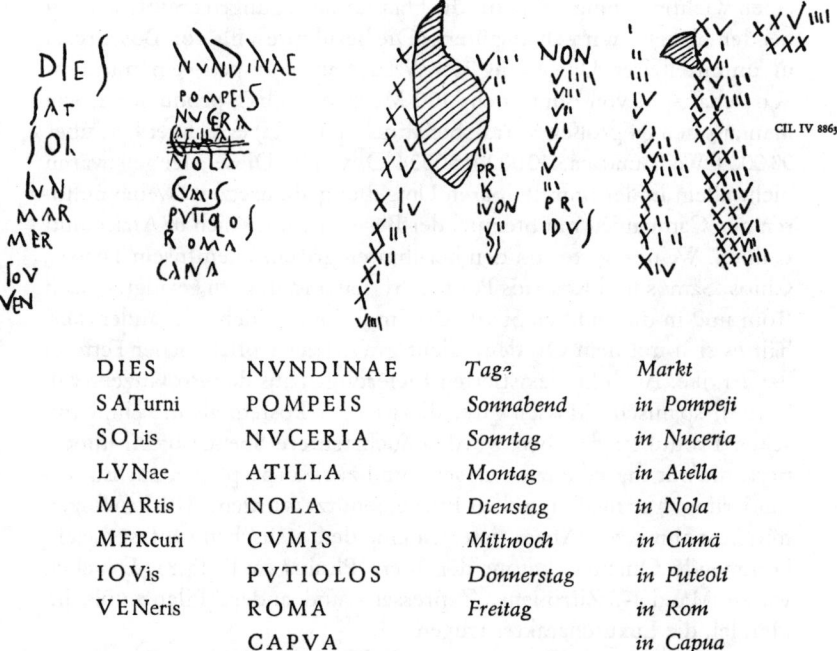

DIES	NVNDINAE	Tag*	Markt
S A Turni	POMPEIS	Sonnabend	in Pompeji
S O Lis	NVCERIA	Sonntag	in Nuceria
L V Nae	ATILLA	Montag	in Atella
M A Rtis	NOLA	Dienstag	in Nola
M E Rcuri	CVMIS	Mittwoch	in Cumä
I O Vis	PVTIOLOS	Donnerstag	in Puteoli
V E Neris	ROMA	Freitag	in Rom
	CAPVA		in Capua

Abb. 15. Markttage in der Umgebung von Pompeji, Wandkritzeleien mit Angabe der Orte, Wochentagen und Monatsdaten (CIL IV 8863, nach W. Krenkel, Pompejanische Inschriften, Leipzig/Heidelberg 1962, 55).

sache aus Ägypten und Nordafrika; möglicherweise wurden zusätzlich 100 000–150 000 t durch private Händler umgeschlagen. Dieses gewaltige Handelsvolumen konnte dauerhaft nur durch den römischen Princeps, seine politische, militärische und wirtschaftliche Macht gesichert werden. Aber auf Getreideimporte waren auch die übrigen Städte des Imperiums angewiesen. Bei einem angenommenen Pro-Kopf-Verbrauch von 0,8–1 kg Getreide pro Tag[59] benötigten Städte wie Alexandria, Antiocheia oder Konstantinopel gewaltige Mengen. Die Verpflegung der Armee verschlang pro Jahr 100 000–150 000 Tonnen, die je nach Lage über See angelandet und auf dem Land- bzw. Flußweg transportiert werden mußten.

Wie beim Getreide der Blick auf die Produzenten und Konsumenten

[59] L. Foxhall–A. Forbes, Sitometreia, The Role of Grain as a Staple Food in Class. Antiquity, Chiron 12, 1982, 41 ff.

einen wichtigen Fingerzeig für die Handelsbewegungen ergibt, so auch
bei den übrigen Wirtschaftsgütern. Die berühmte Villa von Boscoreale
in unmittelbarer Umgebung der Vesuvstadt Pompeji, ein mittleres
Wirtschaftsgut von mindestens 100 Morgen (25 ha), produzierte, wie
man aus den 84 großen Vorratsbehältnissen (dolia) errechnet hat, über
93 000 l Wein und ca. 10 000–15 000 l Olivenöl. Diese Mengen waren
nicht allein in der unmittelbaren Umgebung abzusetzen. Weinampho-
ren aus Campanien mit Stempel der Besitzer finden sich in Africa und
Gallien. Weinimporte von den berühmten griechischen Inseln Thasos,
Chios, Samos und Kos, aus Pontos, Syrien und Zypern gelangten nach
Rom und in die anderen Städte des Imperiums. Nicht viel anders verhält es sich mit dem Öl, dem wichtigsten Träger pflanzlicher Fette in
der Antike. Auch hier existierten Lieferungen aus den Provinzen (vgl.
S. 194), spanische Massenware, die weniger kostete als die einheimischen Produkte; daneben wurden auch teurere Spezialsorten importiert, die mit Ingredienzien versetzt und zur Körperpflege, zur Einbal-
samierung, zur medizinischen Pflege benutzt wurden. Alle Provinzen
mit Ausnahme von Africa lieferten eine dem italischen Öl fast gleich-
kommende Qualität, betont der ältere Plinius (n. h. 15,8). Daneben
waren Mandel-, Zitronen-, Zypressen- und andere Pflanzenöle im
Handel, die Luxuscharakter trugen.

Derartige Wirtschaftsgüter, die zwischen Italien und den Provinzen,
auch zwischen den Provinzen untereinander ausgetauscht wurden, lassen sich leicht vervollständigen.[60] Die Handelswaren im Imperium
Romanum addieren sich zu einer eindrucksvollen Dokumentation
gegenseitiger Verpflechtungen und Abhängigkeiten. Die Frage, welche
Wirtschaftsgüter über größere Strecken hin gehandelt wurden, ist
zweifellos wichtig, aber sie allein sagt wenig über das Handelsvolumen, die Handelsbilanz bzw. das Handelsgefälle, das besonders für die
frühe Kaiserzeit zwischen Italien und den Provinzen bestehenblieb.
Nur auf den ersten Blick hilft dabei die Unterscheidung von Massen-
und Luxusgütern weiter. Neben den Grundnahrungsmitteln kommen
dabei die Baumaterialien Marmor, Steine, Holz, Mineralien und Ei-
senerze, Pech und Teer in Betracht, die zuweilen über lange Strecken
transportiert werden mußten und teuer kamen. Deshalb ist es verständlich, daß in der Regel die einheimischen Rohmaterialien bevorzugt verarbeitet wurden. Die Steinbrüche am Siebengebirge versorgten die Rö-
merstädte am Rhein mit stabilem und repräsentativem Baumaterial;

---

[60] Vgl. die Liste bei Oertel, Wirtschaftsleben des Imperiums, 377 ff.; und die
Zusammenstellung bei De Martino, Wirtschaftsgeschichte, 356 ff.

das Holz für Brücken, die den gewaltigen Strom überspannten, kam aus den Wäldern der Eifel und des Hunsrück; die Tongruben in Gallien (La Graufesenque nordöstlich von Marseille, Lezoux bei Lyon) und am Rhein (Rheinzabern, Worms) lieferten das Rohmaterial für die feine *terra-sigillata*-Ware, die immer weniger den Weg aus dem italischen Zentrum Arezzo in die Provinzen fand. Es waren nicht zuletzt die hohen Transportkosten und die zunehmende Unsicherheit der Handelswege, welche in den Provinzen eine einheimische Industrie und einen Binnenhandel entstehen ließen.

Was den kostspieligen und zunehmend gefährlich werdenden Transport lohnte, waren, wie man immer wieder betont hat, die sogenannten Luxuswaren, die in der Hauptsache einer kleinen Konsumentenschicht zugute kam. Aber bei näherer Analyse nehmen sich die Verhältnisse nicht so einfach aus, wie man gewöhnlich annimmt. Unter Luxuswaren fallen die Gewürze und Drogen[61], Schmuckgegenstände, „Feingüter", die in ihrer Aufmachung und Zubereitung den Charakter des unmittelbar Lebensnotwendigen hinter sich gelassen haben, Kleidungsstücke, Wohnungs- und Einrichtungsgegenstände, Nahrungs- und Genußmittel in hoher und höchster Qualität. Sie haben bis in die Spätantike hinein ihre Abnehmer gefunden, und zwar nicht nur in der Oberschicht. Eine gewisse „Demokratisierung des Luxus" (M. Weber) ist zumindest für Teile der römischen Gesellschaft in der Kaiserzeit unverkennbar. Der ältere Plinius klagt darüber, daß Bäuerinnen Bernsteinschmuck tragen; Dienstmädchen, *ancillae*, benutzen Silberspiegel (n. h. 37,44 und 34,160). Der Preis für ein Pfund (327 g) Ingwer, der aus Arabien und den Landstrichen um das Rote Meer importiert wurde, wird auf 6 Denare beziffert; Pfeffer, dessen beste Sorte aus Indien bezogen wurde, kostete im Pfund 15, die minderen Sorten 7 und 4 Denare (Plin. n. h. 12,28 ff.). Zimt aus Südostasien kam auf 10 Denare das Pfund, Weihrauch *(tus)* aus Arabien, ein begehrtes und im Kultus wie in der Medizin viel verwandtes Produkt, wird mit 3–6 Denaren pro Pfund gehandelt, wobei die Transportkosten und Zollabgaben bei etwa 2 Denaren gelegen haben dürften.[62] Zollregelungen aus der Zeit der Kaiser Mark Aurel und Commodus erlauben einen Einblick in die aus dem Orient importierten Luxuswaren, die der Einfuhrsteuer *(vectigal)* unterlagen: Gewürze (u. a. Pfeffer) und Spezereien zur Herstellung von Salben und Tinkturen; Baumwollgewebe, Pelzwaren, indisches Eisen; Edelsteine und Opiate; Decken, rohe und ge-

[61] A. Schmidt, Drogen und Drogenhandel im Altertum, Leipzig 1924.
[62] Plin. n. h. 12,64 f.; Müller, RE Suppl. XV, 1978, 735 s. v. Weihrauch.

sponnene Seide, Seidenerzeugnisse, feine Tücher; Eunuchen und wilde
Tiere (Löwen, Leoparden, Panther) für die Zirkusspiele; schließlich
Purpur, feine Wolle und Haar aus Indien *(capilli Indici)* für die Herstellung von Torsionsgeschossen (Dig. IXL 4. 16,7).
Die Folgen, die sich aus Beispielen wie diesen ergeben, sind in drei
Richtungen zu suchen. Vom relativ niedrigen Preisniveau und vom
Adressatenkreis her läßt sich einmal auf eine breitere Käuferschicht
schließen; zum anderen ist der Begriff der Luxusgüter fließend, sie tendieren in prosperierenden Zeiten zu Gebrauchsgütern; zum dritten
legen sie lebhafte Handelsbewegungen nahe, die Land- und Karawanenhandel über die Grenzen des Imperiums hinaus einschlossen.
Transportkosten und Zoll summierten sich etwa beim Weihrauch auf
etwa 1–2 Drittel des Endpreises. Sie lagen damit vergleichsweise niedrig und bildeten keine wirkliche Importbarriere.

Der Handel, der die Verbindung zwischen Produzenten und Konsumenten schlägt, verdichtet sich besonders eindrucksvoll in den großen
Handelsstädten: Puteoli, Ostia, Brindisi, Aquileia in Italien, Alexandria in Ägypten, Narbo, Massilia und Lyon in Gallien, Gades in Spanien, Tyros, Side, Ephesos, Dura Europos und die Karawanenstadt
Palmyra im Osten des Imperiums, um einige herausragende Beispiele
zu geben. Hafenanlagen, Speicher und Handelskontore haben sich in
einzigartiger Weise in Ostia, dem Hauptumschlag der Waren für Rom,
erhalten; grundsätzlich hat man auch an anderen Orten mit derartigen
Einrichtungen zu rechnen. Der Schiffsverkehr, der sich wegen der Witterungsverhältnisse auf die Sommermonate von Mai bis Oktober konzentrierte, muß nach damaligen Verhältnissen gewaltig gewesen sein.
Allein für die Getreideversorgung der Stadt Rom lassen sich bei einer
Ladekapazität von 200–400 t pro Segelschiff rund 800 bis 1000 Schiffsbewegungen errechnen. Getreide wurde in den Speichern *(horrea)* zwischengelagert und auf kleinere Flußkähne (die sog. *naves codicariae)*
verladen, die ca. 70 t fassen konnten. So kommt man auf ca. 4500
Schiffsladungen, die über den Tiber in Rom angelandet wurden.[63]
Der Verkehr mit der Massenware Getreide läßt sich nicht verallgemeinern. Aber es gibt doch viele Indizien, daß der Seehandel in den ersten beiden Jahrhunderten im gesamten Mittelmeergebiet bedeutende
Ausmaße besessen hat. Dafür sprechen nicht zuletzt die relativ große
Anzahl der antiken Schiffswracks, die zunehmend auf das Interesse der
Unterwasserarchäologie stoßen und in ihrer Hauptmasse ins 1. und
2. Jahrhundert n. Chr. gehören. Der Landhandel erschloß durch den

---

[63] Rickman, Corn Supply, 17 ff.

Ausbau des Straßensystems zwar neue Regionen, konnte aber aufgrund der höheren Transportkosten, geringeren Zuladung (maximal bis zu 1500 kg pro Gefährt) und der Langsamkeit der von Ochsen bzw. Maultieren gezogenen Wagen nie die Bedeutung des Seehandels erreichen. Trotzdem haben auch auf diesem Sektor die Sicherheit und die Güte der Straßen, die privaten Gasthäuser und staatlichen Herbergen *(mansiones)*, die der Unterkunft und der Entspannung dienten, einen kontinuierlichen Binnenaustausch ermöglicht.[64] Eine vielzitierte kaiserzeitliche Inschrift aus Aesernia in Mittelitalien, die ein Zwiegespräch zwischen der Wirtin und dem scheidenden Gast enthält, zeigt anschaulich diese Doppelfunktion der Straßenquartiere:

„Wirtin, wir wollen zusammenrechnen" – „du hast einen Sextarius (0,54 l) Wein, Brot: ein As; Zukost (Fleisch) zwei Asse" – „geht in Ordnung" – „ein Mädchen: acht Asse" – „geht auch in Ordnung" – „Heu für das Maultier: zwei Asse". – „Dieses Tier wird mich noch fertigmachen." (ILS 7478)

Es ist nicht ganz sicher, ob man in dem L. Calidius Eroticus, der den Stein setzte, einen Händler oder einen Reisenden sehen darf. Wie das Gros der Handwerker stammt auch die Mehrzahl der Handeltreibenden *(negotiatores)* aus den mittleren und unteren Schichten, Freigelassene, Peregrine, Angehörige der Plebs sind unter den Handeltreibenden hauptsächlich vertreten. Auch F r a u e n sind im Handel, besonders im Lokalhandel, zahlreich zu finden und führen selbständig Geschäfte, in der Regel kleindimensionierte und oft auch anrüchige (Gemüsehandel, Kneipe, Bordell).

Die gängige Stratigraphie des kaiserzeitlichen Händlers: "freedman, subsenatorial and subquestrial townsman"[65], die von der sozialen Seite her als Erklärung für die mangelnde Entwicklung des Handels dienen muß, wird von zwei Seiten her in Frage gestellt. Zum einen läßt sich nicht leugnen, daß der Warenumschlag (die Menge und die Häufigkeit) zum Teil ganz gewaltige Geldsummen gebunden hat und einen bedeutenden wirtschaftlichen Stellenwert einnimmt. Der reiche Freigelassene Trimalchio läßt fünf Schiffe bauen und versucht sich in Handelsgeschäften. Ungeachtet eines anfänglichen Desasters nimmt er das Handelsrisiko erneut auf sich und macht bei einem einzigen Unternehmen einen Gewinn von 10 Millionen Sesterzen (Petr. Sat. 76,3 ff.). Wenn man sich vor Augen hält, daß ein normales Schiff samt der Schiffsladung einen Wert von 400000–600000 Sesterzen dargestellt

---

[64] L. Casson, Reisen in der Alten Welt, München 1976.
[65] Garnsey, Classical Philology 79, 1984, 85.

haben dürfte,[66] erkennt man hinter der satirischen Übertreibung durchaus ein reales ökonomisches Grundmuster. Anders gesagt, der mindere soziale Rang des Händlers schließt die Geldkonzentration und den Umschlag bedeutender und teurer Waren nicht aus. Zum anderen hat man auch damit zu rechnen, daß der Reichtum der senatorischen und ritterlichen Grundbesitzer zumindest mittelbar in den Handel eingebracht wurde. Mittelsmänner kleineren Zuschnittes wie im Falle des älteren Cato betrieben die Geschäfte der reichen und reichgewordenen Oberschicht. Familien wie die Barbii aus Aquileia, die Fadii aus Narbonne, die Clodii, Eumachii, Lollii aus Pompeji, die dem Munizipaladel angehören, verbinden Grundbesitz mit Handelstätigkeit über See, dem sie Ansehen und Reichtum verdanken. Derartige ökonomische Verflechtungen hat der ältere Plinius im Auge, wenn er von einer enormen Ausweitung des Warenaustausches im befriedeten Imperium Romanum spricht, von der Kommunikation des Erdkreises und einem „Lebensfortschritt" durch den Handel (n. h. 14,2). Der Warenimport in das wirtschaftliche Zentrum Italien erschließt die ehemals abgeschotteten Landstriche (n. h. 36,2) und schafft ökonomische wie menschliche Verbindungen, eine Weltläufigkeit und einen Konsum, die mit altrömischer Einfachheit und Tugend, mit *parsimonia, modestia* und *virtus* nur sehr schwer zu verbinden waren.

Die zeitgenössischen Stimmen gegen den Handel, besonders gegen den Import von Luxuswaren, welche sich leicht vermehren lassen, sind wichtige Quellen gerade für die Existenz des interlokalen Handels ebenso wie für dessen Schranken. Die Tatsache, daß sich die kaiserzeitlichen Eliten mit ihrem Reichtum nicht unmittelbar in den Handel eingeschaltet haben, besaß für den Zuschnitt und die Dimension dieses Wirtschaftszweiges beträchtliche Folgen. Zur Bildung von großen Handelshäusern und Handelsgesellschaften, wie man sie aus dem Mittelalter kennt, konnte es unter den gegebenen Umständen nicht kommen. Handelskapital und Handelsinvestitionen blieben vergleichsweise bescheiden. Das Bankwesen wies nur eine rudimentäre Entwicklung auf, der interlokale Wechsel, der zur Blüte des italischen Handels im 13. und 14. Jahrhundert erheblich beitrug, war unbekannt (vgl. S. 241 f.). Nimmt man die Transportschwierigkeiten zu Wasser und zu Lande hinzu, versteht man, daß diese Strukturschwächen des Handels nach dem Verlust der politischen Sicherheit und ungehinder-

---

[66] Hopkins, Models, Ships and Staples, in: Garnsey–Whittaker, Trade, 100 f. (vgl. S. 147).

ten Schiffahrt im 3. Jahrhundert n. Chr. zu einem erheblichen Rückgang des Warenaustausches führten. Regionalisierung der Märkte, daneben der teilweise Übergang zur Tausch- und Naturalwirtschaft waren Folgen, die in den verschiedenen Teilen des Imperiums unterschiedlich stark durchschlugen.

Die Zwangsmaßnahmen, mit denen der römische Staat die Verluste in der Produktion und im Handel aufzuhalten und auszugleichen versuchte, sind besonders anschaulich im sogenannten Maximaltarif der Kaiser Diokletian und Maximinian (vgl. S. 24 f.) zu greifen, der Preisbindungen für Produkte und Dienstleistungen einschließlich der Transportkosten vorsah. Zusätzlich wurde die Vereinigung der Seeschiffer *(corpora navicularium)* durch Zwangsverpflichtungen und Privilegien zu größerer Effektivität angehalten. Die Importsteuer, die ehemals 25 % betragen hatte, war auf die Hälfte (die sog. *octava*) gesenkt worden. Diese Instrumentarien in ihrer unausgewogenen Mischung von Zwang und Anreiz konnten nach Lage der Dinge den Handel offensichtlich nur auf einem sehr viel niedrigeren Niveau stabilisieren.

Noch einschneidender als die staatlichen Zwangsmaßnahmen traf den freien Handel die allmähliche Verlagerung auf den reglementierten Warenaustausch zwischen den kaiserlichen Domänen, den Naturalsteuern zahlenden landwirtschaftlichen Gütern auf der einen und dem riesigen Behörden- und Militärapparat des spätantiken Staates auf der anderen Seite. Diese Konsumentenschichten wurden durch die große Zahl der städtischen Getreideempfänger, der *plebs frumentaria* in Rom, Konstantinopel, daneben zumindest zeitweise in Alexandria, Antiocheia und Karthago, noch vermehrt. Produktion und Handel, die sich zunehmend an den Bedürfnissen dieser Gruppen orientierten, die der englische Wirtschaftshistoriker A. H. M. Jones mit dem Etikett "idle mouthes" charakterisiert hat, verhinderten naturgemäß den freien Marktaustausch der Waren gemäß Angebot und Nachfrage. Sie verhinderten auch Existenzen wie die des Freigelassenen Trimalchio, auf deren Wagemut und Tüchtigkeit die Blüte des frühen kaiserzeitlichen Handels beruhte.

Die Etappen dieses Handelsniederganges, die genauen Sparten und die Regionen, in welchen er besonders fühlbar wurde, schließlich das Verhältnis vom verordneten staatlichen Warenaustausch zum freien Markt, dies alles läßt sich im einzelnen nur schwer nachzeichnen. Immerhin legt eine Beschreibung der einzelnen Regionen im Imperium Romanum aus dem 4. Jahrhundert n. Chr., die sogenannte *expositio totius mundi et gentium*, einen lebhaften Handelsaustausch der Spezialprodukte nahe.[67] Auch sind die Handelseinbußen im gesamten Osten des Reiches nie so spürbar gewesen wie im Westen. Trotzdem scheinen die großen äußeren Schwierigkeiten: die kontinuierlichen kriegerischen Verwicklungen an den Grenzen, der Verlust großer Reichsteile im Norden und Osten[68] in Verbindung mit den politischen Zwangsmaßnahmen und den sozialen Barrieren (vgl. S. 225 f.), einen rapiden Handelsverlust nach sich gezogen zu haben. Der interlokale Warenaustausch über das Mittelmeer ist auch in der Spätantike nie ganz zum Erliegen gekommen, aber eine Rückbildung und Regionalisierung, d. h. eine Beschränkung auf den Konsum hauptsächlich landesüblicher Produkte, die nicht über den Seehandel herbeigebracht werden mußten, ist unverkennbar.[69]

Es ist in diesem Zusammenhang nicht zu übersehen, daß auch Vorbehalte gegen den Handel und den Händler aus dem Lager der erstarkenden christlichen Kirche geäußert wurden, die pagane Vorurteile aufnehmen und untermauern. *Homo mercator vix aut numquam potest Deo placere,* der Händler kann nur schwer oder gar nicht Gott wohlgefällig sein, lautet eine Maxime, die dem Kirchenvater Johannes Chrysostomus nachgesagt wurde.[70] Gewinnstreben, Habsucht, Betrug, der Handel mit Tand und Luxus – all dies konnte von einem gottgefälligen Leben wegführen. Nicht der Handel schlechthin, wohl aber seine als verwerflich gedeuteten Antriebsmomente und Ausprägungen sind Gegenstand der Vorbehalte, die von den Kirchenvätern immer wieder geäußert wurden, Gefährdungen, die den eigentlichen „Schatz im Himmel" (Matth. 6,20), das Heil der Seele bedrohen. So hat sich auch auf dem Boden des frühen Christentums bei aller positiven Wertung der Arbeit und der menschlichen Tätigkeit generell eine genuine Handelsmentalität nicht entwickeln können. Die geringe Bedeutung des Handels und das mindere Ansehen der zumeist fremden Kaufleute (Syrer, Juden) im frühen Mittelalter haben in dieser Ideologie ihren Rückhalt, einer Ideologie, welche die reale Bedeutung des Warenaustausches in der römischen Kaiserzeit nur unvollkommen spiegelt. Welche Güter er umfaßte, welche Reichweite er besaß, welche technische und administrative Hilfe er nötig hatte, schließlich wer sich auf diesem

---

[67] H. J. Drexhage, Münsteraner Beiträge zur Antiken Handelsgeschichte 2,1, 1983, 3 ff.

[68] A. Ferrill, The Fall of the Roman Empire, The Military Explanation, London 1982.

[69] Claude, Der Handel im westlichen Mittelmeer während des Frühmittelalters, vgl. S. 251.

[70] H. J. Drexhage, RAC XIII, 572 s. v. Handel.

Felde engagierte und welche Gewinne er machte – diese Fragen werden
im einzelnen nach wie vor kontrovers diskutiert. Globale und die Antike übergreifende Analysen (Pleket) wie die Untersuchungen von Ein-
zelaspekten müssen dabei miteinander verzahnt werden. Es ist keine Frage, daß durch die Errichtung des Kaisertums die Bedeutung des Geldes, die Geldwirtschaft überhaupt einen kräftigen
Aufschwung und eine große Verbreitung erfahren hat. Beigetragen haben dazu nicht allein die durch den Prinzipat etablierten politischen,
rechtlichen und wirtschaftlichen Zustände, sondern institutionelle Ver-
besserungen im Münzsystem selbst. Die Ansätze einer bereits vorhandenen Reichswährung werden unter Augustus ausgebaut. Gold – Silber – Kupfer bzw. Bronze kommen in eine halbwegs stabile Relation,
die sich aus dem Gewicht und dem Feingehalt der einzelnen Nominale
in ihrem gegenseitigen Verhältnis ergibt. Die Äquivalenzen

1 (Gold) Aureus   (7,76 g) = 25 (Silber) Denare
1 (Silber) Denar   (3,98 g) = 4 (Messing) Sesterze
1 (Messing) Sesterz (27,3 g) = 4 (Kupfer) Asse
1 (Kupfer) As   (11,2 g) = 4 (Kupfer) Quadranten

umschreiben ein abgestuftes und die ersten beiden Jahrhunderte be-
stimmendes Währungssystem, welches gegenüber Entwicklungen und
Ergänzungen offen war. Wirkliche Bedeutung als interlokale Zahlungsmittel haben dabei nur die Gold- und Silbermünzen gehabt, deren Prägung dem Kaiser vorbehalten blieb und zunächst hauptsächlich
in den kaiserlichen Münzstätten *(officinae)* Rom und Lyon ausgeprägt
wurden. Aber ein durchstrukturiertes, allgemeinverbindliches und vor
allem dauerhaftes Geldsystem ließ sich nach Lage der Dinge im Imperium Romanum nicht durchsetzen. Es existierte nicht nur unter und
neben der Reichswährung eine Fülle von Provinzial- und Städtemün-
zen, die besonders im Osten des Reiches eine relativ weite Verbreitung
besaßen. Auf diesem Felde brachte die gegenseitige Aufrechnung zuweilen Probleme. Als viel gravierender erwies sich die starke Abhängigkeit des Münzsystems und der Geldmenge vom Aufkommen und
der Verfügung über das jeweilige Edelmetall. Das hatte bedeutenden
Einfluß auf den Geld- und Handelswert der Münzen (vgl. S. 67f.), wie
einige wichtige Beispiele zeigen.

Die Überführung des großen ptolemäischen Gold- und Silberschat-
zes 30/29 v. Chr. nach Rom ließ das Geldvolumen in der Hauptstadt
ansteigen, senkte den Zins und hob die Grundstückspreise (Suet.
Aug. 41). Von Geldknappheiten berichten die Quellen aus spätaugu-
steischer und tiberianischer Zeit. Die Eroberung Dakiens (des heutigen Rumänien) mit seinen reichen Goldgruben führte zum vermehrten

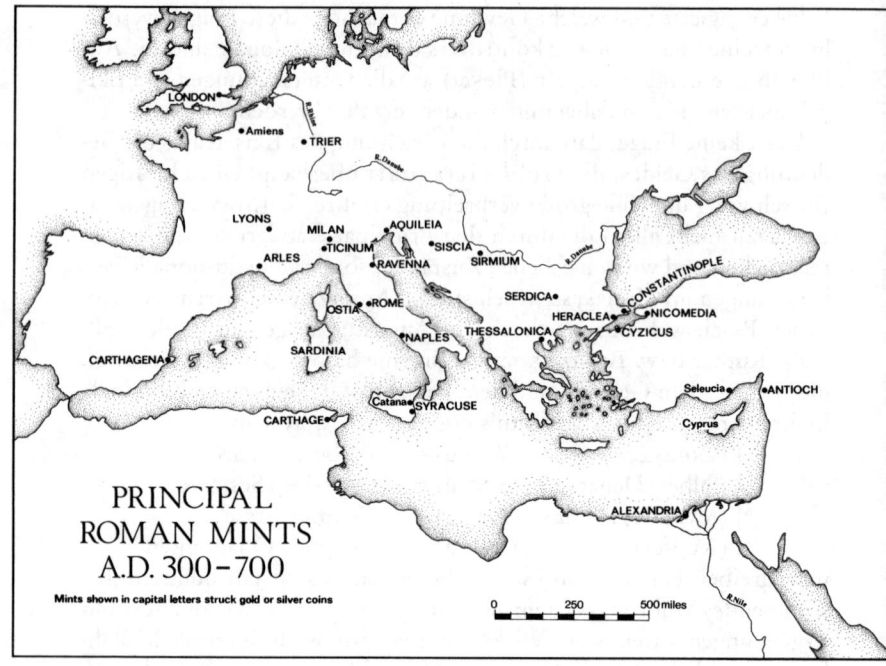

Karte 9. Hauptmünzstätten im spätrömischen Reich (nach J. P. C. Kent – K. S. Painter [Hrsg.], Wealth of the Roman World. A.D. 300–700, London 1977, 158).

Ausstoß von Goldmünzen unter Trajan. Die rapide Verschlechterung der Silberwährung im 3. Jahrhundert n. Chr., greifbar im Feingehalt des Denar und des sogenannten *Antoninianus* (ursprünglich ein Doppeldenar von 5,18 g), hängt auch mit der mangelnden Förderung des Silbers zusammen, das vom 2. Jahrhundert n. Chr. an offensichtlich zu versiegen begann.

Metallvorkommen und die davon abhängige staatliche und städtische Geldpolitik umschreiben gewissermaßen den äußeren Rahmen der Geldwirtschaft, der von der Numismatik in seinen regionalen und zeitlichen Unterschieden sorgfältig analysiert wird. Mit der Zeit kamen im Reich viele Münzstätten auf, neben Rom im dritten und vierten Jahrhundert beispielsweise Mailand, Aquileia, Köln, Trier, London, Siscia (Sisak in Jugoslawien), Serdica (Sofia, Bulgarien), Nicomedia und Antiochia, dies auch deshalb, weil der Bedarf an Münzgeld die Kapazität einer einzigen Prägestätte überstiegen hätte. Die wirtschaftliche Dezentralisierung folgte offensichtlich der politischen. Die kai-

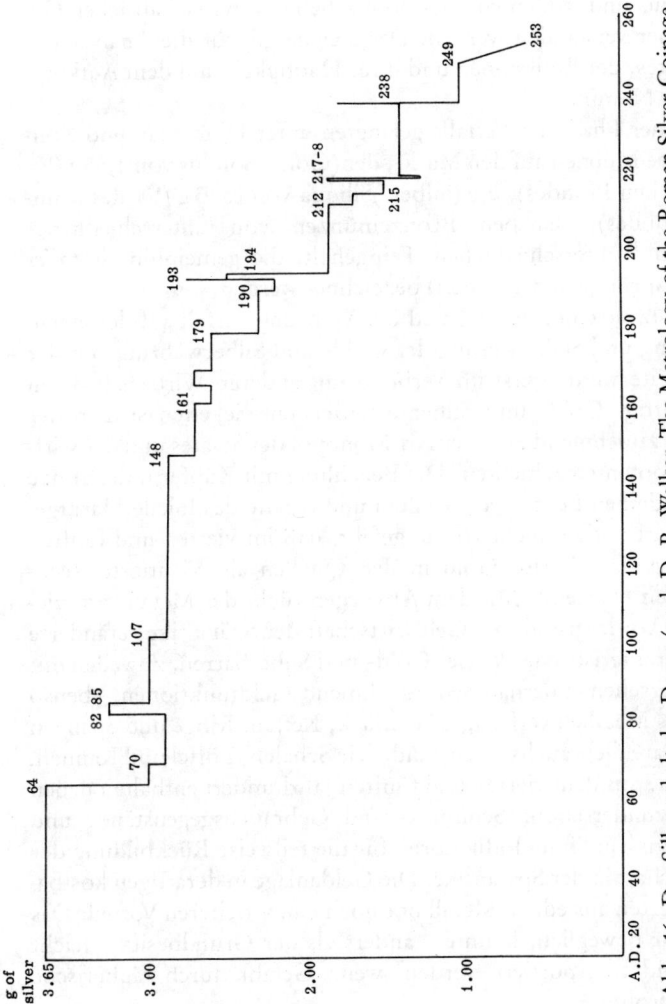

Abb. 16. Der Silbergehalt des Denar (nach D. R. Walker, The Metrology of the Roman Silver Coinage. Part III from Pertinax to Uranius Antoninus, B.A.R. Supplementary Series 40, Oxford 1978, S. 141, Abb. 14).

Die Kurve zeigt anschaulich den allmählichen Verlust des Silbergehalts, den der Denar bis zur Mitte des 3. Jahrhunderts n. Chr. erlitten hatte.

serlichen *officinae* verfügten über eine respektable innere Organisation, die Arbeiterschaft betrug zuweilen bis zu 100 Mann. All diese Einrichtungen weisen über den numismatischen Rahmen in engerem Sinne hinaus und wollen von der politischen und wirtschaftlichen Gesamtlage her verstanden werden. Das gleiche gilt für die Analyse des Metallwertes, der Emissionen und ihrer Häufigkeit und dem Aufkommen neuer Nominale.

Nach einer Phase des Verfalls gelangten unter Diokletian und Konstantin neue Münzen auf den Markt, der (Gold-)Solidus von 4,55 g ($\frac{1}{72}$ des römischen Pfundes), die (Silber-)Siliqua von ca. 3 g ($\frac{1}{96}$ des römischen Pfundes), daneben Bronzemünzen von unterschiedlicher Schwere und unterschiedlichem Feingehalt, die gemeinhin als *folles* (*follis* = ursprünglich der Beutel) bezeichnet werden.

Die Münzverschlechterung und der Währungsverfall auf der einen, Normierung und Stabilisierung der Gold- und Silberwährung auf der anderen Seite werden erst im Verbund mit anderen Wirtschaftsdaten aussagekräftig. Gold- und Silberaustausch entwickelten sich in der Spätantike zunehmend zu einer Art Monopol des Staates und der wirtschaftlich potenten Schichten. Die Bezahlung mit Kupfer und Bronze blieb den kleinen Leuten vorbehalten und regelte das lokale Marktgeschäft. Es ist zudem nicht von ungefähr, daß im vierten und fünften Jahrhundert das Pfund Gold in den Quellen als wichtigste Rechnungseinheit erscheint. Mit dem Abwiegen rückt der Metallwert wieder in den Vordergrund; die Geldwirtschaft der Spätantike veränderte sich in charakteristischer Weise. Gold- und Silberbarren, zuweilen mit Stempel versehen, übernahmen zunehmend Geldfunktionen, ebenso wie der aus Metallen verfertigte Schmuck, Ketten, Ringe und Spangen oder kostbare Gebrauchsgegenstände wie Schalen, Löffel und Kannen. Schatzfunde aus dem vierten und fünften Jahrhundert enthalten neben Münzen wunderschöne Schmuck- und Gebrauchsgegenstände und sind in gewissem Sinne Indikatoren für die teilweise Rückbildung der Geldwirtschaft in der Spätantike. Die Geldanlage in derartigen kostbaren Sachwerten aus edlem Metall bot noch einen weiteren Vorteil: Das Kapital war beweglich, konnte – anders als der Grundbesitz – leicht verstaut und transportiert werden, wenn Gefahr durch räuberische Überfälle drohte.

Das Beispiel weist unmißverständlich auf die unterschiedlichen Funktionen des Geldes in der Kaiserzeit hin. Geld hat man als Zahlungs- und Tauschmittel, als Wertmesser und als Wertaufbewahrung wie eh und je nebeneinander verwendet. Diese Funktionen verschoben sich gegeneinander. Man nahm zunehmend das wertvolle Geld aus dem Markt und hortete es.[71] Relativ konstant blieb in diesem Zusammenhang das staatliche Geldsystem. Nach wie vor konzentrierte sich ein bedeutendes Geldvolumen in der Hand des römischen Princeps, dem mit der Zeit eine zentrale und dezentrale Finanzverwaltung *(fiscus)* mit einem Finanzminister *(a rationibus,* in der Spätantike der *comes sacrarum largitionum)* an der Spitze zuwuchs. Sie schob sich neben die republikanische Finanzorganisation *(aerarium)* und zog deren Einnahmen und Ausgaben allmählich an sich. Sie rekrutierten sich aus den regelmäßigen Abgaben *(stipendia, tributa, vectigalia)* der steuerpflichtigen Provinzialgemeinden, aus den Zollabgaben *(portoria)* und Pachteinnahmen, die von den kaiserlichen und staatlichen Besitztümern in Italien und in den Provinzen kamen, aus Steuern verschiedener Art, unter denen die 5%ige Freilassungssteuer *(vicesima libertatis)* und die 5%ige Erbschaftssteuer *(vicesima hereditatis)* die bedeutendsten waren. T. Frank hat, um ein Beispiel zu geben, die staatlichen Einnahmen unter Vespasian (69–79 n. Chr.) auf 1,2–1,5 Milliarden Sesterzen (HS) jährlich geschätzt und folgende überschlägige Berechnung der Einnahmen aufgestellt:

Ägypten	500 000 000 HS
Gallien	300 000 000 HS
Syrien	200 000 000 HS
Africa	100 000 000 HS
Spanien	50 000 000 HS
Balkan und Griechenland	60 000 000 HS
Provinzen in Asien	70 000 000 HS
Indirekte Steuern	100 000 000 HS[72]

Ein derartiger Überblick über die staatlichen Einnahmen, der mit vielen Unsicherheiten behaftet ist, läßt sich nicht verallgemeinern. Er verdeckt zudem die private Wirtschaftstätigkeit des Princeps, seine außerordentlichen Einnahmen aus Kriegsgewinnen, Konfiskationen, Erbschaften und Vermächtnissen, aus „freiwilligen" Ehrenabgaben *(aurum coronarium),* welche die Städte Italiens und der Provinzen bei Kaiserbesuchen zahlen mußten. Wenn der Kaiser Augustus berichtet, daß er aus Vermächtnissen von Freunden in 20 Jahren 1,4 Milliarden Sesterzen erhalten, die er dann wieder für öffentliche Belange ausgegeben habe (Suet. Aug. 101), so macht dieses Beispiel ebenso wie die

---

[71] Das sog. Greshamsche Gesetz: Schlechtes Geld verdrängt das gute vom Markt, benannt nach Sir Thomas Gresham, 1519–1579, einem englischen Bankier und Finanzier.
[72] Frank, ESAR 5, 53f.

geschätzten Provinzialeinnahmen die Größenordnung der Geldmenge deutlich, mit der man im Prinzipat zu rechnen hat. Ähnlich bedeutend sind die Summen, die der römische Princeps ausgibt. Die regulären Kosten für das Militär hat man unter Caracalla auf rund 800 Millionen Sesterzen jährlich veranschlagt. Zunehmend größere Summen werden für die Verwaltung benötigt; die Geldgeschenke *(congiaria)* an die römische *plebs,* die der Kaiser zu besonderen Anlässen ausgibt, belaufen sich unter Augustus auf ca. 600 Millionen HS, unter Hadrian (117–137 n. Chr.) auf 800 Millionen HS, unter Gallienus (253–268 n. Chr.) auf über 1000 Millionen HS. Zuwendungen *(donativa)* an Soldaten, Geschenke an Freunde und Privatleute, öffentliche und private Bautätigkeit, Steuerhilfen, Subventionen bei Naturkatastrophen, Hofhaltung, festliche Spiele – all diese unregelmäßigen Ausgaben verschlangen gewaltige Summen. Die Kosten für eine Art Kinderbeihilfe in Italien *(alimentatio Italiae)* hat man in trajanischer Zeit auf 400 Millionen HS berechnet, gemessen an den übrigen Ausgaben eine vergleichsweise bescheidene „Sozialhilfe", die im 2. Jahrhundert n. Chr. als Anreiz, Kinder in die Welt zu setzen, dienen sollte.

Auch diese Beispiele verdeutlichen die Dimension der kaiserlichen Ein- und Ausgaben. Aufwendungen *(sumptus, necessitates)* und Einnahmen *(reditus)* in einem gewissen Sinne auszubalancieren war das Ziel einer geordneten Haushaltsführung, die es in Ansätzen unter einzelnen Herrschern durchaus gegeben hat (Tac. Ann. I 11,4; XV 18,3; Suet. Aug. 101,4). Aber ein Blick in den Staatshaushalt läßt sich aufgrund der Nachrichten nicht gewinnen, und man hat gezweifelt, ob es ihn im vollen Sinne des Wortes überhaupt gegeben hat.[73] Möglicherweise war das organisatorische Durcheinander, das eine säuberliche Trennung zwischen Privat- und Staatshaushalt außerordentlich erschwerte, durchaus beabsichtigt. Der Princeps wollte sich nicht in die Karten sehen lassen. Die Finanzen gehörten zu den *arcana imperii,* zu den Geheimnissen der Herrschaft, über die der einzelne Inhaber nach eigenem Gusto verfügen konnte. Trotzdem waren auf bestimmten Gebieten kontinuierliche Geldbewegungen unerläßlich, aus denen sich wichtige Folgerungen ableiten lassen.

Das Hauptkontingent der Gelder floß naturgemäß, wenn man einen

---

[73] Die ältere Auffassung vom römischen Staatshaushalt (mit einer immer noch nützlichen Übersicht über Ein- und Ausgaben und Verwaltung) bei J. Marquardt, Römische Staatsverwaltung II, Leipzig ²1884, 77ff.; weitgehender Verzicht auf den institutionellen Rahmen bei Millar, Emperor, 133ff. (The Imperial Wealth: Gifts and Exactions).

modernen Ausdruck verwenden will, in den Machtapparat, der die äußere und innere Sicherheit und damit die Existenz der Herrschaft garantierte, in das Militär und die Bürokratie. Für Hofhaltung, Bauten und Feste wurden ebenfalls gewaltige Summen benötigt. Die kaiserliche Macht bedurfte der Außendarstellung. Glanz, Luxus und Aufwand machten den Prinzipat ansehnlich und dienten der Herrschaftslegitimation. Der verschwenderische Kaiser Caligula soll für ein Festessen 100 Millionen Sesterzen ausgegeben haben (Sen. cons. Helv. 10,4). Im Jahre 107 n. Chr. veranstaltete der siegreich aus Dakien zurückgekehrte Trajan Spiele von 123 Tagen Dauer, bei denen 11 000 wilde Tiere und 10 000 Gladiatoren kämpften. Die Kosten dürften mehrere hundert Millionen Sesterzen betragen haben. Auch die vielfach als Sozialmaßnahmen gedeuteten Geldgeschenke an die römische Bevölkerung (congiaria, liberalitates), die Alimentarstiftung, die Hilfe bei Bränden und Katastrophen kamen nicht zuletzt dem Image des fürsorglichen Herrschers zugute, der auf das Wohl der Untertanen bedacht war. Der liberalis princeps, der freigebige Kaiser, hat sein Vermögen nicht unter Verschluß zu halten, sondern soll es nach allgemeiner Anschauung unter die Leute bringen und zum öffentlichen Wohl verwenden. Dabei war der hier ins Spiel gebrachte Richtwert, die salus publica, naturgemäß sehr dehnbar. Es ist deshalb nicht verwunderlich, daß sich ein gewaltiges Spannungsfeld zwischen Theorie und Praxis hinsichtlich der kaiserlichen Ein- und Ausgaben auftat, wie es die gesamte Überlieferung zeigt. Aber daß es einen ideellen, philosophisch fundierten Gesamtrahmen für die staatliche Geldpolitik gegeben hat: Der Herrscher darf sich nicht unrechtmäßig bereichern und hat seine Einnahmen wiederum sinnvoll zu verteilen, ist auch für die realen Finanzzustände von Bedeutung gewesen.

Unabhängig von der Verteilungsmodalität und der Ideologie im Rahmen der kaiserlichen Finanzen enthält die gewaltige Geldmenge, die über den Prinzipat einkam und verteilt wurde, in sich eine wichtige Aussage. Tiberius konnte anläßlich einer allgemeinen Geldknappheit in Rom den Banken 100 Millionen HS aus seinem Vermögen überweisen (Tac. Ann. VI 17). Nero ließ nach seinem eigenen Bekunden 60 Millionen Sesterzen jährlich dem Aerarium zukommen (Tac. Ann. XV 18). Im Jahre 118 n. Chr. verfügte Hadrian einen Steuererlaß von 900 Millionen Sesterzen (ILS 309) und teilte Geldgeschenke an die römische Bevölkerung in einer Höhe von 200 Millionen Sesterzen aus. Die Summen sind nicht allein Indikatoren für den Reichtum des römischen Kaisers. Es gab vielmehr außerordentlich viele unmittelbare und mittelbare Nutznießer dieses Geldstromes, die mit Heer, Verwaltung und stadtrömischer Bevölkerung relativ weitgestreut waren. Anders ausgedrückt: Die Geldwirtschaft drang in den ersten drei Jahrhunderten über Mittelsmänner und Nutznießer in weite Teile der Gesellschaft ein, die sie vertikal: vom Senator bis zum Sklaven, und horizontal: von der Stadt Rom bis an die Grenzen des Imperiums, als Regulativ bestimmte.

In erster Linie handelt es sich bei dieser das Imperium umspannenden Währung um Gold- und Silbergeld, in welchen die Steuern abgeführt werden mußten. Auch Militär und Bürokratie erhielten vornehmlich Gold und Silber, wobei der einfache Soldatensold *(stipendium)* verschiedentlich auch in Kupfer und Bronze ausgezahlt wurde. In diesem Kreislauf liegt ohne Zweifel eine gewisse Einseitigkeit und Beschränkung, die in der Spätantike dadurch verstärkt wurde, daß mit der *annona* ein erheblicher Teil der Steuern auf Naturalbasis erhoben wurde und daß umgekehrt Soldaten und Beamte einen Teil ihres Einkommens in Naturalien erhielten. Mit dieser Umstellung ging unverkennbar auch eine gewisse Regionalisierung des Geld- und Warenaustausches einher. Wie eine genaue Analyse der Münzfunde zeigt, entstanden mit dem 3. Jahrhundert n. Chr. dezentrale Zonen des Geldumlaufes (Crawford), die reichsumspannenden Zahlungsmittel verloren an Bedeutung. Für diese Entwicklung hat man zu Recht den Rückgang der Schiffahrt und des Fernhandels verantwortlich gemacht. Aber die wirtschaftliche Regionalisierung des Reiches hing eben auch mit der Erhebung von Naturalabgaben und der Bezahlung zusammen, die im Einzelfall neben Brot, Wein, Öl auch Fleisch, Essig, Futter für das Vieh, Holz und Kleidung umfassen konnte. Analog zu den dezentralen Münzstätten des Reiches bildeten sich in den Provinzen spezielle Speicheranlagen *(horrea)* mit einem umfänglichen Personal heraus, über welche die Ein- und Ausgaben der *annona* geregelt wurden. Daß die Naturalien in einem *adaeratio* genannten Akt auch in Geldzahlungen umgewandelt werden konnten bzw. (bei Steuerrückständen) mußten, zeigt, daß Geld- und Naturalwirtschaft in der Spätantike keine einander ausschließenden Gegensätze waren, sondern sich gegenseitig ergänzten und durchdrangen.

So bildete das Kaisertum den bedeutendsten Umschlagbereich für das Geld in der römischen Kaiserzeit. Aber auch der städtische Haushalt hat über seine Ein- und Ausgaben einen wichtigen Anteil an der Geldwirtschaft besessen. Besonders im Osten des Reiches hielten einige Städte ein vom Kaiser konzessioniertes Münzrecht inne, das sich auf die Ausprägung von Bronzemünzen bezog. Diese Bronze- und Kupferprägungen dienten in erster Linie den lokalen Marktbedürfnissen und verloren infolge des Wertverlustes des Kupfers gegenüber Gold und Silber in der Spätantike an Bedeutung. Die städtischen Finanzen, die in ihrem Umfang je nach Eigenart des Gemeinwesens sehr unterschiedlich sein konnten, unterstanden bestimmten Beamten (*quaestores, tamíai*). Sie speisten sich aus der Verpachtung städtischer Grundstücke, den Import- und Exportsteuern für den Hafen, den Marktgebühren und Freilassungssteuern, den Strafgeldern und dem Verkauf des städtischen Bürgerrechtes. In beträchtlichem Maße konnten daneben Gelder aus Privatstiftungen in die städtischen Kassen fließen. Die Zinserträge wurden nach Bestimmung des Stifters für wohltätige Zwecke verwandt. So vermachte der jüngere Plinius seiner Heimatstadt Como rund 1,9 Millionen Sesterzen (HS) zur Sicherung des Lebensunterhaltes seiner Freigelassenen, 100000 HS für die Instandhaltung der städtischen Bibliothek und 300000 HS für die Dekoration der Thermen, die er selbst hatte erbauen lassen, nicht zuletzt 500000 HS für die finanzielle Unterstützung der Jungen und Mädchen aus der Stadt (ILS 2927). Auch in anderen Städten hat man in der frühen Kaiserzeit mit reichen Stiftungsgeldern zu rechnen, die sich auf mehrere Millionen Sesterzen belaufen konnten. Die Kommunen waren gezwungen, sie auszuleihen, um den Stiftungszweck zu erfüllen.

Aber diese z. T. bedeutenden Geldmengen waren gebunden, und eine langfristige Finanzpolitik mit einer Ausponderierung der Ein- und Ausgaben gestaltete sich schwierig. Aufwendungen für Bauten, Spiele, Feste, Wettkämpfe und Gesandtschaften, mit denen die einzelnen Städte untereinander wetteiferten, häuften sich neben den relativ bescheidenen Personalkosten seit dem zweiten Jahrhundert oft zu nicht mehr behebbaren Schulden an, die den Eingriff der kaiserlichen Zentrale nötig machten. Der jüngere Plinius, der von Trajan um das Jahr 110 n. Chr. als eine Art Inspektor und Revisor der städtischen Finanzen in die Provinzen Bithynien und Pontus geschickt wurde, schilderte anschaulich den desolaten Zustand der städtischen Finanzen, die halbvollendeten Wasserleitungen und Theaterbauten, die gewaltige Summen bereits verschlungen hatten und nicht zu Ende geführt wurden. Die mangelhafte Buchführung über Ein- und Ausgaben entsprach diesem schlimmen Bild.

Die vielen Gründe, die sich zu einer allgemeinen Finanzkrise der Städte im Verlaufe der Kaiserzeit verdichteten, können an dieser Stelle nicht aufgeführt werden. Zum einen wurde der Steuerdruck größer; nur mit Mühe konnte es den Kommunen gelingen, ein Drittel der städtischen Grundsteuer für die eigenen Zwecke zu behalten.[74] Die frei-

---

[74] Jones, Later Roman Empire, 732 f.

willigen Dienstleistungen für die Stadt (*munera*, Leiturgien) gingen zurück, vielfach zogen es die reichen Grundbesitzer vor, nicht mehr in die Städte zu investieren, sondern ihre Landgüter prächtig auszustatten. Die allmähliche Austrocknung der Finanzen bedeutete einen Rückgang der städtischen Kultur in der Spätantike insgesamt. Aber wenn eine Stadt wie Antiocheia im vierten Jahrhundert in der Lage war, 30 000 Goldsolidi an Grundsteuern einzunehmen und 7500 Solidi für das städtische Personal aufzuwenden, [75] dann warnt dieses Beispiel davor, den oft beklagten Niedergang der Städte unterschiedslos für alle Reichsteile zu unterstellen. Besonders im Osten hat man wahrscheinlich mit einem größeren Wohlstand vor allem der bedeutenderen Städte am Meer zu rechnen. Die finanziellen Ressourcen hingen von der Verkehrslage und dem agrarischen Hinterland ab, welche den staatlichen Druck und die Eroberungen leichter verkraften ließen als in anderen Reichsteilen.

Die Wirtschaftsstruktur des Reiches brachte es mit sich, daß auch und gerade der Reichtum, der sich im Privathaushalt ansammelte, im Einzelfall beträchtlich war. Spitzenvermögen von bis zu 400 Millionen Sesterzen kennt man in der frühen römischen Kaiserzeit. [76] Der reichste Mann des zweiten nachchristlichen Jahrhunderts, Herodes Atticus, verfügte wahrscheinlich über mehr als eine Milliarde Sesterzen. Er gründete sein Vermögen auf Grundbesitz, auf den Verkauf von Naturprodukten, besonders Getreide und Öl, auf den Besitz von Stein- und Marmorbrüchen und auf Geschäfte, besonders Bankgeschäfte, die er über Mittelsmänner tätigen ließ. In einer berühmten Stiftung bestimmte er für jeden männlichen Athener eine Summe von jährlich einer Mine (= 100 Drachmen bzw. Denare), die ein Stiftungskapital von 24 Millionen Denaren voraussetzen. [77] Der reiche Emporkömmling Trimalchio verdankt seinen Reichtum den Fernhandelsgeschäften, dem Geldverleih und den Erträgen seines Grundbesitzes. Trotz gewaltiger Ausgaben hinterließ er 30 Millionen Sesterzen, eine Summe, die nicht durch ihre Höhe, sondern durch die Art und Weise, wie sie zustande gekommen ist, wichtige Aufschlüsse bietet. Derartige Akquisitionen kennen wir genauer lediglich aus den Briefen des jüngeren Plinius, dessen Vermögen man auf ca. 20 Millionen Sesterzen geschätzt hat. Angelegt

[75] Liebeschütz, Antiocheia, 151 f.; Tinnefeld, 101 ff. (vgl. S. 260).
[76] Duncan-Jones, Quantitative Studies, 343 f.
[77] Bei 5 % Verzinsung bringt die Summe 1,2 Millionen Drachmen, die für 12 000 männliche Bürger ausreichen; die Einzelheiten bei P. Graindor, Hérode Atticus et sa famille, Kairo 1930.

war dies hauptsächlich in Grundbesitz, Geldverleih spielte daneben nur eine untergeordnete Rolle. Aber es ist bezeichnend, daß Plinius den Kauf eines Nachbargutes in Höhe von 3 Millionen Sesterzen nicht einfach aus eigener Tasche bezahlen konnte, sondern Geld ausleihen mußte (Plin. ep. 3,19). Das Vermögen lag in aller Regel fest und konnte nicht einfach kapitalisiert werden.

Die Vorliebe für Investitionen in Grundbesitz hat sich bis in die Spätantike unvermindert erhalten. Auf dieser Basis war ein langfristiges Haushalten, ein Berechnen der Ein- und Ausgaben wenigstens halbwegs möglich. Die schon mehrfach erwähnte jüngere Melania bezog die Rendite von über 1600 Pfund Gold oder 120000 Solidi aus ihren Landgütern. Senatorische Grundbesitzer des frühen fünften Jahrhunderts erwirtschafteten 1000–1500 Pfund Gold, wobei dies eher mittlere Einkommen waren, wie der griechische Historiker Olympiodor (frg. 43 f.) berichtet. Decimus Magnus Ausonius (cos. 379 n. Chr.), der bekannte Dichter, und Meropius Pontius Paulinus (ab 410 n. Chr. Bischof von Nola), die zu den vornehmsten Geschlechtern im spätantiken Gallien zählten, verfügten über reichen Landbesitz in Streulage, der ihnen wie vielen Standesgenossen ein sorgenfreies Leben garantierte.[78] Mehr und mehr konnten seit dem vierten Jahrhundert auch die christlichen Gemeinden Grundbesitz erwerben, aus dem sie Einkommen bezogen. Daß die Kirche durch ein Gesetz Konstantins (Cod. Theod. XVI 2,4) ohne Einschränkungen erbberechtigt war, bescherte ihr mit der Zeit reiche Schenkungen, durch welche die Gläubigen ihr Seelenheil zusätzlich zu sichern suchten und die das Fundament für die materielle Macht der Kirche legten.

Der Staat, die Stadt, der private Haushalt und schließlich die Kirche: all diese Bereiche waren durch Ein- und Ausgaben von Geld geprägt und dienten in dieser Hinsicht als Multiplikatoren der Geldwirtschaft. Der steuerpflichtige Pächter (tributarius) mußte das erwirtschaftete Geld an den Staat oder die Kommune abführen. Die Stadt, die Bauaufträge an Unternehmer vergab, war verpflichtet, diesen dem Arbeitsvertrag gemäß zu entlohnen. Die Freigebigkeit eines reichen Mitbürgers bescherte den Angehörigen der Stadt zu bestimmten Anlässen kleinere Geldsummen (sportulae). Die christliche Gemeinde von Karthago sammelte im 3. Jahrhundert n. Chr. 100000 Sesterzen, als numidische Räuber die Glaubensbruder weggeschleppt hatten, um sie aus der Sklaverei zurückzukaufen (Cypr. ep. 62). All diese Beispiele belegen die wichtige

---

[78] K. F. Stroheker, Der senatorische Adel im spätantiken Gallien, Tübingen 1948; Jones, Later Roman Empire, 181 ff.; Demandt, Spätantike, 284 ff.

Rolle des Geldes im Leben des normalen Stadt- und auch des Landbewohners, obwohl es hier ganz sicher fundamentale Unterschiede gab. Aber selbst die Tatsache, daß der sogenannte kleine Mann in der Regel nur über geringe Geldmengen, zuweilen über gar kein Geld verfügte, daß ferner auf dem Lande tägliche Bedürfnisse wie Nahrung und Wohnung durch Dienstleistungen abgegolten wurden, spricht nicht gegen die Bedeutung des Geldsystems als solches. Erkennbar hat es im Verlauf der Kaiserzeit durch die Finanz- und Wirtschaftskrise des 3. Jahrhunderts n. Chr. Veränderungen und Einschränkungen gegeben. Inflationen, Rückgang des Fernhandels, Regionalisierung der Märkte, Niedergang der Städte, Aufkommen des autarken Großgrundbesitzes mit weitgehender Bedarfsdeckung im eigenen Rahmen, diese stichwortartig genannten Phänomene haben das Geld in seiner Bedeutung und in seiner Reichweite erheblich modifiziert, es aber doch nicht beseitigen können. Der Rückgang der Geldwirtschaft hat dabei nicht zuletzt seine Ursache in einer generellen Strukturschwäche, die angesichts der bedeutenden Geldsummen, wie sie hier genannt wurden, vielfach übersehen wird.

Die Tatsache, daß der Geldwert einseitig in der Substanz, also vornehmlich in Gold und Silber lag, machte die kaiserzeitliche Währung – und nicht nur sie – extrem abhängig von der zur Verfügung stehenden Menge an Edelmetallen. Diese konnten versiegen oder über die Reichsgrenzen abfließen, wie es im Fernhandel und in den Tributzahlungen an auswärtige Fürsten und Volksstämme die Regel war, so daß man durch den Kapitalexport zumindest im Ansatz von einer Art negativer Handelsbilanz sprechen kann. Der Metallismus, der das Geld als Ware eigener Art begreift, verhinderte auch, daß das allgemeine Güter- und Leistungsaufkommen der Gesellschaft in den Geldwert einging, wie dies im Zahlungsverkehr moderner Volkswirtschaften der Fall ist und wodurch das Kapital eine unvergleichliche Reichweite und Durchschlagskraft erhält. Damit ergaben sich für das römische Kaiserreich negative Folgen, die hier nur kurz angedeutet werden können.

Die Geldmenge als Ganzes blieb relativ klein und war zudem als Hortgeld am Markt nicht voll präsent. Momentane Geldknappheiten waren deshalb nicht selten. Der scharfe Kontrast zwischen arm und reich *(pauper – dives)*, wie er in den kaiserzeitlichen Quellen immer wieder angesprochen wird, besaß seine Realität in der mangelnden Verfügbarkeit der mittleren und unteren Schichten über Geldmittel. Aufschlußreich sind in diesem Zusammenhang die Barschaften, welche die Pompejaner im Jahre 79 n. Chr. bei sich trugen, als sie sich vergeblich nach dem Vesuvausbruch in Sicherheit zu bringen suchten. Summen bis zu 30 Sesterzen bargen die meisten Geldbeutel; 26 Funde, bei denen offensichtlich das im Haus gehortete Geld zusammengerafft wurde, enthielten zwischen 1000 und 10000 Sesterzen; nur der berühmte Schatzfund von Boscoreale, der neben kostbarem Silbergeschirr eine Summe von 1000 Aurei (= 100000 Sesterzen) enthielt, fällt aus diesem kleindimensionierten Rahmen und beweist die Verdienstmöglichkeiten einer spezialisierten und profitorientierten Landwirtschaft. Daß es derartige Kapitalanhäufungen im größeren Stile immer wieder gegeben hat, daß Hortgeld gewaltige Summen gebunden haben muß, daran kann kein Zweifel bestehen. Das in der Literatur viel gebrauchte Bild der Schatzkammer als „Kerker des Reichtums" (z. B. Philost. vit. soph. 547) beweist, wie normal die Aussonderung des Geldes vom Markt war. Diese weitverbreitete und durch die unruhigen Zeiten verständliche Hortmentalität hat der Wirtschaft immer wieder wichtige Mittel entzogen und einer Aufwärtsentwicklung enge Grenzen gesetzt.

Eine weitere Restriktion lag in der Eigenart der Banken, die sich in der Kaiserzeit strukturell kaum von ihren Vorläufern unterscheiden. Die Vermehrung des Geldes durch das Zinsgeschäft war normal und konnte auch im geistigen Umfeld des Christentums als Symbol (vgl. S. 27) verwandt werden. Geld gegen Zinsen verliehen reiche Angehörige der Oberschicht, wie der jüngere Plinius und Herodes Atticus. Der größte Geldgeber scheint der Kaiser selbst gewesen zu sein; aber wie und in welchem Umfange die Geschäfte abgewickelt wurden, entzieht sich weitgehend unserer Kenntnis. Auch verschiedene Tempel haben in der Kaiserzeit Bankfunktionen beibehalten. Daneben besaßen die meisten größeren Städte Banken, welche die Geldgeschäfte vor Ort tätigen: Aufbewahrung, Umtausch, Kreditvergabe, Beratung und Hilfe bei An- und Verkäufen, Überweisungen und Auszahlungen vom eigenen Konto, wie wir es besonders aus der Bankpraxis des kaiserzeitlichen Ägypten kennen. „Zahle an den Redner Licinius 400 Silberdrachmen", heißt es in einer Zahlungsanweisung *(epístalma)* aus dem Jahre 110 n. Chr., welche der Kontoinhaber an den Bankier des Ortes[79] richtet. Daß es bei derartigen regionalen Bankgeschäften um vergleichsweise niedrige Summen ging, beweisen die erhaltenen Geschäftsquittungen des Bankiers L. Caecilius Iucundus aus Pompeji, der das Bankgeschäft mit der Tätigkeit eines Auktionators und eines städtischen Steuerpächters verband. Die einzelnen Transaktionen reichten von 342 bis 38079 Sesterzen, das Gesamtvolumen der über mehrere

---

[79] Wahrscheinlich Hermopolis, Wilcken, Bremer Papyri, No. 46 f.

Jahre (hauptsächlich 52–62 n. Chr.) bezeugten Geschäfte hat man auf
etwas über 300 000 Sesterzen berechnet. Der dabei erzielte Gewinn (?
5 %) hielt sich in kleinem Rahmen und entsprach dem bescheidenen
Geldverkehr, wie ihn fast alle Quellen dieser mittelgroßen Stadt Italiens bezeugen.

Der fabelhafte Reichtum des Trimalchio stammte wahrscheinlich
nur zu einem geringen Teil aus dem Verleih von Geld an Freigelassene
(Petr. sat. 76). Es ist kennzeichnend, daß er dabei nur eine ganz bestimmte Kundschaft anging, ähnlich wie Callixtus, ein Freigelassener
aus der Zeit des Commodus, später Bischof von Rom (217–222
n. Chr.), der in Rom ein Bankgeschäft für Christen, insbesondere
christliche Witwen betrieb, dabei Bankrott machte und in Schwierigkeiten geriet.

Geringe Dimensionen, kleiner und überschaubarer Einzugsbereich
des Geldgeschäftes in regionaler und sozialer Hinsicht, geringer Status
des Geldverleihers (*argentarius, collectarius* in der Spätantike), dazu
relativ hohe Anforderungen an die Sicherheitsgarantien (besonders in
Form von Grundbesitz) umschreiben Erschwernisse, die für eine geringe Bedeutung des Kreditwesens im Rahmen der kaiserzeitlichen
Wirtschaft zu sprechen scheinen. Besonderes Gewicht erhält bei dieser
Argumentation der Hinweis auf die Verwendung des Darlehens. Die
meisten dienten der Konsumtion, nur ganz wenige wurden auf die
Produktion verwandt, wie nicht nur Finley immer wieder betont hat.
Das zinstragende „Wucherkapital" der Antike gehörte für Marx zu den
„antediluvianischen Formen des Kapitals", welche der kapitalistischen
Produktionsweise mit ihrer sehr viel effizienteren Art der Ausbeutung vorausging. Er wie seine geistigen Nachfahren Karl Kautsky und
J. Salvioli[80] sahen in unproduktiven Anlagen, Luxus und Sklavenkäu-
fen Indizien für die mangelnde Reproduktion des Geldes in der Antike. Die wirtschaftliche Rückständigkeit der Alten Welt beruht danach
zu einem großen Teil auf der mangelnden Dynamik des Geldes. „Der
starke Antrieb, Reichtum zu erwerben, wurde nicht umgesetzt in einen Antrieb, Kapital zu schaffen; anders ausgedrückt kennt die vorherrschende Mentalität zwar den Erwerb, kann aber nicht als schöpfe-
risch bezeichnet werden", wie Finley sagt.[81]

Nimmt man die Funktion des Geldes im Rahmen der modernen
Volkswirtschaft als Folie, dann haben solche Urteile, welche scharf den
Unterschied zwischen Antike und Moderne herausstellen, ihre Berech-

---

[80] J. Salvioli, Der Kapitalismus im Altertum, Stuttgart–Berlin ³1922.
[81] Finley, Antike Wirtschaft, 173.

tigung. Aber unterhalb der idealtypischen Generalisierung ist das Bild weit weniger eindeutig. Kredite zur Stärkung von Handel und Gewerbe hat es, in bescheidenem Maße, durchaus gegeben. Das *faenus nauticum*, das sogenannte Seedarlehen, welches bereits im griechischen Recht eine erste juristische Ausformung erhalten hatte, wurde in der römischen Kaiserzeit erweitert, die Haftung des Kreditnehmers, der „Kapital über See" *(pecunia traiecticia)* aufnahm, den Erfordernissen der Zeit angepaßt (Dig. XXII 2; XLV 1,122). Justinian setzte 528 n. Chr. das Zinsmaximum für das *faenus nauticum* auf 12 % jährlich, für Geschäftsdarlehen auf 8 % und Privatkredite auf 6 % fest.[82] Also hat es Betreiber von Werkstätten *(ergasteria)* und von konzessionierten Handelsgeschäften *(licita negotiatio,* Cod. Iust. IV 26,2) gegeben, die Geld in ihre Betriebe investieren wollten. Nicht zuletzt liegen literarische Belege, darunter auch Berichte aus Heiligenriten in der Spätantike, die Verbreitung des See- und Geschäftsdarlehens nahe.

Die Überlieferung ist, wie in vielen anderen Bereichen der antiken Wirtschaft, dürftig und mehrdeutig auch dort, wo man sich anscheinend auf festem Boden wähnt. Wo liegt der Unterschied zwischen produktiven und konsumtiven Darlehen? Handelt es sich beim Ankauf eines Landgutes, der Anlage eines Fischteiches, dem Bau einer stattlichen Villa, der Ausrichtung eines städtischen Festes, die man mit geliehenem Gelde durchführt, lediglich um konsumtive, d. h. unproduktive Unternehmungen? Wenn man den Gesichtspunkt der Produktivität nicht einseitig auf gezielte Geldinvestitionen in Industrie, Gewerbe und Handel mit dem Ziel der langfristigen Gewinnmaximierung festlegt, eröffnet sich die Möglichkeit, Kreditvergabe und Geldgebaren in der römischen Kaiserzeit abseits der modernen Wirtschaftswissenschaft zu erkennen. Man nimmt wahr, daß im Einzelfalle Handwerker, Arbeiter und Händler aus einem konsumtiven Darlehen Gewinn ziehen. Auf der anderen Seite läßt die Überlieferung keinen Zweifel, daß viele Kredite die Not der kleinen Leute, die zur Ablösung von Schulden Geld aufzunehmen gezwungen waren, vergrößerten. Die stereotyp anmutenden Klagen über den Zinswucher *(faenus)* und den Wucherer *(faenerator),* wie sie vielfältig bei heidnischen und christlichen Autoren der Kaiserzeit vorgebracht werden, sind nicht allein als popularphilosophische Vorurteile gegenüber dem Geld zu werten, sondern weisen auf konkrete soziale und wirtschaftliche Schwierigkeiten hin: Pfändungen von Hab und Gut, Verhaftungen, Flucht, Kindesverkauf, ja sogar Selbstmord, wie der Kirchenvater Gregor von Nyssa (gest.

[82] Jones, Later Roman Empire, 868.

390 n. Chr.) in seiner Schrift gegen die Wucherer (›contra usurarios‹) auszuführen weiß. Wer Zinsen von Armen nimmt, ist ein Räuber und Menschenfeind *(misánthropos)*, der gegen die Natur handelt, weil er aus unfruchtbaren Stoffen, Erz und Gold, Frucht zu ziehen versucht.

Zwei Überlegungen sind in diesem Zusammenhang wichtig. Der Kleinkredit hat in der Gesellschaft der römischen Kaiserzeit bis in die Spätantike hinein offenbar eine außergewöhnlich große Rolle gespielt. Auch die Armen waren über ihn in die Geldwirtschaft eingebunden. Aber nennenswerte Vermögen, die breit gestreut waren, haben sich abseits der Großgrundbesitzer- und der Großhändlerschicht sowie der oberen staatlichen Bürokratie nicht herausbilden können. Dafür ist auch der oben angesprochene enge Geldbegriff mitverantwortlich. Das „tote" Metall wird als Ware und als Produktionsfaktor (analog dem Boden) gehandelt, wie der Kirchenvater Gregor von Nyssa anschaulich belegt. Diese strukturellen Defizite sind mitverantwortlich für die Reduktion der Geldwirtschaft, die Zirkulation des Gold- und Silbergeldes lediglich innerhalb der begüterten Schichten und im Austausch mit dem Staat. Entlohnung über Naturalien, Abhängigkeit vom Grundherrn und Verarmung der arbeitenden Schichten besonders in den ländlichen Regionen gingen damit einher.

Sprachrohr ihres Elends waren vielfach die Kirchenväter. Johannes Chrysostomus (ca. 350–407 n. Chr.), der wortgewaltige Patriarch von Konstantinopel, machte den Grundbesitzern Vorhaltungen, weil sie jedes Jahr unabhängig vom Ernteertrag die gleiche Summe forderten (Hom. in Matth. 61, PG 58, 591). Salvian von Marseille (400–480 n. Chr.) prangerte in seiner Hauptschrift ›De gubernatione Dei‹ (440 n. Chr.) die Ungerechtigkeit und Habgier der Reichen und die Ausbeutung der Armen an; im Zerfall des Römischen Reiches und in der Machtübernahme durch die barbarischen Germanen offenbarte sich ihm der Weltenplan Gottes, der den Völkern das zumißt, was sie verdienen.

In dieser Zeit innerer Not und äußerer Bedrohung gewann die christliche Kirche auch durch ihre materielle Basis zunehmend an Bedeutung. Der durch Schenkungen und Erbschaften (vgl. S. 239) gewachsene Grundbesitz der großen christlichen Gemeinden sicherte kontinuierliche Geld- und Naturaleinkünfte, die vom jeweiligen Bischof verwaltet wurden. Auf 400 Pfund Gold (30 000 Goldsolidi) belief sich im vierten Jahrhundert die Grundrente der römischen Gemeinde. Beträchtlich waren ebenfalls die Einkünfte der Kirche von Alexandria, deren Patriarch zum Beginn des fünften Jahrhunderts aus dem Kirchenvermögen 2500 Pfund Gold (187000 Goldsolidi) entnehmen und verschiedenen Zwecken zuführen konnte. Er verfügte ebenfalls über eine ansehnliche Flotte von Getreideschiffen, die den Überschuß nach Palästina, Syrien und Rom bringen konnten, und stand damit in der direkten Nachfolge der hellenistischen Könige und der römischen Kaiser. Johannes mit dem bezeichnenden Beinamen „der Barmherzige" fand bei der Übernahme des alexandrinischen Patriarchenstuhles (um 610 n. Chr.) 8000 Pfund Gold vor und war in der Lage, täglich 7500 Arme zu unterstützen. Die Einkünfte von Ravenna beliefen sich zur Zeit des Papstes Felix IV. (526–530 n. Chr.) auf jährlich 12000 Goldsolidi; daneben erhielt der Bischof von den Pächtern des Ravennatischen Kirchengutes „Geschenke" (xénia) in Form von Schweinefleisch, Hühnern, Gänsen, Honig, Milch und Eiern (Pap. Ital. 3), die eine Sonderform von Naturalabgaben darstellten.[83]

Schon im sechsten Jahrhundert bildete sich für den Grundbesitz der römischen Kirche in Italien und Sizilien die Bezeichnung *patrimonium* heraus, dessen Einkünfte zentral verwaltet und in einem großen Wirtschaftsbuch (polypticum) aufgeführt wurden. Die päpstliche Wirtschaft avancierte unter Leo dem Großen (590–604 n. Chr.) zum „reichsten Privathaushalt innerhalb Italiens" (E. Caspar), der nicht allein die normalen Ausgaben für den Bischof, den Klerus, das Kirchengebäude (fabrica) und die Armen bestritt, sondern z. T. auch staatliche Aufgaben übernahm: Soldzahlungen an Soldaten, Geldleistungen an Germanenstämme, Übernahme von Baukosten, Lebensmittelversorgung der Bevölkerung, die neben Getreide, Öl und Wein je nach Jahreszeit Käse, Gemüse, Speck und zuweilen auch „Delikatessen" (delicatoria commercia, Joh. Diac. vit. Greg. 2,26) enthielt.[84]

Der kirchliche Grundbesitz gab die materielle Grundlage für die Umsetzung des christlichen Liebesgebotes (caritas) ab, die sich in der Unterstützung der Armen, der Witwen, der Waisen, im Loskauf von Gefangenen und in der Errichtung von Hospitälern konkretisierte. Natürlich waren andere Bischöfe nicht so reich wie die Inhaber der großen Kirchen von Rom, Konstantinopel, Alexandria, Antiochia und Ravenna. Viele Landbischöfe verfügten über geringe Einnahmen, besaßen wenig Wirkungsmöglichkeiten und kleideten sich ärmlich. Aber aufs Ganze gesehen übernahm die christliche Kirche mit der antiken Wirtschaftsform auch die Qualitäten der Geldwirtschaft. Sie zog

[83] Einzelheiten bei Jones, Later Roman Empire, 840f., 894ff.; Bogaert, Geld, 867ff.
[84] Caspar, Papsttum II, 323ff. mit den Einzelheiten.

Pachtgelder ein, vergab Bauaufträge, kaufte Kultgegenstände und Gewänder, machte Geldzuwendungen an die arme Bevölkerung und war zuweilen gezwungen, selbst Kredite aufzunehmen.[85] Es ist hier nicht davon zu handeln, daß sich im Hinblick auf die materiellen Ressourcen zwischen den caritativen Aufgaben auf der einen und dem Repräsentationswillen und Herrschaftsanspruch der Kirche auf der anderen Seite zunehmend ein ähnliches Spannungsfeld auftat wie im Bereich der heidnischen Herrschaft (vgl. S. 235) und vom vierten Jahrhundert ab zunehmend kritische Stimmen gegen das Geld und die Liebe zum Mammon *(philargyría)* aus der Kirche selbst laut wurden. Wichtiger ist an dieser Stelle die Einsicht, daß die Kirche die spätantike Form des Austausches von Geld und Naturalien übernommen, vielfältig praktiziert und organisatorisch weiterentwickelt hat. Wie auf vielen anderen Gebieten wurde sie damit zur bedeutendsten Vermittlerin zwischen der antiken und mittelalterlichen Zivilisation.

3. Literaturangaben

a) Die republikanische Zeit

Die politischen Rahmenbedingungen:
K. CHRIST, Römische Geschichte, Einführung, Quellenkunde, Bibliographie, Darmstadt ³1980; U. VON LÜBTOW, Das römische Volk, sein Staat und sein Recht, Frankfurt 1955; E. MEYER, Römischer Staat und Staatsgedanke, Darmstadt ⁴1975; J. BLEICKEN, Geschichte der römischen Republik, München ³1988; A. MOMIGLIANO–A. SCHIAVONE (Hrsg.), Storia di Roma I, Turin 1988; F. W. WALBANK, A. E. ASTIN u. a., The Rise of Rome to 220 B. C., CAH VII 2, Cambridge ²1989; F. W. WALBANK u. a., Rome and the Mediterranean, CAH VIII, Cambridge ²1989; J. CROOK, A. LINTOTT, E. RAWSON u. a., The Roman Republic 133–44 B. C., CAH IX, Cambridge 1992.

Wirtschaft allgemein:
T. FRANK (Hrsg.), An Economic History of Rome, Baltimore 1927; DERS. (Hrsg.), Economic Survey of Ancient Rome (ESAR) I–VI, Baltimore 1933–40; F. M. HEICHELHEIM, Römische Sozial- und Wirtschaftsgeschichte, in: Historia Mundi 4, Römisches Weltreich und Christentum, München 1956, 397ff.; H. SCHNEIDER (Hrsg.), Zur Sozial- und Wirtschaftsgeschichte der späten Republik, Darmstadt 1976; F. DE MARTINO, Wirtschaftsgeschichte des alten Rom, München 1985.

[85] Bogaert, Geld, 879f.

Landwirtschaft:
K. D. White, Roman Farming, London 1970; ders., Farm Equipment of the Roman World, Cambridge 1975; E. Gabba–M. Pasquinucci, Strutture agrarie e allevamento transhumante nell'Italia Romana (III–I sec. a. C.), Pisa 1979; J. M. Frayn, Subsistence Farming in Roman Italy, London 1979; G. Tibiletti, Die Entwicklung des Latifundiums in Italien von der Zeit der Gracchen bis zum Beginn der Kaiserzeit (1955), in: Schneider (vgl. oben), 11 ff.; P. W. de Neeve, Colonus, Private Farm-tenancy in Roman Italy during the Republic and the early principate, Amsterdam 1981; M. S. Spurr, Arable Cultivation in Roman Italy 200 b. c. to a. d. 100, London 1986; D. Flach, Römische Agrargeschichte, München 1990; P. Garnsey, Famine and Food Supply (vgl. S. 150).

Produkte:
G. Rickman, The Corn Supply of Ancient Rome, Oxford 1980; J. André, L'Alimentation et la Cuisine à Rome, Paris ²1981; N. Purcell, Wine and Wealth in Ancient Italy, JRS 75, 1985, 1 ff.; A. Giovanni, Le sel et la fortune de Rome, Athenäum 63, 1985, 373 ff.; A. Tschernia, Le vin de l'Italie romaine, Rom 1986.

Gewerbe und Handwerk:
H. Gummerus, RE IX, 1916, 1381 ff. s. v. Industrie und Handel; H. J. Loane, Industry and Commerce in the City of Rome, Baltimore 1938; daneben Burford, Handwerker (vgl. S. 86); Neesen, Demiurgoi (vgl. S. 149); H. Jankuhn u. a., Das Handwerk in vor- und frühgeschichtlicher Zeit I, Göttingen 1981, darin: H. von Petrikovits, Die Spezialisierung des röm. Handwerks, 63 ff.; O. Behrends, Die Rechtsformen des röm. Handwerks, 141 ff.

Handel:
Schiffahrt, Straßen, Fortbewegungsmittel: vgl. S. 82 f.; P. Garnsey–K. Hopkins–C. R. Whittaker (Hrsg.), Trade in the Ancient Economy, London 1983; daneben Drexhage, Handel (vgl. S. 49); J. Hatzfeld, Trafiquants Italiens dans l'Orient Hellénique, Paris 1919; J. D'Arms–E. Kopff (Hrsg.), The Seaborne Commerce of Ancient Rome, Rom 1980; K. Hopkins, Taxes and Trade in the Roman Empire, 200 b. c.–a. d. 400, JRS 80, 1980, 101 ff.; J. H. D'Arms, Commerce and Social Standing in Ancient Rome, Cambridge 1981.

Geld und Geldwirtschaft:
Römische Numismatik vgl. S. 92, besonders R. Thomsen, Early Roman Coinage I–III, Kopenhagen 1957–1961; H. Zehnacker, Moneta. Recherches sur l'organisation et l'art des émissions monétaires de la République romaine (289–31 b. c.), I–II, Rom 1974; H. Mattingly, The first age of Roman Coinage, JRS 35, 1945, 65 ff.; G. Bird, Roman Gold Mining, JRS 62, 1972, 59 ff.; J. Richardson, The Spanish Mines and the Development of Provincial Taxation in the 2nd Cent. b. c., JRS 66, 1976, 139 ff.; Cl. Nicolet, Tributum, Bonn 1976; A. Giovannini, Rome et la circulation monétaire en Grèce au IIᵉ

siècle av. J. C., Basel 1978; R. KNAPOWSKI, Die Staatsrechnungen in der römischen Republik 49–45 v. Chr., Frankfurt 1967; J. ANDREAU, Vie financière dans le monde remain: les métiers de manieurs d'argent (IV siècle av. J. C. – IIIe siècle apr. J.–C.), Rom 1987; L. NADJO, L'argent et les affaires à Rome des origines au IIe siècle av. J. C., Löwen–Paris 1989.

Wirtschaft und Gesellschaft (Reichtum und Armut):
W. V. HARRIS, War and Imperialism in Republican Rome, 327–70 B. C., Oxford ³1985; M. GELZER, Die Römische Nobilität, Stuttgart ²1983; I. SHATZMAN, Senatorial Wealth and Roman Politics, Brüssel 1975; CL. NICOLET, Le ordre equestre à l'epoque républicaine, Paris 1966; E. BADIAN, Publicans and Sinners, Private Enterprise in the Services of the Roman Republic, Cambridge 1972; G. PRACHNER, Sklaven und Freigelassene im arretinischen Sigillatagewerbe, Wiesbaden 1980; A. GIARDINA–A. SCHIAVONE (Hrsg.), Società romana e produzione schiavistica I–III, Bari 1981 (dazu R. RATHBONE, JRS 73, 1983, 163 ff.); M. C. CÉBEILLAC-GERVASONI (Hrsg.), Les «Bourgeoisies» municipales italiennes aux IIe–I^e siècles av. J. C., Paris–Neapel 1983.

b) Die Kaiserzeit

Historischer Verlauf und Rahmenbedingungen:
F. MILLAR, The Emperor in the Roman World (31 B. C.–A. D. 337), London 1977; J. BLEICKEN, Verfassungs- und Sozialgeschichte der römischen Kaiserzeit I–II, Paderborn ²1981; W. DAHLHEIM, Geschichte der römischen Kaiserzeit, München ²1988; K. CHRIST, Geschichte der römischen Kaiserzeit. Von Augustus bis Konstantin, München 1988; P. GARNSEY–R. SALLER, Das römische Kaiserreich. Wirtschaft – Gesellschaft – Kultur, Hamburg 1989. *Spätantike:* L. M. HARTMANN, Römische Geschichte: Der Untergang der antiken Welt, Gotha ²1921, 201 ff.; J. VOGT, Der Niedergang Roms. Metamorphose der antiken Kultur, Zürich 1965; P. BROWN, The World of Late Antiquity, London 1971 (dt. Bergisch Gladbach 1980); J. MARTIN, Spätantike und Völkerwanderung, München 1987; A. DEMANDT, Die Spätantike. Römische Geschichte von Diokletian bis Justinian (284–565 n. Chr.), HdAW III 3,6, München 1989.

Wirtschaft allgemein:
DE MARTINO, Wirtschaftsgeschichte (vgl. S. 246), 246 ff.; F. OERTEL, Das Wirtschaftsleben des Imperiums, in: Kleine Schriften (vgl. S. 28), 364 ff. (ursprünglich engl. CAH XII, 1939, 232 ff.); M. ROSTOVTZEFF, The Social and Economic History of the Roman Empire, Oxford ²1957; A. H. M. JONES, The Later Roman Empire 284–602. A social, economic and administrative survey, I–III, London 1964; DERS., The Roman Economy, hrsg. von P. A. BRUNT, Oxford 1974; H. SCHNEIDER (Hrsg.), Sozial- und Wirtschaftsgeschichte der römischen Kaiserzeit, Darmstadt 1981; P. ØRSTED, Roman Imperial Economy and Romanisation, Copenhagen 1985; F. VITTINGHOFF (Hrsg.), Europäische Wirt-

schafts- und Sozialgeschichte in der römischen Kaiserzeit, Stuttgart 1990. Zu den *einzelnen Provinzen* die Beiträge bei FRANK, **ESAR** (vgl. S. 246) und im **ANRW** II 3–11, 1975 ff.; G. J. LUZZATO–G. A. MANSUELLI, Roma e le Provincie I–II, Bologna 1985 (Lit.); die *„europäischen"* Provinzen bei VITTINGHOFF, beispielhaft herausgegriffen sei E. FRÉZOULS, Gallien und römisches Germanien, 429 ff.; *Methodisches* bei R. DUNCAN-JONES, Structures and Scale in the Roman Economy, Cambridge 1990 und bei PLEKET in VITTINGHOFF (vgl. oben) 25 ff.

Sozialstruktur:
ALFÖLDY, Römische Sozialgeschichte (vgl. S. 30 f.); K. CHRIST, Grundfragen der römischen Sozialstruktur, in: Festschrift F. Vittinghoff, Köln, Wien 1980, 197 ff.; J. GAGÉ, Les classes sociales dans l'Empire Romain, Paris ²1971; P. GARNSEY, Social Status and Legal Privilege in the Roman Empire, Oxford 1970; R. MACMULLEN, Roman Social relations 50 B. C. to A. D. 284, London 1976; H. GRASSL, Sozialökonomische Vorstellungen in der kaiserzeitlichen griechischen Literatur (1.–3. Jh. n. Chr.), Wiesbaden 1982; A. GIARDINA, Società romana e impero tardoantico, Bari 1986; zusammenfassend VITTINGHOFF, Europäische Wirtschafts- und Sozialgeschichte, 161 ff.

Sozialverbände:
B. M. RAWSON (Hrsg.), The Family in Ancient Rome, New Perspectives, Ithaca N. Y. 1986; A. SCHULTEN, Die Römischen Grundherrschaften, Weimar 1896; J. U. KRAUSE, Spätantike Patronatsformen im Westen des römischen Reiches, München 1987; W. LIEBENAM, Städteverwaltung im römischen Kaiserreich, Leipzig 1900; F. VITTINGHOFF (Hrsg.), Stadt und Herrschaft, München 1982; G. R. WATSON, The Roman Soldier, London 1969; J. B. CAMPBELL, The Emperor and the Roman Army, 31 B. C.–A. D. 235, Oxford 1984; L. WIERSCHOWSKI, Heer und Wirtschaft. Das römische Heer der Prinzipatszeit als Wirtschaftsfaktor, Bonn 1984.

Kaiserzeitliche Landwirtschaft:
Allgemein: HEITLAND, Agricola, vgl. S. 146; WHITE, Roman Farming, vgl. S. 247; DE MARTINO, Wirtschaftsgeschichte, vgl. S. 246; JONES, Later Roman Empire, vgl. S. 248; DEMANDT, Spätantike, vgl. S. 248; FLACH, Agrargeschichte, vgl. S. 247.
K. D. WHITE, Farm equipment of the Roman World, Cambridge 1975; E. B. THOMAS, Römische Villen in Pannonien, Budapest 1964; J. PERCIVAL, The Roman Villa. An historical Introduction, London 1976; B. W. FRIER, Landlords and Tenants in Imperial Rome, Princeton 1980; V. SIRAGO, L'Italia agraria sotto Traiano, Löwen 1958; U. KAHRSTEDT, Das wirtschaftliche Gesicht Griechenlands in der Kaiserzeit, Bern 1954; J. KOLENDO, Le colonat en Afrique sous le Haut-Empire, Paris 1976; C. R. WHITTAKER, Land and Labour in North Africa, Klio 60, 1978, 331 ff.; DERS., Agri deserti, in: FINLEY, Roman Property (vgl. unten), 137 ff.; D. KEHOE, The Economics of Agriculture on Ro-

man Imperial Estates in North Africa, Göttingen 1988; P. W. DE NEEVE, A Roman landowner and his estates, Pliny the Younger, Athenäum 68, 1990, 363 ff.; F. LOT–P. M. DUVAL, La Gaule Romaine, le Bas-Empire, Paris 1976; S. MAZZARINO, Aspetti sociali del quarto secolo, Rom 1951; L. CRACCO-RUGGINI, Economia e società nell'Italia annonaria, Mailand 1961; C. E. STEVENS, Agricultural and Rural Life in the Later Roman Empire, in: Cambridge Econ. Hist. of Europe I, Cambridge ²1971, 92 ff.; I. HAHN, Das bäuerliche Patrocinium in Ost und West (1968), in: SCHNEIDER, Römische Kaiserzeit (vgl. oben), 234 ff.; H. NEHLSEN, Sklavenrecht zwischen Antike und Mittelalter I, Göttingen, Frankfurt–Zürich 1972.

Handwerk und Gewerbe:
Allgemein: GUMMERUS, vgl. S. 247; NEESEN, vgl. S. 149; DE MARTINO, Wirtschaftsgeschichte, vgl. S. 246; H. JANKUHN u. a. (Hrsg.), Das Handwerk in vor- und frühgeschichtlicher Zeit (vgl. S. 247); A. H. M. JONES, The Cloth Industry under the Roman Empire, in: Roman Economy (vgl. S. 248), 350 ff.; J. P. WILD, Textile Manufacture in the Northern Roman Provinces, Cambridge 1970; W. O. MOELLER, The Wool Trade of ancient Pompeii, Leiden 1976; V. W. HARRIS, Roman terracotta Camps, the organisation of an industry, JRS 70, 1980, 126 ff.; P. GARNSEY, Independent freedmen and the Economy of the Roman Italy under the principate, Klio 63, 1981, 359 ff.; W. M. JONGMAN, The Economy and Society of Pompeji, Amsterdam ²1990; A. W. PERSSON, Staat und Manufaktur im römischen Reich, Lund 1923; J. P. WALTZING, Étude historique sur les corporations professionelles chez les romaines, I–IV, Löwen 1895–1900; G. MICKWITZ, Die Kartellfunktionen der Zünfte und ihre Bedeutung bei der Entstehung des Zunftwesens. Eine Studie in spätantiker und mittelalterlicher Wirtschaftsgeschichte, Helsingfors 1936.

Handel in der römischen Kaiserzeit:
Allgemein: DREXHAGE, Handel (vgl. S. 149); DE MARTINO, Wirtschaftsgeschichte (vgl. S. 246); P. GARNSEY–K. HOPKINS–C. R. WHITTAKER, Trade in the Ancient Economy, London 1983; P. GARNSEY, Famine and Food Supply (vgl. S. 150); M. P. CHARLESWORTH, Trade-routes and Commerce of the Roman Empire, Cambridge 1924; B. H. WARMINGTON, The Commerce between the Roman Empire and India, Cambridge 1928; M. WHEELER, Der Fernhandel des römischen Reiches in Europa, Afrika und Asien, München 1965; J. ROUGÉ, Recherches sur l'organisation du commerce maritime en Méditerranée sous l'Empire romain, Paris 1966; J. MILLER, The Spice Trade of the Roman Empire, Oxford 1969; A. H. M. JONES, Asian trade in Antiquity, in: Roman Economy (vgl. S. 248), 140 ff.; M. K. HOPKINS, Taxes and Trade in the Roman Empire (200 B. C.–A. D. 400), JRS 70, 1980, 101 ff.; R. MACMULLEN, Markttage im römischen Imperium, in: SCHNEIDER, Sozial- und Wirtschaftsgeschichte (vgl. S. 248), 280 ff.; J. NOLLÉ, Nundinas instituere et habere. Epigraphische Zeugnisse zur Einrichtung und Gestaltung von ländlichen Märkten in Afrika und der Provinz Asia, Hildesheim 1982; O. SCHLIPPSCHUH, Der Händler

im römischen Kaiserreich in Gallien, Germanien und den Donauprovinzen Rätien, Noricum und Pannonien, Amsterdam 1974; J. KUNOW, Negotiator et Vectura, Händler und Transport im freien Germanien, Marburg 1980; F. W. WALBANK, Trade and industry under the Later Roman Empire, in: Cambridge Economic History II, Cambridge ²1987; S. E. SIDEBOTHAM, Roman Economic Policy in the Erythra Thalassa 30 B. C.–A. D. 217, Michigan 1986; K. DÜWEL, C. CLAUDE u. a. (Hrsg.), Untersuchungen zu Handel und Verkehr der vor- und frühgeschichtlichen Zeit in Mittel- und Nordeuropa, I–VI, Göttingen 1985–1989; U. LUND HANSEN, Römischer Import im Norden, Kopenhagen 1987.

Frauenarbeit:
N. KAMPEN, Image and Status: Roman Working Women in Ostia, Berlin 1981; J. F. GARDNER (Hrsg.), Women in Roman Law and Society, London–Sydney 1986; M. EICHENAUER, Untersuchungen zur Arbeitswelt der Frau in der römischen Antike, Frankfurt–Bern–New York–Paris 1988; W. SCHIEDEL, Feldarbeit bei Frauen in der Landwirtschaft, Gymn. 97, 1990, 405 ff.

Geldwirtschaft:
M. GRANT, Roman Imperial Money, London 1954; S. BOLIN, State and Currency in the Roman Empire, Stockholm 1958. *Forschungsberichte* von D. MANNSBERGER und G. G. BELLONI zur Münzprägung von Augustus bis Trajan, ANRW II, 1, 1975, 919 ff.; J. P. CALLU und M. CRAWFORD für die Zeit von 238–311, ANRW II, 2, 1975, 560 ff.; Th. PEKÁRY, Studien zur römischen Währungs- und Finanzgeschichte von 161–235 n. Chr., Hist. 8, 1959, 443 ff.; L. NEESEN, Untersuchungen zu den direkten Staatsabgaben in der römischen Kaiserzeit (27 v. Chr.–284 n. Chr.), Bonn 1980, dazu P. A. BRUNT, The Revenues of Rome, JRS 71, 1981, 161–172; JONES, Roman Economy (vgl. oben, S. 248); K. BÜCHER, Die Diokletianische Taxordnung vom Jahre 301, in: Beiträge zur Wirtschaftsgeschichte, Tübingen 1922, 179 ff.; S. LAUFFER (Hrsg.), Diokletians Preisedikt, Berlin 1971; E. RUSCHENBUSCH, Diokletians Währungsreform, ZPE 26, 1977, 193 ff.; R. DUNCAN-JONES, The Economy of the Roman Empire, Quantitative Studies, Cambridge ²1982; J. P. CALLU, La politique monétaire des empéreurs romains de 238 à 311, Paris 1969; G. MICKWITZ, Geld und Wirtschaft im römischen Reich des 4. Jahrhunderts n. Chr., Helsinki 1932; F. ALTHEIM–R. STIEHL, Finanzgeschichte der Spätantike, Berlin 1957; J. KARAJANNOPULOS, Das Finanzwesen des frühbyzantinischen Staates, München 1958; F. LOT, Nouvelles recherches sur l'impôt fonctionaire et la capitation personelle sous le Bas Empire, Paris 1958; W. GOFFART, Caput and Colonate. Towards a History of Late Roman Taxation, Toronto 1974; C. E. KING (Hrsg.), Imperial Revenue, Expenditure and Monetary Policy in the Fourth Century A. D., Oxford 1980; L. C. WEST–A. C. JOHNSON, Currency in Roman and Byzantine Egypt, Princeton 1944; M. F. HENDY, Studies in the Byzantine Monetary Economy, c. 300–1450, Cambridge 1985; D. VAN BERCHEM, Les Distributions de blé et d'argent à la plèbe Romaine sous l'Empire, Genf 1939;

S. Mrozek, Prix et Rémuneration dans l'occident Romain (31 av. n. e.–250 de n. e.), Gdansk 1975; ders., Zum Kreditgeld in der frühen römischen Kaiserzeit, Hist. 34, 1985, 310ff.; M. H. Crawford (Hrsg.), L'Impero romano e le strutture economiche e sociali delle province, Como 1986.

Der Prinzipat als Wirtschaftsfaktor:

O. Hirschfeld, Der Grundbesitz der römischen Kaiser in den ersten drei Jahrhunderten (1902), in: Kleine Schriften, Berlin 1913, 516ff.; G. Barbieri, Liberalitas, in: Dizionario Epigrafico 4, 1957, 838ff.; D. J. Crawford, Imperial Estates, in: M. I. Finley (Hrsg.), Studies in Roman Property, Cambridge 1976, 57ff.; G. M. Parassoglou, Imperial Estates in Roman Egypt, Amsterdam 1978; V. A. Strago, Principato di Augusto. Concentrazione di proprietà e di potere nelle mani dell'Imperatore, Bari 1978.

Stadtfinanzen:

F. F. Abbott–A. Ch. Johnson, Municipal Administration in the Roman Empire, New York 1926; T. R. S. Broughton, Municipal Finances, in: Frank, ESAR (vgl. S. 246), 4, 797ff.; D. Magie, Roman Rule in Asia Minor, I–II, Princeton 1950; A. H. M. Jones, The Greek City from Alexander to Justinian, Oxford 1940; ders., The Economic Life of the Roman Towns of the Roman Empire (1955), in: Roman Economy, 35ff.; S. Mrozek, Les distributions d'argent et de nourriture dans le villes italiennes du Haut Empire romain, Brüssel 1987; R. Etienne, Pompeji. Das Leben in einer antiken Stadt, Stuttgart ³1982; H. P. Kohns, Versorgungskrisen und Hungerrevolten im spätantiken Rom, Bonn 1961; J. H. W. G. Liebeschütz, Antioch, City and Imperial Administration in the Later Roman Empire, Oxford 1972; zu *Byzanz* vgl. S. 260.

Geldreichtum und Privathaushalt:

P. Graindor, Un milliardaire antique, Herodes Atticus è son famille, Kairo 1930; P. Veyne, Leben des Trimalchio (1961), in: Die Originalität des Unbekannten, Frankfurt 1988, 43ff.; R. Duncan-Jones, The Finances of a Senator (1965), in: Economy of the Roman Empire, 19ff.; D. Vera, Strutture agrarie e strutture patrimoniali nella tarda antichità: l'aristocrazia romana fra agricoltura e commercio, Opus 2, 1983, 489ff.

Kirche und Finanzen:

F. Hauck, Die Stellung des Urchristentums zur Arbeit und zum Geld, Diss. Erlangen 1921; J. Gaudemet, L'église dans l'Empire Romain, IVᵉ–Vᵉ siècles, Paris 1958; E. Wipszycka, Les ressources et les activités économiques des églises en Égypte du 4ᵉ au 8ᵉ siècle, Brüssel 1972; M. Hügel, Eigentum und Reichtum in der frühen Kirche: Aspekte einer frühchristlichen Sozialgeschichte, Stuttgart 1973; A. H. M. Jones, Church Finances in the 5th and 6th Centuries (1960), in: Roman Economy, 339ff.; C. H. Pietri, Roma christiana, I–II, Rom 1977; E. Caspar, Geschichte des Papsttums, I–II, Tübingen 1930–33.

V. ZUSAMMENFASSUNG UND AUSBLICK

Vor gut fünfzig Jahren zog F. M. Heichelheim in einem Schlußkapitel ›Der Wirtschaftsstil der antiken Mittelmeerkultur‹ das Resümee seines großen Überblickes über die Wirtschaftsgeschichte des Altertums, die ihn vom Paläolithikum bis zur Völkerwanderung der Germanen geführt hatte. Den Begriff des Wirtschaftsstils hatte sein Lehrer, der deutsche Nationalökonom A. Spiethoff (1873–1957) entwickelt, der die einfachen Wirtschaftsstufen K. Büchers (Haus- – Stadt- – Volkswirtschaft) um Elemente wie Wirtschaftsverfassung, Wirtschaftsgeist, Gesellschaftsverfassung, natürliche und technische Grundlagen erweitert und damit ein komplexes Instrumentarium zur Analyse historischer Wirtschaftsordnungen geschaffen hatte.[1] In diesem umfassenden Sinne sah Heichelheim einen im großen und ganzen konsistenten Weg von der Stadtwirtschaft, die sich bereits in den Kulturen des Alten Orients ausgeformt hatte und von der griechischen Polis bis zum 6. Jahrhundert v. Chr. übernommen worden war, über die sog. Landschaftswirtschaft des fünften und vierten Jahrhunderts bis hin zum volkswirtschaftlichen Stil, den er in den großen hellenistischen Zentren Alexandria, Antiochia, Seleukia, Syrakus und Karthago auf den meisten Wirtschaftssektoren verwirklicht sah. Die als Verhängnis gedeutete römische Eroberung der hellenistischen Staaten und Karthagos verhinderte dann „den Aufschwung zum vollen volkswirtschaftlichen Stil" und zerstörte das Wirtschaftssystem der wohlhabenden Zentrallandschaften des Mittelmeeres durch gewaltsame Unterwerfung und Ausbeutung. So barg bereits der Imperialismus der Republik den Keim des wirtschaftlichen Niederganges. Die ehemals hohe Wirtschaftsstruktur, in der römischen Kaiserzeit als Fassade durchaus noch existent, „verflachte" in der Spätantike zunehmend und führte zu einem zwiespältigen Konglomerat von Haus-, Stadt-, Landschafts- und Volkswirtschaft, die zunehmend Zwangscharakter annehmen mußte, um die staatliche Existenz zu sichern. Als besonders vital und zukunftsträch-

---

[1] Zu A. Spiethoff vgl. E. Salin, Staatslex. der Görresges. VII, Freiburg 1962, 504 ff.; G. Weippert, Zum Begriff des Wirtschaftsstils, Schmollers JB 67, 1943, 417 ff.; weiter zu den wissenschaftstheoretischen Entwürfen Beutin–Kellenbenz, Wirtschaftsgeschichte (vgl. S. 28), 161 ff.

tig erwiesen sich dabei die autarken Oiken auf dem Lande, deren
Entstehung bis weit in die hellenistische Zeit zurückreichte. Aber eine
derartige Reduktion der Wirtschaftsformen hatte, wie Heichelheim be-
tonte, auch ihre guten Seiten: Sie ermöglichte es den neuen germanischen, romanischen, slawischen und arabischen Völkern, in eine vergleichsweise einfache ökonomische Struktur hineinzuwachsen und die
vorgefundenen antiken Wirtschaftsformen mit den ihrigen zu verbinden.

Die Bedeutung dieses Gesamtentwurfes liegt nicht allein darin, daß
ein liberaler deutscher Althistoriker jüdischer Abstammung am Vorabend des Zweiten Weltkrieges eine Wirtschaftsgeschichte mit einem
Plädoyer für eine einheitliche Weltzivilisation und ein eigenverantwort-
liches Wirtschaften der Länder, verbunden mit einer Warnung vor Unterwerfung und wirtschaftlicher Unterdrückung, ausklingen ließ. Vielmehr hat Heichelheim alle wichtigen Gesamtdeutungen der antiken
Wirtschaft in seine Analyse aufgenommen und verarbeitet: K. Büchers
Stufenabfolge der Haus-, Stadt- und Volkswirtschaft, die dieser *grosso
modo* der Antike, dem Mittelalter und der Neuzeit zugesprochen
hatte; Eduard Meyers Versuch, Haus-, Stadt- und Volkswirtschaft der
Antike gleichermaßen zuzusprechen; M. Webers Deutung der Antike
als städtische Küstenkultur, die durch die ländliche Grundherrschaft
des Mittelalters abgelöst wurde; J. Belochs Insistieren auf der Existenz
einer antiken Industrie, andererseits Hasebroeks Bild eines archaischen und primitiven Wirtschaftsstils, der durch die politischen Verhältnisse Griechenlands vorgegeben war.[2] Sie alle hat Heichelheim in
die Abfolge seiner Wirtschaftsstile mehr oder weniger einzubauen ver-
mocht; und deshalb läßt sich seiner interpretatorischen Höhenwande-
rung, die ihn von den frühgriechischen Hügeln über das Mittel- und
Hochgebirge des hellenistischen Zeitalters bis in die Ausläufer und
Niederungen der Spätantike führte, eine gewisse Schlüssigkeit und
Plausibilität nicht absprechen. Aber seine unzeitgemäßen Betrachtungen, die in der Folgezeit wenig Widerhall fanden, müssen gleichsam
nach unten ergänzt und auch in ihrer theoretischen Ausgangsposition

---

[2] Eine Sammlung der konträren Entwürfe bei M. I. Finley (Hrsg.), The
Bücher-Meyer Controversy, New York 1979. Belochs hier abgedruckte Stel-
lungnahme aus dem Jahr 1902 ist überarbeitet und überzeugender in seiner
Griechischen Geschichte III 1², 419ff. nachzulesen. Zu J. Hasebroek, Staat
und Handel im alten Griechenland (1928) und Griechische Wirtschafts- und
Gesellschaftsgeschichte bis zur Perserzeit (1931) vgl. F. Oertel, Kleine Schriften
(vgl. S. 28), 156ff.; zu M. Weber vgl. S. 85.

korrigiert werden, wenn seine nach wie vor bedenkenswerte „Kurve" der Wirtschaftsentwicklung Anschaulichkeit erhalten soll. Man sieht heute schärfer, daß die hauswirtschaftlichen Betriebsformen, wie sie etwa im archaischen Griechenland den Oikos des Odysseus prägten (vgl. S. 101), sich stets *neben* den stadt- und staatswirtschaftlichen Formen weiter behaupteten. Das Nebeneinander war nicht nur für die Spätantike konstitutiv, sondern läßt sich für die hellenistische, die republikanische und die kaiserzeitliche Epoche gleichermaßen belegen. *Wie* Haus-, Stadt- und Staatswirtschaft konkret funktionierten, war nicht zuletzt von den politischen Rahmenbedingungen abhängig, die in der Zeit der griechischen Polis, der hellenistischen Monarchie, der römischen Republik und Kaiserzeit jeweils spezifische Wirtschaftschancen schufen. In der allmählichen Verschiebung der ökonomischen Größen Haus – Stadt – Staat greifen wir, und darin hat Heichelheim im Kern durchaus recht behalten, den Gang der antiken Wirtschaftsgeschichte, die in der Form der erstarkten Oikoswirtschaft die alte Welt überlebte. Aber noch etwas Weiteres kommt hinzu. Der wirtschaftende Mensch, die produzierenden und konsumierenden Stände und Klassen, kurz, der konkrete *homo oeconomicus* muß in den Ablauf einer Ökonomie mit Notwendigkeit hinein. Er verflüchtigt sich auf einer bestimmten Stufe der Abstraktion, wie sie Heichelheim bemühte. Von diesem Ansatz her wollen die folgenden Schlußbemerkungen verstanden werden.

Es ist unbestritten, daß die Landwirtschaft die Basis der antiken Ökonomie bis in die Spätantike hinein blieb. Aber sie umfaßt in weiten Teilen der Alten Welt nicht nur die Subsistenzwirtschaften,[3] sondern eben auch die großen und zum Teil hochspezialisierten Landgüter, die für den Absatz und gewinnorientiert arbeiteten. Sie veränderten sich in ihrer Organisationsform und in ihrem politischen Umfeld. Der Haushalt des Odysseus, des älteren Cato, des Trimalchio und des spätantiken Gutsbesitzers Synesios, des späteren Bischofs von Kyrene (410–413 n. Chr.), allesamt Oikenwirtschaften, sind deshalb jeweils anders gelagert. Auch die durchgängig zentrale Beziehung Land – Stadt wandelte sich durch Urbanisierung und durch das z. T. enorme Wachstum der Städte, die in der Regel eine differenzierte Arbeitsteilung, Gewerbebetriebe und regen Handelsaustausch aufwiesen. Sie waren eben nicht nur Konsumentenstädte, wie M. Weber gemeint hat.[4] Der Han-

---

[3] Allgemein C. Clark–M. Haswell, The Economics of Subsistence Agriculture, London [4]1970.

[4] Vgl. besonders F. Kolb, Die Stadt im Altertum, München 1984.

delsaustausch wurde zwar in erster Linie durch die Schiffahrt garantiert, weshalb die Kennzeichnung: „Die Kultur des europäischen Altertums ist *Küstenkultur*" (M. Weber), durchaus ihre Berechtigung besitzt. Aber hier kommt vieles auf die Nuancierung und die zeitliche Dimension an. Eine wirtschaftliche und kulturelle Erschließung des Binnenlandes durch Gutshöfe, Straßen und Militärlager hat es beispielsweise im Römischen Reich an vielen Orten gegeben mit den notwendigen Konsequenzen für den Warenaustausch. Luxuswaren, das in Griechenland und Rom wichtigste interlokale Handelsgut und vornehmlich für eine dünne Oberschicht bestimmt, wurden in Zeiten der wirtschaftlichen Blüte in gewissem Sinne „proletarisiert"; Bäuerinnen trugen Bernsteinschmuck und Dienstmägde benutzten silberne Spiegel (vgl. S. 223). Die Beispiele legen Binnenhandel, Luxuskonsum und Kaufmöglichkeiten abseits der Oberschicht nahe, ganz unabhängig vom wirtschaftlichen Stellenwert des Luxushandels (vgl. S. 140), der in der modernen Forschung gern als eine *quantité négligeable* abgetan und unterschätzt wird. Die genaue Dimension des Handels zu bestimmen und angemessen zu bewerten ist und bleibt für die jeweiligen Epochen eine der wichtigsten Aufgaben. Sie wird nicht zuletzt durch moderne Analogien erschwert, die auch in jenem Bereich, den man gewerbliche bzw. industrielle Fertigung bezeichnet hat, zu vielen Mißverständnissen Anlaß gegeben haben. Die Begriffe Fabrik, Industrie, gar kapitalistische Großindustrie (vgl. S. 118f.) sind von einer älteren Forschergeneration (Ed. Meyer, K. J. Beloch, R. v. Pöhlmann) bewußt im Vergleich zu den Wirtschaftsverhältnissen der eigenen Zeit gesetzt worden; aber auch sie waren sich in aller Regel bewußt, daß Sache und Dimension in der antiken Welt anders lagen. Sehr viel besser erschließt den Stellenwert der antiken Ökonomie mit ihren z. T. erstaunlichen Leistungen der Vergleich mit dem frühneuzeitlichen Europa des 16. Jahrhunderts, das etwa in der Landwirtschaft, der städtischen Population und der Arbeitseinstellung den antiken Verhältnissen speziell in der Kaiserzeit weitgehend ähnelt (Pleket). Naturgemäß hat es bedeutsame Unterschiede – etwa in der Arbeitsorganisation und im Geldwesen – gegeben. In der Antike herrschte die kleine Werkstatt vor, in manchen Zweigen (z. B. Keramik, Textilien, Metallwaren) läßt sich der Größe und der Arbeitsdifferenzierung nach von Manufakturen (vgl. S. 119) sprechen, die in hellenistischer und römischer Zeit einen Großteil der betreffenden Produkte herstellten. Dominanz der Handarbeit, daneben Verwendung einfacher technischer Hilfsmittel, lediglich Ansätze von Arbeitsteilung (Xen. Kyrop. VIII 2,5), fließender Übergang vom Kunst- zum Nutzgewerbe, geringe Kapitalbildung und vielfach unsichere Absatzmöglichkeiten über die regionalen Grenzen hinaus bestimmten das Bild der gewerblichen Produktion nahezu in der gesamten Antike. Daß dabei Waren von außerordentlicher Qualität und Schönheit verfertigt wurden, wie wir sie heute etwa auf dem Gebiete der Gebrauchskeramik oder der Metallwaren bewundern, spricht für die hohe Kunstfertigkeit *(téchne, ars)* der Handwerker, die in den Städten zumeist dem kleineren und mittleren Milieu entstammten und ihrem Status nach oft Sklaven waren.

Der unbestreitbar große Einsatz von Sklaven in der Landwirtschaft, im Bergbau und in der gewerblichen Produktion führt dabei notwendigerweise auf den Charakter der Arbeit und den Stellenwert, den sie im antiken Produktionsprozeß innehatte. Disqualifizierung der Arbeit als des rechten Bürgers unwürdig, Abschieben dieser als niedrig und erniedrigend empfundenen Tätigkeit auf die unfreie Bevölkerung, Ausbeutung ihrer Schaffenskraft und dadurch Gewinn eines wirtschaftlich abgesicherten Freiraumes, den die „eigentlichen" menschlichen Beschäftigungen Politik und Kultur ausfüllen: dieses ebenso eingängige wie triviale Bild der antiken Zivilisation hat die seriöse wie die vulgäre marxistische Forschung über lange Jahre hinweg bestimmt. Auch auf diesem Felde wird man sich noch mehr der begrifflichen Zwangsjacke entledigen müssen, als dies bereits geschehen ist, um festzustellen, daß die Arbeits- und Lebensverhältnisse sich nicht so einfach qualifizieren lassen und differenzierter sind, als man dies gemeinhin annimmt. Freie und Unfreie waren in aller Regel auf den gleichen Gebieten tätig; Sklaven schätzte man als geschickte und hoch im Kurs stehende Facharbeiter, die wahrscheinlich an ihren Produkten und den eigenen Leistungen großes Interesse besaßen. Die Ideologie eines Platon, eines Aristoteles oder Cicero, daß handwerkliche Tätigkeit bzw. bestimmte Zweige (vgl. S. 120) den Menschen entehren, läßt sich nur schwer vereinbaren mit der faktischen Bedeutung dieses Erwerbszweiges, wie er in den antiken Städten vielfältig bezeugt ist. Und schließlich verbietet es die Schwäche der marxistischen Wertlehre, welche in der Arbeit die *ausschlaggebende Substanz* des Warenwertes sieht und die nach wie vor wichtiger Bestandteil der Lehre von einer antiken Sklavenhaltergesellschaft ist, aus der Existenz der Sklavenarbeit *den* maßgebenden Faktor im Produktionsprozeß zu machen. Ihn bestimmten neben Boden und Kapital eben auch die Chancen des Austausches, die Absatzmöglichkeiten, nicht zuletzt die organisatorischen Fähigkeiten des Vertreibers von Waren.[5] Die Einschätzung der Sklaverei als eines un-

---

[5] Die Vorbehalte gegen die Wertlehre von Marx bereits bei E. Böhm-Bawerk

menschlichen Systems wird von der Frage nach dem wirtschaftlichen Charakter und dem Stellenwert eben dieses Arbeitsverhältnisses nicht tangiert. Die gleiche Unterscheidung von Existenz und Bedeutung gilt es im Bereich G e l d und K a p i t a l zu treffen. Das standardisierte und in der Regel vom Staat autorisierte Stück Edelmetall, die Münze (vgl. S. 62), schuf bisher nicht gekannte Möglichkeiten der Verrechnung von Waren und Dienstleistungen und ist als Faktor gesellschaftlicher „Vernetzung" und realer menschlicher Freiheit (G. Simmel) in seiner allseitigen Wirksamkeit kaum zu überschätzen. Vom siebten Jahrhundert an breitete sich die Münz-Geldwirtschaft in Griechenland aus, eroberte sich im Hellenismus weite Landstriche Asiens und Afrikas und drückte mit einiger Verzögerung etwa seit dem 4. Jahrhundert v. Chr. auch der römischen Wirtschaft ihren Stempel auf. Aber der Wert des Geldes hing an der Substanz von Gold, Silber oder Kupfer, die Warencharakter besaßen. Deren Abbaumöglichkeit bestimmte die Geldmenge, die, verglichen mit den Verhältnissen des späteren Mittelalters und der Neuzeit, aufs Ganze gesehen gering war. Das hinderte nicht die Akkumulation des Reichtums (vgl. S. 238), der zum Teil gehortet, zum Teil geschäftlich genutzt wurde, wobei die Erzielung hoher Geldrenditen wohl das allseitige Ziel darstellte. Aus dem Münzwechsel hervorgegangene B a n k e n regelten auf kleinem Niveau die Geldgeschäfte. Kredite und Zinsen stürzten auch den kleinen Mann und Handwerker oft in Schulden, die als solche einen wichtigen Indikator für die Reichweite der Geldwirtschaft und im Extremfall auch für die Störung der Wirtschaft bilden.

In eine Bilanz, welche die Leistungen und die Grenzen des Faktors Geld im antiken Wirtschaftsleben abzuwägen hätte, gehören als wesentliche Gesichtspunkte herein: die Verobjektivierung und Berechenbarkeit von Waren und Dienstleistungen; die Möglichkeiten des Austausches und Handels über weite Strecken hinweg; auf der anderen Seite die alleinige Bindung des Geldes an seine Substanz (Metallismus), die Hortmentalität, die mangelnde Verfügbarkeit über ausreichende Geldmengen, das Fehlen eines effektiven überregionalen Bankwesens, welches in der Neuzeit dank seiner technischen Voraussetzungen (doppelte Buchführung, Wechsel, Depositenschein) Wegbereiter einer modernen Volkswirtschaft werden konnte. Auch hier führt die Neigung, unseren heutigen Maßstab als Grundlage für die Bewertung des Geld-

(1851–1914), Kapital und Kapitalzins, I–II, Jena ⁴1921; zur Produktionstheorie J. A. Schumpeter, Geschichte der ökonomischen Analyse, I–II, Göttingen 1965; W. Scheper, Produktionstheorie, HdWW, 1981, 272 ff. (Lit.)

verkehrs in der griechischen und römischen Welt zu nehmen, leicht zu Fehlurteilen. Zumindest in der römischen Kaiserzeit scheint es ein halbwegs stimmiges Währungs- und Geldsystem mit zentralen und dezentralen Zügen (vgl. S. 239) gegeben zu haben, das den gesamtwirtschaftlichen Bedürfnissen etwa zweihundert Jahre lang gerecht wurde.

In der Spätantike nahm die Bedeutung des reichsumfassenden Währungssystems offensichtlich ab; das Verhältnis von der Geld- zur Naturalwirtschaft verschob sich in weiten Bereichen, und der Austausch von Waren und Dienstleistungen wurde gleichsam wieder naturwüchsig geregelt. Diese Entwicklung hat das Geld als Wirtschaftsfaktor nicht außer Kurs setzen können. Der römische Goldsolidus blieb eine Art Leitwährung für Byzanz, die germanischen Nachfolgestaaten und nicht zuletzt für die katholische Kirche, die sich besonders in Italien zu einem eigenen Wirtschaftskreis ausformen konnte.

Die Frage nach der Kontinuität zwischen der antiken und der mittelalterlichen Welt ist damit angeschnitten. Heichelheim hatte die Nivellierung der antiken Wirtschaft in der Spätantike als Chance für die barbarischen Völker begriffen, in eine Weltzivilisation „einzusteigen" und sie auf einer Art Schwundstufe weiterzuführen. Er konnte sich dabei stützen auf bedeutende Forscher wie A. Dopsch, H. Pirenne und J. Kulischer, die mit gewissen Nuancen alle von der Fortexistenz der antiken Wirtschaftsweise in Landwirtschaft, Gewerbe und Handel ausgingen und die Mittelmeerwelt nach wie vor als Zentrum einer frühmittelalterlichen Wirtschaft bis weit ins 8. Jahrhundert n. Chr. hinein begriffen. Vollends zeigte der weitere Weg des byzantinischen Kaisertums, daß es einen Bruch weder in der Wirtschaft noch in der Politik oder Kultur gegeben hat. Die Gegenposition vertrat neben anderen M. Weber, der im idealtypischen Kontrast die Verluste der antiken Zivilisation am Ende der Alten Welt bilanzierte. Verschwunden, so Weber, war die Stadt, der interlokale Güterverkehr, das stehende Heer, das besoldete Berufsbeamtentum: die Kultur war ländlich geworden.

Beide Auffassungen, der Kontinuität und der Diskontinuität – die letzte fand bezeichnenderweise besonders nach dem Ersten Weltkrieg großen Anklang –, haben ihre methodische Berechtigung und sind hier nicht weiterzuverfolgen. Eine letzte Überlegung muß aber hinzugesetzt werden, auf die vor allem M. Rostovtzeff in seinen fundamentalen Untersuchungen zur antiken Ökonomie immer wieder hingewiesen hat. Die antike Wirtschaft und mit ihr die antike Kultur basierten nach ihm vor allem auf einem bestimmten Menschentypus, dem Bürger bzw. *bourgeois* in den Städten, für den neben den materiellen Voraussetzungen die Stadt als Raum für seine wirtschaftlichen Aktivitäten und seine Selbstdarstellung lebensnotwendig war. In dem Maße, in welchem seine Existenz durch äußere Umstände gefährdet oder gar unmöglich wurde, ging es mit Wirtschaft und Kultur bergab. Man mag diese Deutung, wie man es des öfteren getan hat, für verkürzt, einseitig und ideologisch voreingenommen halten; aber in ihr steckt doch ein wahrer Kern. Jede Form von Wirtschaft ist auf ein anthropologisches Substrat angewiesen, das in der Antike sicherlich mehr umfaßte als nur den Bürger, aber in ihm eben doch die signifikante Figur besaß. Mit dem Heimischwerden der germanischen Völker auf römischem Reichsgebiet, dem Aufkommen der ländlichen Grundherrschaften, dem Niedergang der Städte und dem Erstarken der christlichen Kirche wandelten sich langsam, aber stetig Existenzmöglichkeiten und Lebenseinstellungen der Menschen, eine ökonomische, soziale und mentale Veränderung griff Platz, die dem Typus des antiken Bürgers am Ende kaum mehr Möglichkeiten zur Entfaltung bot. Langfristig vollzog sich mit dem Zerfall des letzten und bedeutendsten antiken Großreiches jener ungeheuer vielschichtige Vorgang, den man als die *Metamorphose der antiken Kultur* (J. Vogt) bezeichnet und der seine Faszination bis heute nicht verloren hat.

Literaturangaben

Zur *Spätantike* vgl. S. 248; ergänzend zur *Spätantike* und zum *frühen Mittelalter:* L. M. HARTMANN, Ein Kapitel vom spätantiken und frühmittelalterlichen Staate, Stuttgart 1913; K. F. STROHEKER, Germanentum und Spätantike, Zürich 1965; W. GOFFART, Barbarians and Romans A. D. 418–584. The Technics of Accommodations, Princeton 1980; Th. SCHIEFFER (Hrsg.), Handbuch der Europäischen Geschichte I, Stuttgart 1976; R. SCHNEIDER, Das Frankenreich, München ²1990. Zu *Byzanz:* F. TINNEFELD, Die frühbyzantinische Gesellschaft, München 1977; E. PATHLAGEAN, Pauvreté economique et pauvreté sociale à Byzance 4e–7e siècles, Paris 1977; P. SCHREINER, Byzanz, München 1986; A. KAZHDAN–A. CUTLER, Continuity and Discontinuity in Byzantine History, Byzantion 52, 1982, 429ff. Umfassend zu den *Interpretationen:* A. DEMANDT, Der Fall Roms, München 1984; dazu H. J. DIESNER, Der Untergang Roms im Zwielicht, JbAC 32, 1989, 7ff.; M. WEBER, Die sozialen Gründe des Untergangs der antiken Kultur (1896), in: Gesammelte Aufsätze zur Sozial- und Wirtschaftsgeschichte, Tübingen 1924 (²1988), 289ff.; dazu S. MAZZARINO, Das Ende der antiken Welt, München 1961, bes. 144ff.; M. ROSTOVTZEFF, The Decay of the Ancient World and its Economic Explanation, EHR 1929/30, 201ff.; A. BERNARDI, The Economic Problems of the Roman Empire at the time of its decline, in: C. M. CI-POLLA (Hrsg.), The Economic Decline of Empires, London 1970, 16 ff. A. DOPSCH, Wirtschaftliche und soziale Grundlage der europäischen Kulturentwicklung, aus der Zeit von Caesar bis auf Karl den Großen, I–II, Wien ²1923/24; DERS., Frühmittelalterliche und spätantike Wirtschaft, in: Verfassungs- und Wirtschaftsgeschichte des Mittelalters, Wien 1928, 219 ff.; J. KULISCHER, Allgemeine Wirtschaftsgeschichte des Mittelalters und der Neuzeit, München–Berlin 1928/29; H. PIRENNE, Mahomet et Charlemagne, Brüssel 1937 (dt. Amsterdam 1941); DERS., Sozial- und Wirtschaftsgeschichte Europas im Mittelalter, Tübingen ⁶1986; R. HODGES–D. WHITEHOUSE, Mohammed, Charlemagne and the Origin of Europe, London 1983; H. AUBIN, Vom Altertum zum Mittelalter. Absterben, Fortleben, Erneuerung, München 1949; DERS., Strukturen und Triebkräfte der abendländischen Wirtschaftsentwicklung im frühen Mittelalter, VSWG 42, 1955, 13 ff.; R. LATOUCHE, Les origines de l'économie occidentale (IVe–XIe siècles), Paris 1956; D. C. NORTH–R. P. THOMAS, The Rise of the Western World, a new economic history, Cambridge 1973; M. M. POSTAN (Hrsg.), The Cambridge Economic History of Europe, I: The Agrarian Life of the Middle Ages, Cambridge ²1971; M. M. POSTAN–E. MILLER (Hrsg.), The Cambridge Economic History of Europe, II: Trade and Industry in the Middle Ages, Cambridge ²1987; H. AUBIN–W. ZORN, Handbuch der deutschen Wirtschafts- und Sozialgeschichte I, Stuttgart 1971; J. VAN HOUTTE (Hrsg.), Europäische Wirtschafts- und Sozialgeschichte im Mittelalter, Stuttgart 1980; C. M. CIPOLLA–K. BORCHARDT, Europäische Wirtschaftsgeschichte I, Stuttgart–New York 1983.

Speziell zur *Landwirtschaft:* L. Ruggini, Economia (vgl. S. 250); J. PERCIVAL, Seigneurial Aspects of Late Roman Estate Management, EHR 84, 1969, 449 ff.; D. H. SLICHER VAN BATH, The Agrarian History of Western Europe A. D. 500–1850, London 1986; W. JANSSEN–D. LOHRMANN (Hrsg.), Villa – Curtis – Grangia. Landwirtschaft zwischen Loire und Rhein von der Römerzeit bis zum Hochmittelalter, Beiheft der Zeitschrift Francia 11, München 1983; W. RÖSENER (Hrsg.), Strukturen der Grundherrschaft im frühen Mittelalter, Göttingen 1989; M. KAPLAN, L'économie paysanne dans l'Empire byzantin du Vème aux Xème siècles, Klio 68, 1986, 198 ff.

Speziell zu *Handwerk, Handel, Stadt- und Geldentwicklung:* H. JANKUHN–W. JANSSEN, Handwerk in vor- und frühgeschichtlicher Zeit, I–II, Göttingen 1981–1983; DÜWEL–CLAUDE (Hrsg.), Handel und Verkehr (vgl. S. 251); C. WICKHAM, Early Medieval Italy. Central Power and Local Society, London 1981; R. HODGES, Dark Age Economics. The origins of towns and trade A. D. 600–1000, London ²1989; P. SPUFFORD, Money and its Uses in Medieval Europe, Cambridge 1986.

NAMEN- UND SACHREGISTER

Nur die wichtigeren Namen und Begriffe sind aufgenommen.